Im Westen was Neues

Klaus Hellmerichs (Hrsg.)

Im Westen was Neues

Zur Geschichte der Gymnasialen Oberstufe am Rübekamp

Unter Mitarbeit von

Ursula Broicher

Annemarie Creutz

Eberhard Dobers

Ulrich Juchheim

295 Abbildungen

EDITION TEMMEN

Die Deutsche Bibliothek verzeichnet diese Publikation in der Deutschen Nationalbibliografie; detaillierte bibliografische Daten sind im Internet unter http://dnb.ddb.de abrufbar.

Die Individualität der Beiträge in Form und Schreibweise wurde weitgehend beibehalten.

© Edition Temmen 2020
Edition-Temmen e.K.
Hohenlohestr. 21–28209 Bremen
Tel. +49-421-34843-0 – Fax +49-421-348094
info@edition-temmen.de
www.edition-temmen.de
Alle Rechte vorbehalten
Printed in EU

ISBN 978-3-8378-1054-7

Inhalt

Geleitwort 8
Vorwort 10

Eine neue Oberstufe für den Bremer Westen

Rainer Koy
Für eine menschliche Schule 14

Klaus Hellmerichs
Zur Gründungsgeschichte der Gymnasialen Oberstufe am Rübekamp 16

Klaus Hellmerichs
Die ersten drei Jahrzehnte – Gründung, erste Gefährdung und Konsolidierung. 32

Eberhard Dobers
Die zweite Phase: Weiterentwicklung – Gefährdung – Rettung. 62

Daniel Lucas
Veränderungen in den Jahre 2015 bis 2019 80

Friedrich Wilhelm Hohls
Das Schulzentrum am Rübekamp 84

Neubau einer Schule jenseits der Norm

Kristen Müller
Anmerkungen des Architekten zum Neubau der Schule am Rübekamp 102

Wilfried Reese/Klaus Hellmerichs:
„Der Kerl war irgendwie genial" 106

Eberhard Dobers
Der Brand 114

Organisation muss sein …
Zum Innenleben der Schule

Ute Lemke
Der Rübekamp aus meiner Sicht – ganz persönlich. 118

Peter Mindermann
Der Rübekamp ist natürlich speziell 120

Hannelore Skoric
Das ging, weil man eine Gemeinschaft war 124

Susanne Martens
Mein Schulleben wurde „saisonal" stressiger. 127

Ulrich Juchheim
Was macht eigentlich so eine Jahrgangsleitung –
und warum gibt es die überhaupt?................................. 130

Klaus Hellmerichs
Von Bleistift, Radiergummi und Papieren zu Bits und Bytes 136

Gerhard Dahlke
Von der Sek I zur Sek II – Erfahrungen aus 40 Jahren
Schuldienst im Bremer Westen...................................... 141

Im Mittelpunkt: Die Unterrichtsfächer

Volker Arnold/Annemarie Creutz
Soziologie als Schulfach am Rübekamp 150

Barbara Schneider
Kunst am Rübekamp – Erinnerungen – Streiflichter – bis 2005 162

Margarethe Reinhardt
Das Fach Darstellendes Spiel von 1994 bis 2013 166

Gerhard Dahlke
Geografie – Vom Erfolg eines von der Bremer Bildungspolitik
weniger geliebten Fachs 177

Manfred Hofer
Sport am Rübekamp.. 180

Lothar Gebhardt
Von einem, der auszog, das Glück in Bremen zu finden!
Oder: Vom Harzvorland hinunter in die Wesermarsch.................. 182

Schule ist mehr als Unterricht

Volker Arnold
Die GEW-Betriebsgruppe am Rübekamp (1976 – 1996). Eine Skizze 186

Ingrid Galette-Seidl
„Jede und jeder kann singen......": Chor – Theater – Tanz................ 191

Ursula Broicher
Der Rübenacker 195

Annemarie Creutz
Schuld war nur die Frauenpower[1] – Koedukationsdebatte
am Rübekamp 202

Margarethe Reinhardt
Der Schulversuch «Geschlechtersozialisation und soziale
Herkunft in ihrer Bedeutung für Lernchancen und Lernhindernisse
im Informatikunterricht der Gymnasialen Oberstufe»................. 213

Annemarie Creutz/Ulrich Juchheim
Warum in die Ferne schweifen — oder: Schule am anderen Lernort....... 217

Christiane von der Mühlen
Im Rübengarten – fast alles... außer Rüben 226

Klaus Hellmerichs
Ökohaus 228

Heinz Flisse
Aus dem Alltag eines Lehrers: Aufsicht beim Schulfest 230

Ursula Broicher
Das ‚Mädchenzimmer' und andere Räumlichkeiten 234

Rückblickend gesehen ...

Michèle Saro
Die schönste Parenthese meines Lebens 238

Ulrich Juchheim
Und überhaupt wollte ich noch sagen ... Rückmeldungen von Ehemaligen . . 240

Holger Fischer (Abitur 1980)
Recht familiäre Umgangsformen 243

Michaela Dahm (Abitur 1980)
GSW und Rübekamp – Meine Schulzeit im Bremer Westen 244

Andreas Rosenhagen (Abitur 1980)
„Wer vom Rübekamp reden will, sollte von der GSW nicht schweigen." 245

Jörg Sommer (Abitur 1994)
„Was auch immer ..." 247

Ute Bitzer (Abitur 1989)
Von der Schülerin zur Lehrerin am Rübekamp 250

Nachwort 253

Anhang – Namenslisten – Dank

Who is Who – oder: Unsere Rätselecke 256

Die Namen der AbiturientInnen 257

Das Kollegium 284

Verzeichnis der AutorInnen 286

Bildnachweis 288

Danksagung 288

Geleitwort

Liebe Leserinnen und Leser,

ab 1950 hat die Kultusministerkonferenz erstmals Bestimmungen in ihre Abkommen aufgenommen, die den Bundesländern „pädagogische Versuche, die von der vereinbarten Grundstruktur abweichen", ermöglichten. Infolgedessen wurden auf Länderebene vielfach Schulversuche durchgeführt, die sich mit Veränderungen an der strukturellen und inhaltlichen Gestaltung der Oberstufe beschäftigten. In Bremen mündete diese Entwicklung in die Gründung von Schulzentren ein.

Bis 1976 war der Bildungsgang zum Abitur im Bremer Westen – bereits damals mit fast 100.000 Menschen und knapp 15.000 Kindern und Jugendlichen zwischen 6 und 18 Jahren – lediglich am Gymnasium am Waller Ring möglich. Während 1979 auch hier strukturelle und inhaltliche Reformen hin zur Bildung einer Gymnasialen Oberstufe (GyO) erfolgten, hat das Schulzentrum am Rübekamp am 1. August 1976 seine Arbeit im Bremer Westen aufgenommen, zunächst – Geschichte wiederholt sich zuweilen doch – in Mobilbauten und mit 41 SchülerInnen im ersten 11. Jahrgang der Gymnasialen Oberstufe. Die kontinuierliche Entwicklung wurde in den 1980er-Jahren durch einen Schulneubau mit großzügigen Lichthöfen, Grünzonen, Ecken und Winkeln unterstützt, die damit bis heute die Grundlage für eine angenehme Lern- und Arbeitsatmosphäre bietet. Gegenwärtig besuchen jährlich ca. 350 bis 450 SchülerInnen in drei Jahrgängen die GyO. Leitziel ist die Förderung der Entwicklung von mündigen Menschen zu verantwortungsvoller, demokratischer und toleranter Teilhabe am kulturellen, politischen und gesellschaftlichen Leben.

Zur Gymnasialen Abteilung ist 1983 eine Berufliche Abteilung für das Hotel- und Gaststättengewerbe, Bäckerei, Konditorei, Fleischerei, für Lebensmitteltechnik sowie für Brauer und Mälzer hinzugekommen, so dass heute am Schulzentrum am Rübekamp insgesamt ca. 1700 SchülerInnen in 21 unterschiedlichen Bildungsgängen unterrichtet werden.

Das Schulzentrum am Rübekamp mit seiner Gymnasialen Oberstufe hat eine überaus positive Entwicklung genommen und sich im Bremer Westen als verlässlicher Partner in Bildungsangelegenheiten etabliert. Aber auch weit über die

Grenzen des Bremer Westens hinaus hat sich die Bildungseinrichtung inzwischen als eine höchst attraktive Wahlmöglichkeit für SchülerInnen aus Bremen und umzu einen Namen gemacht.

In allen Bundesländern wurde und wird die Gymnasiale Oberstufe weiterhin reformiert. Sie unterscheidet sich inzwischen oftmals vom Modell der reformierten Oberstufe und bringt immer mehr länderspezifische Besonderheiten hervor. Wie sich das Schulzentrum am Rübekamp und insbesondere die Gymnasiale Oberstufe in den vergangenen vier Jahrzehnten zum unverzichtbaren Baustein in der Bildungslandschaft des Bremer Westen entwickelt hat, zeigt das vorliegende Buch. Ich freue mich, dass die Autoren, die den Entwicklungen der Schule so nahegestanden und diese mitgeprägt haben, die Historie einer erfolgreichen Schulbiografie aufgearbeitet und zusammengefasst haben. Die Wertschätzung des Bremer Westens für das Schulzentrum zeigt sich nicht zuletzt auch darin, dass die Beiräte das Buch großzügig finanziell unterstützt haben.

Namens der Stadtteilpolitik des Bremer Westens und des Ortsamtes West wünsche ich dem Schulzentrum am Rübekamp auch in den kommenden Jahren und Jahrzehnten in seinem Wirken für unsere Stadtteile gutes Gelingen.

Mit freundlichen Grüßen

Ulrike Pala
Ortsamtsleiterin

Vorwort

Am 1. September 2016 feierte das Schulzentrum am Rübekamp mit einem offiziellen Akt und einem sich daran anschließenden Schulfest sein vierzigjähriges Bestehen. Genauer gesagt: Gefeiert wurde das vierzigjährige Bestehen der aus der Gesamtschule-West hervorgegangenen Gymnasialen Oberstufe (Gyo) am Rübekamp, die 1976 ihre Arbeit aufnahm und als Gymnasiale Abteilung seit 1983 zusammen mit der Beruflichen Abteilung für das Nahrungsgewerbe das Schulzentrum des Sekundarbereichs II am Rübekamp bildet. In den üblichen kurzen Ansprachen war naturgemäß zu wenig Raum, um die Geschichte der Oberstufe, auch ihr enZusammenhang mit der Gesamtschule West angemessen zu beschreiben. Anschließende Gespräche ließen erkennen, dass vor allem ihre Vorgeschichte als auch die Gründerjahre nicht mehr präsent sind: Niemand von den an ihrer Gründung Beteiligten ist heute noch dort tätig, niemand mehr kann ihre Geschichte vermitteln, jetzige und künftige Lehrergenerationen können auf nichts zurückgreifen.

Wie ich hatten auch andere Kollegen der ersten Stunde der GyO am Rübekamp nach dem Festakt das Gefühl, dass etwas in Vergessenheit zu geraten drohte. Bisher hat niemand die Geschichte der Gesamtschule Bremen-West geschrieben, damit droht die Geschichte dieses spektakulären pädagogischen Großversuchs, mit dem Bremen 1970 seine tiefgreifende Bildungsoffensive startete, verloren zu gehen. Mit seinem damaligen Reformansatz versuchte das SPD-geführte Bremen, konsequent Vorschläge des Deutschen Bildungsrates zur Umstrukturierung des Bildungswesens umzusetzen. Zwar herrschte damals allerorten Aufbruchstimmung und es wurden – dem Bildungsföderalismus entsprechend – höchst unterschiedliche Reformversuche unternommen, um dem viel beschworenen Bildungsnotstand zu begegnen. Kein anderes Bundesland hat jedoch einen vergleichbar radikalen Aufbruch im Bildungsbereich gewagt, kein anderes Bundesland hat sich von der Reformeuphorie der späten 1960er Jahre derart beflügeln lassen. Die schon damals viel beschworene – und bis heute nicht erreichte – Chancengleichheit im Schulwesen zu erreichen führte immerhin dazu, die erste integrierte Gesamtschule ganz bewusst im Bremer Westen, einem traditionellen Arbeiterstadtteil, zu errichten, mit dem Versprechen einer eigenen gymnasialen Oberstufe. Genau diese verlor sie wenige Jahre nach ihrer Gründung mit der flächendeckenden Einführung der Stufenschule. Als dann 1976 die GyO am Rübekamp ihre Arbeit aufnahm, stellte der erste Oberstufenjahrgang der Gesamtschule-West den Gründerjahrgang der neuen GyO. Die GSW-Übergänger konnten damit ihre gymnasiale Schullaufbahn bis zum Abitur quasi nahtlos auf dem eigenen Gelände fortsetzen – und dem Senator für Bildung blieb die Genugtuung, doch irgendwie Wort gehalten zu haben.

Es ist bedauerlich, dass bis heute keine systematischen Darstellungen sowohl des bremischen Reformansatzes insgesamt als auch seiner institutionellen Umsetzung vorliegt. Dass somit auch die Geschichte der Gründung der GyO am Rübekamp und die ihrer ersten Jahrzehnte verloren gehen könnte, widerstrebte mir derart, dass ich spontan einen ersten Text zur Gründungsgeschichte verfasste. Diesen Text verschickte ich an alle pensionierten Lehrkräfte der GyO, darunter eine Reihe früherer GSW-Kollegen, die wie ich zum Rübekamp gewechselt waren, mit dem Vorschlag, eigene Erinnerungen an die ersten vier Jahrzehnte GyO am Rübekamp festzuhalten: Wenn wir nicht selber etwas zur Geschichte unserer Oberstufe schreiben würden, würde es vermutlich niemand mehr tun. Von

Anfang an schwebten mir keine objektiven, wissenschaftlichen Standards genügenden Texte noch eine Anekdotensammlung vor, sondern ein bunter Strauß von Texten höchst unterschiedlicher Art, gefärbt von persönlichen Erinnerungen, der die Entwicklung unserer Oberstufe verdeutlichen könnte. Nach ersten positiven Rückmeldungen konnte das Projekt starten; eine Redaktionsgruppe fand sich bereit, eingehende Beiträge zu sichten. Langsam, aber stetig wuchs der bunte Strauß und er ist zweifellos unvollständig. So bleibt zum einen manches schlicht ungeschrieben, zum anderen hätten weitere Beiträge einen wünschenswerten Umfang auch gesprengt. Abschließend sei darauf hingewiesen, dass die Autoren und Autorinnen den Inhalt ihrer Beiträge selbst verantworten.

Klaus Hellmerichs
Bremen 2019

Richtfest des 2. Bauabschnitts, am Rednerpult Horst von Hassel, 1982

Johann Büsen: Rübekamp 3.1

Eine neue Oberstufe für den Bremer Westen

RAINER KOY
Für eine menschliche Schule

Rainer Koy

Als ich gefragt wurde, ob ich mich an dem Projekt zur Geschichte der gymnasialen Oberstufe am Rübekamp mit einem Beitrag aus meiner persönlichen Sicht beteiligen wolle, habe ich spontan zugesagt.

Immerhin waren die 25 Jahre, die ich an dieser Schule gearbeitet habe, auch 25 Jahre meiner eigenen Lebensgeschichte, mit allen Höhen und Tiefen, die das Leben so mit sich bringt. Ich werde mich im Folgenden aber auf die Höhen beschränken, von denen es wahrlich genug gegeben hat.

Alles fing an mit den sieben Jahren, die ich am gerade gegründeten und neu gebauten Gymnasium Horn in der Ronzelenstraße zugebracht hatte. Dort war Otto Suhling, Schulleiter, Psychologe, Deutsch- und Englischlehrer, mein großes Vorbild, ein Mann voller Ideen und mit der Fähigkeit ausgestattet, andere zur Mitarbeit zu begeistern. So krempelte das gesamte Kollegium das Innere der Schule um: In der Oberstufe zum Kurssystem NGO, indem wir u.a. an der Abfassung der Lehrpläne für diese Kurse beteiligt wurden, in der Mittelstufe, indem wir im IFG (interfakultatives Gespräch) entwickelte, neue Unterrichtsformen ausprobierten. Gleichzeitig faszinierte mich die politische Aufbruchstimmung im Bremen der 70er Jahre. Das Schulsystem wurde umgestaltet zur Stufenschule, Gesamtschulen wurden gegründet, in der Oberstufe sollten gymnasiale Oberstufen mit Berufsschulen integriert werden, und so bekam ich die Chance, die Leitung der Abteilung Gymnasium am neugegründeten Schulzentrum des Sek. II-Bereichs am Rübekamp zu übernehmen.

Diese Abteilung wurde zunächst in vier Mobilbauklassen an der Lissaer Str. untergebracht, für den ersten Abgänger-Jahrgang der Gesamtschule West, und bestand aus 40 Schülern, 8 Lehrern, einer Sekretärin und mir. Weil die Abteilung in jedem Jahr größer wurde, mußte ein Neubau her. Der erste Bauabschnitt war 1979 fertig, aber in der Zwischenzeit wurde die Abteilung in Räumen der alten, inzwischen abgerissenen GSW untergebracht, weil die Mobilbau-Klassen nicht mehr ausreichten. Noch heute bin ich dem damaligen Schulleiter der GSW, Peter Ziegert, für die Hilfsbereitschaft dankbar, mit der er uns in seiner Schule aufnahm. Das erste Rübekamp-Abitur fand deshalb auch in der GSW statt, und es atmete schon den Geist, der auch in den folgenden Jahren die neugegründete Schule beseelte, den des Gemeinschaftsprodukts von Eltern, Lehrern und Schülern.

Eine gymnasiale Oberstufe braucht wegen des Kurssystems mindestens 80 Schüler pro Jahrgang, um ein mit anderen gymnasialen Oberstufen konkurrenzfähiges Angebot an Leistungs und Grundfächern vorhalten zu können. Die GSW „produzierte" aber nur 41 bis 50 Schüler pro Jahrgang. Also mußten wir uns nach weiteren „Zulieferschulen" im Sek.I- Bereich umsehen. Dabei gerieten wir in Konkurrenz zum Sek.II-Zentrum Walle, dem ehemaligen Gymnasium am Waller Ring, und für zwei Oberstufen gab es im gesamten Bremer Westen nicht genug Schüler.

Wie immer belebte auch in diesem Fall Konkurrenz das Geschäft. Wir warben nicht nur im Bremer Westen, sondern auch in den Innenstadt-Regionen um Schüler und waren dabei sehr erfolgreich, so daß die gymnasiale Oberstufe am Rübekamp in den späteren Jahren mehr Anmeldungen pro Jahrgang hatte, als sie aufnehmen konnte.

Die Ursachen für diesen Erfolg waren vielfältig. Es gab KollegInnen, die bei den jährlichen Werbe-Aktionen in den Sek.I-Schulen neben den bekannten auch für neue Fächer wie Rechtskunde, Niederdeutsch, Pädagogik, Psychologie, Soziologie und Türkisch warben, einen Tag der offenen Tür, an dem diese und die übrigen KollegInnen ihre Fächer vorstellten und die Eltern durch die Schule führten.

Außerdem fand für jeden neuen 11. Jahrgang in der ersten Schulwoche eine einwöchige Jahrgangsfahrt nach Steinkimmen statt. Dort hatten die KollegInnen, die diesen Jahrgang unterrichten sollten und deshalb gleichzeitig auch Tutoren waren, eine erste intensive Begegnung mit ihren Schülern. Ergebnis dieser Woche war immer eine Abschluß-Veranstaltung mit einem Programm, das in dieser Woche auf die Beine gestellt werden mußte. Da die KollegInnen dieses Jahrgangs wußten, daß sie nach drei Jahren mit den meisten dieser Schüler auch Abitur ablegen würden, führte die Zusammenarbeit zwischen den Lehrern (Tutoren) jedes Jahrgangs zu entsprechend abwechslungsreichen und qualitativ hochwertigen Abiturfeiern, die allen Beteiligten lange in Erinnerung blieben. Großen Anteil daran hatte das jeweilige Organisationsteam um einen Jahrgangsleiter, den Oberstufen-Koordinator, den Stundenplaner und die Sekretärin.

Die Attraktivität der Schule bekam 1980 einen gewaltigen Schub durch das neue Schulgebäude auf dem Nachbar-Grundstück der GSW, dessen Gestaltung wir dem Architekten-Team Müller/Reese verdankten: Rote Ziegel statt grauem Beton, rote Ziegel-Dächer statt Flachdach-Konstruktionen, im Innern verwinkelte Gänge und Treppenhäuser, die Geborgenheit vermittelten, viel Holz und Grünpflanzen, die bis heute am Leben sind. Ich erinnere mich an ein Gespräch mit dem Architekten Kristen Müller, in dem er von seinem Sieg gegen Pläne des Hochbauamts berichtete, statt der Fenster eine automatische Belüftungsanlage einzubauen. Auf das Argument, daß Fenster früher oder später zu Lücken führen würden, durch die der Wind pfeifen würde, antwortete er: „Dann steckt doch den WESERREPORT in die Lücken."

1983 kam mit dem 2. Bauabschnitt die Berufsschule für das Nahrungsgewerbe dazu und komplettierte damit das Schulzentrum der Sekundarstufe II. Nun gab es auch eine „Aula", die gleichzeitig Schnittpunkt der Schülerströme und Aufenthaltsraum in den Pausen war. Sein sollte, muß ich besser sagen, denn die jahrelang eingeübte provisorische Aufenthaltszone in der alten Pausenhalle des 1. Bauabschnitts war nicht so schnell aus den Köpfen zu bekommen und feierte noch jahrelang in dem von Schülern betriebenen Schüler-Café fröhliche Urständ.

Lebhaft ist mir noch in Erinnerung das Gemeinschaftsprojekt „Linie 2", das in Anlehnung an ein ähnliches Projekt des Grips-Theaters Berlin von KollegInnen und SchülerInnen des Gymnasiums Horn, des Rübekamp und der GSW im Jahr 1994 verfaßt, inszeniert und im Ernst-Waldau-Theater in sechs ausverkauften Vorstellungen aufgeführt wurde. Leider mußten viele der daran beteiligten SchülerInnen nebenbei auch noch Abitur machen. Sonst hätten sie ihr Musical noch zwanzig Mal aufführen können, und es wäre immer ausverkauft gewesen.

„Menschliche Schule" angestrebt
Neubau für die gymnasiale Oberstufe am Rübekamp wurde offiziell eingeweiht

„Unsere Schulreform soll aus dem Gestern herausführen, ohne das Gestern zu entwerten, sondern um es zu verwerten." Mit diesem Leitsatz hat der Senator für Bildung, Horst von Hassel, tern den Schulneubau am Rübekamp im Bremer Westen offiziell übergeben. Der erste Bauabschnitt, der für 10,7 Millionen Mark fertiggestellt wurde, umfaßt Unterrichts-, Fach- und Verwaltungsräume für die gymnasiale Oberstufe. Ein zweiter Bauabschnitt sieht Spezialräume der Berufsschule für das Nahrungsgewerbe vor. Er soll, wie der Bildungssenator mitteilte, im Jahre 1983 abgeschlossen sein. Zum baulichen Konzept der neuen Schule sagte Manfred Schomers als Vertreter des Senators für das Bauwesen: „Wir wollen Vielfalt, Abwechslung und Erlebnisfreude erreichen und vor allem Menschlichkeit vermitteln."

Zur äußeren und innenarchitektonischen Gestaltung der Schule wurden überwiegend Klinkersteine und Holz verwendet. Die warmen Farbtöne herrschen vor. Die Hauptnutzfläche des Neubaus umfaßt 2600 Quadratmeter. In den Fluren bieten Glasschaukästen die Möglichkeit, künstlerische Arbeiten der Schüle auszustellen. Der Treppenaufgang, der von einer Schülergruppe gestaltet wurde, vermittelt mit surrealistischen Motiven eine dreidimensionale Scheinwirklichkeit. Architekt Kristen Müller hob während der Feierstunde hervor, daß es sein besonderes Anliegen gewesen sei, bei der Ausführung des Neubaus Bedürfnisse und Anregungen derjenigen zu berücksichtigen, für die das Gebäude gedacht ist. Zur Vervollständigung der Anlage sei ge- berufliche Schulen ihre Werte und ihre Erziehungsziele eingebracht hätten, daß die Gegenwart Übergangszeit sei, ein Versuch der Annäherung. „Die Zukunft gehört einer Integration im Sekundarbereich II, in der alle Schüler gleichermaßen den Zugang zu der notwendigen und der individuell gewünschten Allgemeinbildung erhalten und in der alle Schüler optimal auf die Ziele ihrer Ausbildungsgänge hin qualifiziert werden", betonte der Senator. Er schloß mit einem Appell an Schüler und Lehrer, sich für „ihr" Haus einzusetzen und es „weiterzubauen".

Kritische Anmerkungen

Der Leiter der Abteilung Gymnasium Schule. Er bemängelte, daß die Räume für die Fachbereiche Kunst und Musik gestrichen worden seien. Die Forderung nach einem Schüleraufenthaltsraum sei auf den zweiten Bauabschnitt verschoben worden, so daß sich für die Zwischenzeit mancherlei Unbequemlichkeiten ergäben. Die im Januar eingeführte Preiserhöhung in der Mensa der benachbarten Gesamtschule West lieferte im Januar einen Ansatzpunkt zur Kritik. Nicht nur Michael Bartels, sondern auch der Schulelternsprecher der Gesamtschule sprachen sich nachdrücklich gegen die Mehrkosten von 60 Pfennig pro Mahlzeit aus. Da ein Teil der Schüler es inzwischen vorziehe, außerhalb der Mensa zu essen, leide der Ganztagscharakter der Schule hieß es. Von Hassel deutete an, daß ein

Weser Kurier - Artikel von 1981

KLAUS HELLMERICHS
Zur Gründungsgeschichte der Gymnasialen Oberstufe am Rübekamp

An den Ablauf des ersten Schultages der neuen gymnasialen Oberstufe am Rübekamp, den 8. August 1976, erinnere ich mich nicht mehr. Gab es für Schüler und Lehrer einen kleinen Festakt mit offizieller Begrüßung, Reden, Fotos? Waren Eltern zugegen? Immerhin traten an diesem Tag erstmals Schüler der ersten bremischen Gesamtschule, der Gesamtschule Bremen-West (GSW), in die Oberstufe ein. Wohl aber erinnere ich, dass wir vom ersten Tage an mit einem vollen, endgültigen Stundenplan starten konnten. Nicht mit einem vorläufigen Plan, wie nicht wenige Bremer Schulen, die selbst zu Schuljahrsbeginn immer noch nicht über ihre endgültige Lehrerzuweisung verfügten, so wie auch die GSW. Ihren vollgültigen Stundenplan hielten die Schüler schon am Ende des 10. Schuljahres in ihren Händen. In heutigem Jargon war es ein »verlässlicher« Schulbeginn – und so sollte es über die Jahrzehnte bleiben: Ein erstes Markenzeichen, das in seiner Bedeutung für die Außensicht einer Schule von hohem Wert war (und geblieben ist).

In Ermangelung eines eigenen Gebäudes nahmen wir mit 41 Schülern in einem barackenähnlichen Mobilbau auf dem Gelände der GSW unsere Arbeit auf. Je zwei durch einen kurzen Flur mit Toiletten getrennte Klassenräume waren durch einen überdachten Gang verbunden, bei regnerischem Wetter ein unter Rauchern beliebtes Plätzchen. In dem schon in die Jahre gekommenen Mobilbau schwankten und knarzten die Dielen, die Fenster konnte man nicht öffnen, die Oberlichter schlossen schwer. Im Sommer heizte Sonnenschein die Räume auf, da halfen auch merkwürdige Gardinen nicht. Die vier Klassenräume waren von der GSW für praxisorientierte Wahlpflichtkurse im Bereich Technik/Physik genutzt worden und hatten sich zu einer Art pädagogischem Refugium abseits des kalten Betonklotzes entwickelt.

Drei Räume nutzten auch wir als Klassenzimmer, den vierten teilten sich Verwaltung und Kollegium. Das Mobiliar für drei Klassenräume war aus dem Bestand der GSW zusammengestellt worden, genauso wie die Möbel des »Lehrerabteils«. Einzige Ausnahme bildeten neue Aktenschränke und Schreibtische für Rainer Koy und Ute Lemke im »Sekretariatsabteil« – ein Telefon, ein Kopiergerät und eine brandneue elektrische Olivetti für die zu erwartenden ersten Abiturzeugnisse bildeten die technische Ausstattung. Jedes Gespräch, jede Besprechung, jedes Telefonat waren für alle mithörbar. Aber beseelt davon, alles anders und besser zu machen, waren wir froh, unser Reformwerk in einer zwar kleinen, aber eigenen Schule beginnen zu können. Zu den 40 Gesamtschülern fand ein einziger Schüler aus der Innenstadt den Weg zu uns. Immerhin waren wir damit nicht mehr ausschließlich die Oberstufe der GSW. Ein gutes Omen?

Die Gründungsgeschichte der Gymnasialen Oberstufe (GyO) am Rübekamp ist Teil der Ge-

Eingang zum Mobilbau (etwa 1976)

schichte der GSW. Auf eine Monographie der Geschichte dieser ersten integrativen Gesamtschule Bremens kann leider nicht zurückgegriffen werden, niemand hat sie bisher geschrieben. Heute das Entstehen der GyO am Rübekamp aus der Geschichte der GSW heraus nachvollziehen zu wollen, wird dadurch zunehmend schwieriger. Befragungen früherer Beteiligter zu diesem Thema laufen nicht selten ins Leere, Materialien und Schriftwechsel sind, wenn überhaupt noch, nur mühsam zu heben. Hinzu kommt, dass wichtige Zeitzeugen einfach nicht mehr da sind; darunter durch zu frühen Tod die ersten drei Schulleiter der GSW, die Kollegen Ernst-August Michaelis, Peter Ziegert und Klaus Wasum. Unter der Ägide von Peter Ziegert war die GyO am Rübekamp einst entstanden. Vor allem fehlen die Erinnerungen der damals aktiven Elternvertreter der GSW, denn Eltern waren es, die die Gründung der späteren GyO am Rübekamp entscheidend durchsetzen konnten, ja geradezu erzwangen. Der folgende Beitrag skizziert 1. die Zeit des bildungspolitischen Aufbruchs der 1960er Jahre, 2. den Ansatz der integrativen Gesamtschule am Beispiel der GSW, 3. den von der GSW initiierten Entstehungsprozess einer GyO und 4. Grundzüge ihrer ersten Ausgestaltung als (spätere) GyO am Rübekamp.

Mein Beitrag stützt sich im Wesentlichen auf meine Erinnerungen und wenige private bzw. im Staatsarchiv Bremen vorhandene Unterlagen. Der größte Teil meines der Schule überlassenen Archivbestandes wurde leider durch einen Brand des Verwaltungstraktes im Jahr 2012 vernichtet.

1. Zeit des Aufbruchs

Die Gesamtschule West und die aus ihr hervorgegangene GyO am Rübekamp verdanken sich dem Zeitgeist der späten 1960er resp. frühen 1970er Jahre, der in eine Reformeuphorie mündete, die das private, berufliche und politische Leben meiner Generation entweder bestimmte oder zumindest nicht unberührt ließ. Viele von uns glaubten, über Erziehung und Bildung die Gesellschaft verändern, manche glaubten gar, sie darüber aus den Angeln heben zu können. Um unsere Aufbruchstimmung zu verstehen, ist es unerlässlich, den Zeitgeist zu-

Frau Lemke und Herr Koy im ‚Sekretariat'

mindest in groben Zügen nachzuzeichnen.

»Eines der tragenden Fundamente jedes modernen Staates ist sein Bildungswesen … Die Bundesrepublik steht in der vergleichenden Schulstatistik am untersten Ende der europäischen Länder … Bildungsnotstand heißt wirtschaftlicher Notstand … Der bisherige wirtschaftliche Aufschwung wird ein rasches Ende nehmen, wenn uns die qualifizierten Nachwuchskräfte fehlen, ohne die im technischen Zeitalter kein Produktionssystem etwas leisten kann. Wenn das Bildungssystem versagt, ist die ganze Gesellschaft in ihrem Bestand bedroht.«

Diese Sätze, die auch einer heutigen Publikation entnommen sein könnten, stammen aus dem einleitenden Teil einer Artikelserie, die der christ-konservative Philosoph, Theologe und Pädagoge Georg Picht Anfang 1964 in der Wochenzeitung *Christ und Welt* unter der Überschrift »Die deutsche Bildungskatastrophe« veröffentlichte. Pichts Appell war auch eine Antwort auf den vom Deutschen Ausschuss für das Erziehungs- und Bildungswesen 1959 veröffentlichten Rahmenplan zur Schulreform, der jedoch das historisch gewachsene, einer Dreiklassengesellschaft adäquate dreigliederige Schulsystem selbst bei insgesamt 30 Empfehlungen im Wesentlichen unangetastet ließ. Immerhin wurde empfohlen, die 1918 eingeführte vierjährige verbindliche Grundschule um eine zweijährige ebenso verbindliche Förderstufe zu ergänzen, um über eine sechsjährige Grundschule zu frühe Selektionsprozesse zu vermeiden. Diese Empfehlung stieß bei Gymnasiallehrern und ihren Verbänden auf breite Ablehnung. Sie unterstellten eine zu weit gehende »Anpassung an die jeweiligen Gegebenheiten einer technischen Zivilisation«, fürchteten Ausbildung statt Bildung und sahen das Ende des humanistischen Gymnasiums als Flaggschiff gymnasialer Bildung nahen. Der Wechsel von einer reaktiven zu einer wirklich aktiven Rolle sollte der Bildungspolitik nicht gelingen. Ein wesentlicher Grund lag auch darin begründet, dass es nach 1945 nicht gelang, an die demokratischen, vom Nationalsozialismus aber zerstörten Reformversuche der Weimarer Republik anzuknüpfen. Die schon zu Weimarer Zeiten einflussreichsten und konservativ gesinnten Pädagogikprofessoren dominierten auch die Nachkriegsszene.

1965 legte der Soziologe Ralf Dahrendorf mit seinem einflussreichen Band »Gesellschaft und Demokratie in Deutschland« nach und bemerkte zum Bildungswesen der damaligen Bundesrepublik u.a., »dass man im beharrlichen Überleben einer skandalösen Ungleichheit der Bildungschancen den fundamentalen Mangel in der Durchsetzung gleicher Bürgerrechte sehen (darf)«. Neben Landkindern, von denen knapp die Hälfte immer noch ein- oder zweiklassige Schulen besuchten, litten Arbeiterkinder und Mädchen unter fehlender Chancengleichheit. »Zwei Drittel aller Kinder haben Eltern mit landwirtschaftlichen Berufen oder Arbeiterberufen; aber nur knapp 10% aller Studierenden an wissenschaftlichen Hochschulen kommen aus diesen Gruppen ... Nur jedes dritte Arbeiter- oder Bauernkind, dass in die Sexta eintritt, kommt zum Abitur«.

Wirklichen Druck auf den Kessel bildungspolitischer Reformen brachten die rasante technologische Entwicklung und der von der deutschen Industrie befürchtete Mangel an qualifiziertem Nachwuchs an Technikern und Ingenieuren, weniger jedoch Grundsatzdebatten über Bürgerrechte und Chancengleichheit: eine bis heute durchgängig zu beobachtende Tendenz. Als in den späten 1960er Jahren die an den Universitäten und Hochschulen gärende Strukturkrise (»Unter den Talaren Muff von tausend Jahren«) offen ausbrach und unter Studenten zu Rebellion und Unruhen führte, nahm die Sache der Bildungsreform endgültig Fahrt auf. Bildungskatastrophe und Bildungsnotstand wurden nun zum geflügelten Begriff, vor allem in der bis dahin auf Bundesebene nicht eben erfolgreichen Sozialdemokratischen Partei, die die Bildungspolitik zu einem ihrer zentralen Politikfelder machte.

Schon mit seiner ersten Empfehlung zur Einrichtung von Schulversuchen mit Gesamtschulen von 1969 markierte der 1965 gemeinsam von Bund und Ländern gegründete Deutsche Bildungsrat eine andere Marschroute. Im Jahr darauf legte er mit seinem »Strukturplan für das Bildungswesen«, seiner umfassendsten Empfehlung, einen organisatorisch-konzeptionellen Gesamtentwurf vor, der in Stufenform von der frühkindlichen Erziehung bis zur Erwachsenenbildung reichte. Parallel dazu veröffentlichte er 1968 mit dem umfangreichen Band »Begabung und Lernen« 16(!) von ihm in Auftrag gegebene Gutachten und Studien, die große Wirkung erzielten und die Politik weiter unter Druck setzten.

Mit dem 1967 erfolgten Eintritt der SPD in die erste Große Koalition mit der CDU/CSU und der damit verbundenen Gründung eines Bundesbildungsministeriums hatten erste ernsthafte Reformbemühungen bereits Fahrt aufgenommen. Bildungsreform war nun in aller Munde, anders als heute war der Begriff der Reform positiv besetzt. Eines der Hauptaugenmerke der Bildungsreform galt der Überwindung des als überholt geltenden dreigliedrigen Schulsystems als Ausdruck von Klassengesellschaft.

Ganz im Zuge dieser Reformbemühungen debattierten und beschlossen die Bremer SPD bzw. der SPD-geführte Bremer Senat die Gründung von integrierten Gesamtschulen. Als Standort für die erste Schule dieser neuen Schulform entschied man sich für den Bremer Westen. In diesem von Werft- und Hafenindustrie geprägten Arbeiterstadtteil sollte eine integrierte Gesamtschule vor allem Kindern aus bisher bildungsfernen Schichten die Chance auf einen höheren Bildungsabschluss ermöglichen. Eine zweite integrierte Gesamtschule sollte im Bremer Osten entstehen – die spätere

Gesamtschule Bremen-Ost (GSO) –, eine dritte Gesamtschule im Bremer Norden – der spätere Schulverbund Bremen-Lesum, der aus einem Gymnasium heraus entwickelt wurde und nach einem weniger integrativen Ansatz arbeitete. In der Erkenntnis von Schule als »sozialer Dirigierungsstelle« sollte mit Chancengleichheit endlich Ernst gemacht werden.

2. Zur Geschichte der Gesamtschule Bremen-West

Im Schuljahr 1968/69 begannen im Hause des Senators für das Bildungswesen (SfB), zu jener Zeit Moritz Thape, die Planungen für die erste integrierte Gesamtschule Bremens in Gestalt einer Versuchsschule, so wie es der Deutsche Bildungsrat empfohlen hatte. Mit dem Schuljahr 1969/70 nahm eine Planungsgruppe ihre Arbeit auf. Im Juni 1970, wenige Wochen vor Aufnahme des ersten Schülerjahrgangs, wandte sich der Senator für Bildung mit einer Broschüre an die bremische Öffentlichkeit: »Gesamtschule Bremen-West. Informationsschrift über eine neue Schulform im Bremer Westen«. Eine folgenschwere Entscheidung, wie sich noch herausstellen sollte, denn diese Schrift sollte geradezu zur Gründungsurkunde für die spätere GyO am Rübekamp werden. Auf die wegen ihrer Umschlagfarbe *Silberne Broschüre* genannte Schrift, soll hier deshalb näher eingegangen werden. Nach einleitenden Sätzen zum bisherigen Übergang von Grundschülern in das dreigliedrige Schulsystem nach der 4. bzw. 6. Klasse heißt es:

»In diesem Jahr gibt es nun auf die Frage der Eltern, in welche Schule sie ihr Kind schicken sollen, zum ersten Mal eine vierte Möglichkeit, eine Möglichkeit, die alle bisherigen Wege einschließt: die Gesamtschule. Ab 1970/71 können Schüler der 4. Klasse die erste Gesamtschule in Bremen besuchen. In dieser Gesamtschule – das sagt schon der Name – sind alle drei Schulzweige des bisherigen Schulsystems zu einer neuen Schulform zusammengefasst. Kinder aller Begabungsgruppen, Kinder mit unterschiedlichen Abschlusszielen besuchen gemeinsam diese Schule und nehmen gemeinsam an den Unterrichtsveranstaltungen teil.«

Vier Grundsätze werden hervorgehoben:

»Die Durchlässigkeit unter den bisherigen Schularten soll verstärkt werden ... Der einzelne Schüler soll seinen Fähigkeiten entsprechend soweit wie möglich gefördert werden ... Die Gesamtschule soll die Gleichheit der Bildungschancen gewährleisten ... Die Gesamtschule soll mehr Schüler als bisher zu gehobenen Abschlüssen führen.«

Damit werde eine zu frühe Festlegung auf einen

'Silberne Broschüre 1970

bestimmten Schulzweig vermieden und über ein System von Kern- und Kursunterricht, Differenzierungsgruppen und wahlfreien Kursen jeder einzelne seinen Befähigungen und Interessen entsprechend gefördert. »Sitzenbleiben ist nicht möglich. Hochbegabte Schüler können in kürzerer Zeit zur Hochschulreife gelangen, da das Semester- und Trimestersystem der Kurse das Überspringen einer Klasse ersetzt.« Ein gemeinsamer Unterricht von Schülern aller sozialer Schichten, in dem »alle Schüler gemeinsam auf eine Welt vorbereitet (werden), in der sie ebenfalls gemeinsam leben müssen«, sichere jedem Kind die gleichen Chancen für eine bessere Bildung: »Mehr Schüler als bisher (werden) zu gehobenen Abschlüssen verschiedenster Art kommen.«

Zum Sekundarbereich II heißt es in der Broschüre unter anderem: »Die Sekundarstufe II (11 bis 13) ist nicht mehr nach Jahrgängen organisiert. Eine parallele Semester/Trimesterorganisation des Unterrichts ermöglicht fachspezifische Differenzierungen nach Lerngeschwindigkeit. Der Bereich I (Pflichtfächer) wird in der Sekundarstufe II zugunsten der Bereiche II und III, Wahlpflichtfächer und Begleitkurse, immer mehr eingeengt, d.h. der Neigungs- und Wahlbereich des Schülers kann zunehmend erweitert werden … Die Kurse des Bereichs II (Neigungskurse) entsprechen im wesentlichen jenen des Bereichs II in der Sekundarstufe I. Der Neigungsbereich auch in den praxisorientierten Kursen hat wissenschaftlich-propädeutisches Niveau, er soll den Schülern den Übergang in die angestrebten weiteren Ausbildungsbereiche (Hochschulen, Fachschulen u.a.) erleichtern.«

Zu den Abschlüssen heißt es in der Broschüre, dass für die Sekundarstufe I das »Abitur I« gelte, das alle bisherigen Abschlüsse der 10. Jahrgangsstufe ersetze (Mittlere Reife, Hauptschulabschluss). Die Sekundarstufe II werde mit dem Abitur II abschließen, das der herkömmlichen Hochschulreife entspreche.

Zur Realisierung der ersten integrierten Gesamtschule Bremens fasste die Planungsgruppe ihre Vorstellungen in folgende Grundsätze:

»1. Die Gesamtschule in integrierter Form ist Versuchsschule, die Mitarbeit von Eltern und Lehrern ist freiwillig.
2. Die Zusammenarbeit mit den Kollegien der benachbarten Schulen soll so intensiv wie möglich sein.
3. Der Schulversuch beginnt mit Klasse 5 und endet mit dem Abitur; er garantiert alle herkömmlichen Abschlüsse.
4. Um diese Gesamtschule voll arbeitsfähig auszubauen, soll jeder Jahrgang der Sekundarstufe I (Jahrgang 5 bis 10) etwa 240 Schüler umfassen.
5. Das Kollegium der Gesamtschule besteht aus Lehrern aller Schularten.«

Merkwürdigerweise fehlt unter den Grundsätzen der damals geradezu revolutionäre Beschluss, den Schulversuch als Ganztagsschule zu führen. Konkret heißt es dazu in der Broschüre, dass die GSW eine 5-Tage-Woche haben werde, mit Schulbeginn um 8 Uhr und Schulschluss um 16 Uhr, und zwar mit eineinhalbstündiger Mittagspause, in der ein Mittagessen eingenommen werden könne. Hausarbeiten bisheriger Art werde es nicht geben, dafür Schülerarbeitsstunden, um Übungsarbeiten zu erledigen, so dass die Schüler »zu Hause völlig frei sind von schulischen Verpflichtungen.«

Neben hehren Zielen wie z. B. Chancengleichheit über optimale individuelle Förderung je nach Fähigkeit und Begabung jedes Kindes, standen für

Vergleich der Schulsysteme ('Silberne Broschüre')

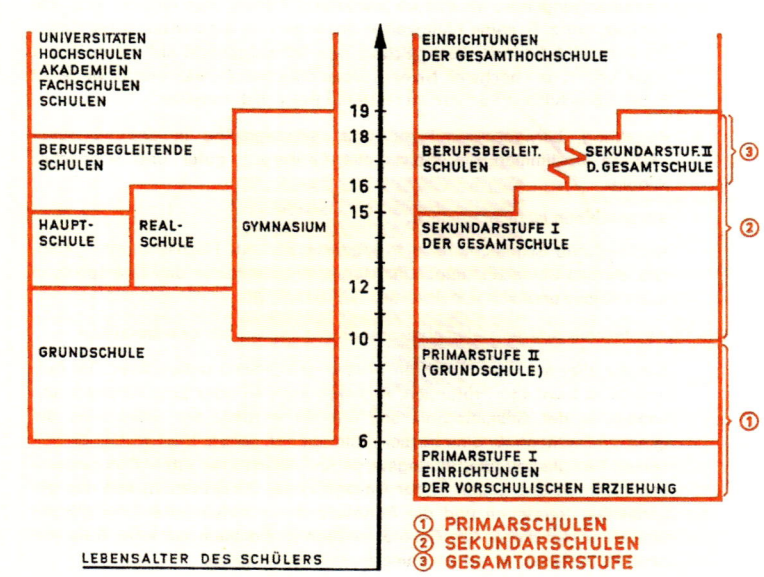

viele interessierte Eltern und Kinder naturgemäß vermutlich ganz handfeste Dinge im Vordergrund wie die ganztägige Betreuung oder auch der Wegfall von Hausaufgaben.

Es ist an dieser Stelle aber daran zu erinnern, dass damals die Ganztagsform, die heute insgesamt positiv gesehen und von vielen herbeigesehnt wird, über viele Jahre, ja über die ersten Jahrzehnte, nicht nur in der Kritik stand, sondern überwiegend abwertend betrachtet wurde. Man unterstellte Eltern von Gesamtschülern, sich um ihre Kinder, aus welchen Gründen auch immer, nicht kümmern zu wollen oder zu können.

Von den Kindern, die sich zum Schuljahr 1970/71 zum ersten Jahrgang der GSW einfanden, stammten nur wenige aus Grundschulen der Stadtmitte. Im zweiten Jahr, in dem auch ich zur GSW stieß, waren es bereits erheblich mehr. Diese Kinder kamen überwiegend aus reformorientierten, häufig akademischen Elternhäusern. Von Elternseite getragen aber wurde der GSW-Schulversuch von jener Elternschaft, die dem Zeitgeist entsprechend einfach eine »andere Schule« wünschte. Sie wollte ihre Kinder sich entwickeln, gemeinsam lernen und nicht (zu früh) selektiert sehen.

Die Broschüre beantwortete auch die Frage, wo genau denn das Ganze stattfinden solle, denn noch war ein Gebäude dafür nicht vorhanden. Die Schule werde in der Grundschule an der Lissaer Straße ihren Unterricht aufnehmen, bald aber dafür zu groß sein, so dass auf dem Gelände an der Lissaer Straße ein Neubau entstehen werde, für das die zuständige Deputation bereits 9,5 Mio. DM bereitgestellt habe. Damals, vor der ersten Ölkrise, vor der Werften- und Stahlkrise, war Bremen eine reiche Stadt, war im Bundesfinanzausgleich kein Nehmer- sondern Geberland; vieles war damals möglich.

Zu Beginn des dritten Jahres war auch der erste Bauabschnitt der GSW fertig gestellt, ein gewaltiger rechtwinkliger Betonklotz, in den Grundideen, wie auch die etwas später realisierte Dreifachturnhalle, am Reißbrett im Berliner Schulbauinstitut der Länder entworfen und ähnlich vielerorts in der Republik erbaut und noch heute zu sehen. Die Dimension der fertigen, achtzigigen Gesamtschule ließ sich bereits erahnen – es würde ein gewaltiger Gebäude-komplex werden. Das Schulbauinstitut argumentierte aus rein bildungsökonomischen Gründen für

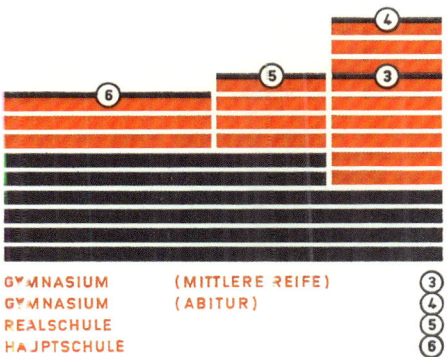

Vergleich der Abschlüsse ('Silberne Broschüre')

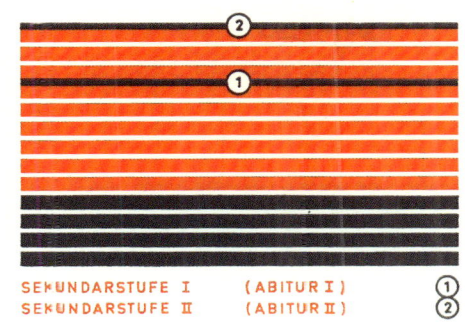

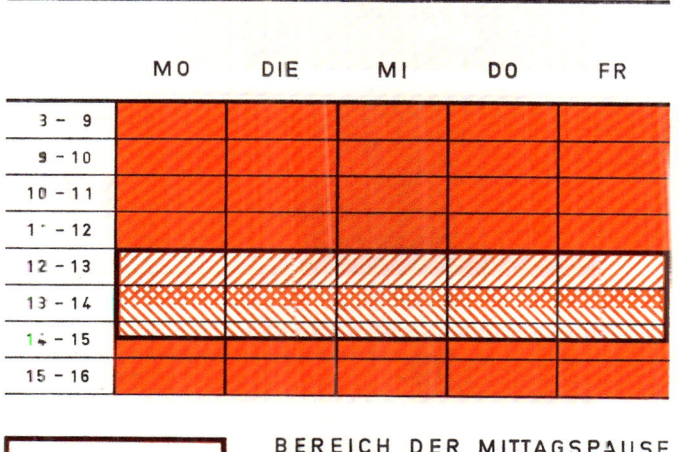

Stundenplanschema ('Silberne Broschüre')

achtzügige Schulen, nur so könnten zum Beispiel naturwissenschaftliche Fachräume und Hörsäle optimal ausgenutzt werden. Das gelte auch für eine Dreifachturnhalle mit Zuschauerrängen, die in voller Größe auch außerhalb des Schulbetriebs von Sportvereinen genutzt werden könne.

Der GSW-Bau sollte sich als schwere Hypothek erweisen; rund 30 Jahre später musste er größtenteils wegen zu starker Asbestbelastung abgerissen und durch einen Neubau ersetzt werden. Der allerdings entstand in ansprechender Gestaltung und für die GSW wurde das Desaster darüber zum Glücksfall. Nach belastenden Bauarbeiten während des laufenden Betriebes konnte die Schule ihren, gegenüber den stark experimentell geprägten Anfangsjahren nun konzeptionell veränderten, realistischeren Arbeitsansatz äußerlich mit einem gelungenen Bau verbinden und sich zu einer beliebten und stark nachgefragten Gesamtschule entwickeln.

Achtzügigkeit hieß jedes Jahr acht neue Klassen, konkret gut 200 Schüler pro Jahrgang – und das jährlich bis zum endgültigen Ausbau. Acht neue Klassen pro Jahrgang bedeutete für die Aufbauphase jährlich mindestens zwanzig neue Kollegen und mehr! Mit Ausnahme der Mitglieder der Planungsgruppe kamen sie fast alle von außerhalb: Freiburg, Tübingen, Marburg, Kiel oder Oldenburg, woher auch immer. Angezogen wie die Motten vom Licht, als das ihnen – und auch mir – das finanzstarke und reformfreudige SPD-dominierte Bremen erschien. Wir alle waren jung, fast gleichaltrig und vor allem: unerfahren. Fast alle waren »68er« und vielfach enttäuscht von der konservativen (Bildungs-)Politik ihrer Herkunftsländer. Bremen stand damals für eine andere, reformfreudige Bildungspolitik und schuf Fakten. Es gründete nicht nur Gesamtschulen sondern auch eine in konservativen Kreisen rasch als »rote Kaderschmiede« verschriene Reform-Universität und strebte bewusst eine forsche Vorreiterrolle an – neben Hessen und in geringerem Maße Berlin und Nordrhein-Westfalen. Aus Bremen kamen tatsächlich nur die Mitglieder der Planungsgruppe der GSW, darunter auch erfahrene Pädagogen, aus anderen bremischen Schulen in den ersten Jahren dagegen nur wenige ältere, erfahrene Pädagogen; einige wurden gar noch vergrault.

Die bremische Reformeuphorie der 70er Jahre machte im Schulbereich mit der Einrichtung von Gesamtschulen als Konkurrenz zum dreigliedrigen Schulsystem keineswegs Halt. Ein 1971 vom Bremer Senat verabschiedeter Schulentwicklungsplan ebnete vielmehr den Weg für eine radikale Umgestaltung des bremischen Schulwesens durch eine schrittweise Einführung der Stufenschule: Grundschule (1. bis 4. Klasse), Sekundarstufe I (5. bis 10. Klasse), Sekundarstufe II (11. bis 13. Klasse sowie Berufsschule). Mit der Stufenschule wurde die Existenz durchgängiger Gymnasien grundsätzlich in Frage gestellt; schon die Planung löste in der Stadt heftige Debatten aus. Die existenzielle Gefährdung des seit über 400 Jahren bestehenden Alten Gymnasiums rief gar den damaligen Bundespräsidenten Carstens auf den Plan, der dort sein Abitur abgelegt hatte. In diesen Jahren war der Streit um Gesamtschulen bundesweit an der Tagesordnung, denn mit der flächendeckenden Einführung der »Einheitsschule« sahen viele wieder einmal nichts weniger als das Ende des Abendlandes gekommen. In NRW eskalierte 1978 der Streit um die flächendeckende Einführung von kooperativen Gesamtschulen an Stelle des dreigliedrigen Schulsystems derart, dass die Landesregierung ihre Pläne aufgab, um so ein drohendes Volksbegehren zu verhindern. Um in Bremen ähnliche politische Verwerfungen zu vermeiden, blieben mit dem Alten Gymnasium und dem Kippenberg-Gymnasum zunächst zwei durchgängige Gymnasien unangetastet. Die rück-

Neubau Gesamtschule West (etwa 1976)

blickend gesehen nachvollziehbare Position, zwei etablierte Gymnasien unangetastet zu lassen, brachte jedoch zugleich das Ende der angestrebten einheitlichen Schulstruktur. Jahrzehnte später wurde mit dem sogenannten Bremer Schulfrieden ein Kompromiss über die Gestaltung der bremischen Schullandschaft erzielt (s. dazu die Artikel von E. Dobers und W. Hohls).

3. Zum Entstehungsprozess der Oberstufe

Die Bremer SPD und der von ihr geführte Senat ließen sich Anfang der 70er Jahre in ihrer grundsätzlichen Haltung zur Stufenschule nicht beirren und zurrten das Modell im Februar 1975 mit einem neuen Schulgesetz fest. Damit war klar, dass die drei bremischen Gesamtschulen ihre Oberstufen verlieren würden. Schule und Elternschaft der GSW sahen sich damit um ihre Oberstufe gebracht und forderten im April 1974 in einer Resolution für sich eine eigenständige Sekundarstufe II mit der Begründung, dass nur bei räumlicher Nähe die Kooperationserfahrungen bei der angestrebten Integration von allgemeiner und beruflicher Bildung eingebracht werden könnten. Ein ausreichend großes Gelände, eine Mensa, eine Stadtteilbibliothek sowie naturwissenschaftliche Fachräume seien bereits vorhanden. Die beabsichtigte Einführung der Stufenschule ließ geradezu existentielle Ängste aufscheinen: Solange die meisten Gymnasien ihre Oberstufen behielten, werde die GSW ohne Oberstufe »zu einer Haupt- und Realschule mit offener Flanke zur Sonderschule! Die Möglichkeit, Abitur an der eigenen Schule gemäß der Zusage bei der Gründung der GSW machen zu können, ist für Eltern, Schüler und Lehrer wesentlich. Unter den seit der Gründung der Schule veränderten Vorstellungen, muss heute unter dieser Zusage eine Sekundarstufe II verstanden werden.« Bei fehlender eigener Oberstufe drohte die GSW ohne jeden Zweifel ihre für eine gedeihliche integrative Arbeit notwendige Gymnasialklientel zu verlieren und so zu einem Torso ohne Zukunft reduziert zu werden.

Mit der Entscheidung zur flächendeckenden Einführung der Stufenschule brach der Senator für Bildung sein nur drei oder vier Jahre zuvor gegebenes Versprechen, dass Schüler der beiden integrierten Gesamtschulen (GSW und GSO) an ihrer Schule das Abitur (Abitur II) ablegen und damit die Hochschulreife erwerben könnten. Schulleitung, Kollegium, Eltern- und Schülerschaft sahen sich wegen des neuen Schulgesetzes und der darin verankerten Stufenschule zu Recht getäuscht. Das in den Grundsätzen der GSW verankerte Prinzip der Freiwilligkeit von Eltern und Lehrern hatte über einen bewusst gesteuerten Prozess inzwischen in der Praxis zu einer starken Interessenvertretung auf Seiten von Eltern und Schülern geführt. Auf Versammlungen und in Schreiben forderte sie vom SfB unnachgiebig und vehement die versprochene eigene gymnasiale Oberstufe ein: »Sie haben uns versprochen …!« hieß es immer wieder unter Hinweis auf die im Juni 1970 ausgegebene Silberne Broschüre über die damals entstehende GSW. Natürlich engagierten sich insbesondere jene Eltern, deren Kinder die ihnen versprochene Oberstufe besuchen wollten. Stellvertretend für alle damals aktiven Eltern seien hier die Namen Hattenhauer, Herlyn, Krickhan und Liebenthron genannt. Eine Delegation der Elternschaft wurde beim SfB, der immer noch Moritz Thape hieß, vorstellig und ließ sich mit ihrer Forderung nach einer eigenen Oberstufe nicht abweisen.

Im Juli 1974 konnte die Schulleitung der GSW der Schulöffentlichkeit mitteilen, dass »die bisher geplante kleine Oberstufe der GSW in eine eigene Sekundarstufe II mit studien- als auch berufsbezogenen Bildungsgängen integriert« werden solle. Sicher sei auch, dass »der Schülerberg aus den geburtenstarken Jahrgängen neben der Langen Reihe und der Alwin-Lonke-Straße in Grambke auch unsere Sekundarstufe II füllen wird«. Die Planungen sollten bereits im September unter Beteiligung der GSW und des Stadtteilbeirats (Gröpelingen) abgeschlossen sein und bereits Mitte Oktober ein Ergebnis vorliegen. »Wir werden dann die Phase der Ungewissheit überwunden haben, zur Beruhigung der Eltern und Kinder, die jetzt bei uns sind, und zur Klärung für alle Eltern, die ihre Kinder in den folgenden Jahren anmelden wollen.«

Damit war zwar zweifelsfrei die Absicht sozialdemokratischer Bildungspolitiker wiedergegeben, doch war dies zu diesem Zeitpunkt weder die Position der SPD-Bürgerschaftsfraktion noch die des Senats. Denn die mit der Umgestaltung der bremischen Schullandschaft in Richtung Stufenschule verbundenen Interessenkonflikte höchst ungleicher Kräfte führten auf unterschiedlichsten Ebenen in eine schwer zu überschauende Gemengelage. So geschah zunächst einmal nichts. Jüngste Archivfunde helfen, zumindest die wesentlichen Konfliktlinien zwischen Schule, SPD-Bildungspolitikern und SPD-geführtem Bildungsressort bzw. Senat nachzuzeichnen. Die Positionen der liberal-konservativen, dem dreigliedrigen Schulsystem verhafteten Opposition der Stadt (CDU und FDP) bleiben hier unberücksichtigt.

Auf Seiten der SPD wurde ab dem Frühjahr 1975 intensiv über die Inhalte des neuen Bremenplans als Grundlage des Wahlkampfs zur bevorstehenden Bürgerschaftswahl debattiert. Reformorientierte Planspiele waren angesagt, wie immer in den Wahlkämpfen jener Zeit. Unter Bildungspolitikern und -interessierten fand ein heftiges Gezerre darüber statt, welche Schulen zu Sek. I- bzw. Sek. II-Zentren zu entwickeln seien, besonders aber darüber, wer sich mit einem der neu zu bauenden Sek. II-Schulzentren würde durchsetzen können. Würde es, nachdem das Holter Feld im Osten als gesetzt galt und bereits in Planung war, der Süden mit Huchting, der Osten mit der Waliser Straße für die Übergänger der GSO und der Neuen Vahr, der Westen mit dem Rübekamp für die Übergänger der GSW, der Norden mit der Alwin-Lonke Straße sein? Manches sprach für Huchting, dem Stadtteil des durchsetzungsfähigen Bürgerschaftsabgeordneten und Vorsitzenden der Deputation für Bildung Hermann Stichweh. Es ist dem unermüdlichen Einsatz der SPD-Bildungspolitiker des Bremer Westens, insbesondere des Waller SPD-Abgeordneten Hans Raschen, zu danken, dass der Westen mit dem Rübekamp in den politischen Gremien im Rennen blieb.

Im Spätsommer 1975 lief der Wahlkampf für die neue Bürgerschaft an, in dem die SPD vor allem mit ihren bildungspolitischen Konzepten punkten wollte. Die im Wahlprogramm versprochene Realisierung der im Jahr zuvor mit dem neuen Schulgesetz beschlossenen Stufenschule sorgte in der Stadt für heftige, vor allem von der bürgerlichen Opposition befeuerte Diskussionen. Ein Wahlsieg der SPD lag im ureigenen Interesse der GSW, nur so würde die zugesagte Oberstufe eine Chance auf Realisierung haben. Denn mittlerweile im 10. Jahrgang, warteten die GSW-Übergänger noch immer auf eine Entscheidung. Die Zeit drängte, und noch immer war keine Lösung in Sicht. Falls der Bremer Westen bei der bevorstehenden Wahl seine Position als Hochburg der SPD erneut unterstreichen könnte, würde er damit seinen Anspruch auf ein Sek. II-Zentrum zweifellos untermauern. Als damaliges Mitglied unterstützte ich die SPD aktiv beim Wahlkampf in Gröpelingen, zog mit Genossen durch die Wohnblocks von Wohnungstür zu Wohnungstür. Traditionsgemäß überreichte ich Nelken und machte dabei auf die »richtige« Wahl aufmerksam.

Bei einer Wahlbeteiligung von 82% für Bremen erreichte die SPD 48% und 52 von 100 Mandaten; das ermöglichte ihr die erste Alleinregierung nach langen Koalitionsjahren. Damit hatte die SPD freie Hand, auch bei der Durchsetzung der Stufenschule und der Bremer Westen konnte bei den nun anstehenden Entscheidungen ein gewichtiges Wort mitreden. Denn wiederum erwiesen sich Gröpelingen und Oslebshausen mit mehreren Wahlbezirken von über 60%, die als Hochburgen der SPD maßgeblich zu ihrem Wahlsieg beitrugen: Die gut 66% des Wahlbezirks Ohlenhof blieben bremenweit unerreicht. In der Frage, ob und wo eine der geplanten Stufenschulen des Sek-II-Bereichs mit einer der GSW versprochenen Oberstufe realisiert werden würde, konnte nicht mehr am Bremer Westen vorbei entschieden werden.

Anfang November 1975, zwei Monate nach der Wahl und über ein Jahr nach der ersten Zusage für eine eigenständige Oberstufe, sicherte Hermann Stichweh als Vorsitzender der Deputation für allgemeine Bildung einem Ausschuss des Elternbeirates der GSW zu, dass die übergangsberechtigten Schüler der GSW die gymnasiale Oberstufe des noch in Planung befindlichen Schulzentrums der Sekundarstufe II am Rübekamp besuchen könnten, das auf dem an die GSW angrenzenden Kleingartengebiet errichtet werden solle. Die ersten Jahrgänge sollten in der GSW untergebracht und überwiegend von Kollegen der GSW unterrichtet werden. Die Bildungspolitiker und -deputierten der SPD hätten sich durchgesetzt und seien mit dieser Entscheidung gemäß Schulentwicklungsplan auf Kurs. Damit lehnte er sich, rückblickend gesehen, weit aus dem Fenster.

Noch vor Weihnachten 1975 konnte Peter Ziegert, der damalige Leiter der GSW, ein erstes Gespräch mit dem für die geplante GyO am Rübekamp zuständigen Schulaufsichtsbeamten, dem späteren Senatsrat Freitag, führen. Mit ihm gewann die künftige GyO am Rübekamp einen ungewöhnlich kompetenten Fachmann. In seinem ersten offiziellen Schreiben wählte er einen interessanten Betreff: »Einrichtung einer Abteilung Gymnasium des Schulzentrums Am Rübekamp der Sekundarstufe II an (!) der Gesamtschule Bremen West« und klärte die nächsten Schritte. In seinem Schreiben heißt es:

»Für die zum Schuljahr 1976/77 einzurichtende o.g. Abteilung Gymnasium soll ein Kernkollegium geschaffen werden, das die vorbereitende Arbeit übernehmen kann. Ich bitte Sie, mir bis zum 23. Januar 1976 mitzuteilen, welche Mitglieder des Kollegiums der Gesamtschule Bremen-West bereit sind,

a) sich zur o.g. Abteilung Gymnasium versetzen zu lassen und

b) an der o.g. Abteilung Gymnasium zu unterrichten.

Neben den Namen sind die Fächerkombinationen zu vermerken. Es ist beabsichtigt, die mit der Vorbereitung beauftragten Lehrer für diese Arbeit zu entlasten. Die Ausschreibung für die Stelle eines Abteilungsleiters für diese Abteilung wird in Kürze erfolgen.«

Von einem eigenen, noch dazu neuen Schulgebäude am Rübekamp war nirgends die Rede. In seinem Antwortschreiben vom 9. Januar 1976 stellt Peter Ziegert, nach dem er seine Zufriedenheit über die Entwicklung ausgedrückt hatte, die für die weitere Arbeit entscheidenden Fragen:

- auf welche Weise und wann werden Kollegen aus Gy-Oberstufen für das Kernkollegium gewonnen?
- wie groß ist die Zahl der Entlastungsstunden, die den Kollegen gewährt werden?
- zum 1. Februar 76 wollen wir den Stundenplan für das 2. Halbjahr anlaufen lassen; können Sie uns bis dahin die Entscheidungen über die Kollegen und ihre Entlastungsstunden mitteilen?
- der gleiche Termin gilt für den Abteilungsleiter, wann kommt die Ausschreibung und geht sie an die Gesamtschulen und Gymnasien? die Kollegiumsstärke ist abhängig von der Schülerzahl;

Gründungsschreiben von Oberschulrat Freitag

- wie groß wird sie sein;
- wie wird darüber entschieden?
- unabhängig von der Schülerzahl ist das Kernkollegium; teilen Sie diese Auffassung?
- Damit können die Entscheidungen über Lehrer und Schüler nacheinander getroffen werden?«

Anfang Februar 1976, ein halbes Jahr vor dem offiziellen Start der GyO am Rübekamp, erging an Schüler und Eltern die folgende Mitteilung; ich erinnere nicht mehr, wer sie verfasst hat, vermutlich Peter Ziegert.

»Schüler der GSW, die ihre Ausbildung an einer gymnasialen Oberstufe fortsetzen wollen, können – wenn sie die entsprechenden Bedingungen für die Aufnahme erfüllen – nach den Sommerferien 1976 die Sekundarstufe II am Rübekamp besuchen. Da für das am Rübekamp geplante Sek. II-Zentrum zur Zeit noch keine Gebäude zur Verfügung stehen, muß der Unterricht in den nächsten Jahren in den Räumen der GSW stattfinden. Diese Oberstufe muß nach den gleichen Richtlinien wie alle übrigen gymnasialen Oberstufen Bremens – und der gesamten Bundesrepublik – gestaltet werden. Sie wird deshalb nicht zur GSW gehören, sondern eine selbständige Schule sein. Diese Eigenständigkeit bedeutet, daß sich für die Schüler eine Reihe von Veränderungen ergeben:

1. Die neugestaltete gymnasiale Oberstufe ist eine Halbtagsschule (wobei es nicht zu vermeiden sein wird, daß an manchen Tagen auch nachmittags Unterricht stattfindet).
1.1 Das bedeutet, daß ein Großteil der Anforderungen, die an Schüler gestellt werden, durch Hausaufgaben zu erfüllen sind.
1.2 Ferner bedeutet die Organisationsform Halbtagsschule, daß es für die Schüler kein Mittagsfreizeitangebot geben wird und
1.3 daß die Schüler wahrscheinlich keinen Essenzuschuß erhalten werden.
2.1 Da die Schüler der neugestalteten gymnasialen Oberstufe unterschiedliche Kurse besuchen, wird es keine Stammgruppen mehr geben.
2.2 An die Stelle der Stammgruppenlehrer treten Tutoren. Das sind Lehrer, die von den Schülern gewählt werden. Sie beraten die Schüler in Fragen ihrer Schullaufbahn.
2.3 Die Schüler werden in ihrem Stundenplan Spring-(Frei-)Stunden haben, in denen sie ihre Hausaufgaben erledigen können. Für die sinnvolle Gestaltung dieser Stunden sind sie allerdings selbst verantwortlich.
3. An der Sek. II werden nicht nur Lehrer der GSW, sondern auch neue Lehrer unterrichten.«

Diese Mitteilung zeigt Gewinn und Verlust zugleich: Die GSW verliert ihre ehemals geplante eigene Oberstufe, wird unwiderruflich zurückgestutzt und endet mit dem 10. Schuljahr. Ihre übergangsberechtigten Schüler jedoch erhalten eine ihnen zugeordnete gymnasiale Oberstufe, wo immer auch diese einmal unterkommen werde.

Schulrat Freitag führte zeitnah Gespräche mit der Schulleitung der GSW über Fragen der Besetzung des Kollegiums der neuen GyO sowie über das noch zuzuordnende Berufsfeld als notwendigem Komplement für ein vollständiges Schulzentrum des Sekundarbereichs II. Anschließend informierte er Vertreter des Kollegiums und der Elternschaft allgemein über den Planungsstand, während ein Referent detailliert die Organisationsstruktur der sogenannten Neugestalteten Gymnasialen Oberstufe (NGO) auf der Basis eines Kurssystems skizzierte, wie es die Kultusministerkonferenz 1972 beschlossen hatte und landesweit zum Schuljahr 1976/77 einführen werde. »Auftretende Fragen«, so die offizielle Protokollnotiz, »hätten weitgehend geklärt werden« können.

Schon zu Beginn des Schuljahres 1975/76 hatte sich in Umrissen abgezeichnet, dass die GSW zwar keine eigene, aber immerhin eine auf sie ausgerichtete gymnasiale Oberstufe erhalten werde, an der übergangsberechtigte Schüler ihre Schullaufbahn fortsetzen könnten. Daher setzte die Gesamtkonferenz der GSW einen Ausschuss für die Sekundarstufe II zur weiteren Vorbereitung dieser Oberstufe ein; mit der Organisation des Übergangsprozesses wurden drei Kollegen betraut, darunter auch ich. Drei Oberstufen bremischer Gymnasien – Horn, Huchting und Kurt-Schumacher-Allee – hatten als Vorreiterschulen bereits mit Schuljahr 1975/76 begonnen, ihre Oberstufen nach KMK-Vorgaben als NGO zu führen. Ihre Oberstufenkoordinatoren führten auf der Basis ihrer Erfahrungen in regelmäßig stattfindenden Fortbildungen Vertreter der übrigen Bremer Gymnasien in die Arbeit nach diesem Modell ein. Da keiner Interesse an organisatorischen Fragen zeigte, nahm ich für die geplante GyO am Rübekamp an diesen Arbeitstreffen teil. Es war der Beginn meiner – damals noch inoffiziellen – Funktion als Oberstufenkoordinator der GyO am Rübekamp, die ich 30 Jahre ausüben sollte.

Vermutlich Mitte Februar 1976 habe ich ein kurzes Anschreiben in die Postfächer der Gymnasialkollegen der GSW gelegt, mit der Bitte, sich bei Interesse für das Kernkollegium der GyO zu melden. Leider finde ich diese Liste nicht mehr; ich war jedoch überrascht über das mäßige Interesse, an der Oberstufe zu unterrichten oder sich dorthin versetzen zu lassen – und bin es noch heute. Einige von ihnen hätte ich gern am Aufbau der GyO mitwirken sehen. Überhaupt löste die Entscheidung des SfB, der GSW die Oberstufe zu nehmen, anders als bei Eltern und Schülern, bei den Gymnasialkollegen der GSW mehrheitlich keinen nachhaltigen Unmut aus. Ich habe 2016, vierzig Jahre später, mit einem Urgestein der GSW darüber ausführlich gesprochen. Unter dem Druck der täglichen Arbeit habe man diese Entscheidung angesichts des getroffenen Kompromisses mit der GyO am Rübekamp mehr oder weniger hingenommen. Seine Erinnerungen gehen im Grunde dahin, dass viele Kollegen ja gerade wegen der integriert arbeitenden GSW nach Bremen gekommen seien und weiterhin ihre ganze Kraft in das Gelingen der – zu diesem Zeitpunkt durchaus umstrittenen – Schule setzen wollten, um sie zu einem erfolgreichen Modell zu entwickeln. Er betonte, dass es durchgehend eine gute, gleichberechtigte Kooperation von Haupt-, Real- und Gymnasiallehrern gegeben habe. Gemeinsames Ziel sei es gewesen, den Kindern bildungsferner Schichten Chancen zu geben, die das dreigliedrige Schulsystem ihnen verwehrte.

Ich muss an dieser Stelle anmerken, dass ich selbst meine Tätigkeit an der GSW nach gut einem Jahr wegen eines Aufbaustudiums unterbrochen habe. Nach einjähriger Erfahrung, ein halbes Jahr davon als Mitglied der Schulleitung (Koordination neuer Curricula), sah ich den von Beginn an praktizierten, stark anti-autoritären Erziehungsstil zunehmend kritisch. Dieser radikale Ansatz, der in seiner inhaltlichen Ausgestaltung innerhalb der politisch hoch aufgeladenen Atmosphäre im Kollegium nicht unumstritten war, stieß in seiner praktischen Umsetzung im wahrsten Sinne des Wortes auf Beton. Ökonomische Vorgaben, wie zum Beispiel die Vorstellung des Schulbauinstituts der Länder, dass eine optimale Nutzung eines voll ausgebauten naturwissenschaftlichen Traktes (Fachräume, Hörsäle, Sammlung) am besten in achtzigigen Schulen zu erreichen sei, liefen geradezu zwangsläufig auf einen riesigen Schulkomplex hinaus. Wir hatten zum Schuljahresbeginn den 1971/72 fertiggestellten ersten Bauabschnitt mit den größten Erwartungen bezogen. Doch im Schulalltag und mit zunehmendem Baufortschritt zeigten sich die Grenzen des Gebäudes sehr bald. Der kühle, vom rechten Winkel dominierte Bau, der Schülern und Lehrern von seiner Einrichtung her (Mobiliar, technische Ausstattung, Lehr- und Lernmittel, hauseigene Stadtteilbibliothek) ironischerweise das damalige Non-plus-ultra bot, war für eine radikal emanzipatorische, anti-autoritäre Erziehungs- und Unterrichtsarbeit einfach nicht geeignet. Dieser riesige Betonklotz mit seiner über drei Stockwerke reichenden Eingangshalle, seinen ausgedehnten Flurzonen und Treppenhäusern, wirkte schlicht

Gesamtschule West/ Eingangshalle mit Blick in die Stadtteilbibliothek West

kalt. In ihm wollte ein vom englischen Summerhill inspirierter Schulalltag nicht aufkommen. Zwei in einer Flurzone vor einem Klassenzimmer – gegen jede Vorschrift – aufgestellte Kaninchenställe waren der anrührende und zugleich hilflose Ausdruck, ein der Mittelstufe angemessenes Umfeld zu schaffen. In solcher Umgebung also traf ein emanzipatorischer Erziehungs- und Bildungsansatz auf äußerst heterogene Vorstellungen von Eltern und Schülern unterschiedlicher sozialer Herkunft. Weit überwiegend traf er aber auf traditionelle Erziehungsmethoden, wie sie für einen Arbeiterstadtteil jener Zeit kennzeichnend waren. Zudem hatte es das stetig wachsende, in einer Art Selbstfindungsprozess befindliche Kollegium mit einer ebenso stetig wachsenden Schülerschar zu tun. In dieser insgesamt schwierigen und ernüchternden Gemengelage wäre die von Beginn an geforderte, aber nicht bewilligte angemessene wissenschaftliche Begleitung unzweifelhaft von Nutzen gewesen.

Als ich Anfang 75 an die GSW zurückkehrte – ich stand bei Peter Ziegert im Wort – fand ich das Kollegium politisch stärker fraktioniert denn je zuvor. Die GSW war sicher von der Intention des Kollegiums her gesehen ein politisch links orientiertes Projekt, was die Schule in der Öffentlichkeit ohnehin angreifbar machte. Das Lagerdenken innerhalb der Fraktionen nahm zeitweise groteske Züge an und überlagerte nach meinem Empfinden die pädagogische Arbeit in unzumutbarer Weise. Zudem hatte ich zwischenzeitlich eine hilfreiche Erfahrung machen dürfen: Während ich als damaliges SPD-Mitglied in der GSW zum rechten Flügel gehörte, fand ich mich im Kollegium eines bürgerlich geprägten Innenstadtgymnasiums, an dem ich während des Aufbaustudiums einige Stunden unterrichtete, auf dem linken Flügel wieder – eine für meine künftige Arbeit wichtige Lehre.

Die GSW durchlief zweifellos wichtigere Lehren. Die Schule stellte, der pädagogischen Forschung folgend, für die unteren Jahrgänge statt Zeugnissen differenzierte Lernentwicklungsberichte aus. Mit dem Erreichen des neunten Schuljahrs war Schluss damit. Jetzt gab es notgedrungen Zeugnisse althergebrachter Art, weil Bewerbungen für Lehrstellen oder Nachweise von Übergangsberechtigungen keine andere Lösung zuließen. Dieser Wechsel in die herkömmliche Notengebung war für nicht wenige Eltern und ihre Kinder mit einem gewissen Erwachen verbunden. Sie hatten für sich aus den Lernentwicklungsberichten bessere Noten herausgelesen. Der harte gesellschaftliche Alltag hatte die GSW eingeholt.

Gegenüber ersten euphorischen Anfangsjahren zeigten sich mittlerweile stark rückläufige Anmeldezahlen von Kindern aus Elternhäusern mit bildungsbürgerlichem Hintergrund. Gerade deren Kinder aber waren für den pädagogischen Alltag einer integrativ arbeitenden Schule unverzichtbar. Hier deutete sich schon früh an, dass der Rübekamp auf Dauer seine Existenz keineswegs ausschließlich auf Übergänger aus der GSW gründen konnte.

4. Die GyO am Rübekamp nimmt Gestalt an

In einem Vermerk unter dem Betreff »Errichtung der Abteilung Gymnasium des S II-Zentrums am Rübekamp« – mit den Eingangszeilen »Gemäß Beschluss der Deputation für Bildung vom 13.4.1976 wird in Ausführung früherer Zusagen (!) zum 1. August 1976 (für die Absolventen der Gesamtschule West mit Übergangsberechtigung in die gymnasiale Oberstufe) eine Abteilung Gymnasium für das geplante S II-Zentrum am Rübekamp ihre Arbeit aufnehmen« – umriss Schulrat Freitag Mitte April den Ressourcenrahmen für die ersten Jahrgänge. Die Zahl der »Übergangsberechtigten und -willigen« der GSW werde, so seine Prognose, »auch bei vollem Ausbau der NGO 150 bis 180 kaum überschreiten«. Um »alle Auflagen der NGO erfüllen zu können, ist den Schülern ein Gesamtangebot von 90 Stunden zu machen, davon sechs Leistungskurse (Deutsch, Englisch, Soziologie, Mathematik, Biologie und Physik) und 54 Stunden Grundkurse«. Mit der Vorgabe von gleich drei mathematisch-naturwissenschaftlichen unter insgesamt sechs Leistungsfächern glaubte der SfB, einer in einem Arbeiterstadtteil liegenden Oberstufe mit einem vermutlich geringer ausgeprägten sprachlich-literarisch-künstlerischen Kenntnis- und Leistungsvermögen entgegen zu kommen.

Damit war der Weg für die GyO am Rübekamp endgültig frei, einschließlich des Ressourcenrahmens, und nur das allein war damals für die unmittelbar Beteiligten von Belang. Ob sie jemals ein eigenes Gebäude erhalten, oder wo sie jemals unterkommen würde, stand weiterhin in den Sternen. Schon im Vorgriff hatten wir ab Februar/März 1976 damit begonnen, die letztendlich rund 40 interessierten GSW-Schüler mit dem Kurssystem vertraut zu machen. Jetzt konnten wir konkret planen. Schulrat Freitag ließ es sich nicht nehmen, sich selbst ein Bild zu machen und erörterte in einer dieser Sitzungen mit den Schülern Fragen zur Oberstufe. Schüler und Lehrer wünschen sich kleine Klassen oder Kurse. Jedem Kenner der Materie erschließt sich aus dem gewährten Ressourcenrahmen sofort eine geradezu traumhafte Teilnehmerzahl in nahezu allen Kursen des ersten Jahrgangs.

Für die Bestellung von Kollegium und Schulleitung verblieb nicht viel Zeit. Für die Leitung der neuen GyO habe ich mich trotz Aufforderung durch die Schulleitung der GSW nicht beworben. Im Mai 1976, knapp drei Monate vor dem ersten Schultag der neuen GyO am Rübekamp, wurde Rainer Koy mit der Aufgabe der Leitung der neuen Schule betraut. Er kam vom Horner Gymnasium, hatte Oberstufenerfahrung sowie erste Erfahrungen mit dem Kursmodell, das, wie oben erwähnt, auch in Horn erprobt wurde. Er vertrat neben Deutsch das Fach Latein, das für die Außenwirkung der Schule in Richtung bildungsbürgerlicher Elternhäuser wichtig war und nach meiner Einschätzung diese Rolle auch erfüllt hat. Es gab für Rainer Koy, wenn auch die Schüler und weitgehend auch das Kursprogramm schon feststanden, wenn auch fast ausschließlich auf Kollegen der GSW zurückgegriffen werden konnte, mächtig zu tun, um in Kürze eine funktionierende Schule zu schaffen: Außenvertretung, Aufbau einer Verwaltung, Materialbeschaffung und und und. Für die Verwaltung konnte er Ute Lemke gewinnen, die dann über Jahrzehnte, bis zu ihrer Pensionierung, eine zentrale Rolle spielte.

Die behördlich angestrebte Zielvorstellung, »für die Zusammenstellung des ersten Kollegiums als Richtzahl ein Verhältnis von 1:1 zwischen Lehrern aus den Gymnasien und Lehrern aus der GSW (jeweils mit voller Lehrbefähigung für die NGO und ausreichender Oberstufenerfahrung)« zu errei-

Der erste Stundenplan der GyO am Rübekamp

chen, so der o.a. Vermerk, wurde vollkommen verfehlt. Bemühungen der Bildungsbehörde, »Gymnasiallehrer mit möglichst langjähriger unterrichtlicher Erfahrung in der GyO für die planerische und unterrichtliche Mitarbeit für die gymnasiale Abteilung des S II-Zentrum am Rübekamp« zu gewin-

Oben & Unten
Lehrerkonferenz
(etwa 1978)

nen, blieben fast ohne Resonanz. Niemand habe »neben Herrn Koy aus dem Bereich Gymnasien zur vollen Mitarbeit in der neuen Abteilung gewonnen werden können. Das Gleichgewicht ist bei weitem noch nicht sichtbar ... Es bedarf entsprechender Umsetzungen bzw. Abordnungen, und zwar unverzüglich«.

Doch auch das geschah nicht. Die bremische Lehrerschaft nahm die neue Schule vielleicht zur Kenntnis, sah in ihr aber wohl keine Perspektive. Das erinnerte an den Aufbau der GSW, auch daran hatten nur sehr wenige bremische Lehrerkräfte Interesse gezeigt. Das Gründungskollegium der GyO am Rübekamp setzte sich somit fast vollständig aus Kollegen der GSW zusammen, von außen kamen Rainer Koy und Dr. Volker Arnold. Letzterer kam mit der Fakultas für Soziologie. Nach seiner Erinnerung hatte der Senator für Bildung ihn speziell aus dem Interesse geworben, mit dem Kursmodell der neugestalteten gymnasialen Oberstufe zugleich einige neue Fächer einzuführen, um curricular frischen Wind in die gymnasiale Bildung zu bringen. Das Interesse zur Aufnahme gerade dieses Faches in den Fächerkanon der GyO am Rübekamp hätte auch aus der GSW selbst kommen können; es entsprach ihrem Arbeitsansatz.

Und so sah schließlich das komplette Kursprogramm einschließlich der personellen Besetzung aus, mit dem die GyO am Rübekamp zum Schuljahr 1976/77 ihre Arbeit aufnahm:

Aufgabenfeld I
Leistungskurse:
Deutsch – Rainer Koy, Englisch – Werner Wichmann.
Grundkurse:
Deutsch – Dr. Volker Arnold, Rainer Koy.
Englisch – Werner Wichmann.
Französisch – Siegfried Edelmann.
Kunst – Bernd Müller.

Aufgabenfeld II
Leistungskurs:
Soziologie – Dr. Volker Arnold.
Grundkurse:
Gemeinschaftskunde – Dr. Volker Arnold.
Klaus Hellmerichs, Horst Hondong.

Aufgabenfeld III
Leistungskurse:
Mathematik – Klaus Hellmerichs.
Biologie – Ulrich Lünstroth.
Physik – Martin Burgheim.
Grundkurse
Mathematik – Klaus Hellmerichs.
Biologie – Ulrich Lünstroth.
Chemie – Friedrich Schreitmüller.
Sportkurse – Siegfried Bokelmann, Heinz Kopp, Albrecht Schempp.

KLAUS HELLMERICHS
Die ersten drei Jahrzehnte – Gründung, erste Gefährdung und Konsolidierung

Vorbemerkung

Die noch junge, vergleichsweise kurze Geschichte der gymnasialen Oberstufe (GyO) am Rübekamp verlief keineswegs in ruhigem Fahrwasser. Unerwartete schulpolitische Entscheidungen stellten manche Schulen vor immer neue, zum Teil existenzgefährdende Herausforderungen, so auch den Rübekamp. Ein glücklicher Zufall wollte es, dass zeitgleich mit dem Eintritt des ersten Jahrgangs bundesweit die Neue Gymnasiale Oberstufe (NGO) mit Kurs- statt Klassensystem eingeführt wurde; sie löste die herkömmlichen gymnasialen Oberstufen ab. Die letzte tiefgreifende Reform firmiert ironischerweise wiederum unter Neue Gymnasiale Oberstufe. Zwischen der NGO von 1976 und der von 2016 liegen vier für Bremen dramatische Jahrzehnte. Der folgende Überblick umreißt in aller Kürze deshalb den Kontext, ohne den meine Geschichte der Entwicklung der GyO am Rübekamp als Teil der bremischen Bildungs- und Schulpolitik nur unzureichend eingeordnet werden könnte.

Kein anderes Bundesland setzte die für notwendig erachteten Reformvorhaben derart konsequent (in Beton) um – mit der Folge einer erheblichen Verschuldung. Die Jahrzehnte eines kontinuierlichen wirtschaftlichen Erfolgs seit den 1950er Jahren schienen auch die immensen Kosten der bremischen Bildungsreform der 1970er Jahre (Stufenschule, Reformuniversität etc.) schultern zu können. Doch zwei nicht absehbare Entwicklungen führten das reiche Bremen in eine unerwartete Lage. Zum einen geriet mit der Werft- und Stahlindustrie im Zuge der globalen Rezession nach dem Ölpreisschock von 1973 der damals bedeutsamste bremische Industriezweig unter Druck. Wegen weltweit aufgebauter Überkapazitäten brachen 1983 die AG Weser und 1997 der Bremer Vulkan zusammen, beide Werften zählten zu den größten Europas. Auch Subventionen und Bürgschaften in Milliardenhöhe konnten die bedrohten Werften nicht retten; die Bremer Stahlwerke überlebten immerhin mit reduzierten Kapazitäten. Zum anderen führte eine bundesweite Finanzreform unter der Kanzlerschaft Helmut Schmidts Ende der 70er Jahre dazu, dass Lohn- und Einkommenssteuern künftig nicht mehr am Beschäftigungsort, sondern am Wohnort zu entrichten waren; eine für die Pendlerstädte Bremen und Bremerhaven fatale Entscheidung. Das einst finanzstarke Bremen rutschte wegen dieser Entwicklung schon Ende der 70er Jahre im Bundesfinanzausgleich vom Geberland in die Position eines nehmenden Landes; nur ein Länderfinanzausgleich mit einer generellen Regelung der Schuldenfrage könnte daran etwas ändern.

Gleichwohl ist dies alles nur ein Teil der Wahrheit, denn diese Krise spielt(e) sich vor dem Hintergrund eines stetig an Einfluss gewinnenden neoliberalen Zeitgeistes ab. Diesen schon früh im angelsächsischen Raum einsetzenden Prozess habe ich, wie vermutlich viele meiner Generation, zunächst nicht ausreichend wahrgenommen. Erst seit den 1980er Jahren (Reagan/Thatcher/Blair) änderte sich das. Schließlich wurde der Neoliberalismus auch in der Bundesrepublik (Kohl/Schröder) hoffähig, bis er sich nach der Jahrtausendwende unter dem Schlagwort der »marktkonformen Demokratie« (Merkel) zur dominanten Ideologie aufschwingen konnte. Seit Mitte der 1980er Jahre kamen nahezu alle Reformen unter der Ägide von Deregulierung und Privatisierung pädagogisch verbrämt daher und waren in erster Linie doch nur Sparmaßnahmen, auch die des Bildungssystems. Auch die heutige NGO bedeutet sicher nicht das Ende permanenter Reformen, wenngleich die überstürzte Einführung der sogenannten Inklusion und die des achtjährigen Gymnasiums (G8) im schulischen bzw. der Bachelor- und Master-Studiengänge im hochschulischen Bereich inzwischen manchen ins Grübeln gebracht haben. Es brauchte somit kein Vierteljahrhundert, um den positiv besetzten »Reform«-Begriff der sozialdemokratischen Ära der 1970er Jahre (Brandt/Schmidt) fast ins Gegenteil zu verkehren.

Vor diesem Hintergrund konnte die GyO am Rübekamp sich als Kind der Reformära der 1970er Jahre durchsetzten. Vier Jahrzehnte nach ihrer Gründung gehört der Rübekamp derzeit zu den beliebtesten gymnasialen Oberstufen Bremens. Im folgenden Beitrag versuche ich die Geschichte seiner ersten drei Jahrzehnte – seinen Gründerjahren, seiner ersten Gefährdung und seiner Konsolidierung – aus meiner Sicht nachzuzeichnen. Seine zweite, insgesamt wohl brisantere Gefährdung und die zweite, bei großem Einsatz der Beteiligten, wiederum geglückte Konsolidierung, wird in den folgenden Beiträgen von Eberhard Dobers und Wilhelm Hohls thematisiert.

Die Absicht, die Geschichte der ersten drei Jahrzehnte einer neuen Schule auf nur wenigen Seiten zu erzählen, zwingt zur Beschränkung auf wenige Themen und Entwicklungslinien. Das 1. Kapitel widmet sich der grundsätzlichen Struktur der (ersten) NGO und ihrer konkreten Ausgestaltung in den Gründerjahren des Rübekamp, um von diesem Bezugspunkt aus die zum Teil tiefgreifenden Veränderungen im Laufe der Jahrzehnte sowohl generell, als auch konkret verdeutlichen zu können.

Mit der Langen Reihe und dem Rübekamp standen den Schülern des Bremer Westens zwei Oberstufen zur Auswahl; ihr wechselhaftes, von Konkurrenz und Zusammenarbeit geprägtes Verhältnis steht im Mittelpunkt des 2. Kapitels. 1983, gut zwei Jahre nach dem Umzug der GyO, komplettierte der Einzug der Berufsschule für das Nahrungsgewerbe in den nun fertiggestellten Neubau die neue Schule zum Schulzentrum des Sekundarbereichs II am Rübekamp – mit der vom Bildungssenator (SfB) gesetzten Aufgabe, die Integration von gymnasialer und beruflicher Bildung voranzutreiben, um so die Intention der Stufenschule auch im Sek. II-Bereich umzusetzen.

Im 3. Kapitel geht es deshalb um die Binnenstrukturen des Schulzentrums am Rübekamp, wo-

bei die Belange der Berufsschule nur insoweit thematisiert werden, als sie für das Verständnis der Entwicklung des Schulzentrums insgesamt unerlässlich sind; siehe dazu den Beitrag von Wilhelm Hohls.

Als Anfang der 1990er Jahre die Schulbezirksgrenzen aufgehoben und damit auch die freie Anwahl gymnasialer Oberstufen durchgesetzt wurden, schien dies die GyO am Rübekamp existenziell zu bedrohen. Wie sie nicht nur aus der Gefährdungslage herausgekommen ist, sondern sich über die Konkurrenzsituation konsolidieren und sich zu einer der größten Oberstufen Bremens entwickeln

BLICK IN DIE GSW
rüben report
·pro bono· ·contra malum·

Die Beilage für die Oberen Jahrgänge

EINLADUNG
zum großen

pressefest

Bremens kleinstes Gymnasium, das Schulzentrum Am Rübekamp, stellt sich mit seinem GROSSEN "rüben-report"-Pressefest am 15.April 1977 in der Mensa der Gesamtschule Bremen-West, Lissaer Str.7, ab 17.00 Uhr vor.

v.i.S.d.P.: André Szigethy, Waßmannweg 8, Bremen
Auflage: 3.000

PROGRAMM:
Tombola
Diskothek
Informationsstände
Bremer Rockgruppe "T R U S T"!!!!!
Preisverleihung der "Rübe des Monats" an Bundeskanzler Helmut Schmidt
Besichtigung des Rübekamps
....Ödel, Dödel, Schwung und Schwoof!

Kartenvorverkauf: Gröpelinger Wochenblatt, Gohgräfenstr.49
Dirk Hartwig, Gymnasium Waller Ring/Abtlg.Lange Reihe
Markus Herlyn und Matthew Byrne, Gesamtschule Bremen-West
Gerd Stolle, Gesamtschule Bremen-Ost
Redaktion "rüben-report", Schulzentrum Am Rübekamp

Schülerzeitung der Oberstufe am Rübekamp

konnte, ist Thema des 4. Kapitels.
Das abschließende 5. Kapitel versucht ein Resümee.

1. Paradigmenwechsel: Die Neugestaltete Gymnasiale Oberstufe von 1976

Der Ansatz der vom Deutschen Bildungsrat 1972 initiierten NGO brachte einen abrupten Paradigmenwechsel und ist mit dem der neuen NGO von 2016 kaum vergleichbar. Mit ihm wurden fest gefügte Strukturen der herkömmlichen gymnasialen Oberstufe zugunsten größerer Freiräume innerhalb neuer Strukturen abgelöst:

»Die neugestaltete Oberstufe will dem Schüler größere Selbständigkeit, mehr Verantwortung geben, indem sie ihm die Freiheit einräumt, sein Unterrichtsprogramm nach seinen Schwerpunkten in Begabung, Leistung und Neigung im Rahmen bestimmter Mindestanforderungen selbst zusammenzustellen. Dabei sollen Ansprüche der Gesellschaft und individuelle Bedürfnisse gleichermaßen zu ihrem Recht kommen. Dieser Zielsetzung sucht die neugestaltete Oberstufe mehr als bisher Rechnung zu tragen«, so heißt es eingangs der ersten amtlichen Richtlinien zur NGO aus dem Jahr 1974, die die Grundlage für die vorlaufenden Schulversuche mit der NGO in Horn und Huchting bildeten.

Kernpunkte der Reform waren: Aufhebung der bisherigen Gymnasialtypen, Kurs- statt Klassensystem, Annäherung an die Arbeitsweisen wissenschaftlicher Hochschulen, Leistungsbewertung durch ein kontinuierlich aufzubauendes Punkteguthaben, Wegfall von Versetzungen nach einer Einführungsphase und Möglichkeit eines früheren Abschlusses durch eine vorzeitige Abiturprüfung. Ein differenziertes Kurssystem sollte die gymnasiale Oberstufe »für neue Fächer und Inhalte öffnen, insbesondere auch für berufsbezogene Fachrichtungen und so die Schule in ein dynamischeres Verhältnis zur gesellschaftlichen Wirklichkeit treten lassen«. Insgesamt weisen die Grundzüge der Reform einen deutlichen Bezug zur Hochschule auf. Die NGO wurde damit zu einem Scharnier für einen ungeahnten Anstieg der Zahl von Studierwilligen, die ohne die in jener Zeit des bildungspolitischen Aufbruchs neugegründeten (Reform-) Universitäten gar nicht hätten aufgefangen werden können.

Ohne die Grenzen der Schulbezirke grundsätzlich aufzuheben, bot sich übergangsberechtigten Schülern die Möglichkeit, die ihnen vom Fächerangebot her gemäße Oberstufe zu wählen. Zugleich ergab sich damit die Chance, den gewählten Schwerpunkt in neuer Umgebung mit frischer Motivation anzugehen und mögliche Schulmüdigkeit hinter sich zu lassen. Obgleich sich Schulwechsel zahlenmäßig zunächst in Grenzen hielten, entwickelte sich mit den Jahren daraus für viele Schüler geradezu ein Neustart ihrer schulischen Karriere.

Das Kurssystem mit seinen Wahl- und Wahlpflichtbereichen, mit zudem einigen neuen Fächern, machte bei zusätzlicher Differenzierung in Leistungs- und Grundkurse die traditionellen Typen gymnasialer Oberstufen obsolet. Statt unter alt- oder neusprachlichen, mathematisch-naturwissenschaftlichen oder wenigen Sonderzweigen wählen zu müssen, waren jetzt zweigübergreifende Schwerpunktbildungen an ein und derselben Oberstufe möglich und öffneten Schülern damit inhaltlich neue Räume.

Alle Unterrichtsfächer, darunter auch neue wie Soziologie, wurden drei Aufgabenfeldern zugeordnet: dem sprachlich-literarisch-künstlerischen Aufgabenfeld (AF I), dem gesellschaftswissen-

Zeitstruktur der GyO

JAHRGANGSSTUFE	11		12		13		14	
	11/1	11/2	12/1	12/2	13/1	13/2	14/1	14/2
HALBJAHR IN DER GYMN. OBERSTUFE	1.	2.	3.	4.	5.	6.	7.	8.
REGELFALL 2.1.2.2.	E	H₁	H₂	H₃	H₄	■ (H₅) ☐		
MINIMALFALL 2.1.2.3.	E =H₁	H₂	H₃	H₄	■ (H₅) ☐			
WIEDERHOLUNG 11. JAHRGANGSST. 2.1.2.4.	(E)	(H₁)	E	H₁	H₂	H₃	H₄	■ (H₅) ☐
INDIVIDUAL- FÄLLE 2.1.2.5.	E	H₁	H₂	H₃	H₄	H₅	■ (H₆) ☐	
	E	H₁	H₂	H₃	H₄	H₅	H₆	■ (H₇) ☐
	E	H₁	H₂	H₃	H₄	H₅	H₆	H₇ ■ Wiederholung d. Abiturprüfung nicht möglich

E = Einführungsphase
H₁ = 1.Halbjahr in der Hauptphase usw.
(H₅) = z.B.: 5.Halbjahr in der Hauptphase bei Wiederholung der Abiturprüfung
■ = Abiturprüfung
☐ = Wiederholung einer nicht bestandenen Abiturprüfung, frühest möglicher Termin

2.1.4. ÜBERSICHT

schaftlichen Aufgabenfeld (AF II) oder dem mathematisch-naturwissenschaftlichen Aufgabenfeld (AF III), dazu Sport. Um eine allgemeine Grundbildung sicherzustellen, waren bei der Auswahl der Fächer der individuellen Schwerpunktsetzung auch Grenzen gesetzt. So waren in der Hauptphase im AF I mindestens 22, im AF II mindestens 16 und im AF III mindestens 22 Wochenstunden zu belegen, dazu durchgängig Sport. Hier wird der Anspruch der Gesellschaft an die (Aus-)Bildung ihres Nachwuchses deutlich.

Aus dem Fächerangebot der Schule waren zwei je 6-stündige Leistungsfächer und sechs je 3-stündige Grundkurse auszuwählen, also 30 Stunden pro Woche zu absolvieren. Die beiden Leistungsfächer sowie zwei ausgewählte Grundkurse waren bis zum Abitur durchgängig zu betreiben. Ihre Auswahl unterlag einer Reihe von Einschränkungen, so mussten u.a. alle drei Aufgabenfelder abgedeckt werden. Eine geschickte Wahl von Fächern aus dem Pflichtbereich eröffnete größere Spielräume bei den verbleibenden Kursen. Zweifellos war für die individuelle Schwerpunktsetzung die Auswahl der beiden Leistungsfächer von besonderer Bedeutung und stellte sich mit der Zeit als wesentliche Weichenstellung für die Schulwahl heraus. Damit erhielten die Leistungsfächer von Beginn an ein übermäßiges Gewicht, das nicht selten zur Vernachlässigung von Grundkursen führte.

Anders als noch bei der Gründung der GSW geplant, als man die mögliche Organisation in Trimestern andachte, wurde die traditionelle Gliederung eines Schuljahres in Halbjahre (Semesterform) beibehalten. Das halbjährige Gliederungsprinzip zog praktisch die fachinhaltliche Gliederung in thematisch fixierten Halbjahreskursen nach sich. Die sechs Halbjahre der grundsätzlich drei Jahre umfassenden Oberstufe gliederten sich in die halbjährige Einführungsphase (11/1), die vier Halbjahre während Hauptphase (11/2 bis 13/1) und die halbjährige Abiturprüfungsphase (13/2). Im Prüfungshalbjahr mussten Schüler damals lediglich Kurse in den vier Prüfungsfächern und Sport belegen.

Soweit die strukturellen Vorgaben. Dass der

Bremer Westen als klassischer Arbeiterstadtteil den Zuschlag für eine neben der Langen Reihe zweite gymnasiale Oberstufe erhalten hatte, wurde allgemein als politisch konsequente Entscheidung gesehen, wenn das bei nahezu jeder Gelegenheit fallende Schlagwort von der Chancengleichheit letztlich nicht nur leeres Gerede bleiben sollte. So stürzte das Gründungskollegium sich in dem Bestreben, vor allem Kindern aus bildungs-benachteiligten und -fernen Elternhäusern Chancen für einen sozialen Aufstieg zu eröffnen, in die konkrete Oberstufenarbeit, genauer in die damals halbjährige Einführungsphase (11/1) seines ersten, fast komplett aus der GSW stammenden Jahrgangs – und das alles in einem halbwegs maroden, aus vier Räumen bestehenden Mobilbau. Immerhin konnten wir die naturwissenschaftlichen Fachräume der neuerbauten Gesamtschule West nutzen.

Nach Beratungen mit den Schülern(!) des ersten Jahrgangs entschieden wir uns dafür, die sechs möglichen Leistungsfächer (LF) auf zwei Schienen zu verteilen.
1. LF-Schiene: Deutsch Soziologie Physik,
2. LF-Schiene: Englisch Mathematik Biologie

Unter Beachtung der Vorgabe, dass eines der beiden Leistungsfächer entweder eine Fremdsprache, Mathematik oder eine Naturwissenschaft sein müsse, war eine traditionelle Schwerpunktbildung wie Mathematik/Physik ebenso möglich wie neue, bisherige Oberstufenzweige übergreifende Schwer-

Lehrer-Konferenz

1. Die Gründungszeit

Einst zogen 41 Auserwählte ins ungewisse Land. Sie liessen sich nach langem, mühevollen Marsch endlich auf fruchtbaren Boden nieder. Doch die suchten Schutz vor wilden Tieren und bösen Geistern. Deswegen baten sie bei einer in der Nähe liegenden Burg um Aufnahme. Es war die Burg "Rübekamp". Der Burgherr, Graf Koy, nahm sie mit Freude auf. Nun hatte er endlich sein Volk, das er regieren konnte. Jodelnd und strahlend vor Glück zogen sie in die Burg ein. Hinter ihnen zogen die beiden schusseligen Burgwächter Wiechtel und Armbold die Zugbrücke wieder hoch. Im Hof empfing sie die graue Eminenz, ihre Gnaden von Helmerix. Er wies sie sogleich in die gestrenge Burgordnung ein. Genau in diesem Moment huschte ein schwarzer Schatten über ihre Köpfe hinweg. Erschreckt fuhren alle zusammen und fragten sich: War das der sagenumwobene böse Geist Moritz? Beschwichtigend lud sie daraufhin der Mundschenk Ullrich zu einer Runde selbstgebrautem Rübenbier ein.

Allmählich lebten sich die 41 Auserwählten ein. Dabei stand ihnen mit Rat und Tat die liebe Burgfrau Lemke zur Seite. Jedoch gewisse Frondienste (Hausaufgaben) und Mutproben (Klausuren) waren nur schwierigst zu leisten, da man sie vorher nie gekannt hatte. Doch zum Lohn für harte Qual und Mühsal lud Graf Koy sie zu einer Pilgerfahrt ins heilige Danmark ein.

Doch die 41 Auserwählten waren arm und konnten die Fahrt nicht bezahlen. Aber sie hatten eine tolle Idee: Sie veranstalteten einen großen Ball, zu dem sie alle umliegenden Burgen einluden. Es gab Schmaus und Trunk in Saus und Braus. Eine Kapelle spielte zum Tanze auf. Selbstgebastelte Sachen und Erinnerungsschriften lagen zur Zier und zum Kauf bereit. Mehr als 500 Gäste erlebten eine rauschende Ballnacht, in der sie viele, viele güldene Taler zurückließen. Endlich konnten die 41 ihre Pilgerfahrt antreten. Nach einer Woche der Freude und Nächstenliebe kehrten sie heim.

Doch die Zeiten wurden härter.

2. Das Mittelalter

Mühsal, Prüfung und Qual nahmen kein End. Immer größere Frondienste mußten geleistet werden. Doch die menschliche Güte des Grafen hatte sich herumgesprochen. Ein anderes Volk bat um Aufnahme, da es aus der Heimat vertrieben worden war. Doch man kannte die Lebensgewohnheiten des fremden Volkes nicht und fuhr deshalb gemeinsam in ein nahegelegenes Wirtshaus, um ein großes Gelage zu feiern. Wir schlossen Schwester- und Brüderschaft und kehrten wieder in den grauen Alltag zurück.

Der 1. Jahrgang des Rübekamp (und der GSW) verabschiedet sich 1979

Wie auf allen Burgen, so auch auf Burg "Rübekamp", sollte den 41 Auserwählten "die große Mutprobe" auferlegt werden. Doch in diesem Jahr sollte die Mutprobe viel später stattfinden. Der böse Burggeist Moritz zwang den Grafen Koy, die Burgbewohner stärker, härter und länger Dienste leisten zu lassen. Die Auserwählten widersetzten sich und legten ihre Arbeit nieder. Selbst der vor der Kerkertür mit den Zähnen fletschende Igor Vossmeyer konnte sie von ihrer gerechten Sache nicht abhalten. Und siehe da: gemeinsam hatten sie Erfolg. Die Mutprobe fand wie immer statt.

Als die 2. Regierungszeit sich dem Ende neigte, erkundeten viele Gruppen der Auserwählten das Leben außerhalb der Burg. Die einen fuhren ins ferne Engeland, die anderen fuhren in die Heimatstadt Till Eulenspiegels, eine weitere Gruppe fuhr auf einem großen Schiff durch's Hollerland.

Zurückgekehrt berichteten sie eifrig von ihren Abenteuern und Erlebnissen.

Die Abschiedszeit

Die Zeit der großen Mutprobe rückte näher. 6 Weise fühlten sich eher berufen, dieses große Abenteuer einzugehen. Mit viel Glück und wenig Verstand überlebten sie diese schrecklichste aller Mutproben. Gestärkt durch den Mut der ersten nahmen auch die übrigen die große Mutprobe auf sich. Es war ein Kampf um Leben und Tod, ein Kampf mit den bloßen Händen, ein Kampf mit dem Zucker im Tee ohne Löffel, ein Kampf mit dem Zahnstocher gegen den Drachen und auch ein Kampf gegen den bösen Burggeist Moritz, der seine Zähne grauenvoll fletschte und seine Helfershelfer, allen voran die schlimme Vampirin Anne, halfen ihm auf Gedeih' und Verderb.

Einige wenige der ersten Auserwählten verblieben auf Burg "Rübekamp" und gaben das sorgsam behütete Erbe an die nachfolgenden Generationen weiter. Somit lebt der alte Gründergeist bis heute in den Köpfen der Menschen weiter.

Es ist der Geist der Freundschaft, des gemeinsamen Handelns und des kritischen Denkens.

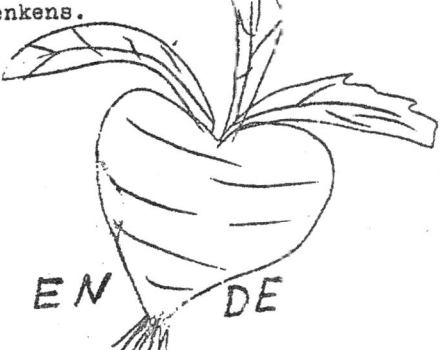

STADTUMSCHAU

28 Abiturienten des Schulzentrums Sekundarbereich II am Rübekamp/Abteilung Gymnasium, haben jetzt als erste Schülergruppe stadtbremischer Gesamtschulen die Reifeprüfung bestanden. Sie arbeiten unter den gleichen Bedingungen wie die Schüler der Neugestalteten Gymnasialen Oberstufe (NGO) **an den herkömmlichen Gymnasien und waren alle erfolgreich.** Dieser Erfolg soll nun mit einem großen Abschlußfest in der Eingangshalle der Gesamtschule West gefeiert werden. Es findet am morgigen Sonnabend um 20 Uhr statt. Nach der Zeugnisverteilung wollen Schülerinnen und Schüler der 12. Jahrgangsstufe ein selbstgeschriebenes Musiktheaterstück aufführen; anschließend kommen die Abiturienten selbst zu Wort. Die Feier klingt mit Tanz und kaltem Buffet (Spenden der Eltern) aus. (eb)

Weser-Kurier 15.6.1979

punktsetzungen wie zum Beispiel die LF-Kombinationen Englisch/Soziologie oder Englisch/Physik oder Soziologie/Biologie; letztere sollte sich noch zu einem wahren Renner entwickeln. Umsetzung und Einhaltung des durchaus nicht unkomplizierten Regelwerks verpflichtender und frei wählbarer Kurse war im wesentlichen Aufgabe von Tutoren, die nun den Klassenlehrer ersetzten.

Obwohl die NGO auf Schüler ganz allgemein wie ein Befreiungsschlag wirkte, bedeutete sie für die Übergänger aus der Gesamtschule West eine enorme Umstellung. Es war nicht das für sie ungewohnte »Sie«, mit dem wir sie jetzt bewusst ansprachen. Es war vielmehr die strenge, am Lehrplan der gymnasialen Oberstufe sich orientierende Arbeit. Nach dem Besuch traditioneller Grundschulen im experimentellen Umfeld einer integrierten Gesamtschule in Ganztagsform mit Mittagessen und Mittagsfreizeit schulisch sozialisiert, noch dazu in den Jahren der Pubertät, stellten die neuartigen Anforderungen für viele Gesamtschüler eine erhebliche Hürde dar. Da half es auch nicht, dass ihnen der Stoff von überwiegend »68ern« mit durchweg zeitgemäßen Methoden im Rahmen respektvollen Umgangs miteinander dargeboten wurde. Nur acht Jahre nach »68« war der Impetus des Gründungskollegiums, eine »andere Schule« machen zu wollen, ungebrochen. Doch auch eine demokratisch verfasste und nach meiner Erinnerung auch gelebte Schulwirklichkeit setzten Mitarbeit, Nacharbeit, Hausarbeit, setzten selbständiges Lernen voraus und erst recht nicht den Druck durch Klausuren außer Kraft. Am Ende drohte und winkte immerhin das Abitur als Eintrittskarte in eine neue, noch anspruchsvollere Welt voller Möglichkeiten.

In der in den Anfangsjahren noch experimentell und integrativ arbeitenden Gesamtschule West war der Stoff selbst in den Kursen anspruchsvolleren Niveaus nicht stringent auf die Anforderungen in der GyO ausgerichtet gewesen. In den ersten Jahrgängen wurde nicht durchgängig mit Schulbüchern gearbeitet. Erst mit wachsenden Jahrgängen hatten quälende Debatten um eine äußere Differenzierung begonnen und schließlich zu zwei Niveaus für Englisch und Mathematik geführt. Eine Differenzierung für Deutsch wurde abgelehnt; selbst der Unterbezirksparteitag West der SPD schaltete sich mit einer ablehnenden Resolution ein.

Die in der GyO bald offen zu Tage tretenden Probleme führten notgedrungen zu Gesprächen zwischen GSW und Rübekamp. In einem internen Schreiben informierte Schulrat Freitag den Landesschulrat darüber, dass es eine Reihe von Problemen in der Erfüllung der NGO-Bedingungen gebe, vor allem im sprachlich-literarischen Bereich. Die Gründe lägen vor allem darin, dass »es sich bei den Schülern der NGO 11 am Rübekamp um den Gründungs- und ersten Versuchsjahrgang der Gesamtschule West handelt. Diese Schüler sind in besonderer Weise belastet worden durch das Fehlen festgeschriebener und verbindlicher Curricula, durch den breiten Experimentierraum, der von einzelnen Kollegen noch besonders extensiv genutzt wurde sowie durch den nicht selten nur geringen Erfahrungshintergrund der Gründergeneration der Lehrer an der GSW. So ist es z.B. unterblieben, den Schülern in den ersten Jahren grundlegende Strukturen von Sprache (Muttersprache und Fremdsprache) so zu vermitteln, dass eine tragfähige Grundlage für die Realisierung der Lernziele und die Apperzeption der Inhalte der NGO geschaffen würde.«

Der Fachreferent für Englisch vermerkt allerdings in seiner Randnotiz, dass er nach der Analyse eines Englischtests aus drei 6. Klassen aus dem Mai 1977 auch nach Rücksprache mit einem Fachberater »da anderer Auffassung« sei: »...das scheint nicht so zu sein!« Als Konsequenz aus dieser Misere sollten, so Schulrat Freitag, dem Rübekamp zur bestehenden Stundenzuweisung zusätzliche Stunden zur Förderung quasi gründungsgeschädigter Schüler gewährt werden. Von diesen Maßnahmen erhoffe er sich »einen gezielten und erfolgreichen Ausgleich der bestehenden Defizite und zugleich die Möglichkeit, auch im Rübekamp von den Schülern Leistungen zu erhalten, die einen Vergleich mit den anderen NGO jederzeit standhalten.« In den nachfolgenden Jahrgängen seien solche Probleme nicht mehr zu erwarten; im Übrigen liefe jetzt »eine intensive Besprechungs- und Beratungsrunde der zuständigen Kollegen am Rübekamp mit den beteiligten Fachkonferenzen der GSW an, um rechtzeitig Maßnahmen zur Sicherung des Eingangsniveaus für die NGO zu treffen.« Eine zusätzliche Stundenzuweisung für Förderunterricht lehnte der Landesschulrat jedoch ab, dafür gebe es keine Mittel; stattdessen verwies er auf die am Rübekamp geringeren Frequenzen, die eine größere individuelle Förderung ermöglichten. Immerhin hatte die Debatte über Defizite bei GSW-Übergängern, die sich Eltern und Schülern in den Klausurergebnissen bereits in der Einführungsphase gezeigt hatten, nun auch die Behörde erreicht. Unter Druck geriet das an der GSW integrativ unterrichtete Fach Deutsch, da die Defizite in nahezu allen Klausuren spürbar waren. Die Beratungsrunden verliefen nach meiner Erinnerung deshalb für Deutsch durchaus konfliktträchtig, für Englisch, Französisch und Mathematik dagegen moderater. Aus der Sicht vieler GSW-Kollegen waren es verständlicherweise schwierige Gespräche, sahen sie doch den Modellcharakter ihrer integrativ arbeitenden Schule jetzt über die Anforderungen der gymnasialen Oberstufe, die ja nur ein Teil der GSW-Schüler besuchen würde, quasi unter Kuratel gestellt.

Richtfest 2. Bauabschnitt

Parallel zu dieser Episode verlief meine Ernennung zum Oberstufenkoordinator. In meiner Bewerbung hatte ich unter anderem darauf verwiesen, dass ich 1972, im zweiten Jahr der GSW, als Mitglied der kollektiven Schulleitung für die Koordination der in den einzelnen Fächern erstellten Curricula zuständig gewesen sei. Fünf Jahre später – und erst recht heute – holt(e) mich die Erinnerung nun ein: Jung und pädagogisch noch unerfahren; wie hatte ich da die in den Fächern Einheit für Einheit entworfenen Teilcurricula einer zunächst weitgehend lehrbuchfreien Schule ernsthaft koordinieren wollen? In einer Versuchsschule von erheblicher Größe ohne jede, von der Schule immer wieder geforderte wissenschaftliche Begleitung? Ein schwerwiegendes Manko von Beginn an. Nach intensiven Diskussionen in gemeinsamen Fachkonferenzen verbesserte die GSW sukzessive ihre Standards und bereitete ihre Schüler insgesamt gezielter auch auf die Anforderungen in der GyO vor und versetzte sie somit in den Stand, erwartbare und vergleichbare Leistungen zu erzielen. Aus diesen ersten Jahren ist mir vor allem der Einbruch in der Leistungsbewertung zwischen 10/2 und 11/1 im LF Biologie in Erinnerung geblieben – und das keineswegs nur bei Übergängern aus der GSW. Hier traf eine wissenschafts-propädeutische Arbeitsweise auf vorhergehende »Mappenpädagogik«, die zu

Einweihungsfeier mit Horst von Hassel und Hans Koschnick

häufig traumhaften Noten und deshalb nicht selten zur Wahl des LF Biologie geführt hatte (das allerdings nur in Verbindung mit einem Grundkurs Chemie gewählt werden konnte). Allgemein lässt sich sagen, dass die Übergänger aus den Anfangsjahren der GSW ein unvergleichlich breites Leistungsspektrum aufwiesen.

Nach nur zweieinhalb Jahren, im Herbst 1978, legten die ersten Schüler des Rübekamp als sogenannte Schnellläufer ihr Abitur ab. Ein erster Abiturdurchgang nicht ohne Makel, denn ein Schüler konnte wegen eines Beratungsfehlers seines Tutors nicht zur Prüfung zugelassen werden, weil er Belegauflagen nicht erfüllte. Das erzwang eine überflüssige und ärgerliche Verlängerung seiner Schullaufbahn. Fehler in der Kursbelegung waren vor allem mangelnder Erfahrung mit dem freien, aber durchaus komplizierten Regelsystem der NGO geschuldet und in den Anfangsjahren nicht ungewöhnlich. In den Jahren fehlender digitaler Datenverarbeitung musste die Schullaufbahn auf einem DIN A3 großen Formblatt handschriftlich dokumentiert und von Halbjahr zu Halbjahr fortgeschrieben werden. Gleiches galt für den ebenfalls DIN A3 großen Qualifikationsbogen für die Zulassung zum Abitur. Beide Formblätter wurden parallel von Schülern und Tutoren geführt. Nicht alle Tutoren waren gewillt, in erster Linie für die Schullaufbahn ihrer Tutanden verantwortlich zu sein, sie sahen dies eher als Aufgabe der Abteilungsleitung. Dabei gehörten das Amt des Klassenlehrers bzw. Tutors zweifellos zu den Dienstobliegenheiten eines Lehrers. Dass die Richtlinien auch dem Schüler eine Mitverantwortung für seine Schullaufbahn zuwiesen, wirkte auch nicht problemlösend. Gleichwohl galt es, aus diesen Anfangserfahrungen Konsequenzen zu ziehen, die sich von Oberstufe zu Oberstufe durchaus unterschieden. Einige Oberstufen beließen die Verantwortung ganz bewusst in den Händen von Tutor und Tutand. Wir entschieden uns, wie die meisten anderen Oberstufen auch, für mehr als eine doppelte Buchführung: Als Oberstufenkoordinator überprüfte ich in den ersten Jahren fortlaufend die von Tutoren geführten Schullaufbahn- und Qualifikationsbögen, bevor dies später die Jahrgangsleiter übernahmen; das Vier-Augen-Prinzip wurde beibehalten.

2. Rübekamp und Lange Reihe

Die GyO an der Langen Reihe musste – als frühere Oberstufe des Gymnasiums Am Waller Ring – in dem in ihrer Nachbarschaft entstehenden Rübekamp verständlicherweise einen unwillkommenen Mitbewerber sehen. Die Gründung der Schule am Waller Ring als Reformgymnasium zu Weimarer Zeiten folgte dem wachsenden Bildungsbedürfnis im Zuge der industriellen Expansion des Bremer Westens. Die ebenfalls in dieser Zeit gegründete Schule an der Helgolander Straße war geradezu das Zentrum bremischer Reformpädagogik. Mit dem Zuzug von Facharbeitern, Technikern und Ingenieuren entstanden nicht nur Straßenzüge kleinbürgerlichen Charakters, sondern entwickelte sich zugleich das Bedürfnis nach weiterführenden Schulen vor Ort. Bis dahin waren Gymnasiasten des Bremer Westens auf die weitgehend dem Bürgertum vorbehaltenen Gymnasien der Innenstadt angewiesen.

Gegenüber der Langen Reihe stand der Rübekamp unter dem Druck, sich gleichwertig zu zeigen. Während sich die Lange Reihe neben Übergängern aus der Mittelstufe des Waller Rings sowie aus umliegenden S I-Schulen stützen konnte, blieben uns die Übergänger aus der GSW – mit zahlenmäßig sinkender Tendenz. Dort war es nicht gelungen, ein emanzipatorisches Konzept mit legitimen Leistungsansprüchen zu versöhnen, so dass die Anmeldezahlen leistungsstarker Schüler erheblich zurückgegangen waren. Nach dem ungewöhnlich leistungsstarken zweiten GSW-Jahrgang mit rund 70 GyO-Übergängern, brachen die Zahlen als Folge interner Entwicklung geradezu dramatisch ein. Insofern bestand die Gefahr, dass künftig die uns interessierende gymnasiale Klientel an GSW und Rübekamp vorbeiziehen würde, um den Waller Ring bzw. die Lange Reihe oder gleich die durchgängigen Gymnasien der Innenstadt zu besuchen.

Um die Zahl der GSW-Übergänger wusste auch die Lange Reihe und fürchtete zurecht, im Ausgleichsverfahren zu viele Schüler an den Rübekamp abgeben zu müssen. Damit waren beide Oberstufen nahezu auf Gedeih und Verderb aufeinander angewiesen und es galt für beide, in dieser nicht leichten Ausgangslage bei aller Konkurrenz ein konstruktives Miteinander zu entwickeln. In den Gründerjahren des Rübekamp hatte die Lange Reihe zweifellos die besseren Karten, galt sie doch immer noch als hauseigene Oberstufe des früheren Gymnasiums am Waller Ring, das mit der Einführung der Stufenschule seine frühere Durchgängigkeit eingebüßt hatte. Kurzum: anders als die Lange Reihe war der Rübekamp auf Zuweisung angewiesen. Beide Schulen mussten unter Moderation durch die Schulaufsicht immer wieder einen Weg finden, die Übergänger des Bremer Westens möglichst auch im Einvernehmen mit den Eltern auf beide Standorte zu verteilen. An zahlenmäßig nennenswerte Anmeldungen aus anderen Regionen war zunächst noch nicht zu denken.

Als zentrales Lenkungskriterium für die Schulzuweisung diente die Wahl der Leistungskurse. Um überhaupt einen zahlenmäßigen Ausgleich erreichen zu können, musste das Leistungsfachangebot beider Oberstufen ähnlich gestaltet und die Zahl schulspezifischer Leistungsfächer äußerst knapp gehalten werden, damit nicht über eine gezielte Anwahl die angestrebte ausgeglichene Verteilung ausgehebelt werden konnte. Während das Leistungsfachangebot des Rübekamp für den ersten Jahrgang 1976/77 aus Deutsch und Englisch im Aufga-

benfeld I (AF I), Soziologie im Aufgabenfeld II (AF II) und Mathematik, Physik und Biologie im Aufgabenfeld III (AF III) bestand, konnte die Lange Reihe wegen der größeren Jahrgangsbreite zusätzlich noch die Leistungsfächer Musik und Geschichte anbieten. Um als Oberstufe attraktiver zu werden, war der Rübekamp bestrebt, sein Fächerangebot zu erweitern. Es galt vor allem, das Übergewicht von Leistungsfächern im AF III zugunsten des AF II zu verändern. Die meisten Schüler der ersten Jahrgänge waren in ihren Familien die ersten, die das Abitur anstrebten. Zugleich wollte der Rübekamp mit drei Leistungsfächern im AF III – bei Eltern und Schülern tendenziell als eher »schwer« eingestuft – den Willen der Schule verdeutlichen, ihre Schüler zu einem höchst seriösen Abitur zu führen.

Bei der regionalen Schülerverteilung hatte Kollege Frowein, mein Gegenpart an der Lange Reihe, die Federführung. Das bot sich insofern an, weil er als Oberstufenkoordinator schon einige Jahre im Geschäft war und bereits früh den Weg zur elektronischen Datenverarbeitung gefunden hatte, wodurch das Ausgleichsgeschäft technisch ausgesprochen erleichtert wurde. Unter den Augen des Schulaufsichtsbeamten wurden auf der Basis der Wahlergebnisse (Schule und Fächer einschließlich Ersatzwahlen) Modelle durchgespielt, um für beide Oberstufen sowohl paritätische Schülerzahlen als auch vergleichbare Kursfrequenzen zu erreichen. Das war immer wieder ein konfliktreiches Unter-

o: Hans Koschnik und Horst von Hassel bei der Einweihungsfeier

u: Lehrerchor bei der Einweihungsfeier

> **Verhalten bei Überraschungsangriffen**
>
> Im Freien:
> Schnellstens in ein Erdloch, einen Graben oder eine Grube springen oder – vom Lichtblitz abgewendet – längsseits einer Mauer auf den Boden, hinter einen Erdaufwurf oder eine sonstige Deckung werfen. Gesicht zum Boden, Augen schließen! Gesicht, Nacken und Hände mit Hut, Mantel oder Jacke schützen!
>
> Je mehr „Masse" als Deckung dient, desto besser ist der Schutz, vor allem auch gegen die radioaktive Strahlung.
>
> **Bei den hohen Geschwindigkeiten von Flugzeugen und Raketen wird die Zeit zwischen Alarm und Bomben- oder Raketeneinschlag sehr kurz sein. Es muß mit kurzfristiger Warnung oder sogar mit Überraschungsangriffen gerechnet werden. Dabei können herkömmliche Waffen und ABC-Waffen eingesetzt werden.**
>
> **Selbsthilfe**
>
> Jeder Schüler sollte eine Selbstschutzausbildung absolvieren. Richtiges selbstschutzmäßiges Verhalten und gegenseitige Hilfe haben im letzten Krieg sowie bei Katastrophen Millionen von Menschen das Leben gerettet. Das gleiche ist für künftige Gefahren zu erwarten. Selbst gegen die Wirkungen der Kernwaffen gibt es Schutzmöglichkeiten.
>
> **Der Bundesverband für den Selbstschutz hilft durch Auskünfte, Beratung und praktische Unterweisung.**

fangen, zumal in den ersten Jahren, als der Rübekamp die Nehmerschule und die Lange Reihe die Geberschule war. Es wurde gefeilscht, Bastionen wurden verteidigt, hin und wieder wurde es laut und manchmal drohte die Stimmung zu kippen. Als der Rübekamp mit den Jahren stärker angewählt wurde, entspannte sich zwar die Lage, blieb aber weiterhin von Konkurrenz geprägt.

Es gelang, den Rübekamp auf eine Jahrgangsbreite von 80 bis 90 Schülern zu bringen und diese stabil zu halten, so dass sich darüber der Fächerkanon sukzessive erweitern ließ. Schon im zweiten Jahr konnten wir das LF Kunst und Geschichte und die GF Musik, Geographie und Pädagogik und mit dem 4. Jahrgang das LF Französisch aufnehmen. Mit seinem 5. Jahrgang bot der Rübekamp folgende Fächer zur Auswahl an:

AF I:

LF: Deutsch, Englisch und Französisch

GF: Deutsch, Englisch, Französisch-F., Latein, Kunst und Musik

AF II:

LF: Geschichte und Soziologie

GF: Gemeinschaftskunde, Geographie, Geschichte und Pädagogik

AF III:

LF: Mathematik, Biologie und Physik

Flugblatt von Schülern zum Neofaschismus

GF: Mathematik, Biologie, Chemie und Physik sowie fünf Sportkurse.

Die verbesserte Balance zwischen den Aufgabenfeldern führte zu größerer Flexibilität im Zuweisungsverfahren. Es lag naturgemäß im Interesse beider Oberstufen, die Zahl der Widerspruchsverfahren gering zu halten, um mit einer Schülerschaft arbeiten zu können, die die Schule rasch als die ihre und nicht als die ihnen aufgedrückte empfand. Rübekamp und Lange Reihe waren sich darin einig, dass beide nur dann überleben konnten, wenn es gelänge, den Bremer Westen durch ein breites Fächerangebot attraktiv zu machen. Deshalb veranstalteten wir jahrelang einen gemeinsamen großen Informationsabend in der Aula an der Langen Reihe, wo wir Eltern und Schüler über die Arbeit in der Oberstufe (Schul- und Fächerwahl, Kurssystem, Tutorien, Klausuren, Abitur etc.) informierten und Fragen beantworteten. Unser gemeinsames Auftreten bei genauer Rollenverteilung hat meines Erachtens auf Seiten von Eltern und Schülern im Vorfeld der Wahlen viel Spannung abgebaut. Denn als neue Oberstufe, zudem aus der GSW herausgewachsen, wurde der Rübekamp anfänglich misstrauisch beäugt, zumindest aber sehr reserviert aufgenommen. Vorurteile uns gegenüber waren an der Tagesordnung. Die immer wieder als schmerzlich empfundene Frage, was ein am Rübekamp als Nachfolgeschule der GSW absolviertes Abitur denn vergleichsweise wert sei, gehörte in den ersten Jahren zum Standardprogramm; von der Langen Reihe wisse man ja, was man habe. Möglicherweise vermissten Eltern beim Rübekamp ein altersgemischtes Kollegium. Doch selbst bei vollausgebauter Oberstufe und bald fantastischem Neubau wollte es nicht gelingen, Kollegen mit möglichst langjähriger Oberstufenerfahrung an den Rübekamp zu holen; noch über Jahre blieben wir eine in der Stadt weitgehend unbekannte Oberstufe. Wir erweiterten unser Kollegium ständig um allerdings gleichgesinnte, reformwillige und zupackende Kollegen überwiegend aus der GSW, die ebenfalls manches anders machen wollten. Wir waren und blieben über Jahrzehnte damit eine im Grunde homogene Altersgruppe; ein altersgemischtes Kollegium hätte uns sicher gut getan.

Für die nach den ersten Gründerjahren letztlich erfolgreiche Durchsetzung unserer Oberstufe spielte zweifellos der von allen Seiten als gelungen angesehene Neubau der Schule eine nur schwer angemessen zu beschreibende Rolle. Entwurf und Bau der Schule durch das Architekturbüro Müller & Reese waren nach der bundesweit verbreiteten Betonphase bei Schulbauten eine Art Offenbarung. Einen derartigen Schulbau hatte Bremen noch nicht gesehen. 1981, im fünften Jahr nach unserer Gründung, konnten wir den ersten Bauabschnitt beziehen. Das spektakuläre Gebäude, auf das an anderer Stelle dieses Bandes gesondert eingegangen wird, entfaltete sofort seine werbende Wirkung. Diese zeigt sich noch heute jedem Besucher, der die Schule durch den Haupteingang betritt. Alle Beteiligten haben sich von Anfang an in ihr aufgehoben gefühlt, ihre Architektur hat die Atmosphäre der Schule entscheidend geprägt.

3. Zur Entwicklung der inneren Struktur des Rübekamp

Lag die entscheidende Triebkraft bei der Umsetzung der Stufenschule in einem integrativen Bildungsansatz, war das Ziel im Sekundarbereich II die Integration von allgemeiner und beruflicher Bildung. Dazu sagte Bildungssenator von Hassel bei der Einweihung des 1. Bauabschnitts: »Die Zukunft gehört einer Integration, in der alle Schüler gleichermaßen den Zugang zu der notwendigen und der individuell gewünschten Allgemeinbildung erhalten und optimal auf die Ziele ihrer Ausbildungsgänge hin qualifiziert werden«. Schule müsse durchlässig sein, damit der Einzelne am besten gefördert werde und sich so am besten entfalten könne. »In dieser neuen Schule soll etwas von dem (in der Gesamtschule West) als richtig Erkannten und Praktizierten seine Fortsetzung finden«. Ähnlich den Schulzentren Im Holter Feld, An der Alwin-Lonke-Straße und einigen anderen sollte auch dem Schulzentrum am Rübekamp später einmal eine Vorreiterrolle bremischer Bemühungen um eine Integration von beruflicher und allgemeiner Bildung zukommen.

Gut zwei Jahre später, bei der Einweihung des endgültig fertiggestellten Schulzentrums, mahnte

Urkunde für Frau Lemke vom Abiturientenjahrgang 1986

Bildungssenator von Hassel in seiner Rede bereits eine Bildungspolitik der kleinen Schritte an. Das Zusammenspiel von allgemeiner und beruflicher Bildung erfordere speziell Geduld und Verständnis, nur so seien Reform und Fortschritt möglich. »Für mich«, so von Hassel, »ist selbstverständlich, dass hier das Leistungsfach Ernährung für die Abteilung Gymnasium eingerichtet wird, abteilungsübergreifender Lehrereinsatz praktiziert wird und die jährlich in der Abteilung Gymnasium laufenden Projektwochen im nächsten Schuljahr in Richtung der beruflichen Bildungsgänge erweitert werden«. Die Schule müsse umgehend einen Bereich von Arbeitsgemeinschaften auf- und ausbauen, der allen Schülern offen stehe.

Bürgermeister Koschnick sah das Geschehen realistischer und zugleich praktischer und ging auf die »entscheidende Verbesserung beruflicher Bildungsgänge im Bereich Gastronomie« ein. Speziell diesem Wirtschaftszweig komme in Zukunft immer mehr Bedeutung zu: »Die bekannt gute Gastronomie in Bremen mit ihrer Bedeutung für die Touristik ist ein wichtiger Wirtschaftsfaktor. Diese Schule kann ein Beitrag dazu sein, den Betrieben in ihrem harten Konkurrenzkampf wichtige Voraussetzungen für den Erfolg zu schaffen«.

Neben 300 Gymnasiasten füllten jetzt täglich 800 Teil- und Vollzeitschüler in diversen, höchst differenzierten Ausbildungsgängen den Rübekamp mit neuem Leben. Aus dem Nebeneinander sollte die Schule über eine systematische Verzahnung erste Ansätze integrativer Arbeit entwickeln. Einen ersten Ansatz dazu bot – neben Arbeitsgemeinschaften – der Vollzeitbereich der beruflichen Abteilung und hier die Fachoberschule (FOS) mit dem von ihr verliehenen Fachabitur. Doch da sich selbst hier wenig Schnittmengen ergaben, blieb realistisch gesehen zunächst – neben Projekttagen und Arbeitsgemeinschaften – nur das Angebot des LF Ernährungslehre, über das Berufsschüler nach Abschluss ihrer Lehrzeit in die GyO hätten wechseln können, um einen höher wertigen Abschluss zu erreichen. Doch das über eine Reihe von Jahren angebotene LF ist auf keine ernsthafte Resonanz gestoßen. Als im Grunde unüberwindliches Hindernis stellte sich erwartungsgemäß die Teilzeitstruktur heraus, der die weitaus meisten Berufsschüler unterlagen, und zwar unabhängig davon, ob sie die Schule kontinuierlich an zwei Wochentagen oder im Blockmodell besuchten. Schon aus diesem Grund hätten abteilungsübergreifende Arbeitsgemeinschaften bei Teilzeitschülern von vornherein kaum Resonanz finden können.

Einzige Ausnahme bildeten einige erfolgreiche

gemeinsame Projekttage, obwohl sie auf erheblichen Widerstand bei den Betrieben stießen, die darin keinen Nutzwert sahen. Diese Projekttage haben wir als Kollegen nicht durchhalten können, da wir nach meiner Einschätzung den Fehler machten, sie organisatorisch und inhaltlich zu überfrachten. Die Teilnahme von über tausend Schülern verlangte eine immense zusätzliche Organisationsarbeit für nur wenige gemeinsame Tage. So waren an zwei Projekttagen im Januar 1984 zum Thema Arbeitslosigkeit über 50 Referenten im Haus, darunter u.a. Wissenschaftler, Unternehmens- und Gewerkschaftsvertreter, Politiker, Betriebsräte, Arbeitslose und von Arbeitslosigkeit Bedrohte; unter ihnen bekannteste Gesichter der Stadt. Obwohl beide Projekttage spannend verliefen und allgemein als Erfolg gewertet wurden, war zugleich klar geworden, dass allein schon wegen des Umfangs der Organisationsarbeit sich niemand für eine Wiederholung in dieser Form stark machen würde. Wir hätten einfach kleinere Brötchen backen sollen.

Während die GyO in der Frage der Zusammenführung zweier bisher selbständiger Schulen aus Gründen der Gleichberechtigung für eine paritätisch besetzte Schulleitung mit jährlich wechselndem Vorsitz (Zweier-Modell) plädierte, favorisierten sowohl der Senator für Bildung (SfB) als auch die Berufsschule das Einer-Modell. Schon wegen des Übergewichts an Schülerplätzen lief die Gesamtleitung deshalb auf den Leiter der beruflichen Abteilung hinaus. Zur Schulleitung gehörten neben dem Leiter der (vormaligen) Berufsschule als Gesamtleiter, der Leiter der GyO als sein Stellvertreter, der Leiter der beruflichen Abteilung und der stellvertretende Leiter der GyO. Als beratende Mitglieder kamen die Bereichsleiter aus der beruflichen Abteilung hinzu, so dass sich in routinemäßigen Sitzungen ein Übergewicht von 6 zu 2 zugunsten der beruflichen Abteilung zeigte. Hinzu kam, dass die Chemie zwischen dem Leiter (BS) und seinem Stellvertreter (GyO) nicht stimmte. Die übrigen Mitglieder der Schulleitung waren immer wieder um Ausgleich bemüht, um so ein arbeitsfähiges Klima sicher zu stellen. Erschwerend trat hinzu, dass der überwiegende Teil der gewerkschaftlich aktiven Kol-

legen in vielem dem Schulleiter zugetan waren, so dass über Jahre ein Riss auch durch das Kollegium der GyO verlief. Erst mit der Pensionierung des Schulleiters entspannte sich die Situation.

Gegen Ende der 1980er Jahre führte vor allem die steigende Beliebtheit von Gastronomieberufen zu stark ansteigenden Schülerzahlen in der beruflichen Abteilung; die zudem zusätzlich die schulische Ausbildung von Brauern und Mälzern für Nordwestdeutschland übernahm. Mit dieser Expansion der Schülerzahlen platzte die Schule aus allen Nähten. Jeder noch so kleine Raum musste genutzt werden; Raumprobleme blieben ein konfliktbeladenes Thema. Unsensible Alleingänge und mangelnde Kommunikation führten zu Streit und Missstimmungen, so unter anderem bei der Reorganisation des NTW-Traktes, die nahezu ohne Beteiligung der GyO erfolgte: Ein Hörsaal und ein Teil der Sammlung gingen an die Brauer, dazu zwei Klassenräume. Einer ebenfalls wachsenden Gy-Abteilung blieben damit nur noch vier NTW-Fachräume. Unrühmlicher Höhepunkt dieser Entwicklung war die Aufstellung unzähliger Schränke, auf die Berufsschüler allerdings grundsätzlich ein Anrecht hatten. Da die ursprünglich geplante Garderoben-

Streikzeitung zum Unterrichtsboykott 1982

zone Einsparungen im 2. Bauabschnitt zum Opfer gefallen war, sollten diese Schränke auf Flurzonen verteilt werden. Wegen der Unzahl von Schränken wurden dazu auch Flurzonen vor Räumen ausersehen, die überwiegend oder ausschließlich von der GyO genutzt wurden. Die blechernen Schrankwände empfinde ich immer noch als ästhetischen Missgriff.

Die expandierenden Schülerzahlen trafen auf eine zunächst noch als vorübergehend empfundene, sich dann aber verstetigende Sparpolitik, die über viele Jahre Neueinstellungen von Kollegen nur im dringendsten Bedarfsfall zuließ. In den Jahren des fast kompletten Einstellungsstopps entließen Bremer Schulen Jahr für Jahr ausgebildete Referendare, die nicht übernommen werden konnten – bis schließlich eine ganze Lehrergeneration fehlte. Darüber entging vor allem neugegründeten Schulen wie dem Rübekamp die Chance einer stetigen Verjüngung selbst in Maßen.

Der erheblich gewachsene Lehrerbedarf der beruflichen Abteilung des Rübekamp wurde über Abordnungen und Versetzungen von Kollegen aus gymnasialen Oberstufen gedeckt, wo Sparrunden zu Überhängen geführt hatten. Um diese neuen Kollegen nicht ausschließlich in ungewohnter Umgebung unterrichten zu lassen, führten sie zunächst zumindest ein oder zwei Grundkurse entsprechend ihrem Metier. Ihr Einsatz in der GyO erhöhte sich sukzessiv, wenn auch auf Kosten altgedienter Kollegen, die sich zum Ausgleich unerwartet vor Berufsschulklassen stehen sahen. Nur wenige Gy-Kollegen zeigten sich freiwillig solidarisch; manche mutmaßten, dass es in der Frage der Integration von allgemeiner und beruflicher Bildung wohl von Anfang an darum gegangen sei, den Einsatz von Lehrkräften mit S II-Fakultas flexibler und optimaler zu gestalten. Mancher Unmut konnte in Sitzungen der GEW-Betriebsgruppe aufgefangen werden, zumal die GEW ihreseits die Integration von allgemeiner und beruflicher Bildung auf ihre Fahnen geschrieben hatte und damals die Kollegen beider Abteilungen noch hochgradig gewerkschaftlich organisiert waren (siehe dazu den Beitrag von Volker Arnold: »Generationenprojekt«).

Gleichwohl zeigten sich von Beginn an merkwürdige Randerscheinungen. So etwa gelang es nicht, die Kollegien beider Abteilungen, wie zunächst geplant, in einem zentralen Lehrerzimmer zusammenzuführen, das deshalb seine ihm von den Architekten zugedachte integrative Funktion nicht erfüllen konnte. Es blieb schlicht das Lehrerzimmer des Kollegiums der GyO. Für die Kollegen der beruflichen Abteilung diente es eher als Post- und Kopierstation; sie verteilten sich auf kleine, dezentrale Lehrerzimmer für einzelne Fachbereiche, so wie sie es gewohnt waren. Auf Seiten der Schüler zeigte sich ein ganz ähnliches Bild: Das von den Architekten als zentraler Marktplatz gedachte und im 2. Bauabschnitt errichtete Forum wurde von den Schülern der GyO nicht angenommen. Sie blieben – bis zum heutigen Tag – schlicht in der »alten« Pausenhalle, die als Provisorium im 1. Bauabschnitt entstand; manche Provisorien erweisen sich eben als besonders beständig.

Das Zusammenleben zweier von ihrer Struktur und Entwicklung her nahezu gänzlich verschiedener Abteilungen barg erhebliches Konfliktpotential. Streitpunkt waren die nicht selten extrem unterschiedlichen Kurs- und Klassengrößen. Während die GyO in experimentell ausgerichteten Fächern in Ausnahmefällen Kurse mit weniger als zehn Schülern einrichtete, um das Kursangebot stabil zu halten, lagen Klassengrößen in der beruflichen Abteilung nicht selten bei 30 Schülern – auf häufig engstem Raum. Die nach dem schriftlichen Abitur wegfallende Unterrichtsverpflichtung bot, trotz erkennbarer Korrekturbelastung, immer wieder Anlass zu überspitzten Bemerkungen innerhalb der Schulleitung. Selbst das Argument, Prüfungsaufgaben zu entwickeln sei Teil des Gymnasialjobs, während im beruflichen Bereich diese über das Stundendeputat hinausgehende Leistung zusätzlich entlohnt werde, fruchtete nur wenig. Dass es jedoch vielen Kollegen der beruflichen Abteilung wegen des dort üblichen Klassensystems gelang, ihr Stundendeputat an vier Tagen abzuleisten und sie dadurch nicht selten durchweg verlängerte Wochenenden genießen konnten, galt dagegen eher als Gewohnheitsrecht.

Diese unterschiedlichen Bedingungen und Interessen konnten häufig nur schwer austariert werden. Auch in der GyO selbst wurden höchst unterschiedliche Kursgrößen immer wieder kontrovers diskutiert. Gering frequentierte Kurse im AF III, hauptsächlich in Physik und Chemie, mussten durch hohe Kursfrequenzen in AF I+II ausgeglichen werden. In anderen Oberstufen praktizierte Modelle, unterschiedliche Belastungen (Frequenzen, Korrekturen ect.) über ein Punktesystem langfristig auszugleichen, fanden keine Mehrheit.

Als Mitte der 1990er Jahre die Schülerzahlen im Teilzeitbereich der beruflichen Abteilung zurückgingen, geriet die Schule in eine personelle Über-

hangposition – auch aufgrund neuer Bedarfsberechnungen, sprich weiteren Kürzungen. Bremenweit kam es vorübergehend zu in der Regel stundenweisen Abordnungen von ausschließlich GyO-Kollegen an umliegende S I-Schulen, die ihrerseits Bedarfe anmelden konnten. Kaum war also das Problem der Umschichtung von Gy-Kollegen in die S II-Zentren halbwegs gelöst, führte ein inzwischen entstandener Bedarf in der S I-Zentren zu erneuter Abordnungen in umgekehrter Richtung.

Es knirschte allerorts derart, dass der SfB sich gezwungen sah, einen Beirat zu installieren, um Schulen und Kollegen in den Abordnungsprozess einzubeziehen, um so zumindest ein Mindestmaß an Mitsprache zu gewähren. Als Mitglied und Vorsitzender dieses Beirates, dessen Rolle von Kritikern rasch als »Schmiermittelausschuss« abgewertet wurde, gewann ich tieferen Einblick in die Personalpolitik des SfB. Einzelheiten sind hier nicht von Interesse, nur an zwei Details sei erinnert. Auf Druck des Beirats legte der SfB erstmals sämtliche Daten zur Lehrerversorgung aller Schulen auf den Tisch. Obwohl die Vermutung grassierte, dass Schulen, neben dem üblichen Schlüssel, vor allem über Sonderzuweisungen keineswegs gleich behandelt worden waren, erstaunte das Ausmaß an Ungleich-

Demonstration zum Streikrecht, Weser Kurier 7. 3. 1986

behandlung dann doch und löste heftige Debatten aus. Wer wie viele Stunden über den Regelbedarf hinaus erhielt, war offensichtlich eine Frage der Durchsetzungsfähigkeit von Schulleitern und Schulräten. Es gab keine Gleichbehandlung zwischen den Schulstufen oder den Schulen innerhalb der Schulstufen. War die GyO wegen ihrer damals häufig geringen Kursfrequenzen immer schon kritisch beäugt worden, wurden jetzt die Berufsschulen zum Ziel; sie hatten bei der Stundenzuweisung ihren Vorteil genutzt, mit Handwerks- sowie Industrie- und Handelskammer über eine einflussreiche Lobby zu verfügen.

Erwähnt sei hier, dass der SfB zwar den gesamtbremischen fachspezifischen Bedarf auf der Basis der Schülerzahlen ermitteln konnte, selbst aber über keine greifbaren Daten verfügte, wieviele Lehrkräfte mit welcher Fakultas tatsächlich in welchen Fächern und Klassenstufen unterrichteten. Damals wurde noch fast alles auf Karteikarten festgehalten; es gab keine Datensätze, die abgefragt werden konnten. Das Ausmaß fachfremden Unterrichts ließ sich nur erahnen und ist bis heute noch ein großes Problem – unabhängig von allen Fortschritten bei der Datenverarbeitung. Die erreichte Transparenz in der Frage der Stundenzuweisung konnte jedoch die Konflikte im Rahmen der Abordnungen und die mit ihnen verbundenen Verletzungen nicht ungeschehen machen.

Sowohl Kollegen als Schüler verstanden sich ganz überwiegend auch als handelnde Personen, von Anfang mischte sich »der Rübekamp« in öffentliche Belange ein, gab Stellungnahmen ab, nahm an Demonstrationen teil. Es entsprach einfach dem Ansatz der Schule. So fuhr das Kollegium der GyO nahezu geschlossen zur großen Friedensdemonstration nach Bonn. Es gab zwar immer wieder Kontroversen, die aber in den 1970er/80er Jahren zeitgemäß »solidarisch« diskutiert wurden. Das sollte sich ändern; zwei Beispiele, ein außer- und ein innerschulisches, sollen das verdeutlichen.

Als der Irak unter Saddam Hussein im August 1990 völkerrechtswidrig das benachbarte Kuwait überfiel und annektierte, reagierte der Weltsicherheitsrat der UN mit der Androhung einer Militäraktion nach Art. VII der UN-Charta (Resolution 678).

Die Weigerung Iraks – trotz intensiver diplomatischer Bemühungen – Kuwait zu räumen, führte im Januar 1991 zur angekündigten Militäraktion von rund 30 Staaten unter Führung der USA, bei der die irakische Armee besiegt und die territoriale Integrität Kuwaits wiederhergestellt wurde (Erster Irak-Krieg, Zweiter Golfkrieg). Dass die USA zuvor den Irak im Krieg gegen Iran (Erster Golfkrieg) massiv aufgerüstet hatten, entbehrte nicht der Ironie. In diesen Jahren endeten die Politik-Sequenzen für das schriftliche und mündliche Abitur in der Regel mit der Halbjahresthematik »Internationale Beziehungen«, eine bei Schülern und Politikkollegen beliebte Thematik. In diesen Kursen wurden Struktur, Funktion und Aufgaben der UN behandelt sowie allgemein die Bedeutung der UN intensiv diskutiert. Die nun von linker Seite geäußerte scharfe Kritik an der vom Sicherheitsrat der UN auf der Grundlage der UN-Charta beschlossenen Militäraktion, allen voran die der Bremer GEW-Spitze, stieß bei einer Reihe von Kollegen (und Schülern) auf Unverständnis. Wenn UN, dann auch gemäß der Charta. Obwohl Organisationen und Verbände in der Nachfolge von »1968« mit dem überwiegenden Verständnis ihrer Mitglieder ein politisches Mandat für sich reklamierten und allgemein großzügig wahrnahmen, fühlten sich im Falle der öffentlichen Erklärungen der Bremer GEW nicht wenige Mitglieder von der scharfen Kritik unangemessen vereinnahmt, darunter auch ich. Auf einer gut besuchten Sitzung der GEW-Betriebsgruppe kam es zu einer heftigen, keineswegs »solidarisch« geführten Diskussion, in deren Folge eine Reihe von Mitgliedern die GEW verließ.

Der vielleicht schärfste Konflikt innerhalb des GyO-Kollegiums entsprang merkwürdigerweise einer Feier, genauer der Abiturfeier des Jahres 1988. Die übergeordnete Idee, diese Feier mit der Erinnerung an den emanzipatorischen Akt der Zulassung der ersten Abiturientin zum Studium der Medizin im Jahr 1908 zu feiern, fand im Abiturjahrgang großen Anklang. Die für die Dekoration von Eingangsbereich und Forums verantwortliche Gruppe hatte dazu auch kleine Fähnchen, Girlanden und Luftballons in Schwarz-Weiß-Rot verwendet. Viele Abiturienten erschienen aufwändig kostümiert zur

Feier, die komisch und unterhaltend war. Die Tutoren des Jahrgangs führten Zweiakter unter dem Motto »Schule früher, Schule heute« auf; Zeugnisse wurden überreicht, die Stimmung beim Publikum im wieder einmal voll besetzten Forum war prächtig. Alles in allem: ein freudvoller, gelungener Abschlussabend – so schien es.

Am ersten Schultag danach dann ein in seiner Heftigkeit und Folgewirkung völlig unerwarteter Eklat: Ein an Organisation und Feier unbeteiligter Kollege deutete die noch nicht abgeräumte Dekoration als unreflektierte Verherrlichung des preußischen Militarismus, riss sie sofort herunter und warf sogleich den dafür Verantwortlichen ein pädagogisch unverantwortliches Handeln vor. Sofort solidarisierte sich eine Reihe von Kollegen, die aber ebenfalls nicht an der Abiturfeier teilgenommen hatten; unsägliche Beschimpfungen folgten. Bald schon wurde der Vorwurf um eine unkritische Verherrlichung eines Vorgängerregimes des nationalsozialistischen Unrechtsstaats und den Versuch einer »Entsorgung« des dunkelsten Kapitels deutscher Geschichte erweitert und verschärft – wohl weil der Historikerstreit (Stichwort: Habermas – Nolte) noch präsent war. Von einem der Schule unwürdigen Skandal war die Rede. Wehret den Anfängen! Aber wollten die Kritiker der Abiturfeier den Kritisierten, mit denen sie bereits über viele Jahre zusammengearbeitet hatten, im Kern eine faschistoide Unterwanderung unterstellen, weil diese mit der Abschlussfeier ihres Abiturjahrgangs zugleich an ein emanzipatorisches Ereignis erinnern und es feiern wollten?

Eine klärende Diskussion über die zu unkritische Verwendung der Farben Schwarz-Weiß-Rot war wegen persönlicher Verunglimpfungen nicht mehr möglich. Auf einer Konferenz sollten die unglaublichen Vorgänge aufgearbeitet werden. Dies geschah: Kritiker, sämtlich aktive Mitglieder der GEW-Betriebsgruppe, stellten Verantwortliche nicht nur zur Rede, sondern an den Pranger. Die Mehrheit des Kollegiums folgte den persönlichen Diffamierungen eher staunend bis ungläubig. Höhepunkt der Auseinandersetzung war eine »Urkunde« für die als hauptverantwortlich ausgemachte Kollegin, in der die Kritiker ihr in demütigender

Form bescheinigten, dass sie sich »um die Schule verdient« gemacht habe. Das alles geschah an einer Oberstufe, die in den Augen der Bevölkerung allgemein als eher links, zumindest linksliberal orientiert galt und deren Kollegium sich – wohl ohne Ausnahme – immer noch einem aufklärerisch-emanzipatorischen Bildungs- und Erziehungsansatz verpflichtet fühlte.

Der angebliche Skandal führte allen noch einmal exemplarisch die sattsam bekannte Tatsache vor Augen, dass niemand sich verbissener und selbstgerechter zu beharken weiß als gerade Prota-

Veranstaltungen
im Forum

gonisten des linken (und wohl auch des rechten) Lagers untereinander, gemäß der Relation: Gegner – Feind – Parteifreund. Damit erlebte die Schule einen absurden, geradezu bühnenreifen Streit um das wahre Erbe aus den Lehren nicht nur der jüngeren, sondern gar der jüngsten deutschen Geschichte, als spätestens mit dem Frühherbst 1968 die kurze, aber intensive Zeit der deutschen Studentenrevolte zwischen Juni 1967 und dem August 1968 die große Illusion »auf eine bessere Welt« zerstob und die »Bewegung« zerfiel, zumeist in Gruppen, die sich spinnefeind waren.

Die beiden zweifellos ungewöhnlichen Konflikte fügten sich ein in eine Reihe von Konflikten, wie sie im Arbeitsprozess entstehen, die aber von seiten von GEW-Mitgliedern häufiger übermäßig scharf geführt wurden – und in der Summe die GEW-Betriebsgruppe erheblich schwächte. Bemerkenswert ist in diesem Zusammenhang auch der erfolgreiche Kampf der Bremer GEW um die Reduzierung der Zahl der Unterrichtsstunden von Kollegen in der Sek. I, die allerdings mit einer Erhöhung des Stundendeputats für Kollegen der Sek. II um zwei Stunden bezahlt werden musste, was wiederum zu weiteren Austritten aus der GEW führte und über die Jahre dazu, dass Sitzungen der GEW-Betriebsgruppe bequem in Wohnzimmern stattfinden konnten – bis sie überhaupt mehr und mehr unterblieben.

4. Gefährdung und Konsolidierung

Ende der 1980er, Anfang der 1990er Jahre, zwei Jahrzehnte nach ihrer Einführung, geriet die Stufenschule zunehmend in die Defensive. Eine »Schulreformkommission« sollte es richten und eine »Ampel-Koalition« mit Bildungssenator Henning Scherf setzte ihr Gutachten, auf das hier nicht weiter eingegangen werden soll, in wesentlichen Teilen um. Darüber gerieten die gymnasialen Oberstufen infolge zweier nahezu parallel laufender Entwicklungen unter Druck. Zum einen über die nun als Daueraufgabe gesetzte Haushaltssanierung, die allgemein eine Verknappung der Ressourcen für den Bildungssektor nach sich zog, vor allem aber das Kurssystem in seiner bisherigen Ausstattung in den Blick nahm. Zum anderen wurden die Grenzen der Schulbezirke aufgehoben und damit die freie Anwahl auch der gymnasialen Oberstufen durchgesetzt.

Diese war, wie oben ausgeführt, bereits seit der Einführung des Kurssystems möglich, ohne jedoch zahlenmäßig wirklich ins Gewicht gefallen zu sein. Jetzt aber wurden Schulen ganz bewusst stadtweit dem der privaten Wirtschaft entlehnten, Konkurrenzwettbewerb ausgesetzt: »... und die Schulen sollen den Schülern richtig hinterher laufen!«, so der O-Ton des Bildungssenators Henning Scherf. Eltern und Schüler mutierten nun in offiziellen Papieren zu »Kunden«, um die die Schulen als »Anbieter« zu werben hätten. Angebot und Nachfrage sollten künftig die Schülerströme lenken. Selbst im öffentlichen Schulsystem sollten die Gesetze der Marktwirtschaft herrschen; »Kundenorientierung« lautete die Devise. Die Abstimmung »mit den Füßen« sollte über Wohl und Wehe entscheiden. Wer auf Dauer bei den Anwahlen schlecht abschnitt, würde in Schwierigkeiten geraten, möglicherweise stand gar die Schließung ins Haus – und die Bildungsbehörde wäre fein heraus, sie müsste, statt zu agieren, nur noch reagieren.

Die freie Anwahl im Bereich der GyO, so die Befürchtung, würde zwangsläufig zu einer höchst ungleichen Schülerverteilung führen. Die Einteilung der Stadt in Regionen und der innerhalb dieser Regionen bisher praktizierte radikale Frequenzausgleich würden sich nicht halten und durchführen lassen, sofern die freie Anwahl ernst gemeint war. Wer wollte auf der einen Seite die Schulen in die Wettbewerbssituation jagen, um anschließend über einen Frequenzausgleich das Ganze wieder zu kippen? Es würde somit nach einigen Jahren notgedrungen zu großen Oberstufen mit breitem Fächerspektrum sowie zu kleineren Oberstufen mit entsprechend geringerem Angebot kommen, vielleicht gar mit einer von Jahr zu Jahr weiter auseinander driftenden Entwicklung und schließlich zu existentieller Gefährdung.

Dabei waren Wettbewerb und »kundenorientiertes« Arbeiten den Schulen keineswegs fremd. Nicht nur die gymnasialen Oberstufen versuchten ständig, ihre Attraktivität zu erhöhen. In der Mittelstufe geschah dies damals über die Einführung bi-lingualer Bildungsgänge, die an nur wenigen Standorten etabliert werden sollten – und sogleich mit Folgen für den Rübekamp: Als das Gymnasium an der Hermann-Böse-Straße den ersten Zuschlag erhielt, lockte dies unmittelbar Schüler aus Findorff, für die ohnehin schon das altsprachliche Angebot des Alten Gymnasiums attraktiv war. Obwohl in Findorff mit dem Weidedamm-Viertel die Gymnasialklientel deutlich gewachsen war, ging die Zahl der Gymnasialschüler am SZ Regensburger Straße zurück – dabei hatte der Rübekamp inzwischen Schüler aus Findorff in nennenswerter Zahl an sich binden können. Um ihrerseits ihre Attraktivität zu erhöhen und ein weiteres Abwandern von Schülern in Richtung Innenstadt zu verhindern, bemühte sich das SZ Regensburger Straße seinerseits um einen bi-lingualen Bildungsgang – ebenso wie das SZ Waller Ring, das seinerseits wiederum in nennenswerter Zahl von Schülern aus Findorff besucht wurde – das Ganze verbunden mit der Absicht der SZ Lange Reihe, den bi-lingualen Bildungsgang in der Oberstufe fortzusetzen – was wiederum unmittelbare Auswirkungen für uns gehabt hätte.

Wie andere Oberstufen hatte natürlich auch der Rübekamp stets versucht, seine Attraktivität zu verbessern. Zum einen über eine kontinuierliche Erweiterung des Kursangebots, was über einige gemeinsame GK mit der Langen Reihe erreicht werden konnte. Zusätzlich gemeinsame LK anzubieten schien sowohl den Umfang vertretbarer »Wanderung« zwischen beiden Schulen als auch ein akzeptables Maß an Zwängen für den Stundenplan zu sprengen. Zum anderen gelang es dem Rübekamp neben der Chor-AG sukzessive weitere Arbeitsgemeinschaften anzubieten: Theater-AG (bald als Grundfach Darstellendes Spiel wählbar); Niederdeutsch (bald auch als reguläres Grundfach wählbar), Radio- und Video-AG in Zusammenarbeit mit dem Medienzentrum in Walle (bald auch als Grundfach Medien wählbar); Offenes Labor (Physik), systematischer Auf- und Ausbau des Informatikangebots über eine AG, zunächst zum regulären Grundfach und schließlich zum Leistungsfach, parallel dazu noch das Angebot eines Grundkurses Informatik für Mädchen im Rahmen eines von der Universität Bremen begleiteten Schulversuchs (sie-

Schulzentrum des Sekundarbereiches II am
Rübekamp
- Gymnasium -

Wir stellen uns vor !

he dazu die Beiträge von A. Creutz und M. Reinhardt). Das Karussell der Konkurrenz hatte bereits Fahrt aufgenommen.

Sämtliche Aktivitäten waren von Kollegen individuell initiiert und von der Abteilungs- und Schulleitung im Rahmen ihrer Möglichkeiten unterstützt und gefördert worden. Hatte der Rübekamp in seinem ersten Jahr 5 Leistungs- und 11 Grundfächer anbieten können, so war das Fächerangebot im Jahr des Beschlusses der freien Anwahl auf 11 Leistungs- und 24 Grundfächer angestiegen. Und doch gab es auch schmerzhafte Einschränkungen. So führte z.B. der – bundesweit – zu beobachtende Trend des rückläufigen Interesses an Französisch zugunsten des Faches Spanisch dazu, dass das zwischenzeitlich sowohl an der Langen Reihe als auch am Rübekamp angebotene LF Französisch auf einen Standort beschränkt werden musste. Die Lange Reihe erhielt den Zuschlag und verzichtete im Gegenzug auf das LF Geschichte. Für die Kollegen des Rübekamp mit Fakultas für Französisch eine bittere Entscheidung – die Entwicklung der Anwahl beider Fächer erwies sich für den Rübekamp als Vorteil.

Schüler und Lehrer wünschen sich grundsätzlich einen möglichst geschlossenen Stundenplan. Um attraktiver zu werden, boten wir lange außerhalb des Plans ein zusätzliches Angebot von Grundkursen, das somit für alle Schüler anwählbar war – jedoch mit einem zerrissenen Stundenplan erkauft wurde. Dieses zunächst durchaus akzeptierte, bis in die späten Nachmittagsstunden reichende Programm geriet mit der wachsenden Zahl der Schüler mit längeren Anfahrwegen in die Kritik. Der Wunsch nach einem geschlosseneren Plan, so wie die meisten Oberstufen ihn anboten, war deutlich zu spüren. Es lag auf der Hand, die bisherige Struktur neu zu justieren. Mein in einer umfangreichen Vorlage begründeter Vorschlag, das gesamte Kursangebot zeitlich zu straffen, stieß zunächst auf vehemente Kritik, insbesondere bei den Kollegen, die die wenigen exklusiven Grundkurse vertraten und ihr Fach gefährdet sahen. Nicht wenige fürchteten einen Verlust an genereller Attraktivität des Rübekamp durch Einschränkung von Wahlmöglichkeiten. Nach kontroversen Debatten fand eine straffere Struktur, in die zugleich gemeinsame Kurse mit der Langen Reihe eingebettet waren, eine Mehrheit. Alle Befürchtungen erwiesen sich schließlich nicht nur als unbegründet, im Gegenteil, durch einen geschlosseneren Stundenplan wurde der Rübekamp noch attraktiver. Für mich hieß dies mehr denn je, für künftige strategische Entscheidungen umfangreiches empirisches Material mit sorgfältiger Analyse vorzulegen und in der Debatte standhaft zu bleiben.

Der Beschluss über die stadtweit freie Anwahl der Oberstufen löste am Rübekamp eine Generaldebatte aus, in der seine bisherige Entwicklung auf den Prüfstand gestellt wurde: Wie stehen wir da? Wie sollen wir auf die freie Anwahl reagieren? Wie werden andere Oberstufen reagieren? Wie wollen wir uns positionieren? Wie sollen wir uns präsentieren?

Der Rübekamp war in den letzten Jahren durchaus erfolgreich gewesen und hatte sich zahlenmäßig weiter stabilisieren können. Das war auch der Außenwirkung der Schule zu danken; stellvertretend seien hier die Aufführungen der Chor AG unter Ingrid Galette-Seidl genannt. Zunehmend aufwändigere Produktionen wurden nicht mehr nur in der Schule, sondern an Standorten der Innenstadt (Schlachthof, Weserterassen,...) aufgeführt, dazu die später legendären Weihnachtskonzerte in der Friedenskirche. Im Ergebnis zeigten sich vermehrt Anmeldungen von Schülern aus den Gesamtschulen Mitte und Leibnizplatz, aus der Ev. Bekenntnisschule oder auch von der Schule an der Schaumburger Straße, um nur die wichtigsten überregionalen Herkunftsschulen zu nennen.

Diese ersten Erfolge galt es nun zu sichern. Da Information und Beratung von GyO-Interessenten zu meinen Hauptaufgaben gehörten, sah ich mich besonders gefordert und warb über eine Vorlage dafür, dass der Rübekamp eine massive Werbekampagne mit Flyer, Broschüre und Fächerinformationen starten sollte. Wie sonst sollten wir uns stadtweit bekannt machen? Werbung aber, wenn sie auf Dauer ernst genommen werden wollte, musste glaubwürdig sein und die Schule in Angebot und Realität widerspiegeln. Was also galt es beizubehalten und was zu verbessern? Hier eine Kurzfassung unserer Überlegungen und Entschlüsse:

In den Mittelpunkt stellten wir unser »pädagogisches Klima«. Das Hauptaugenmerk sollte naturgemäß dem unterrichtlichen Bereich gelten. Neben Breite und Ausgewogenheit des Fächerangebots sollten Standards verbessert und neue Formen wie ein systematischer Projektunterricht versucht werden, z.B. in Form eines gestuften Vorgehens: Renaissance (11. Jg.), Aufklärung (12. Jg.), Moderne (13. Jg.). Es gab auch andere Überlegungen: Projekttage oder -wochen im Rahmen der Leistungskursbänder des 11. Jahrgangs. Regelmäßige schulinterne Fortbildungen sollten Qualitätsstandards ebenso sichern wie Zusammenarbeit und Motivation allgemein. Im AG-Bereich sollte das langfristige Angebot eher stabilisiert als durch kurzfristige Angebote erweitert werden. Die geübte Praxis der intensiven Betreuung der Schüler durch Tutoren, der Jahrgangsfahrt zur Einführung des 11. Jahrgangs sowie ein breites Angebot an attraktiven Kursfahrten insgesamt sollten unbedingt fortgesetzt werden. Damit ergab sich folgender Jahresablauf: Steinkimmen (11.Jg.) – Fahrtenwoche (12./13. Jg.) – Herbst- und Weihnachtsferien – Informations- und Hospitationstage – Kollegiumsausflug – Abitur – Osterferien – schulinterne Fortbildung – Abiturfeier – Sommerferien.

Die Debatte über die Reaktion unserer GyO auf die freie Anwahl auf der Basis meiner Vorlage zeigte noch einmal einen für den Rübekamp charakteristischen Zug: Angestoßen über eine differenzierte Vorlage, die neben einem Problemaufriss die für die Entscheidung möglichen Alternativen und Konsequenzen aufzeigte, debattierte das Gy-Kollegium einerseits intensiv und zeitraubend, andererseits in einer Art und Weise, die nicht selten quälend war und auch Schmerzgrenzen überschritt. Wir haben es uns mit der Umsetzung unseres damaligen Anspruch der Demokratisierung der Institution Schule, euphemistisch formuliert, nicht gerade leicht gemacht. Rückblickend gesehen brachten die letztendlich gemeinsam getroffenen Entscheidungen zweifellos voran.

Die Generaldebatte beförderte zugleich die Absicht, Organisation und Verwaltung der Oberstufe stärker als bisher rechnergestützt zu erledigen. Bisher konnten im Grunde nur Kurswahlen ausgewertet sowie Kurslisten und Stundenpläne ausgedruckt werden. Allein diese ersten Ansätze hatten in der in den 1980er Jahren beginnenden Debatte um Datenschutz zu teilweise hysterischen Reaktionen geführt und mir sogar eine anonyme Anzeige aus dem Kreise der Kollegen beim SfB eingebracht. In der neuen Situation fand der Vorschlag, ein schulinternes computergestütztes Programm zur Verwaltung der Oberstufe entwickeln zu lassen, breite Zustimmung. Der Förderverein der Schule erklärte sich bereit, die Kosten für die materielle Ausstattung des Vorhabens zu übernehmen; nicht zum ersten Mal half der vor allem aus der beruflichen Abteilung gespeiste Förderverein Vorhaben der Gy-Abteilung, wie z.B. Aufführungen der Chor-AG, finanziell abzusichern. Mit einem entsprechenden Votum ausgestattet, entwickelte Wilfried Koineke ein integriertes Programm, das die gesamte Bandbreite der Aufgaben der Oberstufenkoordination erfasste: Auswertung der Anwahlen, Ausrichtung des Kurssystems und Kursverwaltung, Stundenplan, Zeugnisse, Abiturqualifikation, -prüfung und -zeugnis, um nur die wichtigsten Felder zu nennen. Sein Programm war für die Koordination unserer Oberstufe ein

---

Fächerangebot

Hier eine Übersicht über die von uns angebotenen Fächer, die zu Aufgabenfeldern zusammengefaßt werden.

Sprachlich-literarisch-künstlerisches Aufgabenfeld (AF I):
Deutsch, Englisch, Französisch, Latein, Spanisch, Türkisch, Kunst, Musik und Darstellendes Spiel

Gesellschaftswissenschaftliches Aufgabenfeld (AF II):
Geographie, Geschichte, Pädagogik, Politik, Psychologie, Rechtskunde, Religion und Soziologie

Mathematisch-naturwissenschaftliches Aufgabenfeld (AF III):
Mathematik, Physik, Biologie, Chemie und Informatik.

Besonderheiten: Ausgehend von Schulversuchen bieten wir einen Grundkurs Medien sowie getrennt laufende Informatikkurse für Mädchen an. Außerdem finden in der 12. Jahrgangsstufe Kurse in Niederdeutsch statt, die - wie die Medienkurse auch - von Schülerinnen und Schülern aus ganz Bremen belegt werden können.

Leistungsfächer

Da zwei Leistungsfächer gewählt werden müssen, kommt es zu Leistungsfachkombinationen. Die Wahl der Leistungsfächer unterliegt schulrechtlichen Auflagen. So muß eines der beiden Leistungsfächer entweder Deutsch oder eine fortgesetzte Fremdsprache oder Mathematik oder eine Naturwissenschaft sein. Das zweite Leistungsfach kann beliebig aus dem Angebot gewählt werden. Aus technischen Gründen (z.B. Stundenplan) sind nicht alle Kombinationen umsetzbar. Hier die Anordnung:

	AF I	AF II	AF III
1	DEU ENG	GEG GES	MAT BIO
2	DEU ENG KUN	SOZ	MAT PHY CHE

Zu kombinieren ist jeweils ein Fach aus der ersten Leistungsfachschiene (1) mit einem Fach aus der zweiten Leistungsfachschiene (2). Mögliche Kombinationen unter Beachtung der Auflagen sind zum Beispiel:
DEU/GES, ENG/GEG, MAT/SOZ, BIO/CHE, MAT/PHY, ENG/KUN

Nicht erlaubte Kombinationen sind zum Beispiel:
GES/KUN, GEG/SOZ

Ob sich alle Kombinationen, wahrlich eine stattliche Zahl, realisieren lassen, hängt auch davon ab, wieviele Schüler insgesamt die neue 11. Jahrgangsstufe besuchen werden. Sind es wie in den letzten Jahren gut 100 Schülerinnen und Schüler, dann wird dies mit wenigen Ausnahmen möglich sein.

Ausschnitt aus der Werbebroschüre

Quantensprung (s. dazu auch den Beitrag: in memoriam Wilfried Koineke).

Für die Werbekampagne wurde neben einem Flyer eine Broschüre erstellt, die beide die Struktur der GyO, Fächer, Arbeitsgemeinschaften, aber auch Fahrten o.ä. vorstellten. Flyer wurden nun in hoher Auflage gedruckt und nicht nur an Schulen verteilt, sondern auch andernorts, z.B. in Bibliotheken ausgelegt. Es galt, über den Bremer Westen hinaus Interessenten für den üblichen, jeweils im Dezember stattfindenden Elternabend zu gewinnen, auf dem neben Informationen auch das Schulgebäude und seine Einrichtungen im Mittelpunkt standen. Das Gebäude allein, dessen konnten wir uns sicher sein, würde seinen eigenen Werbecharakter entfalten. Zu den üblicherweise im Januar stattfindenden Hospitationstagen sollten eigens Fächerinformationen erstellt werden; »Marketing« war jetzt gefragt. Nur so schien ein Überleben des Rübekamp als geographisch gesehen randlich gelegener Oberstufe möglich zu sein. Nach eingehender Debatte, in der der oktroyierte Weg des freien Wettbewerbs unter den Schulen zurecht heftig kritisiert wurde, fasste das Kollegium mehrheitlich den Beschluss, nicht wie bisher nur in der Region, sondern massiv stadtweit werbend aufzutreten.

Parallel zu den ersten Jahren der freien Anwahl wurde, ausgehend vom Gutachten der »Schulreformkommission«, in einer Serie von Workshops nach Wegen für eine Reform der gymnasialen Oberstufe gesucht. Schon der Titel des 6. Workshops Anfang 1994 über neue Organisationsmodelle für die GyO war symptomatisch für den (bildungs-) politischen Zeitgeist – zumindest in Bremen – und verriet nichts Gutes: »Die GyO – ein pädagogisches Notstandsgebiet?«; die Grundlinien seien hier deshalb kurz nachgezeichnet. Drei Essentials stellte der Fachreferent des SfB der Diskussion voran: 1. Haushaltsvorgaben und -sanierung erzwingen kostengünstigere Modelle; 2. der bisher gewährte Ressourcenrahmen ist nicht zu halten; 3. das bisherige Kurssystem wird aus ökonomischen Gründen zur Disposition gestellt: In seiner bisherigen Ausdifferenzierung ist es schlicht nicht mehr finanzierbar. Künftige Modelle sollten weniger Struktur und dafür mehr Inhalt bieten.

Der Fachreferent beim SfB forderte die Teilnehmer auf, »einmal ohne Schranken zu denken!« und aus der Not eine Tugend zu mache, d.h. wenn die ökonomische Situation eine Änderung erzwingt, sollte die pädagogische Erfahrung mit dem bisherigen Kurssystem die künftigen reduzierten Modelle diktieren. Unterschwellig klang irgendwie durch, dass sich mit der erforderlichen Korrektur für den SfB unter Hinweis auf die pädagogischen Erfahrungen die Möglichkeit eröffnete, das Kurssystem so zusammenzustreichen, dass der Übergang zum Klassensystem als Königsweg in greifbare Nähe rückte: Am besten sollten die Schulen selbst die Rückkehr zum alten Klassensystem verlangen!

Die Generallinie des SfB wurde von den Teilnehmern überwiegend begrüßt, in erster Linie von Kritikern der Stufenschule. Angeprangert wurden vor allem die hohe Organisationslastigkeit des Kurssystems, das systematisches und fächerübergreifendes Lernen ebenso verhindere wie es notwendige soziale Kontakte unterbinde. Einwände, dass bei Schülern das Kurssystem schließlich ungewöhnlich hohe Akzeptanz genieße, wurden als eher unbedeutsam abgetan. Überhaupt, was lag da näher, die ökonomische Klemme als Vehikel dafür zu nutzen, die »erfahrungsgemäß schief gelaufene Reform der Oberstufe« (O-Ton) zurückzudrehen? Um mit weiter verknappten Ressourcen leben zu können, favorisierte der SfB eine Einschränkung des Kursangebots über eine »Profilbildung« der Oberstufen, die an die herkömmlichen Zweige früherer Gymnasien erinnerte. Der Rübekamp entschied sich nach eingehender Debatte gegen eine solche Profilbildung und für die Beibehaltung eines über alle Aufgabenfelder gestreuten Angebots. Mit der Debatte um die »Profilbildung« der Oberstufen begann rückblickend gesehen der Einstieg in die »Profiloberstufe«, der NGO heutiger Zeit.)

Der ursprüngliche Ansatz des Kurssystems hatte sich in den zurückliegenden zwei Jahrzehnten bereits erheblich verändert. Der Prozess, das ursprüngliche, von erheblicher Wahlfreiheit und Stundenzuweisung gekennzeichnete Kurssystem zu stutzen, begann früh und zunächst durchaus positiv: Die Ausdehnung der halbjährigen Einführungsphase auf das gesamte 11. Schuljahr erlaubte

Per Mausklick in Bremens Zukunft

Schüler des SZ Rübekamp belegten ersten Platz bei europaweitem Multimedia-Wettbewerb

Von unserem Mitarbeiter
Thomas Joppig

Bremen im Jahr 2050. Die Hansestadt ist zu einem Weser-Manhattan mit riesigen Wolkenkratzern geworden, das Bürgerschaftsgebäude ist auf die dreifache Höhe aufgestockt worden und vom Dom leuchtet eine große Digitaluhr herab.

Ein Blick durch die Kugel einer Wahrsagerin? Nein, die Zukunft ist nur einen Mausklick entfernt. Und vorausgesagt wird sie von fünf Schülern des Waller Schulzentrums am Rübekamp. Rieko Bordeaux, Lasse Timmermann, Kjen Wilkens, Max Blu-

mentritt und Jasper Reh stehen kurz vor dem Abitur und erhielten vor kurzem eine Einladung aus München. Die fünf Computerfreaks haben erfolgreich am Wettbewerb „Join Multimedia 2002" teilgenommen. Vorausgegangen war eine europaweite Ausschreibung der Siemens AG, die damit die Talente junger Hobby-Informatiker fördern möchte. Unter 600 Einsendungen wählte die Jury den Beitrag der fünf Bremer zum ersten Preis aus – das hieß: eine Reise nach München inklusive Stadtrundfahrt, Besuch der Bavaria-Filmstudios, des Musicals „Grease" und eines Multimedia-Workshops.

Besondere Leistung

Und Jasper, Kjen, Lasse, Max und Rieko werden wohl bei jeder Bewerbung an ihren Sieg in München erinnert werden – denn sie können die Arbeit im Abitur zugleich als „besondere Lernleistung" eintragen lassen. „Das zählt soviel wie ein fünftes Prüfungs-

kursus", erläutert Lehrer Manfred Hofer, der das Projekt betreute.

Er habe den Schülern freie Hand bei ihrem Projekt gelassen: „Es ist ja häufig so, dass sich die Schüler heute besser mit Computern auskennen als die Lehrer."

Für Computer-Amateure dürfte es jedoch sowieso schwer sein, das Fachwissen der fünf Abiturienten zu überbieten. Denn ihr Wettbewerbsbeitrag mutet nicht wie ein Schülerprodukt an, sondern wirkt bereits wie ein von hauptberuflichen Informatik-Profis entworfenes Programm.

Taxi zum Bahnhof

Mit einem virtuellen Taxi kann der Besucher sich in Windeseile von der Schlachte zum Marktplatz, zum Hauptbahnhof oder zur Bürgerweide fahren lassen. Die 360 Grad umfassenden Digitalkamera-Aufnahmen, die die fünf Bremer Jungs von ihrer Stadt gemacht haben, wurden dabei so geschickt verändert, dass die virtuellen Hochhaus-Einbauten völlig real wirken.

Wer angesichts dieser Bilder schon vergessen hat, wie die Stadt heute aussieht, kann eine „Altertumsbrille" aufsetzen und die jeweilige Perspektive aus heutiger Sicht begutachten.

Nur eines ist in der modernen Metropole namens Bremen gleich geblieben – der Name ihrer Tageszeitung. Die heißt nämlich auch in 50 Jahren immer noch WESER-KURIER, wird allerdings nicht mehr auf Papier gedruckt, sondern lässt sich gegen Eingabe eines käuflichen Zugangscodes auf dem Computerbildschirm lesen …

Doch bei allen futuristischen Ideen – für die fünf Wettbewerbssieger vom Schulzentrum Rübekamp steht zunächst einmal die nähere Zukunft auf dem Plan – sie wollen nach dem Abitur ihre Computerbegeisterung zum Beruf machen. Und beim nächsten „Join Multimedia"-Wettbewerb sind sie natürlich wieder dabei – das ist wohl Ehrensache.

■ Weitere Informationen über den Wettbewerb sind im Internet unter www.siemens.de/joinmm abrufbar. Die Homepage der Siegergruppe ist unter der Webadresse bluescreen.info (ohne www. davor) zu erreichen.

Freuen sich über den Gewinn (v.l.): Lehrer Manfred Hofer, Wolfgang van Hettinga von der Firma Siemens, Bildungssenator Willi Lemke und die fünf Gewinner. Foto: Frank Thomas Koch

---

eine gründliche Vorbereitung der Hauptphase, die vielen Übergängern, nicht nur Realschülern, zugute kam. Dass damit 13/2 nicht mehr nur der Abiturprüfung vorbehalten blieb, sondern zum benoteten Halbjahr der Hauptphase wurde, kam bei Kollegen und Schülern nicht gut an, weil sich dadurch zweifellos die Arbeitsbelastung erhöhte, besonders für Kollegen, die in ihren Grundkursen keine Prüflinge hatten und deren Kurs in 13/2 in den ersten Jahren somit schlicht entfallen war.

Zu den frühesten Korrekturen hatte die Verpflichtung gehört, Deutsch, eine Fremdsprache und Mathematik durchgängig zu belegen. Bei bestimmter Fächerwahl war bis dahin die Abwahl des einen oder anderen dieser drei Fächer am Ende des 12. Jahrgangs möglich gewesen – und natürlich weidlich genutzt worden. Schwere formale Fehler in der Muttersprache, wie sie in Klausuren offenbar wurden, noch dazu in ungewöhnlichem Ausmaß, hatten früh schon scharfe Kritik an dieser Abwahlmöglichkeit ausgelöst. Durch Kürzungen bei der Stundenzuweisung wurden einst sechsstündige LK auf fünf, manche dreistündigen GK auf zwei Stun-

den herabgesetzt und dazu sukzessiv die Kursfrequenzen erhöht. Ständige Änderungen der Auflagen – müßig, sie hier aufführen zu wollen – erforderten einen erheblichen Aufwand, um korrekte Schullaufbahnen zu gewährleisten.

Neben stufenspezifischen Empfehlungen setzte die »Schulreformkommission« mit dem Vorschlag, über ein »Institutionelles Schulentwicklungsprogramm und Organisationsprojekt« (ISP/OE-Projekt) den Schulen insgesamt mehr Autonomie zu gewähren, geradezu eine Wendemarke gemäß den Vorstellungen neoliberalen Zeitgeistes, der sich gesamtgesellschaftlich vor allem in Deregulierung und Privatisierung zeigte. Der Beginn dieses in den 1990er Jahren beginnenden Prozesses soll hier nicht nachgezeichnet werden (siehe dazu die folgenden Beiträge von E. Dobers und W. Hohls). Ich kann allerdings nicht umhin, ein mich persönlich tangierendes Ereignis zu thematisieren, das mit Evaluation in Verbindung mit künftiger Autonomie (und Zertifizierung) des Rübekamp zusammenhängt.

Im Anfangsstadium des Autonomieprozesses

Verleihung des
Siemens-Preises

Fächer	Fächer	Fächer
AF I	AF I	AF I
Deutsch	Deutsch	Deutsch
Englisch	Englisch	Englisch
Französisch-F.	Französisch-A.	Französisch-A.
Latein-A.	Französisch-F	Französisch-F.
Kunst	Latein-A.	Latein-A.
	Spanisch-F.	Spanisch-F.
	Kunst	Türkisch-F.
	Musik	Kunst
	Niederdeutsch	Musik
		Darst. Spiel
		Medien
AF II	AF II	AF III
Soziologie	Geographie	Geographie
Politik	Geschichte	Geschichte
	Politik	Politik
	Pädagogik	Pädagogik
	Psychologie	Psychologie
	Rechtskunde	Rechtskunde
	Religion	Religion
	Soziologie	Soziologie
	Wirtschaft	Wirtschaft
	Philosophie	
AF III	AF II	AF III
Mathematik	Mathematik	Mathematik
Physik	Physik	Physik
Chemie	Chemie	Chemie
Biologie	Biologie	Biologie
	Informatik	Informatik
	Ernährungslehre	
SPORT	SPORT	SPORT
Sport	Sport	Sport
		Sport-Theorie
5 LF	11 LF	11 LF
11 GF	24 GF	26 GF

Entwicklung des Fächerangebotes für den 11. Jahrgang 1976, 1990 und 2002

unterrichtete John Simons, Professor für Germanistik an der Florida State University, als Austauschpartner eines unserer Kollegen Englisch in der GyO am Rübekamp – und erlebte die Debatten um mehr Autonomie. Für ihn kein neue, sondern wohl bekannte Thematik. Mehr Autonomie hieß, mehr Verantwortung zu übernehmen, z.B. für Bildungsprozesse und -abschlüsse, hieß Standards zu garantieren, für regelmäßige Fortbildung zu sorgen usw. Statt Schulen in ihrer Arbeit durch Institute von außen evaluieren zu lassen, gingen (und gehen) US-amerikanische Bildungseinrichtungen (Colleges, Universitäten etc.) dabei den Weg der selbstbestimmten Evaluation. Bei ihren »Self-Studies« ließen sie sich üblicherweise durch geeignete Institute beraten, blieben dabei im Prozess der »Selbsteinschätzung« aber autonom. Im Wettbewerb um Schüler und Studenten spielen in den USA diese »Self-Studies« eine herausragende Rolle. Um dieses selbstbestimmte Vorgehen im zaghaft beginnenden Bremer Prozess um mehr Autonomie für Schulen für den Rübekamp konkret anzugehen, schlug ich der Gesamtkonferenz mit einer entsprechenden Vorlage den Einstieg in eine Selbstevaluierung vor. Teil dieser Evaluierung war u.a. die Lehrtätigkeit und ein Aspekt; die Beurteilung von Lehrenden durch Lernende. Vor allem dieser Aspekt mag der Grund gewesen sein, dass mein Vorschlag mit deutlicher Mehrheit – und vor allem aus »gewerkschaftlicher Sicht« – abgelehnt wurde. Es war, inhaltlich betrachtet, meine schmerzlichste Niederlage, da ich in dieser Selbstevaluation eine große Chance für den Rübekamp als Schulzentrum – gerade im Wettbewerb mit anderen Schulen – gesehen hatte.

Über die freie Anwahl, das Zurechtstutzen des Kurssystems und den Prozess für mehr Autonomie der Schulen suchte der SfB im Grunde nach einem Weg, in Zeiten des ökonomischen Abstiegs zugleich Wege für einen pädagogischem Aufstieg zu finden – nach dem Motto: »Weniger ist mehr!« Offenbar sollten die Herausforderungen einer radikal sich verändernden und komplizierter werdenden Gesellschaft im Übergang zum zweiten Jahrtausend, zumindest der Tendenz nach, mit dem Rückgriff auf das traditionelle, nach Klassen organisierte dreigliedrige Schulsystem bewältigt und das offensichtlich noch als qualitativer Sprung gesehen werden. Dabei war eines von vornherein deutlich: Für die Verlagerung von Aufgaben in die Schulen unter dem Signum der Autonomie würde angesichts der Haushaltsanierung als bremischer Daueraufgabe eine zusätzliche Stundenzuweisung als Ausgleich nicht erfolgen können. Im Zuge des Autonomie-

(und Zertifizierungs-)prozesses setzte der SfB seinen lange gehegten Wunsch der Rückkehr zur Direktorialverfassung durch; es war eine nahezu logische Konsequenz: Wer mehr zu verantworten hat, will auch größere Entscheidungskompetenz nach innen und nach außen.

Kurz erwähnt sei hier noch die zu den Regierungsjahren der Großen Koalition (1995 – 2007) zählende Amtszeit des Bildungssenators Willi Lemke, eines früheren Sportfunktionärs von Werder Bremen. Sein Markenzeichen dort war wohl vor allem das dem US-Sport entlehnte Sponsoring, das er ausgesprochen erfolgreich bei Werder Bremen betrieben hatte. Den Ansatz des Sponsorings versuchte er auf das Schulsystem zu übertragen. Dabei sollten die Schulen selbst initiativ werden, um Sponsoren aus der bremischen Wirtschaft für die dringendsten Maßnahmen zu gewinnen, zum Beispiel über Werbung in der Schule. Doch wie sollten Schulen aus »sozial benachteiligten« Stadtteilen mit Schulen aus den bürgerlichen Stadtteilen konkurrieren, in denen Eigentümer und führende Mitarbeiter gewöhnlicherweise wohnen? Die freie Anwahl und das angestrebte Sponsoring schienen die bremische Schullandschaft endgültig auf den Pfad in einen Flickenteppich zu führen.

Anders als zunächst befürchtet, führte die freie Anwahl der gymnasialen Oberstufen den Rübekamp neben einer ersten Konsolidierung zugleich auf einen Spitzenplatz – dank eines über den üblichen Rahmen hinausgehenden Engagements des Kollegiums und einer offensiven »Marketingstrategie«. Allerdings folgte manche Schelte aus anderen Oberstufen: In einer Dienstbesprechung warfen sie dem Rübekamp vor, aus der Mitte und dem Süden der Stadt eine ganze Oberstufe abzuziehen. Diese Entwicklung steigerte und verstetigte die überregionalen Anwahlen. Wir gerieten gar in den Ruf einer Oberstufe für Gesamtschüler (GSW, GSM, Leibniz Platz), das galt mit Maßen auch für die Ev. Bekenntnisschule, die heute über eine eigene Oberstufe verfügt. Die aus der Innenstadt kommenden Schüler brachten dem Rübekamp zweifellos jene soziale Durchmischung, wie sie die Gründer der GSW einst für ihr Vorhaben gewünscht hatten.

Die Kehrseite dieser erfolgreichen Entwicklung der GyO am Rübekamp zeigte sich an zunehmenden räumlichen und personellen Engpässen. Jahrgangsbreiten von rund 150 Schülern führten zu immer mehr Kursen, die zugleich wegen veränderter Parameter immer mehr Teilnehmer hatten, was vor allem räumliche Probleme schuf. Die Schule drohte Ende der 1990er Jahre aus allen Nähten zu platzen; eine strukturelle Veränderung der Kursorganisation war unumgänglich.

Während sich die Schüler in den meisten, ähnlich großen Oberstufen mit ihren Fächerwahlen an ein vorgegebenes Kursmodell anpassen mussten, konnten sie am Rübekamp unter Beachtung der für alle verbindlichen Richtlinien frei wählen. Über Modellrechnungen erreichten wir über Jahre einen Realisierungsgrad von rund 95 Prozent und damit eine insgesamt hohe Zufriedenheit auf Seiten der Schüler – doch mit sechs oder sieben Lerngruppen pro Jahrgang stießen wir an unüberwindliche Grenzen räumlicher und auch personeller Ressourcen. Um die Möglichkeiten der Schule optimal zu nutzen, mussten auch wir den Schülern ein Modell vorgeben. Auch der Rübekamp richtete sich nun nicht mehr (nur) nach den Wünschen der Schüler, sondern die an ihm interessierten Schüler richteten sich nach den Möglichkeiten des Rübekamp. Die Umstellung funktionierte; die Schüler akzep-

Blick in einen Computer-Fachraum

Große Pause

tierten die Vorgaben und der Rübekamp büßte nichts an Attraktivität ein: in den Pausen herrschte allerorten enges Gedränge.

Die inhaltliche Lebendigkeit des Rübekamp nahm weiter zu – und führte zu qualitativen Verbesserungen innerhalb und außerhalb der Unterrichts. Überhaupt zeigte der Rübekamp sich jetzt von einer Seite, wie die Gründergeneration sie sich gedacht hatte: nämlich keineswegs als reine Unterrichtsanstalt. Ob Podiumsdiskussionen, Vorträge, Aufführungen, öffentliche Stellungnahmen, Streiks, Demonstrationen, Zusammenarbeit mit Institutionen usw., in aller Breite mischte sich der Rübekamp – wie von Beginn an – mit diversen Aktivitäten in den gesellschaftlichen Diskurs ein.

5. Resümee nach drei Jahrzehnten

Die naheliegende bilanzierende Frage, inwieweit die Gründergeneration der bildungspolitischen Reformvorhaben ihre selbstgesteckten Ziele erreicht hat, kann ich nicht mit einem Ja oder Nein, vielmehr nur mit einem Einerseits – Andererseits beantworten. Die extremen Auswirkungen des eingangs als Kontext skizzierten Neoliberalismus auf innerstaatliche Strukturen standen noch bevor. Gleichwohl waren Anzeichen dafür seit den frühen 1990er Jahren unübersehbar.

Zum einen haben ironischerweise in den meisten neugegründeten S II-Zentren trotz fehlgeschlagener Integration von allgemeiner und beruflicher Bildung letztendlich irgendwie alle Seiten profitiert, so auch am Rübekamp.

Erstens die Schüler: im Gy-Bereich trafen sie auf ein kaum noch zu übertreffendes Fächerangebot; ähnliches galt für den BS-Bereich, der sein Angebot unter nachlassenden Zahlen im Vollzeitbereich zügig ausbauen konnte.

Zweitens die Lehrer: Ohne Details aufzuzählen, mag vielleicht schon der Hinweis reichen, dass in den hier beschriebenen drei Jahrzehnten einerseits kaum jemand den Rübekamp verlassen hat oder wollte, andererseits die Schule unter Kollegen erheblich nachgefragt war. Das galt besonders für vielen hervorragenden Referendare, die die Schule ausbildete und von denen sie nur ganz wenige übernehmen konnte.

Drittens die Gy-Abteilung: Erwähnt sei hier, dass zum einen – auch wegen diverser neueingerichteter Bildungsgänge und dem damit geschaffenen Bedarf an Lehrkräften – über den abteilungsübergreifenden Lehrereinsatz die zweitweise drohenden Versetzungen abgewendet werden konnten. Zum anderen ist die breite finanzielle Unterstützung sowohl durch den allgemeinen Schulhaushalt als auch den Förderverein der Schule zu nennen, ohne die manche Investition und manches Projekt – ob Computer(-räume) oder Opernaufführungen – nicht realisierbar gewesen wären.

Viertens die BS-Abteilung: Über den abteilungsübergreifenden Lehrereinsatz hatte sie Zugriff auf erhebliche personelle Ressourcen.

Fünftens der Senator für Bildung: Er sah sich von Seiten einer aufmüpfigen Schule, ob von Schülern, Eltern oder Lehrern, für viele seiner Entscheidungen immer wieder bitter kritisiert, dafür aber zugleich in der Abwicklung des mühsamen täglichen Geschäfts weitgehend in Ruhe gelassen; mehr wünscht sich keine Behörde von einer ihrer untergeordneten Dienststellen.

Zum anderen aber hatte sich die Hoffnung meiner Generation über eine dem Anti-autoritären und Emanzipatorischem verpflichtete Bildung und Erziehung die gesellschaftlichen Verhältnisse verändern zu können, als Illusion erwiesen. Wir hatten zweifellos erhofft, mehr erreichen zu können, z.B. in der Frage einer – noch größeren – Chancengleichheit. So wurde das große Ziel der Integration von allgemeiner und beruflicher Bildung verfehlt. Heute, 2017, macht sich dieser fehlgeschlagene Reformansatz angesichts einer »überbordenden Akademisierung der Gesellschaft« bei gleichzeitig fehlendem Angebot adäquater Arbeitsplätze auf der einen und einem Mangel an Nachwuchskräften im nicht-akademischen Bereich auf der anderen Seite zunehmend negativ bemerkbar. Dabei übertreffen Einkommen und Arbeitsplatzsicherheit zum Beispiel im Handwerksbereich deutlich häufig prekäre Beschäftigungsverhältnisse von Hochschulabsolventen.

Seit Gründung des Rübekamp 1976 haben sich im Zuge der Globalisierung die gesellschaftlichen Verhältnisse unseres Landes in eine unerwartete Richtung entwickelt: Ein immer stärker werdender neoliberaler Zeitgeist führte unter dem Signum der »marktkonformen Demokratie« schließlich zu einer Entwicklung vom WIR zum ICH. Der heute dominante Egoismus, Ausfluss eines ungleich härteren Wettbewerbs um soziale Lebenschancen, war aus damaliger Sicht einer weitaus stärker solidarisch ausgerichteten Gesellschaft nicht vorstellbar.

Für den Rübekamp ist mir diese Entwicklung geradezu bildhaft in Erinnerung, vor allem im Blick auf die Abiturfeiern. In den 70er, sogar noch in den ersten 80er Jahren waren Abifeiern allgemein »out«; anders als am Rübekamp fanden sie an manchen Schulen gar nicht mehr statt. Die Schmalzbrote der ersten Jahre, von Eltern noch selbst geschmiert, wurden von Hähnchenkeulen abgelöst, bevor uns die »Gastronomie« der beruflichen Abteilung mit warm-kalten Büfetts zur Seite sprang. Da Aufräumen und Abwasch ein stetiges Ärgernis blieben, wurde für kurze Zeit die Lösung über Catering gesucht, bevor die Feiern – auch vom Kollegium begrüßt – nach außen verlegt wurden: über das »Modernes« in die Hotels der Innenstadt, das Parkhotel inklusive. In diesem Prozess vom Schmalzbrot zu Entrées und Horsd'oeuvres spiegelt sich geradezu die gesamtgesellschaftliche Entwicklung.

2005 verließ ich den Rübekamp mit einem gu-

ten Gefühl: Mit ihrem breiten Angebot würde die GyO mehr denn je attraktiv auch für Schüler aus anderen Regionen sein. Zwei, drei Jahre zuvor hatte sie die meisten Anwahlen verzeichnet. Mehr als 80 Schüler mussten unter hohem Verwaltungsaufwand abgewiesen werden – und die Jahrgangsfahrt in das legendäre »Jugendheim Steinkimmen« zum gegenseitigen Kennenlernen drohte aus Gründen der Kapazität zu scheitern.

Trotz eines Starts unter schwierigen Bedingungen und einer späteren (ersten) Gefährdung in Folge der Haushaltslage des Landes Bremen und einer zunehmend um sich greifenden Ökonomisierung sämtlicher Lebensbereiche war es – wie an anderen Orten auch – gelungen, eine »neue« Schule mit einem anderen »pädagogischen Klima« zu etablieren und zu erhalten. Mir blieb nur, der Schule zum Abschied das zu wünschen, was die Gründer(generation) gern erlebt hätte: Einfach mal ein paar Jahre ohne jede strukturelle Veränderung in aller Ruhe arbeiten zu können. Dass der gymnasialen Oberstufe am Rübekamp bald schon die nächste Gefährdung bevorstehen würde, wäre mir keinesfalls in den Sinn gekommen.

Große Pause mit
Norbert Schwontkowsky

EBERHARD DOBERS
Die zweite Phase: Weiterentwicklung – Gefährdung – Rettung

Ausstellungsvitrine für Arbeiten aus dem Kunstunterricht

Forum des Schulzentrums

Modenschau bei der Kennenlernwoche in der Jugendherberge Worpswede

Jährliches Fußballturnier der Schulen des Bremer Westens: „Gegen Gewalt und Rassismus"

Als ich mich im September 2001 auf die Stelle des Abteilungsleiters Gymnasium bewarb, ahnte ich nicht, was mich in den nächsten Monaten und Jahren tatsächlich erwartete. Im November und Dezember waren acht Vorstellungsgespräche in verschiedenen Gremien zu absolvieren. Hoffnungen, die Stelle zu bekommen, hatte ich kaum, denn ich war keine Frau, kein Beamter und in keiner Partei, hatte bisher keine Funktionsstelle oder Kontakte in die Behörde und kannte niemanden vom Rübekamp.

Aber in der letzten Januarwoche wurde mir die Stelle des Abteilungsleiters Gymnasium zum ersten Februar 2002 übertragen. Das Schulklima erlebte ich von Anfang an als ausgesprochen positiv, das Kollegium, die erweiterte Schulleitung, die Sekretärinnen der Hausmeister und die Schülerschaft sowie der Elternbeirat begrüßten mich sehr freundlich und mit einem großen Vertrauensvorschuss. Die erweiterte Abteilungsleitung (K. Hellmerichs, U. Broicher, A. Creutz, U. Juchheim) lud mich privat zum Kaffee ein, dieses Treffen erleichterte mir den Zugang zu dieser Gruppe und zum Kollegium. Ich erhielt viel Unterstützung, konnte jede Frage stellen und mir Rat holen. K. Hellmerichs begleitete mich bei meinen ersten Besuchen der Schulen des Bremer Westens, seine Informationen und Urteile halfen mir, mich in der mir neuen Schulregion zu orientieren.

Ich konnte nur staunen *über das*, was ich an anderen Schulen nicht oder nicht in diesem Umfang kannte: Ein Gebäude zum Wohlfühlen in einem schön gestalteten Schulgelände; Grünpflanzen und eine Vitrine für Kunstobjekte im Eingangsbereich, der sich zum herrlichen Forum hin öffnet. In einem täglich bis 15:00 Uhr besetzten Sekretariat arbeiteten drei freundliche Sekretärinnen.

Die Schule musste relativ viel Geld haben oder besonders gut wirtschaften können, denn die Ausstattung war im Vergleich zu anderen Bremer Schulen hervorragend, mit einer Druckmaschine, mehreren Kopierern, Overhead- und Filmprojektoren, Cassetten- und Videorekordern, Fotoapparaten und Filmkameras. Büromaterial stand zur freien Verfügung (Papier, Bleistifte, Filzstifte, Klebstoff, Scheren, Klarsichthüllen, Ordner und Register, sogar Anspitzer und Radiergummis). Es gab Computerräume und einen Web-Point. Die Schule hatte eine Homepage, damals noch nicht selbstverständlich.

Mich erstaunte auch das breite außerunterrichtliche Angebot: Die Kennenlernfahrt, die Winter- und Sommersportfahrt, das gute Studienfahrtenangebot, das Fußballturnier der Schulen des Bremer Westens unter dem Motto „Gegen Gewalt und Rassismus", die Teilnahme an politischen und naturwissenschaftlichen Wettbewerben, die Studien- und Berufsorientierung, die Vorbereitung auf die Englisch-Cambridge-Prüfung, die Podiumsdiskussionen, der Literarische Abend, das Musikthea-

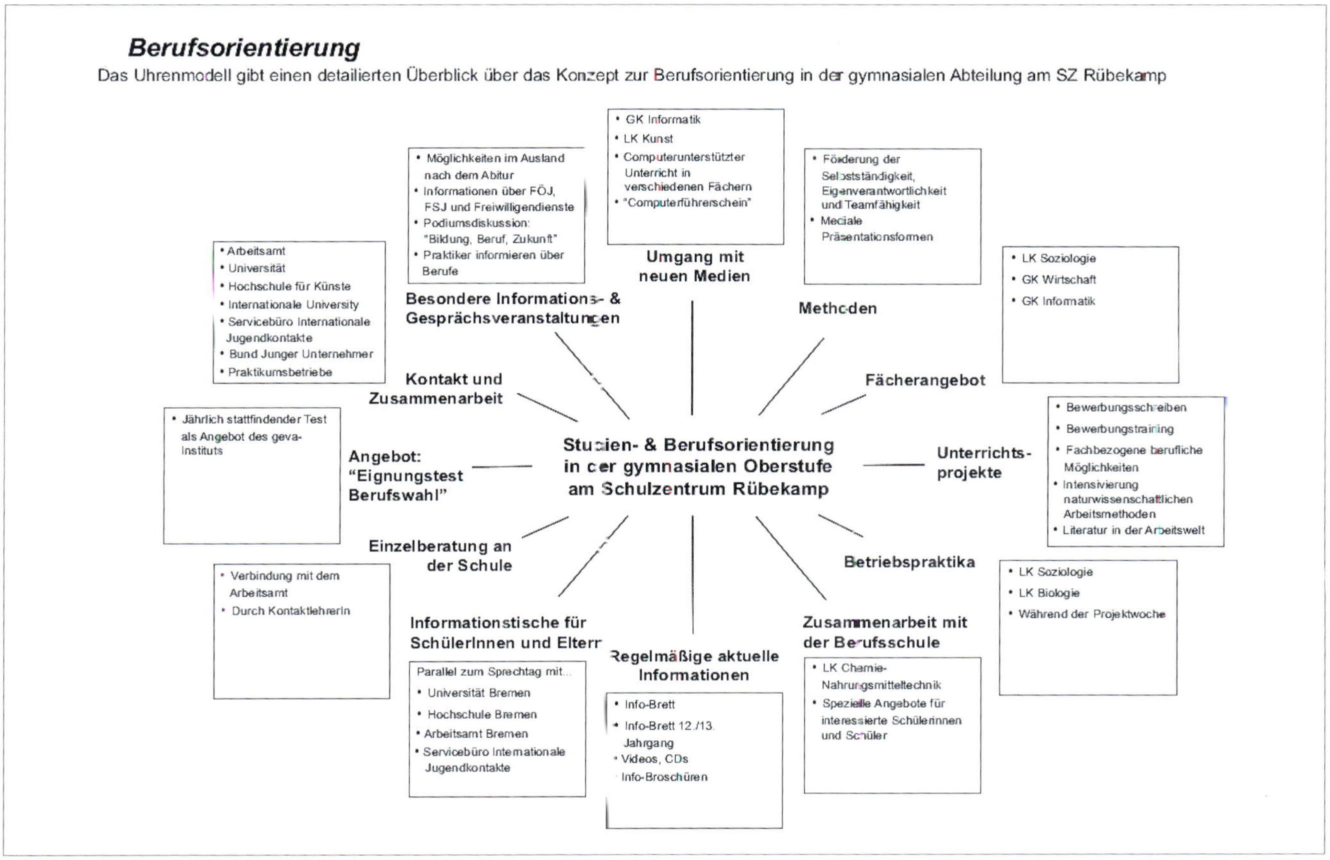

Berufsorientierung

Das Uhrenmodell gibt einen detaillierten Überblick über das Konzept zur Berufsorientierung in der gymnasialen Abteilung am SZ Rübekamp

ter, das Weihnachts-Chorkonzert und vieles mehr.

Bei meiner Bewerbung wusste ich nicht, in welch hohem Maße die Beruflichen Abteilungen mit ihren Ausbildungsgängen für Fleischer, Bäcker, Konditoren, Brauer, Köche und Restaurantfachkräfte die Arbeitsplatzzufriedenheit und das Schulklima der meisten Beschäftigten – ganz sicher meine – sehr positiv beeinflussen würden. So gab es mehrere Jahre den täglichen Mittagstisch für das Personal im kleinen Restaurant, das feierliche und unterhaltsame Weihnachtsessen, das Spargelessen, die Prüfungsessen im Rahmen der beruflichen Abschlussprüfungen, ein breites Essens- und Getränkeangebot bei Schulfesten, Brötchen oder Kuchenplatten und Getränke bei einigen Sitzungen, Fortbildungen oder Tagungen. Viele der vom Kollegium sehr persönlich und kreativ gestalteten Verabschiedungsfeiern wurden in den Restaurants durch üppige Buffets abgerundet. Der sogenannte Pausenladen (PAULA) ermög-

o. l: Das „Uhrenmodell" zur Berufsorientierung; erstellt von Ingeborg Weber-Dwertmann

m: Plakat zur Aufführung von Leonce und Lena

r: Veranstaltung im Forum:
HAND IN HAND
Szenische Darstellung zum Nahostkonflikt

r: Plakat zu einer Veranstaltung mit Hans Koschnick

Menükarte für das jährliche Weihnachtsessen der Beschäftigten des SZ Rübekamp

Getränkeautomaten vor der Pausenhalle

wünschen sich, dass ihre Freundschaft auch die ihrer Völker werden könnte: Daph[...]senthal (l.) und Ghada Hammouda. (Foto: Gerber)

lichte mit seinen Brötchen, Würstchen, Pizzaschnitten, Fleischbällchen, Waffeln sowie Obst und einigen Getränken, auf die Schokoriegel und Chipstüten aus den Flur-Automaten verzichten zu können.

Schon im Jahr 2002 zeichneten sich die in den Folgejahren zusätzlich zu den Kernaufgaben jeder Schule (qualifizierter Unterricht und Pflege eines guten Schulklimas) zu bewältigenden Herausforderungen ab:
a) Personalentwicklung
b) Einführung eines Qualitätsmanagements
c) ein wachsender Raummangel und
d) Auflösung oder Erhalt der Abteilung Gymnasium.

Diese Aufgaben betrafen die gesamte Schule und konnten auch nur durch einen Grundkonsens und eine effektive, kollegiale, teils freundschaftliche Zusammenarbeit in und zwischen den Beruflichen Abteilungen und der Abteilung Gymnasium bewältigt werden. Diese gute Zusammenarbeit war Folge guter Teamarbeit, transparenter Leitungs- und Organisationstrukturen, eines effektiven Delegationsprinzips, klarer Aufgabenbeschreibungen sowie breiter Meinungsbildungsprozesse. So übertrug mir der Direktor Dr. W. Hohls gleich alle die GyO betreffenden Leitungsaufgaben, einschließlich der Personalentwicklung, eine große Herausforderung für mich. Schnell hatten wir einen guten Draht zueinander gefunden, was sich u.a. darin zeigte, dass wir uns fast täglich in seinem Büro unterhielten, wichtige und weniger wichtige Informationen austauschten und über alles Mögliche plauderten. Die Atmosphäre war immer vertrauensvoll, der Austausch ehrlich und in den ersten Jahren sehr lehrreich für mich. K. Hellmerichs und W. Nerlich (Abteilungsleiter für die beruflichen Vollzeitbildungsgänge) nahmen oft an diesen Gesprächen teil. W. Nerlich verwaltete den Schuletat des gesamten Schulzentrums mit seinen 20 Bildungsgängen und vielen Werkstätten. Mich nicht um die Verwaltung des GyO-Haushaltsplans, sondern nur um dessen Einhaltung kümmern zu müssen, ersparte mir sehr viel Arbeit.

Überzeugt, dass Gespräche eine grundlegende Voraussetzung erfolgreicher Pädagogik, effektiver Teamarbeit und eines guten Schulklimas sind, war es mein Ziel, viele Gespräche führen und ermöglichen zu können. Dafür lag mein Büro mitten zwischen dem Lehrerzimmer, den Büros von Dr. W. Hohls und W. Nerlich, dem Sekretariat und den Büros der erweiterten GyO-Leitung sowie der Pausenhalle genau an der richtigen Stelle. Die Einführung einer wöchentlichen Pausensitzung, deren hohe Informationsfunktion und kommunikative Bedeutung ich aus zwanzigjähriger Erfahrung an der KSA kannte, stieß erst mal auf Skepsis bis Ablehnung, so wagte ich es nur, diese Pausensitzungen zunächst für ein halbes Jahr probeweise anzusetzen. Sie wurden danach zur Selbstverständlichkeit.

Bei einer über viele Jahre andauernden chaotischen Bildungspolitik ist es erstaunlich, dass die ständig neuen Aufgaben zur Umgestaltung der GyO meistens kollegial und auf Basis großer Mehrheitsentscheidungen bewältigt wurden. Eine von vielen Ursachen waren die praktizierten Informations- und Entscheidungsprozesse: Das Kollegium wurde stets schnell über Erlasse, Verordnungen oder Gesetzesnovellen, die inhaltliche oder organisatorische Veränderung verlangten, informiert. Diese wurden in den regelmäßig tagenden Abteilungsleitungssitzungen thematisiert und in nachfolgenden Abteilungskonferenzen oder Dienstbesprechungen erläutert und diskutiert.

Zur Entwicklung der notwendigen, schulbezogenen Konzepte wurden kleine Arbeits- oder Steuergruppen gebildet, in denen *möglichst* die drei Aufgabenfelder und ein Mitglied der erweiterten Abteilungsleitung vertreten sein sollten. Wichtige Themen wurden in Workshops, Fortbildungen und an den Präsenztagen bearbeitet. Jede Lehrkraft, der Elternbeirat und die SV erhielten frühzeitig die Arbeitsergebnisse als schriftliche Konferenzanlagen. Zeigten sich in den Konferenzen auch nach langer Diskussion sehr konträre Positionen ohne eindeutige Mehrheitsverhältnisse, wurde nicht abgestimmt, sondern ein Meinungsbild erhoben, die Entscheidung auf eine Folgekonferenz vertagt und die zuständige Arbeitsgruppe beauftragt, neue Vor-

o: PAULA, der Pausenladen

u: Schulleitbild des SZ am Rübekamp

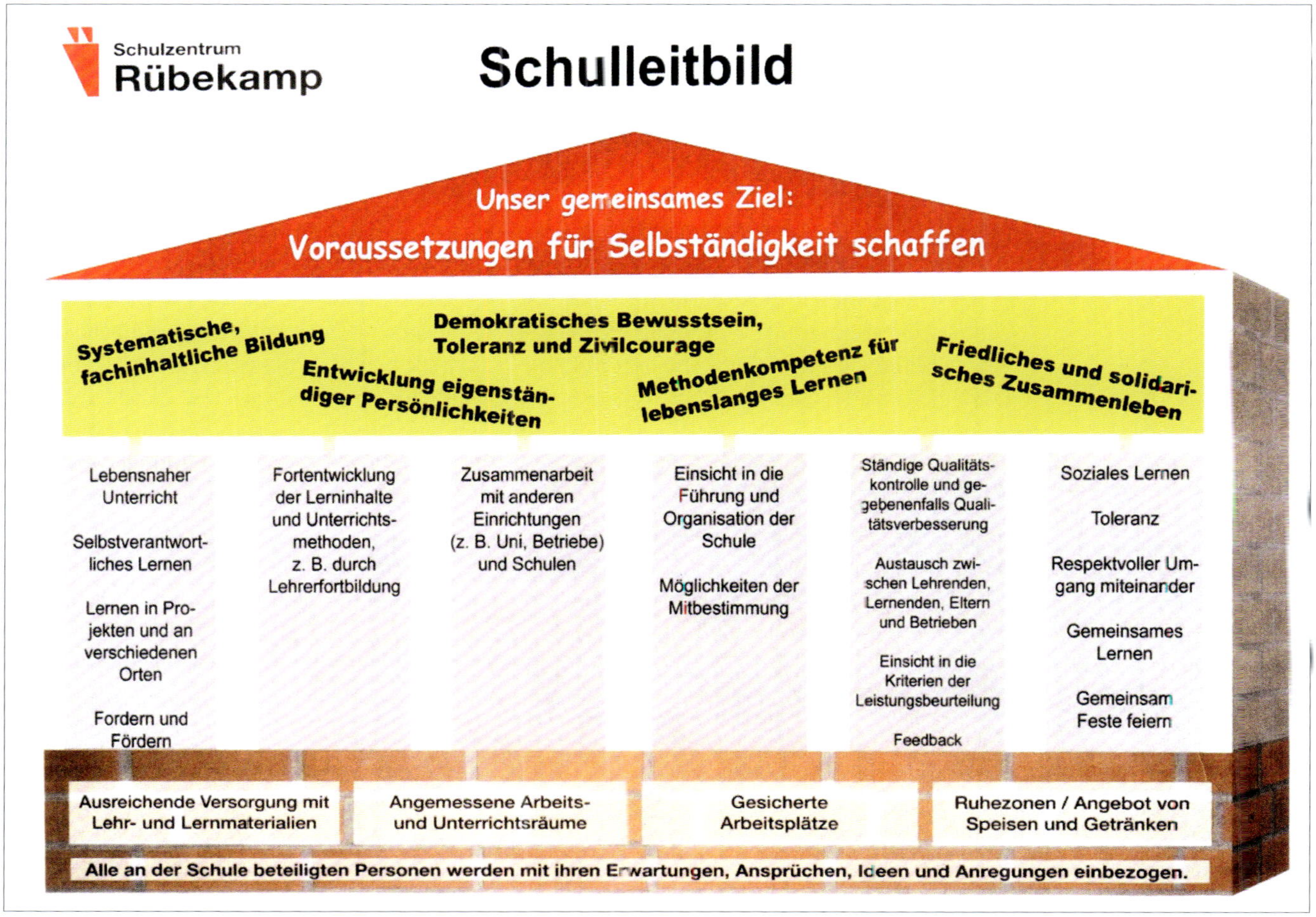

o: Fachraum Chemie mit 18 Arbeitsplätzen, der Richtgröße bis zum Jahr 2000

m: Wenig Platz im Sammlungsraum Kunst

u: Zellmodelle, Schülerarbeiten aus dem Biologieunterricht

schläge möglichst unter Einbeziehung der verschiedenen Positionen zu entwickeln. Diese Vorgehensweise führte nicht nur zu eindeutigen Mehrheitsentscheidungen, sondern auch zu guten Lösungen mit hoher Akzeptanz.

a) Personalentwicklung

Der Frauenanteil betrug im Jahr 2002 nur gut 25 Prozent; und mit 51 Jahren gehörte ich zu den zehn jüngsten Lehrkräften. Das Durchschnittsalter lag bei über 53 Jahren, eine Folge des Einstellungsstopps in den Jahren 1980 bis 1995. Die vielen daraus resultierenden Personalveränderungen lassen sich mit wenigen Zahlen verdeutlichen. In den Jahren 2002 bis 2015 gehörten insgesamt 72 Lehrkräfte zum GyO-Kollegium (ohne ReferendarInnen und Abordnungen von anderen Schulen). Von den 40 Lehrkräften des Jahres 2002 waren 2015 nur noch elf im Dienst, d.h. in diesem Zeitraum sind 61 Personen neu in das Kollegium eingetreten und integriert worden. Um die absehbar in wenigen Jahren benötigten Lehrkräfte zu gewinnen, entschied sich die Schule, in Kooperation mit dem Landesinstitut für Schule und entsprechend des schulischen Bedarfs viele ReferendarInnen auszubilden und bei guten Leistungen zu übernehmen. Zwecks einer besseren Altersmischung wurden auch Lehrkräfte mit mehrjähriger Berufserfahrung eingestellt. Der Frauenanteil im Kollegium vergrößerte sich bis zum Jahr 2015 auf etwa 40 Prozent.

b) Einführung eines Qualitätsmanagements

Im Jahr 2004 wurden die Lehrkräfte und Schulleitungen verpflichtet, ein Leitbild und ein Schulprogramm zu entwickeln, ein Qualitätsmanagement mit externer Evaluation bis zum Jahr 2008 aufzubauen, sowie jährlich eine differenzierte Jahresplanung bzgl. aller Aufgabenfelder schulischen Handelns zu erstellen.

Diese Aufgaben wurden durch mehrjährige Arbeit des gesamten Kollegiums der drei Abteilungen des SZ am Rübekamp erfolgreich bewältigt. Die gesamte Schule wurde zweimal als herausragend zertifiziert.

Hinter diesem positiven Evaluationsergebnis lagen in der Abteilung Gymnasium vier zeitweise schwierige Jahre. Kein Thema, kein Projekt war so umstritten wie die Entwicklung und Implementierung des Qualitätsmanagementsystems Q2E (Qualität durch Entwicklung und Evaluation). Dies war um so erstaunlicher, da dieses bereits seit zwei Jahren in den Beruflichen Abteilungen als Pilotprojekt weit gediehen war und mehrheitlich akzeptiert wurde. Viele Mitglieder des GyO-Kollegiums, insbesondere die älteren, lehnten Q2E ab, einige beschränkten sich auf arrogante Kommentare. In dieser Situation stellte sich die Frage, ob und wann es Sinn mache, diesen Entwicklungsprozess einzuleiten. Die Verfügung 59 beantwortete diese Frage mit „sofort".

Es gab vielfältige Begründungen für die ablehnende Grundhaltung: Qualitätsmanagement-Methoden (Q-Methoden) seien Instrumente zur Optimierung und Profitmaximierung industrieller Warenproduktion und nicht auf Bildungsprozesse, auf Arbeit mit Menschen anwendbar. Allein die betriebsökonomische, technokratische Begrifflichkeit und Sprache stünden im Widerspruch zu den wesentlichen Merkmalen eines erfolgreichen pädagogischen Milieus und befriedigender sozialer Kommunikation. Wissen, Erziehung und Bildung könnten niemals durch Q-Methoden vermittelt werden. Q-Methoden seien Instrumente zur zunehmenden Kontrolle und Bewertung einzelner Lehrkräfte und SchülerInnen und führten zur Gleichförmigkeit, statt Individualität und Autonomie zu fördern. Sie bewirkten abzulehnende Mehrarbeit. Keines dieser Argumente überzeugte mich, aber es gelang mir auch nicht, die Skeptiker zu überzeugen. Natürlich sind Q-Methoden keine Unterrichtsmethoden, natürlich haben sie keine pädagogische Qualität. Sie helfen, Unterrichtsprozesse, das Schulklima und die Rahmenbedingungen guten Unterrichts zu verbessern, sowie die Schulorganisation zu effektivieren und die Lehrkräfte zu entlasten.

Viele, insbesondere jüngere KollegInnen beteiligten sich dann doch intensiv an der Entwicklung des Q-Systems. Hier sollen nur einige der sehr positiven Auswirkungen der Einführung kurz erläutert werden:

Als ich an die Schule kam, hörte ich immer wieder „das Konzept des Rübekamps" oder „das entspricht nicht dem pädagogischen Konzept". Weder lag dieses Konzept verschriftlicht vor, noch konnte es mir jemand hinreichend erklären. Es schien so, als ob die KollegInnen nach Jahren täglicher Zusammenarbeit von einem vermeintlich gemeinsamen pädagogischen Grundkonsens ausgingen, wogegen es aber tatsächlich ein breites Spektrum pädagogischer Haltungen und Verhaltensweisen gab. So war es dann auch nicht überraschend, dass die Erarbeitung und Verabschiedung des Schulprogramms und des Qualitätsleitbildes über ein Jahr dauerte. Dieser intensive Diskussionsprozess hatte eine nicht intendierte, aber sehr positive Funktion für die Referendarsausbildung und die Integration neuer Kolleginnen und Kollegen in die Arbeitszusammenhänge und die Kultur des Rübekamps. Die für alle Zuständigkeiten entwickelten Aufgabenbeschreibungen benennen klar, was man machen muss, aber auch was man nicht zu machen braucht, und wer für welche Aufgaben zuständig ist.

Die Jahresplanung zu allen schulischen Handlungsfeldern und Entwicklungsvorhaben gab den jeweils Verantwortlichen klare zeitliche Orientierung und half unrealistische Arbeitsplanungen weitgehend zu vermeiden.

Das neu eingeführte „Beschwerdesystem" wurde von der Schülerschaft, den Lehrkräften und der Schulleitung ausgesprochen positiv bewertet. Das Feedbackverfahren ermöglichte positive Veränderungen bei der Unterrichtsgestaltung und im Lehrerverhalten.

Die Evaluationen bewirkten Veränderungen, Verbesserungen, z.B. bei der Organisation des Projektunterrichts und der Projektprüfungen, bei der Referendarsbetreuung und beim Förderunterricht. Besonders gründlich wurde das Konzept des Profils „Nachhaltige Chemie" und dessen Umsetzung evaluiert. Die Erarbeitung der von der 5. bis 13. Jahrgangsstufe durchgehenden Curricula für den „Kooperationsverbund Bremer Westen" wurde effektiv mit der Projektmethode nach Q2E gesteuert.

Die hervorragende Zertifizierung nach Q2E hatte auch eine Schutzfunktion für die GyO. Es wäre öffentlich kaum vermittelbar gewesen, ein so positiv bewertetes Schulzentrum in seiner Struktur zu zerstören und die GyO Abteilung aufzulösen.

All diese genannten Aspekte wurden später geschätzt und nicht in Frage gestellt. Gescheitert (teils auch aus technischen Gründen) sind die Versuche, zu einer besseren Unterrichtsdokumentation, einer transparenteren, Kriterien geleiteten und damit gerechteren Schülerbeurteilung sowie zu einer genaueren Fehlzeitendokumentation zu gelangen. Die Abwehr vieler, aber nicht aller Kolleginnen und Kollegen, richtete sich gegen eine Offenlegung und Rechenschaftspflicht bezüglich wesentlicher Aufgaben ihrer Lehrerrolle.

c) Raummangel

Der seit dem Jahr 2000 in der ganzen Schule herrschende Raummangel (zu wenige Klassenräume, zu kleine Räume, zu wenige bzw. fehlende Fach- und andere Funktionsräume) hatte mehrere Ursachen. Jährlich wurden bis zu 500 SchülerInnen mehr unterrichtet als beim Bau der Schule prognostiziert. Trotz eines behördlich anerkannten Mehrbedarfs von zwölf Räumen wurde nur ein sechsräumiger Erweiterungsbau in die behördliche Investitionsliste aufgenommen, dann aber von der Senatorin Jürgens-Pieper gestrichen.

Da in den siebziger Jahren die Soll-Kursgröße 20, in den Naturwissenschaftskursen sogar nur 16 Schüler betrug, waren die Räume mit Platz für 23 Schüler großzügig geplant. Als Kursfrequenzen von 25 bis 28 SchülerInnen behördlich verlangt wurde, waren die Räume zu klein. Im Jahr 2010 wurde die Belegungsverpflichtung für die Oberstufe von 90 auf 98 Stunden erhöht – mit entsprechendem Raumbedarf.

Musik- und Kunstunterricht finden seit 40 Jahren nicht in Fach-, sondern in allgemeinen Unterrichtsräumen statt. Vielen Fachbereichen fehlen ausreichende Sammlungsräume. Es gibt keine Stillarbeitsräume, keine Schülerbibliothek, keinen SV-Raum, keinen Sanitätsraum und die Lehrerzimmer in den beruflichen Abteilungen sind zu klein.

Die Unterrichtszeit auf die nullte oder über die achte Stunde hinaus auszudehnen, wurde als keine akzeptable Lösung für die Raumprobleme angese-

c: Büchereikarre

m: Das große Lehrerzimmer

u: Von Schülern angebrachtes Spruchband über der Tür zum Lehrerzimmer

hen. Stattdessen wurden bauliche Veränderungen vorgenommen und Kurse an andere Standorte verlegt. Ein großer Computerraum wurde zu zwei kleinen Räumen umgebaut, das Sprachlabor und der Hörsaal für die Naturwissenschaften in zwei allgemeine Unterrichtsräume. Der Unterricht im Fach Darstellendes Spiel findet im Kulturzentrum Westend oder in der Jugendkirche statt. Drei Tage des Profils „Nachhaltige Chemie" werden in der Universität unterrichtet und mehrere der gemeinsamen Fremdsprachenkurse finden im SZ Walle statt. Die fehlenden oder zu kleinen Unterrichtsräume sind für die Schülerschaft und das Kollegium gleichermaßen belastend. Nicht jeder Kurs hat alle Stunden im selben Raum.

Weil es darüber hinaus keinen Platz mehr für Regale oder Schränke gibt, können Arbeitsprodukte aus dem laufenden Unterricht, Handapparate, Wörterbücher usw. nicht im Unterrichtsraum gelagert werden, sondern müssen von den Lehrkräften immer zwischen Unterrichtsraum und Lehrerzimmer hin- und hergeschleppt werden. Verschiedene Formen des Gruppenunterrichts sind kaum zu realisieren. Durch das Pendeln zu anderen Standorten verliert die Pause ihre eigentliche Funktion.

d) Auflösung oder Erhalt der Abteilung Gymnasium – Rahmenbedingungen

Die Entwicklung der GyO in den Jahren 2001 bis 2015 wurde durch das in den Aufbaujahren entwickelte inhaltliche und organisatorische Konzept sowie durch vier bildungspolitischen Entscheidungen geprägt.

1. Die Ablösung des Stufenschulsystems durch das „Zwei-Säulen-Modell"

Das Bremer Schulsystem war in Schulstufen gegliedert (Primarstufe, Sekundarstufe-I, Sekundarstufe-II). Die Gymnasiale Oberstufe war in durchgängigen Gymnasien oder in Schulzentren des Sekundarbereichs-II organisiert. Dieses Stufenschulsystem sollte bis zum Schuljahr 2011/12 durch zwei durchgängige Schularten, dem achtjährigen Gymnasium (G8) und der neunjährigen Oberschule (G9) abgelöst werden.

2. Die mehrmalige Novellierung der Oberstufenverordnung

Im Jahr 1972 beschloss die KMK mit der Bonner „Vereinbarung zur Gestaltung der gymnasialen Oberstufe in der Sekundarstufe II" die Klassenverbände durch ein Kurssystem zu ersetzen. Die bildungspolitischen und pädagogischen Zielsetzun-

Jahrgangsbreite im ersten Jahr der Oberstufe von 1976 bis 2016

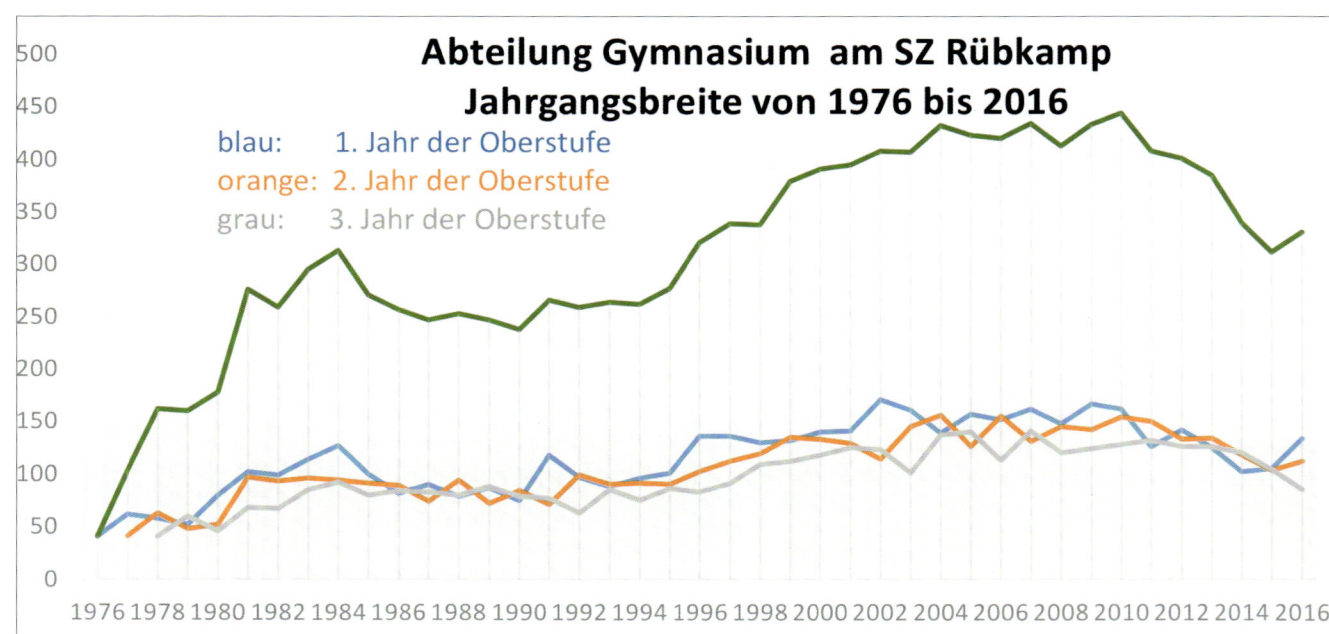

gen sowie die organisatorischen Vorgaben dieser Verordnung hat K. Hellmerichs bereits dargestellt. Diese Vereinbarung wurde mehrfach verändert. So wurde zum Schuljahr 2004/05 die sog. Profiloberstufe eingeführt. Ein Profil beinhaltet einen Leistungskurs und zwei Grundkurse. Die SchülerInnen wählen nicht mehr zwei Leistungsfächer und verschiedene Grundfächer, sondern sie wählen ein Profil, ein zweites Leistungsfach und mehrere Grundfächer. Zum Schuljahr 2009/10 wurden der „Klassenverband" und eine radikal veränderte Stundentafel in der Einführungsphase eingeführt.

3. Die Einführung der Zentralabiturprüfungen und Veränderungen in der Abiturprüfungsordnung

4. Die über die Jahre verteilten, in der Summe aber massiven Kürzungen bei der Lehrerversorgung.

Als mögliche Konsequenzen dieser politischen Entscheidungen mussten bereits Ende des Jahres 2002 eine Auflösung der GyO am Rübekamp zum Schuljahr 2006/07 in Betracht gezogen werden. Diese pessimistische Perspektive löste im Kollegium Enttäuschung, Sorgen, teilweise Angst aus; Enttäuschung, weil die erfolgreiche Oberstufe und die eigene Aufbauarbeit hätten zerstört werden können; Sorge oder Angst, den Arbeitsplatz am Rübekamp zu verlieren. Einige KollegInnen überlegten die Schule zu wechseln, um wenigstens an eine Schule ihrer Wahl zu gelangen. Aber die Hoffnung, das Vertrauen, die GyO trotz aller zu erwartenden Veränderungen und Schwierigkeiten erhalten zu können, waren so groß, dass sich alle letztendlich dafür entschieden zu bleiben und sich für die Fortführung der GyO zu engagieren. Diese Zielsetzung wurde uneingeschränkt von den Beruflichen Abteilungen des Rübekamps unterstützt. Dementsprechend forderte die Schulleitung in einem Schreiben an die Schulaufsicht den Erhalt des Schulzentrums am Rübekamp als „Einer-Zentrum" (d.h. die drei Abteilungen bilden eine Organisationseinheit mit einem Schulleiter und einem Stellvertreter), den Erhalt der Gymnasialen Abteilung als eigenständige Oberstufe für Gesamtschulen/Integrierte Stadtteilschulen und die Einrichtung eines Beruflichen Gymnasiums als zusätzlichen Bildungsgang. Diese

Fächerwahl - Beispiele

Die Qual der Wahl
Jetzt gilt es, konkret zu werden. Die Wahlmöglichkeiten für Leistungs- und Grundfächer sind äußerst zahlreich. Das größte Augenmerk ist zweifellos auf die Auswahl der beiden Leistungsfächer (Leistungsfachkombination) zu legen, da vieles an Grundfachauflagen aus dieser Wahl selbst folgt. Es folgen zunächst zwei Beispiele, dann kann selbst gewählt werden.

	1. Beispiel Bodo Freudlin		2. Beispiel Scarlet O´Hara		... und selbst ?		... nochmal ?	
	LK	GK	LK	GK	LK	GK	LK	GK
AF I								
DEU		x		x				
ENG	x			x				
FRA-Fortg.				x				
FRA-Anf.								
LAT-Anf.								
SPA-Fortg.								
SPA-Anf.								
TÜR-Fortg.								
KUN								
MUS		x						
DARST. SPIEL								
MED								
AF II								
GEG								
GES	x							
PAE				x				
POL				x				
PSY								
REC								
REL		x						
SOZ								
WIR								
AF III								
MAT		x	x					
PHY			x					
CHE		x						
BIO		x						
INF				x				
SPO		x		x				

Positionen vertrat die Schulleitung kontinuierlich und konsequent gegenüber allen Ebenen der Bildungsbehörde, den Parteien, anderen Schulleitungen und in der Öffentlichkeit.

Die GyO zu erhalten, erforderte vom Kollegium und der Schulleitung über Jahre hinweg sehr viel Schulentwicklungsarbeit, Kreativität, Konflikt- und Kompromissbereitschaft. Die Eltern und Schüler, die anderen Sek-I und Sek-II Schulen sowie die Beiräte des Bremer Westens unterstützten dieses Ziel. Das Engagement war erfolgreich, denn im Jahr 2017 wurden in der „Abteilung Gymnasium am Schulzentrum des Sekundarbereichs II am Rübekamp" sechs Lerngruppen für fünf Profile aufgenommen

Fächerinformation für das Schuljahr 2002/2003

o: Schüleraustausch: In der Backwerkstatt des Partnergymnasiums für Chemie und Lebensmitteltechnologie in Danzig

Die Jahre 2002 bis 2008 – Die Einführung der Profiloberstufe

Die GyO hatte sich seit 1976 einen sehr guten Ruf erworben, dies zeigte sich in den stetig gestiegenen Schülerzahlen aus unterschiedlichen sozialen und kulturellen Herkunftsmilieus. Gut die Hälfte der SchülerInnen kam aus Schulen des Bremer Westens, die anderen aus Schulen des gesamten Stadtgebietes, insbesondere aus Gesamtschulen und Sek-I Zentren, einige auch aus Niedersachsen.

Die steigenden Schülerzahlen ermöglichen eine ständige Erweiterung des Fächerangebotes. Im Schuljahr 2002/03 umfasste es 11 Leistungsfächer und 27 Grundfächer, das größte Angebot aller Bremer GyOs (siehe gegenüberliegende Seite).

Zum Schuljahr 2002/03 hatte der Rübekamp die meisten Anwahlen aller Oberstufen, konnte aber wegen des Raummangels „nur" 174 SchülerInnen aufnehmen.

In diese erfolgreiche Phase platzten die Ergebnisse der PISA-Studie des Jahres 2000. Unter 32 beteiligten Nationen landete Deutschland auf Platz 21. Die SchülerInnen in Deutschland schnitten in allen Kompetenzen (Lesekompetenz, mathematische Kompetenz, naturwissenschaftliche Grundkenntnisse) schlechter als der Durchschnitt ab. In keiner anderen Industrienation hatten Kinder aus Arbeiterfamilien oder mit Migrationshintergrund eine so geringe Chance, einen guten Schulabschluss zu machen. Die Ergebnisse erschreckten die Öffentlichkeit bundesweit. Bald wurde von einem „PISA-Schock" gesprochen. Bildungspolitiker veranlassten eiligst Ursachenforschung und zahlreiche Reformen. Vielerorts setzten die Reformer auf den Ausbau der Ganztagsschulen, auf frühe Sprachförderung oder die Abschaffung des dreigliedrigen Schulsystems. Bremen belegte einen der letzten Rangplätze aller Bundesländer. Die daraus zu ziehenden Konsequenzen wurden am 08.09.2002 als „Beschlüsse des Koalitionsausschusses" der Großen Koalition von SPD und CDU veröffentlicht. Als Ziele wurden genannt, die Fähigkeiten der Schüler zu verbessern, den Anteil der Schulabgänger ohne Schulabschluss deutlich zu verkleinern, die Wiederholerquote zu verringern und eine größere Anzahl von SchülerInnen zum Abitur zu führen sowie die Kopplung zwischen sozialer Herkunft und Schulerfolg zu verringern. Diese Ziele fanden in der Öffentlichkeit, bei den politischen Parteien und in den Schulen eine breite Zustimmung. Ganz im Kontrast dazu gab es heftige Kontroversen über die geeigneten und finanzierbaren Maßnahmen zur Umsetzung dieser Ziele. Für den gymnasialen Bildungsgang wurden die Einführung von G8 und G9, die Einrichtung von drei Gymnasialen Oberstufen an Oberschulen und die Erhöhung der Kursfrequenz von 23 auf 25 SchülerInnen gefordert.

Die zeitgleich den Schulen zugestellten „Rahmenbedingungen für die Entwicklung der GyO und

Schulzentrum des Sekundarbereichs II am Rübekamp

Profilgruppenmodell für 6 Lerngruppen

Profilgruppe	1	2	3	4	5	6
1.LK 5 Std	DEU	ENG	SOZ	GES	MAT	BIO
Gk 3 Std	eng	deu	mat	mat	bio	mat
Gk 3 Std	ges	ges	pol-ges	pol	ges	pol-ges
Gk 2 Std	Methoden Projekt rel / phil	Methoden Projekt rel / phil	Methoden Projekt rel / phil	Methoden Projekt rel / phil	Methoden Projekt rel / phil	Methoden Projekt rel / phil
2.LK 5 Std	DEU	ENG	KUN	GEG	INF	CHE	PHY
3 Std	deu					
3 Std	eng	frzA	frzF	laA	laF	spaA	spaF	tür
2 Std	dar		kun		mus	
2 Std	geg	päd	psy	wir
3 Std	mat					
3 Std	bio		che		phy	
2 Std	spo					
2 Std	spo-th					
2 Std	inf					
2 Std	Ag - Chor					

1. Jede(r) SchülerIn belegt durchgehend von 11/1 bis 13/2 ein musisches Fach.
2. Jede(r) SchülerIn belegt durchgehend von 11/1 bis 13/2 neben dem Fach Geschichte / Politik ein weiteres Aufgabenfeld II-Fach.
3. Jede(r) SchülerIn belegt in der 13. Jahrgangsstufe das Fach Religion oder Philosophie.
4. Angebot **eines** 4 stündigen Kurses Sport mit Sporttheorie in der Qualifikationsphase.
5. Angebot von **zwei** Gk Informatik (ein gemischter Kurs und ein Kurs für Schülerinnen).
6. Jahrgangsübergreifende Ag-Chor und Musiktheather.

Somit kann jedes Fach außer Religion / Philosophie 4. Abiturprüfungsfach sein.

des Abiturs" nannten als weitere Ziele die schrittweise Einführung des Zentralabiturs und den Aufbau der Profiloberstufe zum Schuljahr 2004/05.

Das von einer schulischen Steuergruppe zu entwickelnde Profil- und Kursmodell musste bis zum Herbst 2003 der Behörde zur Genehmigung vorgelegt werden. Über die Planungskriterien für die Profiloberstufe herrschte im Kollegium Einigkeit:
- Grundsatz bleibt die Vermittlung einer breiten Allgemeinbildung und der allgemeinen Studierfähigkeit.
- Die Gleichrangigkeit des sprachlich-musischen, des gesellschaftswissenschaftlichen und des mathematisch-naturwissenschaftlichen Aufgabenfeldes und das breite Fächerangebot sollen erhalten bleiben.
- Es sollen sechs Profile eingerichtet werden.
- Alle Fächer sollen in den drei Jahrgängen durchgehend unterrichtet werden.
- Kunst, Musik oder Darstellendes Spiel müssen drei Jahre belegt werden.
- Alle Leistungskurse sollen fünfstündig, alle Grundkurse dreistündig sein.

Diese Kriterien galten auch bei den nachfolgenden Veränderungen am Profil- und Fächerangebot. Das nach intensiver Planung im September 2003 beschlossene Profilmodell für das Schuljahr 2004/05 entsprach diesen Kriterien nur teilweise. Das breite Fächerangebotes und die vielen Kombinationsmöglichkeiten bei der Fächerwahl blieben zwar erhalten, aber es mussten zwei-, drei-, vier- und fünfstündige Kurse eingerichtet werden, wie das nachstehende Modell für das Schuljahr 2004/05 zeigt.

Die heftigen Proteste gegen die Zweistündigkeit einzelner Fächer bewirkten, dass die Schulen ab dem Schuljahr 2005/06 die Stundentafel im Rahmen der KMK-Vorgaben verändern durften. Wir beschlossen alle Leistungskurse in der Einführungsphase vierstündig zu unterrichten, und alle SchülerInnen mussten wieder drei Jahre einen dreistündigen Musischen Kurs belegen.

Die SchülerInnen konnten wieder verstärkt Fächer nach Interessen und Fähigkeiten wählen, z.B. drei Fremdsprachen oder drei Naturwissenschaften oder zwei musische Fächer. Informatik konnte im Rahmen der Belegungsverpflichtungen wieder durchgehend belegt werden. Dieses Profil- und Fächerangebot war sehr attraktiv, denn zum Schuljahr 2005/06 konnten sogar sieben Profilgruppen eingerichtet werden.

Das breite Fächerangebot blieb auch nach einer um circa 10% reduzierten Lehrerstundenzuweisung erhalten. Die Einrichtung des Beruflichen Gymnasiums für Lebensmittel- und Biotechnologie zum Schuljahr 2005/06 hatte beachtliche Synergieeffekte, da die SchülerInnen der GyO und des Beruflichen Gymnasiums in vielen Fächern gemeinsam unterrichtet wurden. Gemeinsame Fremd-

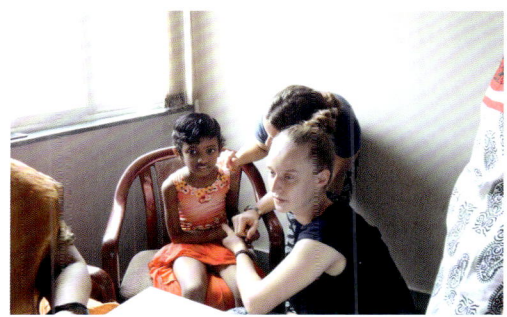

o. l: Schülerinnen vom SZ Rübekamp helfen beim Impfen in Mumbai

m. l: Schüler der Partnerschule in Mumbai

u. l: Sandra Bösch, Joachim Stier mit SchülerInnen in Mumbai

Straßenszene im Mumbai

DIE SENATORIN FÜR BILDUNG UND WISSENSCHAFT
Schülerinnen und Schüler starten Impfkampagne in Mumbai – Aufruf zu Spenden
28.05.2014

Die Gymnasiale Oberstufe des Schulzentrums am Rübekamp hat zusammen mit ihrer indischen Partnerschule Terna Vidyalaya ein Impfprojekt für Kinder in den Slums von Mumbai ins Leben gerufen. Das Projekt soll die ganze Breite von gesellschaftlichen, biologischen und medizinischen Aspekten berücksichtigen.

Am 16. und 17. Juli 2014 werden deutsche und indische Schülerinnen und Schüler Grundlagen zu den Themen Immunologie und Impfschutz in Kooperation mit der Jacobs University und der Universität Bremen erarbeiten. Darüber hinaus soll auch der größere Kontext durch soziologische und politische Vorträge über Indien beleuchtet werden.

Unterstützung erhält das Projekt nicht nur von den beiden Hochschulen, sondern auch aus dem Senat. Bildungssenatorin Prof. Dr. Eva Quante-Brandt: " Das ist ein vorbildliches Projekt, in dem es darum geht, Naturwissenschaften und Medizin mit gesellschaftlichen Fragen zu verbinden. Die Schülerinnen und Schüler profitieren außerdem im Bereich der interkulturellen Verständigung. Sie lernen die Lebensumstände in anderen Ländern kennen und erweitern ihren Horizont." In einer zweiten Phase im September werden Schülerinnen und Schüler beider Nationen gemeinsam die Impfung der Kinder in Navi Mumbai durch indische Ärzte unterstützen.

o: Pressemitteilung der Senatorin für Bildung und Wissenschaft zur Impfkampagne in Indien

m: SchülerInnen beim Unterricht in Thailand

u: Fußballmannschaft ausgestattet mit Gastgeschenken: SV-Werder-Trikots und gute Fußballschuhe

ung von Wettbewerben) zugunsten der Unterrichtsversorgung, was nichts anderes als unbezahlte Mehrarbeit bedeutete.

Veränderungen in den Jahren 2009 bis 2015
Veränderung des Profilmodells – Einführung von G 8 – Klassenverband in der Einführungsphase – Kooperationsverbund Bremer Westen – Rahmenbedingungen

Die im Jahr 2002 gefassten Beschlüsse zur Qualitätssteigerung des Bremer Schulsystems wurden durch die im Oktober 2003 von der Bildungsbehörde veröffentlichten „Eckpunkte für die Weiterentwicklung der Schulstruktur in Bremen" konkretisiert. Die darin für die verschiedenen Schulstufen und Bildungsgänge angekündigten Maßnahmen führten zu Protesten und heftigen Auseinandersetzungen zwischen allen Akteuren und Betroffenen: in der Großen Koalition von SPD/CDU, zwischen den Parteien (SPD, CDU, Grüne, Linke) zwischen Zentralelternbeirat, Schülerschaft, Lehrerschaft GEW, Schulleitungsvertretungen und Behörde, zwischen Schulstufen und einzelnen Schulen.

Wie berechtigt die Kritik und der Protest gegenüber den geplanten Maßnahmen waren, zeigten auch die Erfahrungen mit der überstürzt und nicht ausreichend finanzierten Einrichtung der Profiloberstufe. Zu viele der schulorganisatorischen, curricularen und pädagogischen Vorgaben waren gar nicht oder nicht gründlich genug entwickelt oder mit den Schulen und Interessenvertretungen kommuniziert worden. Ständig notwendig werdende Modifizierungen erzeugten nicht nur in den Gymnasialen Oberstufen, sondern bei Schülern, Eltern und Lehrern aller Schulstufen viel Frustration.

Im Mai 2007 wurde die SPD/CDU Koalition durch eine rot-grüne Koalition abgelöst. Aber auch jetzt konnten keine bildungspolitischen Kompro-

sprachenkurse mit dem SZ Walle sparten Lehrerstunden. Das Kollegium und die Abteilungsleitung verständigten sich auf eine weitgehende Streichung von Anrechnungsstunden für außerunterrichtliche Aufgaben (Sammlungsleitungen, Tutorien, Betreu-

misse beschlossen werden. Deswegen erteilte die Bürgerschaft am 16. Oktober 2007 der Deputation für Bildung den Auftrag, „schnellstmöglich" einen Fachausschuss einzurichten. „Aufgabe des Ausschusses ist es, eine Bestandsaufnahme des bremischen Schulsystems vorzunehmen und Vorschläge zu entwickeln…, wie die Qualität und die Leistungsfähigkeit … insgesamt verbessert werden könnten." Am 30. Oktober 2008 wurden die Ergebnisse dieses Ausschusses als „Bremer Schulentwicklungsplan" veröffentlicht. Er war die Grundlage für die Novellierung der Schulgesetze im Sommer 2009. Bereits im Dezember 2008 hatten sich SPD, CDU, Grüne und Linke auf einen „Konsens zur Schulentwicklung", dem sog. „Bremer Schulfrieden", geeinigt, der dann zehn Jahre lang gelten sollte. Damit war in Bremen das Prinzip der Durchlässigkeit von der fünften Klasse bis zum Abitur politisch beschlossen und gesetzlich geregelt. Dies führte zu vier weiteren Gymnasialen Oberstufen ab dem Schuljahr 2009 (Lerchenstraße, Findorff, Ronzelenstraße, Wilhelm-Olbers-Oberschule). Gab es 21 gymnasiale Oberstufen im Jahr 2002, waren es 29 im Jahr 2009: zwanzig öffentliche, allgemeinbildende Oberstufen, sechs Berufliche Gymnasien, die Doppelqualifizierenden Bildungsgänge am SZ Utbremen sowie die drei Oberstufen an Privatschulen (Ökumenisches Gymnasium, St. Johannis-Gymnasium, Freie Evangelische Bekenntnisschule).

Dieser größeren Anzahl der Oberstufen stand ab dem Schuljahr 2010/11 ein Rückgang der Anzahl der OberstufenschülerInnen gegenüber. Gleichzeitig wurde die Durchschnittsfrequenz der Lerngruppen um mehr als zehn Prozent erhöht. Diese drei Faktoren führten in jedem Schuljahr zur Streichung von 10 bis 15 Profilen. Die daraus resultierende Konkurrenz zwischen den Schulen traf nicht die acht durchgehenden Gymnasien, sondern nur die neun Oberschulen und drei Sek-II-Zentren, weil der beschlossene „Schulfrieden" jedem Gymnasium fünf Profile garantierte. Die anderen zwölf Gymnasialen Oberstufen konnten ab dem Schuljahr 2012/13 zusammen jährlich nur zwischen 40 und 48 Profile einrichten, im Durchschnitt also nur drei oder vier je Standort. Dies bewirkte einen erheblichen Wettbewerbsnachteil gegenüber den Gymnasien, da kleine Profiloberstufen weniger Fremdsprachen-, musische, gesellschaftswissenschaftliche und insbesondere weniger MINT-Leistungskurse einrichten können. (MINT = Mathematik, Informatik, Naturwissenschaften, Technik)

Aufgrund statistischer Schülerdaten konnte mittelfristig mit zwölf Profilen im Bremer Westen gerechnet werden. Die Prognose erwies sich als richtig, denn bis zu den Schuljahren 2017/18 wurden höchstens 12 Profile eingerichtet. Das SZ Walle und das SZ Rübekamp hätten zusammen den Bedarf bedienen können. Aus Kapazitätsgründen gab es im Bremer Westen keine Notwendigkeit eine weitere Oberstufe aufzubauen. Trotzdem wurde im Jahr 2006 eine dreizügige GyO in Findorff zum Schuljahr 2009/10 angekündigt. Mit dieser zusätzlichen Oberstufe drohte die Gefahr, dass es am Rübekamp aufgrund zu geringer Anwahlen oder behördlicher Anordnung nur noch 4 Profile geben könnte. Das Konzept der GyO am Rübekamp ist aber nur mit fünf Profilen zu organisieren und zu finanzieren. Das Fächer- und Profilmodell musste so attraktiv sein, um jedes Jahr von mindestens 130 SchülerInnen gewählt zu

1. + 2. o. Besuch der blauen Moschee

m: Bootsfahrt auf dem Bosperus

u.: Auszeichnungen für Naturwissenschaftliche Projekte

Auszeichnungen der UNESCO für Schulprojekte

werden. Es musste insbesondere einmalige und bildungspolitisch gewünschte Angebote/Leistungskursen beinhalten.

Das Ziel von fünf Profilen ab dem Schuljahr 2008/09 konnte nur durch eine Veränderung des Profil- und Leistungskursmodells erreicht werden. Die Grundkurse Rechtskunde, Religion, Wirtschaft, „Sport und Sporttheorie" und der Leistungskurs Informatik wurden gestrichen, zum Schuljahr 2013/14 auch noch der Grundkurs Pädagogik.

Somit sind innerhalb von zehn Jahren drei gesellschaftswissenschaftliche Fächer (Recht, Wirtschaft und Pädagogik) gestrichen worden. Religion oder Philosophie musste und konnte nur noch in zwei Halbjahren belegt werden. Jedoch konnten die Leistungskurse in Geografie, Geschichte und Soziologie fortgeführt werden. Die Reduzierung des Fächerangebots führte nicht zu weniger Anwahlen gesellschaftswissenschaftlicher Fächer, die SchülerInnen hatten aber weniger Wahlmöglichkeiten.

Veränderung des Profil- und Leistungskursmodells – Einrichtung des Profils „Nachhaltige Chemie"

In den Jahren 2005 und 2006 thematisierte die Deputation für Bildung „Maßnahmen zur Steigerung der Anwahlzahlen für naturwissenschaftliche Fächer in der Gymnasialen Oberstufe" (Vorlage Nr. L 173; 22.12.2005). Am 18.07.2006 beschloss die Deputation für Bildung das „Kooperationsprojekt zwischen einer Gymnasialen Oberstufe und dem Zentrum für Umweltforschung und Umwelttechnologie der Universität Bremen: Naturwissenschaftliches Profil mit Schwerpunkt Chemie". Mehrere Schulen wollten Kooperationspartner werden. Der Rübekamp gewann die Ausschreibung.

Zum Schuljahr 2007/08 startete dieses Kooperationsprojekt als Profil „Nachhaltige Chemie" mit dem Leistungskurs Chemie und den Grundkursen Biologie und Politik. Der Profilunterricht findet während der drei Oberstufenjahre überwiegend in der Universität statt. Ein internationaler Schüleraustausch und Unterricht zeitweise in englischer Sprache gehören zum Konzept. Der Unterricht profitiert von der Ausstattung und den Möglichkeiten eines chemischen Forschungsinstituts, wie sie keine Schule bieten kann. Die SchülerInnen bekommen Kontakt zu WissenschaftlerInnen und zum Campus, sie können Uni-Bibliothek und Mensa nutzen. Dieses Profil ersetzte das bisherige Biologie-Profil, jedoch wurde Biologie weiterhin als Leistungskurs angeboten. Dieser Profilwechsel war im Kollegium sehr umstritten.

Dieses Profil hatte positive Folgen für die Schule und fand vielfältige Anerkennungen. Viele sehr leistungsstarke SchülerInnen wählten die Schule nur wegen dieses Profils. Der Erfolg des Profils führte zur Entwicklung des „Konzept(es) zur Stärkung der MINT-Fächer am SZ Rübekamp" und im Jahr 2013 zur Auszeichnung als „Mintfreundliche Schule". Joachim Stier wurde MINT-Koordinator der Schule.

Zur Entwicklung und Verstetigung dieses Profils gab es zusätzliche Lehrerstunden. Das MINT-Konzept mit der Verpflichtung zum Experimentalunterricht bewirkte eine Sonderzuweisung von Lehrerstunden, um die Kursgrößen durch Einrichtung zusätzlicher Grundkurse verkleinern zu können. Auch aufgrund dieses MINT-Konzeptes durfte der Leistungskurs Biologie zusätzlich zu der regulären Anzahl an Leistungskursen angeboten werden. Die Teilnahme bei „Jugend forscht" war in der Vergangenheit selten, aber seit der Einführung des Chemieprofils nahmen SchülerInnen nicht nur regelmäßig an „Jugend forscht", sondern auch an anderen naturwissenschaftlichen Wettbewerben sehr erfolgreich teil.

Auflösung des Soziologie-Profils

Im Herbst 2008 musste entschieden werden, welches der bestehenden sechs Profile zum Schuljahr 2009/10 aufgelöst werden sollte. Das Soziologie-Profil wurde aus folgenden Gründen gestrichen: Das Deutsch- oder das Englisch-Profil aufzulösen, wurde nicht in Erwägung gezogen, da sie die am meisten gewünschten Profile sind und zum Grundkanon gehören. Das Chemie-Profil war ein Jahr zuvor erst eingerichtet worden und politisch gesetzt. Es sollte auch nicht hinterfragt werden, da es zu diesem Zeitpunkt u.a. die Existenz der GyO in einem SeK-II-Zentrum rechtfertigte. Die Entscheidung musste somit zwischen dem Geschichts-, Soziologie- oder Mathematikprofil fallen. Das Geschichts- oder das Mathematikprofil aufzulösen und Geschichte oder Mathematik als freie Leistungskurse anzubieten, hätte zur zwingenden Konsequenz gehabt, das gesamte Profil- und Kursmodell neu zu entwickeln, da Geschichte in drei Profilen und Mathematik in vier Profilen enthalten war. Bei Auflösung des Soziologieprofils konnten die anderen fünf Profile unverändert fortgeführt und Soziologie als freier Leistungskurs angeboten werden.

Einrichtung des Leistungskurses Türkisch

Türkisch wurde bereits seit den neunziger Jahren in Kooperation mit dem SZ Walle unterrichtet. Mit der Möglichkeit, Türkisch als zweite Fremdsprache zu wählen, sollten Bildungsbeteiligung und Erfolgschancen türkischer SchülerInnen verbessert werden. Einen Leistungskurs Türkisch im Bremer Westen einzurichten, ergab sich aus dem hohen Anteil türkischer Familien und damit muttersprachlich türkischer Kinder in dieser Region. So beantragten die Schulzentren Walle und Rübekamp Türkisch auch als Leistungskurs einrichten zu dürfen. Die formalen Rahmenbedingungen hierfür waren im Jahr 2012 gegeben. Der Leistungskurs wurde erstmalig 2013/14 unterrichtet. Das breite Türkisch-Angebot an beiden Schulzentren wurde politisch ausdrücklich begrüßt und deshalb auch mit zusätzlichen Lehrerstunden gefördert. Aufbau und Entwicklung des Fachbereichs Türkisch ist untrennbar verbunden mit dem außergewöhnlichen Engagement von Mehmet Kocagöz. Das Türkisch-Angebot trug wesentlich zu einer ausreichenden Jahrgangsbreite bei, und die Sonderausstattung mit Lehrerstunden ermöglichte die Einrichtung von zusätzlich drei Grundkursen in jedem Jahr der Oberstufe. Eine jährlich unter Leitung von M. Kocagöz angebotene Studienfahrt in die Türkei gehörte zum Fahrtenprogramm der Schule.

Einführung von G8 und G9

Zum Schuljahr 2009/10 wurde G8 eingeführt. Waren bisher mindestens 90 Unterrichtswochenstunden in der Oberstufe zu belegen, mussten nun die

Freie Leistungs-kurse	Profile			
	Englisch ges mat	Geschichte pol mat	Mathematik deu ges	Chemie bio pol
Deutsch	X	X		X
Englisch		X	X	X
Türkisch	X	X	X	X
Kunst	X		X	
Musik	X		X	
Geographie	X		X	X
Soziologie	X		X	X
Wirtschaft	X		X	X
Biologie	X	X	X	
Physik	X	X	X	
Sport	X		X	

X bedeutet, dass die jeweiligen Leistungsfächer kombiniert werden können.

Außer diesen Leistungskursen gibt es die folgenden Grundkurse

- Deutsch, Englisch, Französisch (Anf./Fortg.)
    - Spanisch (Anf./Fortg.) Türkisch (Anf./Fortg.) Latein
    - *Überregional:* Chinesisch, KMK Latinum
- Darstellendes Spiel, Kunst, Musik
- Geographie, Geschichte, Politik, Psychologie
- Biologie, Chemie, Informatik
- Sport

von der KMK vorgeschriebenen 265 Stunden des gymnasialen Bildungsganges auf acht Schuljahre verteilt werden. Das führte zu 35 Wochenstunden in der Einführungsphase und insgesamt 68 Stunden in den beiden Jahren der Qualifikationsphase. Diese Erhöhung galt nur für die G8-SchülerInnen. So musste ein Kursmodell entwickelt werden, das den unterschiedlichen Regelungen des G8 und des G9 Bildungsganges entsprach. Die unterschiedlichen Regelungen verhinderten eine effektive Oberstufenorganisation und wurden heftig von den Oberstufenkoordinatoren, Stundenplanern, Schulleitungen, der Schülerschaft und den Eltern kritisiert. Die Kritik zielte nicht nur auf die Organisationsprobleme, sondern auch auf die zu hohe Belastung der Jugendlichen durch wöchentlich 35 Unterrichtsstunden, die eingeschränkte Zeit für Freundschaften, sportliche, kulturelle Aktivitäten, Freizeit und Hausaufgaben. Der negativ gemeinte Begriff „Turboabi" fand schnelle Verbreitung. Die Bildungsbehörde reagierte nicht auf die vermeintliche Belastung oder Überlastung der Jugendlichen, sondern nur auf die Schwierigkeiten, die GyO effektiv zu organisieren. Ab dem Schuljahr 2012/13 mussten auch die G9 SchülerInnen 35, oder 36 Unterrichtsstunden in der Woche belegen. Diese zu vielen Unterrichtsstunden erschwerten eine freiwillige Teilnahme an den kostenlos angebotenen Förderkursen.

Reform der Einführungsphase: Klassen statt Profile. Veränderungen der Oberstufenverordnung

Zum Schuljahr 2009/10 wurde nicht nur G8, sondern auch der Klassenverband, in dem die Hälfte des Unterrichts erteilt werden sollte, für die Einführungsphase eingeführt. In der Einführungsphase gibt es keine Profile, keine Leistungs- oder Grundkurse, sondern Fächer: Deutsch, Englisch, Mathematik, Fremdsprachen hatten 3 oder 4 Stunden, musische, gesellschaftswissenschaftliche, naturwissenschaftliche Kurse und Sport 2 oder 3 Stunden, Methodenunterricht 1 oder 2 Stunden.

Mussten bisher zwei Fremdsprachen und eine Naturwissenschaft, oder eine Fremdsprache und zwei Naturwissenschaften durchgehend belegt werden, so reichten jetzt eine Fremdsprache und eine Naturwissenschaft. Die Verpflichtung, Biologie, Chemie und Physik in der Einführungsphase zu belegen, führte zu drei zweistündigen naturwissenschaftlichen Kursen. Die Schulen protestierten vehement gegen diese unsinnige Bestimmung. Die Behörde lehnte aber eine Korrektur wegen vermeintlicher KMK-Vorgaben ab. Erst nach fünf Jahren stetiger Kritik und in Folge der negativen Auswirkungen auf das MINT-Angebot der Schulen war plötzlich doch eine Korrektur möglich. So sind seit dem Schuljahr 2014/15 in der Einführungsphase nur noch zwei Naturwissenschaften zu belegen, und diese Kurse wurden wieder dreistündig.

Profile, Leistungskurse und Grundkurse dürfen nicht mehr zu Beginn der Oberstufe, sondern erst im zweiten und dritten Jahr der Oberstufe eingerichtet werden. Dies führte zu vielen negativen Konsequenzen. Hatten vorher alle Leistungskurse in den drei Oberstufenjahren 15 Wochenstunden und alle Grundkurse 9 Wochenstunden, gab es jetzt große Unterschiede zwischen den Fächern:

- Leistungskurse in Deutsch, Englisch und Mathematik haben 14 Std., früher 15 Std.
- Grundkurse in Deutsch, Englisch und Mathematik 10 Std., früher 9 Std.
- Fortgesetzte Fremdsprachen unverändert 9 Std.
- Musische, gesellschaftswissenschaftliche und naturwissenschaftliche Leistungskurse 12 oder 13 Std., früher 15 Std.
- Musische, gesellschaftswissenschaftliche und naturwissenschaftliche Grundkurse und Sport zwischen 6 und 9 Std.

In den drei Oberstufenjahren hat kein Leistungskurs mehr 15, sondern nur noch zwischen 12 und 14 Stunden zur Verfügung. Trotzdem wurden die Bildungspläne nicht überarbeitet, die für die Vorbereitung auf die Abiturprüfungen zu vermittelnden Unterrichtsinhalte nicht reduziert. Diese Kritik kommt insbesondere von den Lehrkräften der Naturwissenschaften. Zeitaufwändiger Experimentalunterricht muss häufig zugunsten riesiger, auswendig zu lernender Inhalte gekürzt werden. Die Angst, an den Abiturprüfungsanforderungen zu scheitern, bewirkte einen massiven Rückgang der Anwahlen für die Leistungskurse Physik und Chemie, und teilweise auch für Biologie. Diese Versagensangst, die Verkleinerung vieler Oberstufen sowie die Veränderungen der Oberstufenverordnung und der Abiturprüfungsordnung führten bremenweit zur Reduzierung des naturwissenschaftlichen Angebotes. Gab es im Jahr 2007 an 16 GyOs insgesamt 18 Physik- oder Chemie-Leistungskurse, so waren es

Landeswettbewerb 2016 (Biologie)
Regionalwettbewerb 2016 (Biologie)

Regionalwettbewerb 2015 (Chemie)

Bundeswettbewerb 2014 (Biologie)
Landeswettbewerb 2014 (Biologie)
Regionalwettbewerb 2014 (Biologie)
Regionalwettbewerb 2014 (Chemie)

Bundeswettbewerb 2013 (Chemie / Biologie)
Landeswettbewerb 2013 (Chemie / Biologie)
Regionalwettbewerb 2013 (Chemie / Biologie)

Regionalwettbewerb 2012 (Chemie / Biologie)

Landeswettbewerb 2011 (Chemie / Biologie)
Regionalwettbewerb 2011 (Chemie / Biologie)
Regionalwettbewerb 2011 (Physik)

Landeswettbewerb 2010 (Chemie / Biologie)
Regionalwettbewerb 2010 (Chemie / Biologie)

Landeswettbewerb 2009 (Physik)

Kooperationspartner im Schuljahr 2011 / 12

Schulen
- Kooperationsverbund Bremer Westen (Oberschule Helgolander Straße, Gesamtschule West, Johann-Heinrich-Pestalozzi-Schule, Schulzentrum Rübekamp)
- Kooperation mit dem Schulzentrum Walle

Universität und Hochschule
- Zentrum für Umweltforschung und Umwelttechnologie der Universität Bremen
- Projekt Nachhaltige Chemie
- Zentrum für Humangenetik der Universität Bremen
- Leibniz-Zentrum für Marine Tropenökologie der Universität Bremen
- Max-Planck-Institut für Marine Mikrobiologie
- Marum
- Faserinstitut
- Physika (Physikalische Praktika) der Universität Bremen

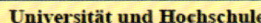

Kultureinrichtungen
- Kunsthalle Bremen
- Weserburg
- Musiktheaterproduktionen in Kooperation mit verschiedenen Theatern und Orchestern
- Kulturwerkstatt "Westend"
- Kunstinitiative "Kultur vor Ort" und "Kulttour"
- Jugendkirche Bremen
- Science-Center / Universum

Sportbereich
- Sportvereine des Bremer Westens
- Tennisverein Rot-Weiß
- Gröpelinger Sportmeile

Beratungseinrichtungen
- „Mi-Coach" – Universität Bremen
- „Offenes Ohr" – Universität Bremen
- Studien- und Berufsberatung der Bundesanstalt für Arbeit

im Jahr 2016 an den inzwischen 20 Oberstufen nur noch 10 Kurse, 2 davon am Rübekamp.

Die Regelung, nur noch eine Fremdsprache (Englisch) belegen zu müssen, führte zu immer kleineren Fremdsprachenkursen, und viele „Fortsetzer-Kurse" konnten von einer einzelnen Schule nicht mehr finanziert werden. Dieses Problem wurde vom Rübekamp und dem SZ Walle durch die Einrichtung gemeinsamer Fremdsprachenkurse effektiv gelöst, so hatten beide Schulen im Schuljahr 2014/15 das breiteste Fremdsprachenangebot und die GyO am Rübekamp das breiteste Fächerangebot aller Bremer Oberstufen.

Durch die Kooperation mit dem Schulzentrum Walle konnte das Wahlangebot im Leistungsfachbereich nicht nur erhalten, sondern noch erweitert werden.

Profil- und Fächerangebot für die Anwahlen 2015

Im Jahr 2010 wurde die Abiturprüfungsordnung in einem wesentlichen Punkt geändert: Ab 2013 müssen zwei der drei Fächer Deutsch, fortgesetzte Fremdsprache oder Mathematik Prüfungsfächer sein. So können zwei Naturwissenschaften oder zwei Fremdsprachen nicht mehr als Leistungskurse gewählt werden, und wer ein musisches Fach als Prüfungsfach wählt, muss sich in Mathematik prüfen lassen.

Die Novellierungen der Oberstufenverordnung,

o. l: Teilnahme am Wettbewerb *JUGEND FORSCHT* nach ahren

o. r: Kooperationspartner der Schule

der Abiturprüfungsordnung und der Schulgesetze von 2009 führten zu der schon grotesken Situation, dass in dem Zeitraum von 2009 bis 2013 für die jeweils drei Oberstufenjahrgänge eines Schuljahres vier unterschiedliche Bestimmungen galten. Der Oberstufenkoordinator und die Jahrgangsleitungen mussten und haben bei der Schullaufbahnbetreuung von mehreren hundert SchülerInnen Außergewöhnliches geleistet.

Kooperationsverbund Bremer Westen

In den Bremer Schulgesetzen von 2005 gab es keine gesetzlichen Grundlagen mehr für eine eigenständige Gymnasiale Oberstufe oder eine gymnasiale Abteilung an einem Schulzentrum des Sekundarbereichs II wie dem Rübekamp. Dies änderte sich durch die Verabschiedung des „Bremer Schulentwicklungsplan(s) 2008", die Novellierung des Schulgesetzes und des Schulverwaltungsgesetzes im Jahr 2009 und die Umsetzung des Projektes „Schulen im Reformprozess". Dieses Projekt sollte die Schulen des Sekundarbereichs I/Oberschulen motivieren, schnell ein genehmigungsfähiges Konzept für einen durchgängigen Bildungsgang von der 5. bis 13. Jahrgangsstufe zu entwickeln. So enthielt „Der Bremer Schulentwicklungsplan" die folgende Regelung:

„An Standorten, an denen keine direkte Anbindung der Gymnasialen Oberstufe ... in Frage kommt, werden der gymnasiale Bildungsgang und die Oberschule durch die Bildung eines Schulverbundes mit einem Schulzentrum der Sekundarstufe II oder durch Zuordnung der Schulen dargestellt. In einem Schulverbund muss der gymnasiale Bildungsgang einem gemeinsamen pädagogischen Konzept folgen." Das Bremer Schulverwaltungsgesetz definierte den Rechtsrahmen für einen Schulverbund:
§20 (3) „Selbständige Schulen können sich zu einem Schulverbund zusammenschließen."
§20 (4) „In zugeordneten Schulen oder in einem Schulverbund werden die curricularen Inhalte aufeinander abgestimmt, um insbesondere einen schulübergreifenden Lehrkräfteeinsatz zu ermöglichen und den Stufen übergreifenden Übergang für Schülerinnen und Schüler zu erleichtern."

§20 (5) „Die Schulleiterinnen und Schulleiter von Verbünden ... bilden ein Leitungsteam, dessen Vorsitz im Zweijahresrhythmus rotierend durch eine oder einen der beteiligten Schulleiterinnen oder Schulleiter ausgeübt wird.

Drei der fünf Sek-I-Schulen im Bremer Westen (Integrierte Stadtteilschule Helgolander Straße, Gesamtschule West, Johann-Heinrich-Pestalozzi-Schule) und das Schulzentrum des Sek II-Bereichs am Rübekamp beantragten am 23. März 2009 die Aufnahme in das Projekt "Schulen im Reformprozess". Dieser Antrag beinhaltete folgende Ziele:

- „Erhöhung der Bildungsbeteiligung im Bremer Westen
- Entwicklung eines attraktiven und konkurrenzfähigen Gymnasialangebotes (im Vergleich zu durchgängigen Systemen) von Klasse 5 bis hin zum Abitur nach 12 oder 13 Jahren durch eine enge inhaltliche und organisatorische Kooperation der im Antrag genannten schulischen Partner
- Die Schulen, die mit dem SZ Rübekamp einen Kooperationsvertrag abgeschlossen haben, sollen ihren SchülerInnen rechtlich verbindlich die Aufnahme in die Profile der GyO und des Beruflichen Gymnasiums am Rübekamp zusichern können."

Der Antrag wurde genehmigt. Der „Kooperationsverbund Bremer Westen" begann unverzüglich nach den Sommerferien 2009 mit seiner zentralen Aufgabe, der Entwicklung eines durchgängigen Bildungsganges. Gemeinsame Fachgruppen erarbeiteten mit großem Engagement verbindliche Curricula für die 5. bis 13. Jahrgangsstufe. Das Ergebnis, das in Bremen erste systematische Curriculumkonzept eines durchgängigen gymnasialen Bildungsganges, wurde von der Schulaufsicht in allen Schulaufsichtsregionen als vorbildliches Beispiel vorgestellt.

Dieser Schulverbund hatte mehrere positive Auswirkungen: Das „Schulzentrum des Sekundarbereichs II am Rübekamp" und die Abteilung Gymnasium am Rübekamp bekamen eine gesetzliche Grundlage. Die Sek-I Oberschulen des Kooperationsverbundes können den Eltern und den Schülern einen durchgehenden Bildungsgang mit dem Recht eines Oberstufenplatzes am SZ Rübekamp anbieten. Die gemeinsame Curriculumarbeit wurde vom Kollegium sehr positiv bewertet. Die Schulleitungen entwickelten oder vertieften ein gegenseitiges Verständnis für die Spezifika der beiden Schulstufen und der einzelnen Schulstandorte.

Aufgaben – Belastungen – Überlastungen

Das Kollegium, die Verwaltung und die Schulleitung wurden durch weitere Aufgaben belastet, teilweise überlastet.

Die Erhöhung der Unterrichtsverpflichtung von 23 auf 25 Wochenstunden sowie die Erhöhung der Kursfrequenz von 20 SchülerInnen im Jahr 2000 auf 25 bis 28 im Jahr 2010 bewirkten, dass eine Lehrkraft 30 bis 40 % mehr SchülerInnen unterrichten musste als im Jahr 2000. Größere Kurse bedeuten anstrengenderen Unterricht, mehr Korrekturen und Abiturprüfungen. Hinzu kamen die neu eingeführten Prüfungen für den Mittleren Schulabschluss und die Projektprüfungen.

Das Schulgesetz von 2005 verpflichtete die Lehrkräfte zu Präsenzzeiten zusätzlich zum Unterricht und zu jährlich 30 Fortbildungsstunden.

Für den Methoden- und Projektunterricht, den Förderunterricht und für die Studien- und Berufsorientierung wurden Konzepte erarbeitet, weiterentwickelt und umgesetzt.

Die Schulaufbahnbetreuung wurde umfangreicher und die Anzahl der SchülerInnen mit individuellen Problemen nahm zu.

Die elektrischen Schreibmaschinen, schwarz–weiß Kopierer, Overhead-Projektoren, Videorekorder und Fernseher wurden abgelöst von Computern, Beamern, CD- oder DVD-Playern und Farbdruckern. Die Weiterentwicklung des IT-Konzeptes sowie die Ausstattung der Klassenräume und der Verwaltung mit Internetanschlüssen, neuen Rechnern und die Einführung von Schulverwaltungssoftware (Magellan und da Vinci ab 2004, Untis ab 2014) beanspruchten viele Ressourcen und Energie.

Die Schule, einzelne Kurse und viele SchülerInnen beteiligten sich erfolgreich an regionalen, nationalen und internationalen Wettbewerben.

Bilanz

Der Erhalt der GyO am Rübekamp ist ein großer Erfolg und eine schöne Bestätigung für das ganze Kollegium.

Dieser Erfolg ändert nichts daran, dass die Unterrichtsverpflichtung, die Kursgrößen und die außerunterrichtlichen Aufgaben ständig erhöht wurden, und zwar bei gleichzeitig kontinuierlicher Reduzierung der Anrechnungsstunden oder anderer Vergütungen für nicht unterrichtliche Aufgaben.

Mit der parteiübergreifenden Vereinbarung des sog. „Bremer Schulfriedens" verbanden viele die Hoffnung, nach den jahrelangen bildungspolitischer Auseinandersetzungen und ständigen, oft nicht koordinierten oder unsinnigen schulorganisatorischen Maßnahmen, sich endlich wieder hauptsächlich den pädagogischen Aufgaben widmen zu können. Diese Hoffnung wurde bitter enttäuscht, denn der „Schulfrieden" bedeutete faktisch nur, dass das „Zweisäulenmodell" mit durchgehenden Gymnasien und Oberschulen zehn Jahre lang nicht in Frage gestellt wurde. Sonst bewirkten Bildungspolitik, ständig neue Erlasse und Verordnungen sowie die gravierende Unterfinanzierung der Schulen viel Unruhe, Chaos und Frustration.

Zum 01.08.2015 wurde Daniel Lucas Leiter der Abteilung Gymnasium am SZ Rübekamp.

DANIEL LUCAS
Veränderungen in den Jahren 2015 bis 2019

Seit August 2015 bin ich Leiter der Gymnasialen Oberstufe des Schulzentrums am Rübekamp. Ich hatte das Privileg eine Abteilung zu übernehmen, die in hohem Maße organisiert und arbeitsfähig war. So konnte ich in Ruhe die Gymnasiale Abteilung in der Tiefe kennenlernen und die Bedeutung einiger Dinge verstehen, die sich mir in ihrer Tragweite nicht unmittelbar erschlossen hatten. Beispielhaft sei hier das Doppelstundenprinzip als wesentliches, pädagogisches Prinzip genannt. Die Strukturierung unseres Stundenplanes ausschließlich in Doppelstunden ermöglicht viele Vorteile gegenüber Einzelstunden: Unter anderem haben die Schülerinnen und Schüler weniger Fächer pro Tag und können sich somit vertieft mit Lerninhalten befassen. Es erfolgen auch weniger Raumwechsel und damit entfällt viel Zeitverlust, was wiederum zu einer Erhöhung der effektiven Lernzeit führt. Neben einer ausgezeichneten Übergabe durch meinen Vorgänger im Amt, Eberhard Dobers, verdanke ich meine Einarbeitung in die Oberstufe insbesondere dem Oberstufenkoordinator Matthias Meinking sowie dem damaligen Stundenplaner Karl-Heinz Pitz, aber natürlich auch der erweiterten Abteilungsleitung und den Kolleginnen in der Verwaltung.

Drei Aspekte haben aus meiner Sicht die letzten vier Jahre geprägt. Diese sind personelle Veränderungen im Kollegium (mich eingeschlossen), eine sich zunehmend verändernde Schülerschaft, sowie eine (vermeintliche) Überkapazität an Schulplätzen in den Gymnasialen Oberstufen im Land Bremen und im Bremer Westen.

In den vergangenen zehn Jahren ist eine Vielzahl von Kolleginnen und Kollegen in den Ruhestand getreten und andere Lehrkräfte haben ihren Dienst angetreten. So waren beispielsweise etwa 40% der im Schuljahr 2018/19 eingesetzten Lehrkräfte vor dem Schuljahr 2015/16 nicht am Rübekamp tätig – die meisten dieser Lehrkräfte hatten zu diesem Zeitpunkt ihre Ausbildung noch nicht abgeschlossen. Ein solcher Umbruch prägt die tägliche Arbeit, denn natürlich fehlen zunächst Sicherheit und Routine in vielen Abläufen. Als ich meine Arbeit am Rübekamp begann, wusste jede und jeder, wie der Laden läuft, im Großen wie im Kleinen. Allen war klar, wer wofür zuständig war, beispielsweise wie der Projektunterricht organisiert ist, wo es Kreide gibt oder was im Unter-Fünf-Punkte-Ordner zu notieren ist und was direkt mit dem Tutor zu besprechen sei. Solche, oft scheinbar kleinen Dinge stringent weiterzuführen, kostet einerseits Kraft, eröffnet aber auch Spielräume. Der Satz „Das machen wir so wie im letzten Jahr" half zwischenzeitlich (auch mir!) wenig, denn einige Kolleginnen und Kollegen (auch ich!) waren im Jahr davor ja noch gar nicht da gewesen. Erfahrungs- und Wissenstransfer waren und bleiben also eine zentrale Aufgabe. Neue Kolleginnen und Kollegen setzen aber auch neue, hilfreiche Impulse und stellen Gewohntes infrage. Gemeinsam mit den erfahrenen Lehrkräften erlebe ich unser Kollegium dabei als konstruktiv und sich den Veränderungen stellend.

Da Organisationsformen pädagogische Handlungsspielräume mitprägen – im Positiven wie im Negativen – sind diese somit nicht nur rein organisatorische Fragen. Unklarheiten hinsichtlich der Organisation zwangen uns in den vergangenen Jahren auch dazu, uns über unsere pädagogischen Verständnisse auszutauschen. Eine Kernfrage war dabei immer wieder, wie konsequent und verbindlich unser pädagogisches Handeln sein muss und wie viel Ausnahme und Spielraum wir einzelnen Schülerinnen und Schülern gestatten können und wollen. Es freut mich sehr, dass es im Kollegium nach wie vor ein erhebliches Interesse am Vorankommen aller Schülerinnen und Schüler gibt – in der Persönlichkeitsentwicklung wie im Fachlichen. Es ist nicht selbstverständlich, dass Kolleginnen und Kollegen in der Oberstufe Erziehung sowie Begleitung zur Selbstständigkeit als ihre Aufgabe betrachten. Diese Haltung wird auch von den erst seit relativ kurzer Zeit am Rübekamp arbeitenden Lehrkräften geteilt.

Die Vielzahl von neuen Lehrkräften ist auf Neueinstellungen, auf von Oberschulen abgeordneten Lehrkräfte, die gerne auch in der Oberstufe unterrichten möchten, und auf eine veränderte Ausbildungs- und Prüfungsordnung für Referendare zurückzuführen. Referendare werden in Bremen nun grundsätzlich für die Sek. I und die Sek. II ausgebildet. Dies führt dazu, dass wir jährlich bis zu 15 Personen ausbilden, die jedoch ihren Schwerpunkt in der Sek. I und damit an einer anderen Schule haben. Sie unterrichten nur einen Kurs am Rübekamp und kommen ihrer restlichen Unterrichtsverpflichtung an ihrer Stammschule nach, wo sie sich auch ins Schulleben einbringen. Für die Lehramtsanwärter/-innen bedeutet dies eine hohe Belastung, weil sie sich als Berufsanfänger/-innen in zwei Schulen einarbeiten müssen, pendeln müssen und viele Absprachen doppelt treffen müssen.

Für die Schulen ergeben sich ebenfalls verschiedene Herausforderungen. Die Stundenplanerstellung wird komplexer, weil Absprachen mit mehreren Schulen getroffen werden müssen. Für die relativ hohe Anzahl von Mentor/-innen, die die Referendar/-innen ausbilden, ergibt sich eine besondere Verantwortung und manchmal müssen diese an Schulen der Sekundarstufe I gehen und dort die Lehramtsanwärter in einer ihnen fremden Schule begleiten. Und schließlich bedeutet die Vielzahl an Referendaren automatisch eine hohe Fluktuation an Lehrkräften bei uns und damit eine besondere Herausforderung in der Kontinuität der pädagogischen Arbeit. Dieser Aspekt trifft unsere Oberstufe in deutlich stärkerem Maße als die Oberschulen, weil wir als Oberstufe mehrere Oberschulen in der Ausbildung unterstützen.

Personelle Veränderungen gab es auch auf der erweiterten Leitungsebene: Neben mir als neuer Leitung hat mittlerweile Alexander Hanke die Stundenplanung übernommen, Ulrice Oetjen und Manfred Hofer haben die Jahrgangsleitung aus Altersgründen abgegeben und diese Aufgabe wurde von Ute Bitzer und Frauke Martens übernommen. Ich bin sehr dankbar, dass den „neuen" Kolleg/-innen die Arbeit bei diesen Schlüsselpositionen so gewissenhaft, gut und umsichtig gelingt.

Eine weitere Veränderung, die in den letzten Jahren auch am Rübekamp umgesetzt wurde, ist die Einführung der Lernplattform *Itslearning,* welche die Einrichtung sicherer, geschlossener Benutzergruppen ermöglicht. Sie versetzte uns im Sommer 2018 endlich in die Lage, den Vertretungsplan online und gleichzeitig geschützt darzustellen, Dokumente wie Protokolle, das Formularwesen u. ä. online im sogenannten virtuellen Lehrerzimmer zu teilen, aber auch, den Unterricht digitaler zu gestalten. So analysieren beispielsweise Schüler/-innen nun ihre Bewegungsabläufe aus dem Sportunterricht in ihrem virtuellen Klassenraum und der Fachbereich Mathematik hat eine Wiederholungssequenz für die Q2 ins Netz gebracht, die eine automatisierte, individuelle Rückmeldung ermöglicht und die gezielte Abiturvorbereitung deutlich unterstützt. Vergleichbare Initiativen gibt es auch für andere Unterrichtsfächer. Wir loten derzeit in vielen Kursen und Fächern digitale Möglichkeiten aus, und setzen dann diejenigen um, die uns tatsächlich als sinnvolle, unterstützende Momente erscheinen.

Spätestens seit Melanchthons *Über die Leiden der Lehrer* ist es ein Gemeinplatz, dass die Jugend schwieriger und schwächer werde. Sicher ist aber, dass sich die Jugend, wie auch der Rest der Gesellschaft (die Pädagogen, die Erwachsenen, die Wirtschaft, ...) verändert; wie sollte es auch anders sein! Auch unsere Schülerschaft verändert sich. Diese Entwicklung wird in der Regel als Folge von Migration (die es ja aber auch „schon immer" gab) wahrgenommen; meines Erachtens ist es jedoch vor allem eine Folge der hohen Anzahl von Jugendlichen ohne bildungsbürgerlichen oder bildungsnahen Hintergrund, die in die Oberstufe wechseln. Das ist einerseits eine Herausforderung, weil ein Teil der Schülerschaft Kenntnisse und Fähigkeiten hat, die für andere nur schwer aufholbar sind. Andererseits ist es auch gut, dass diese Schüler/-innen in der Oberstufe sind, weil Bildung ein wesentliches Mittel zur gesellschaftlichen Teilhabe ist. Dank ihrer Arbeit in der Oberstufe kommen diese Schüler/-innen inhaltlich oft sehr viel weiter, als sie selbst es sich hätten vorstellen können.

Unsere Schülerschaft ist nach wie vor heterogen. Bei uns besuchen Schülerinnen und Schüler mit unterschiedlichsten sozialen und intellektuellen Fähigkeiten, mit unterschiedlichsten Hintergründen die Oberstufe. Wir unterrichten also sowohl Jugendliche, die nur mit Mühe den schulischen Anteil der Fachhochschulreife bestehen als auch Jugendliche, die neben einem herausragenden Abitur Zeit für Wettbewerbe (deutsche Meisterschaften, Jugend forscht u.a.), ehrenamtliches Engagement, Musik und andere Interessen finden. Die sozio-kulturellen Hintergründe sind ebenso unterschiedlich: Wir haben Schüler/-innen mit und ohne bildungsbürgerlichem Hintergrund, Schüler/-innen mit deutscher und mit anderer Muttersprache, Schüler/-innen ohne und mit Elternhäusern, die ihre Kinder intensiv und konstruktiv erziehen und begleiten.

Gute Kenntnisse der Bildungssprache sind eine Gelingensbedingung für Bildung, sowohl bei spät zugewanderten Jugendlichen, die erst seit kurzem in Deutschland leben und vorher keine Deutschkenntnisse hatten, als auch bei Jugendlichen, deren Muttersprache nicht Deutsch ist, die aber weitgehend in Deutschland aufgewachsen sind, aber auch bei Deutschmuttersprachler/-innen. Wir erleben zunehmend, dass eine eingeschränkte Bildungssprache einen Teil unserer Schülerschaft daran hindert, die Leistungen zu erbringen, die sie erreichen könnten und müssen. Neben der bestehenden Sprachförderung von Jugendlichen mit Deutsch als Zweitsprache arbeiten wir nun daran, eine Sprachförderung auch für andere Schüler/-innen zu etablieren. Das Thema Bildungssprache wird uns in den kommenden Jahren begleiten.

Gleichwohl bringen neue Schülergruppen neben Herausforderungen auch ausgesprochene Stärken mit: Gerade die Spätzugewanderten bereichern unsere Schule und häufig auch das Leistungsniveau, nicht zuletzt durch eine oftmals herausragende Arbeitshaltung. Im vorletzten Abiturdurchgang war der Jahrgangsbeste ein Schüler, der nach eineinhalb Jahren Aufenthalt in Deutschland ohne vorherige Deutschkenntnisse in die gymnasiale Oberstufe gewechselt ist. Solche Erfolgsstorys deuten gleichzeitig auch an, wie komplex die Arbeit der Lehrerschaft geworden ist, denn neben unterschiedlichen Sprachniveaus spielen kulturelle Differenzen (z. B. laissez-faire in deutschen Schulen, Bedeutung akademischer Bildung aus Elternsicht) und die Erfahrung der Fremdheit für diese Schülerschaft eine große Rolle.

Bildung kostet Geld und dabei spielt die Anzahl der Schülerinnen und Schüler in der Oberstufe eine zentrale Rolle. Bremenweit gibt es ein „Überangebot" an Oberstufenplätzen, so dass in der Stadtgemeinde Bremen mehr Schulplätze zur Verfügung stehen als in Anspruch genommen werden. Dies bedeutet aus meiner Sicht aber nicht, dass wir in der Realität ein Überangebot haben. Schulen, insbesondere Oberstufen, müssen ein breites Fächerspektrum anbieten, damit Jugendliche Fächer überhaupt erst kennenlernen können, um dann entsprechend ihrer Neigungen und Stärken erfolgreich lernen zu können. Dies erfordert ein größeres Bildungsangebot als rein rechnerisch nötig ist, wenn z.B. Fächer wie Geografie, Chemie oder Politik als Leistungsfächer wählbar sein sollen oder wenn „kleinere" Fächer wie Psychologie, Französisch oder Informatik zumindest als Grundkurs angeboten werden sollen. Der rechtliche Rahmen für die Oberstufe erschwert das Anbieten einer solchen Fächervielfalt und daher sind viele Standorte mit sich ergänzenden Angeboten vonnöten.

Indes bringt das vermeintliche Überangebot alle Oberstufen in Bremen in die missliche Lage untereinander in Konkurrenz treten zu müssen, da gewisse Schülerzahlen nötig sind, um das Kursangebot realisieren zu können. Diese Unwägbarkeit bewirkt Planungsunsicherheit und erschwert kontinuierliche Angebote. Wurden wir 2017 sehr stark angewählt, so dass wir sechs- statt fünfzügig waren, so sind die beiden folgenden Jahrgänge nur vierzügig. In der Folge haben wir unser Profilangebot überdenken müssen und uns bereits zum Schuljahr 2019/20 mangels ausreichend vieler Schülerwünsche von unserem Profil Nachhaltige Chemie trennen müssen. Gleiches galt bereits vorher für das Berufliche Gymnasium mit dem Profil Ernährung, in dem in diesem Schuljahr letztmalig Schülerinnen die Abiturprüfung ablegen werden.

Auf verschiedenen Ebenen haben wir in den vergangenen Jahren mit anderen Schulen im Bremer Westen versucht, der Herausforderung der sinkenden Schülerzahlen entgegenzuwirken. Unter anderem führten diese Bemühungen dazu, dass vor zwei Jahren alle Oberschulen im Bremer Westen und die beiden Schulzentren Walle und Rübekamp eine geeinte Position hinsichtlich der sogenannten Zuordnungsfrage vertraten. Dem formulierten Wunsch einer sogenannten Doppelzuordnung, d.h. Oberschüler/-innen der Sek. I hätten einen Rechtsanspruch auf einen Schulplatz an mehr als nur einer Oberstufe, wurde seitens der Bildungsbehörde nicht entsprochen. Bemerkenswert dabei ist aber die geeinte Position aller allgemeinbildenden Schulen im Bremer Westen, und zwar deshalb, weil es in der Vergangenheit durchaus gegensätzliche Interessen der Schulen gab, so z.B. den wiederholt formulierten Wunsch einer eigenen Oberstufe der Neuen Oberschule Gröpelingen. In der gemeinsamen Position zeigte sich aber, dass es im Westen im Grundsatz eine solidarische Haltung gibt, gemeinsam ein gutes und breites Bildungsangebot für die Schülerschaft im Westen anbieten zu wollen.

In Zeiten des Lehrermangels müssen Schulen sich als Arbeitsplatz attraktiv zeigen können. Für viele Lehrer/-innen spielt dabei auch die Möglichkeit eine Rolle, in einer Oberstufe unterrichten zu können; und Oberschulen ohne eigene Oberstufe haben es schwer, Lehrpersonal zu finden. Umgekehrt haben Oberstufen ohne den „Unterbau" einer eigenen Sek. I es schwerer, Schüler/-innen zu gewinnen. Ein großes Plus ist hierbei nach wie vor der Kooperationsverbund des Bremer Westens, der eine curriculare Durchgängigkeit in der Sek. I und der Sek. II gewährleistet. Darüber hinaus ermöglicht der Verbund einen unkomplizierten, schul- und stufenübergreifenden Lehrereinsatz, eine gute Referendarausbildung und einen regelmäßigen Austausch über die erfolgten Übergänge der Schüler/-innen.

Wesentlich für ein attraktives, breites Angebot ist aber auch die enge Kooperation mit der Oberstufe des Schulzentrums Walle, das häufig kurz als „Lange Reihe" bezeichnet wird. Gemeinsam konnte das Fächerangebot fortgeführt werden, das in dieser Breite in Bremen seinesgleichen sucht, und zwar sowohl im Leistungskursbereich mit aktuell insgesamt 13 verschiedenen Leistungskursen als auch im Grundkursbereich, wo nach wie vor fünf Fremdsprachen innerhalb des Stundenrasters am Vormittag angeboten werden. Das ist bei der bestehenden Verordnung für die gymnasiale Oberstufe nicht einfach und nur aufgrund der Größe der beiden Systeme möglich. Die Aufgabe für das kommende Jahrzehnt wird es sein, diese Vielfalt zu erhalten und weiter auszugestalten.

FRIEDRICH WILHELM HOHLS
Das Schulzentrum am Rübekamp

1. Der Zusammenschluss der Gymnasialen Oberstufe am Rübekamp mit den Beruflichen Schulen für das Nahrungsgewerbe in der Elsflether Straße[1].

Meine persönlichen Voraussetzungen und Einstellungen beim Amtsantritt in den Bremer Schuldienst zum 1. Feb. 1980

Eigentlich war es ganz unwahrscheinlich, dass aus mir jemals ein Studienrat Sek II werden würde. 1950 geboren wuchs ich als zweites von vier Kindern in einer kleinen Landschlachterei in Düshorn bei Walsrode auf. Mit knapp sechs Jahren wurde ich 1956 in die Mittelpunktschule Düshorn (Grundschule mit angeschlossener Hauptschule) eingeschult. Die Klasse umfasste ca. 40 Schüler(Innen) zusammengesetzt jeweils zur Hälfte aus Flüchtlingskindern aus den ehemaligen Ostgebieten Deutschlands und den Kindern der ursprünglichen Dorfbewohner. Unter uns Kindern entstanden sehr schnell Freundschaften. Diese erste Integrationserfahrung hat mich sehr geprägt.

Nach der vierten Klasse schickten meine Eltern mich trotz gymnasialer Empfehlung auf die Realschule. So wollten sie die spätere Übernahme des elterlichen Geschäfts sicherstellen. Das Abitur hätte dieses Ziel gefährden können. Gegen meinen Willen, aber wie geplant, trat ich 1966 in die Lehre ein und beendete diese im Sommer 1969.

Mit Beginn des Sommersemesters 1969 wurde in Berlin der Fachhochschulbildungsgang „Lebensmitteltechnologie" neu eröffnet. Ich bewarb mich und bekam einen Studienplatz zum Wintersemester 1969. Es war das letzte Jahr, dass man ohne einen FOS-Abschluss (= Fachoberschule) das Studium an einer Fachhochschule aufnehmen konnte. Glück gehabt!

Nach erfolgreichem Abschluss der Fachhochschule wechselte ich im Herbst 1972 an die Technische Universität Berlin, um das Lehramtsstudium in den Fächern Lebensmittelchemie und Betriebswirtschaftslehre aufzunehmen.

In Berlin wurden Berufsschullehrer in die jeweiligen Fachstudiengänge der Universität eingegliedert. Erstaunlicherweise fiel das fachbezogene Universitätsstudium für das Lehramt am beruflichen Schulen den über den zweiten Bildungsweg gekommenen Studenten leichter als den Abiturienten mit Berufspraktikum. Sie brachten über die vorgeschaltete Lehre und über das schon absolvierte Fachhochschulstudium erheblich bessere fachpraktische, fachwissenschaftliche, arbeitsorganisatorische und planerische Kenntnisse aus der realen Arbeitswelt mit.

Großen Einfluss auf uns Studenten in Berlin hatte Carl-Heinz Evers, der ehemalige Schulsenator von Berlin (1963-1970) und damalige Honorarprofessor an der TU-Berlin und langjährige Vorsitzende der Gemeinnützigen Gesellschaft Gesamtschule. Er galt unter uns als glaubwürdig und integer, weil er zuvor sein Amt als Schulsenator wegen diverser Kürzungen im Berliner Schulhaushalt niedergelegt hatte, und weil er weiterhin die Gesamtschule verteidigte und vor allem weil er uns aufforderte, darüber nachzudenken, welche Lösungsansätze es geben könnte, wenn man die Oberstufe als ein integriertes System aus der Sekundarstufe II (GyO-Oberstufe) und dem bisherigen Berufsbildungssystem denken würde.

Die damals parallel laufenden bildungspolitischen und gewerkschaftlichen Diskussionen lieferten den Hintergrund der Pädagogikseminare an der TU-Berlin und haben meine damaligen Vorstellungen (1972 -1975) von „integrierter Bildung" natürlich maßgeblich beeinflusst:

1) Die Reformdiskussion zur Sekundarstufe II setzte verstärkt mit dem Strukturplan 1970 des Bildungsrates ein und wurde mit dem 1973 in der Endfassung verabschiedeten Bildungsgesamtplan der Bund-Länder-Kommission fortgesetzt.

2) 1972 stellte (laut Bildungsgesamtplan, Stand 1972) das sogenannte „duale" Berufsausbildungssystem den Schwerpunkt der Ausbildung in der Sekundarstufe II dar, denn es bildete knapp über 60 % der Jugendlichen im Sek II-Bereich aus, während nur ca. 15 % eines Altersjahrgangs die Sekundarstufe II die gymnasiale Oberstufe besuchten. Eine neu von den Gewerkschaften (hier insbesondere der IG Metall) und den SPD-Bildungspolitikern entwickelte politische Zielvorgabe wollte damals eine völlig andere Sekundarstufe II für alle Schüler: Diese neue Sekundarstufe II-Schule sollte zukünftig sämtliche Ausbildungsbereiche und Ausbildungsgänge der 16- bis 19-jährigen Jugendlichen umfassen. Sowohl die gymnasiale Oberstufe als auch das „duale" Berufsausbildungssystem einschließlich seiner außerschulischen Lernorte (innerbetrieblicher Arbeitsplatz, einzel- und überbetriebliche Ausbildungsstätten der Wirtschaft) und die Berufsfach- und Fachschulen sollten inhaltlich und organisatorisch integriert in einer Schule vereint werden.

3) Einen wesentlichen theoretischen Input für die Gleichwertigkeit der allgemeinen und beruflichen Bildung lieferte damals Herwig Blankertz, der das Integrationskonzept des Modellversuchs Kollegstufe in Nordrhein-Westfalen maßgeblich beeinflusste. *Unabhängig davon, ob es sich um allgemeinbildende Lerninhalte oder spezielle (z.B. berufsbezogene) Inhalte handle, beides sei im Wesentlichen definiert durch zwei Momente: durch die Wissenschaftsorientiertheit allen Lernens und durch das Prinzip der Kritik. Das erste Moment sei bedingt durch die Lebenssituation in einer nunmehr radikal verwissenschaftlichen Zivilisation. Dies ermögliche nicht nur, sondern mache das wissenschaftsorientierte Lernen „im Medium des Berufs" notwendig. Mit dieser Art des Lernens korrespondiert wiederum das Prinzip der Kritik als Ausdruck der Mündigkeit des Menschen in einem demokratisch verfassten Gemeinwesen.* (Blankertz, 1972)

4) Mit der Veröffentlichung der Empfehlung zur Neukonzeption der Sekundarstufe II des Bildungsrates im Frühjahr 1974 erreichte die Debatte ihren Höhepunkt. Darin wurde das Konzept zur „Verbindung von allgemeinem und beruflichem Lernen" präsentiert. Neben dem dynamischen Bildungsbegriff und der damit verbundenen Forderung nach Chancengleichheit und Durchlässigkeit gehörte der Slogan „Bildung im Medium des Berufs" mit dem Anspruch auf Gleichwertigkeit von beruflicher und allgemeiner Bildung zu den weitreichendsten Reformzielen.

5) Die notwendige Berufsbildungsreform wurde als zentraler Teil einer Gesamtbildungsreform betrachtet. Sie sollte Teil einer langfristigen Reformstrategie zur Verwirklichung einer alle Bildungsgänge umfassenden Oberstufenkonzeption sein. Auch der DGB hatte allgemeine Zielvorstellungen zur Reform der Sekundarstufe II in den „Bildungspolitischen Vorstellungen" und in den „111 Forderungen des DGB zur beruflichen Bildung" formuliert und die GEW hat diese in ihrem „Planspiel zur Integrierten Sekundarstufe II" konkretisiert.

Zusammenfassend lässt sich sagen, dass die Empfehlungen der Bildungskommission des Deutschen Bildungsrates für das Bildungswesen in den Jahren von 1970 bis 1974 einen herausragenden Stellenwert hatten: Es handelte sich nämlich um den ersten Versuch, das Bildungswesen als Ganzes (Allgemeinbildung und Berufsbildung) in den Blick zu nehmen.

Als ich 1976 das Studium an der Technischen Universität Berlin mit der ersten Staatsprüfung für das Amt des Studienrats abschloss und Anfang 1976 am Institut für Lebensmittelchemie der TU Berlin eine Tätigkeit als wissenschaftlicher Mitarbeiter aufnahm, war ich – einfach aufgrund meines eigenen Werdegangs vom Fleischerlehrling zum wissenschaftlichen Mitarbeiter einer Universität – felsenfest davon überzeugt, dass die Integration von beruflicher und allgemeiner Bildung ein schulisches Erfolgsmodell sei und dass sich dadurch die Bildungsbeteiligung bildungsferner Schichten deutlich erhöhen würde.

2. Ausgangslage der früheren BS Nahrungsgewerbe in Walle

Im Februar 1979 begann ich meine Lehrerlaufbahn im Bremischen Schuldienst als Referendar an den „Beruflichen Schulen für das Nahrungsgewerbe" in der Elsflether Straße in Walle.

Von einer Reformstrategie zur Verwirklichung einer alle Bildungsgänge umfassenden Oberstufenkonzeption unter Einschluss der gymnasialen Oberstufe war an den Beruflichen Schulen des Nahrungsgewerbes zu diesem Zeitpunkt weder etwas zu hören noch zu spüren. Niemand beschäftigte sich mit derartigen Gedanken. Nach spätestens zwei Wochen wusste ich auch warum: Die äußeren Rahmenbedingungen an dieser Schule hätten eine solche Debatte als absurdes Theater erscheinen lassen; die schockierenden räumlichen und unterrichtlichen Rahmenbedingungen erzwangen pragmatisches Handeln und ließen keinen Raum für pädagogische Höhenflüge. Krisenmanagement war der normale Arbeitsmodus.

Der Hauptstandort war das Schulgebäude an der Elsflether Straße. Hier hatten wir zwar ein gemeinsames Lehrerzimmer für alle KollegInnen. Dort passten aber nur ca. 50 % des Gesamtkollegiums hinein. Zusätzlich gab es vier weitere Zweigstellen an anderen Schulen. Dort waren wir als KollegInnen mit unseren Schülerinnen und Schülern mehr oder weniger „geduldete Gäste", was zur Folge hatte, dass wir nicht gerade die Premium-Räume unserer Gastschulen für unseren Unterricht zur Verfügung hatten. Etwa 15 % unserer SchülerInnen wurden an der Ellmerstraße in der Berufsschule für den Groß- und Außenhandel unterrichtet. Hier waren die Bäckerei- und Fleischereiverkäuferinnen und einige Gastronomieklassen untergebracht. Im Schulgebäude an der Ritter-Raschen-Straße (ca. 15 %) waren es Teile der berufsvorbereitenden Bildungsgänge und ein Jahrgang des Ausbildungsberufes der Restaurantfachkräfte. Am Waller Ring (ca. 15 %) waren einige Köche-Klassen und einige berufsvorbereitende Klassen einquartiert. Ca. 5 % wurden in eigentlich schon stillgelegten Räumen des Technischen Bildungszentrums (TBZ) an der Straße „An der Weserbahn" unterrichtet. Die Belastungen für die Lehrerinnen, Lehrer und Lehrmeister waren enorm: Das permanente Pendeln der Kolleginnen und Kollegen zwischen 5 Standorten hatte zur Folge, dass pädagogische Debatten und organisatorische und planerische Absprachen zwischen den Kollegen und Kolleginnen im alltäglichen Umgang nur sehr begrenzt möglich waren.

Wegen des lange geplanten und deshalb irgendwann zu erwartenden Neubaus eines Schulzentrums des Sek II-Bereichs mit der Berufsschule für das Nahrungsgewerbe als BS-Anteil, wurden keine Reparaturen und Modernisierungen am Standort Elsflether Straße durchgeführt. Das hatte üble Folgen: Die Hygieneverhältnisse in den viel zu kleinen Werkstätten (Küche, Fleischerei, Bäckerei) waren unzumutbar und die Arbeitsbedingungen für Schüler, Lehrer und Lehrmeister katastrophal. Die Klassenräume waren mit uralten Möbeln bestückt, modernere Lehr- und Unterrichtsmaterialien standen kaum zur Verfügung.

Ein Neubau für die Beruflichen Schulen für das Nahrungsgewerbe war also dringend geboten.

3. Planung für Schwachhausen/ Horn, bürgerlicher Widerstand

Die im vorherigen Abschnitt dargestellten räumlichen, organisatorischen und pädagogischen Probleme der Berufsschule für das Nahrungsgewerbe waren für uns Lehrerinnen und Lehrer nur auszuhalten, weil wir wussten, dass wir in absehbarer Zeit eine neue Bleibe für unsere Bildungsgänge in Horn finden würden. Dort allerdings gab es gegen diese Umsiedlung der Beruflichen Schulen für das Nahrungsgewerbe erheblichen „bürgerlichen" Widerstand. Schwachhauser und Horner Gymnasialschüler zusammen mit „Schlachtern" an einer Schule? Viel zu gefährlich und sozial auch unverträglich! Es gab mehrere große Demonstrationen und offensichtlich massive Einflussnahme auf die Entscheidungen der Bildungsbehörde. Dieser erhebliche Widerstand blieb nicht ohne Folgen: Die Behörde änderte ihre Entscheidung – ohne eine Lösung für die Beruflichen Schulen für das Nahrungsgewerbe vorzulegen – und entschied, dass am Standort Vorkampsweg auf die Einrichtung eines Schulzentrums des Sekundarbereichs II (GyO + BS) gänzlich verzichtet wird, und dass es bei einem selbständigen Gymnasium in Horn bleibt. In die freien Räume/Gebäudeteile an diesem Standort wurde dann die „Berufliche Schule für den Einzelhandel" als eigenständige Schule angesiedelt.

Das war ein klarer Verstoß und ein unglaublicher Vorgang und gegen die selbstgesteckten Ziele der Bremer Bildungspolitik. Der Bremer Schulentwicklungsplan (SfB, 1971) und die ergänzenden Materialien zum Schulentwicklungsplan (SfBW, 1972), sowie die Informationen zur Sekundarstufe II (SfBW, 1972) wurden einfach missachtet. Hier wurde das Prinzip, durchgängig an allen Standorten Schulzentren des Sek II-Bereichs zu implementieren, erstmalig durchbrochen.

4. Umplanung/Neuzuordnung: Bremer Westen – SZ Rübekamp

Den Beruflichen Schulen für das Nahrungsgewerbe stand damit weiterhin das Wasser bis zum Hals. Wir waren empört und frustriert, dass wir weiterhin unter unmöglichen Bedingungen arbeiten sollten. Aber eines war für alle Mitarbeiter der Schule damals klar: Wir würden unseren Schulleiter bei allen Versuchen unsere schulische Situation zu verbessern bedingungslos unterstützen.

Als bildungspolitisches SPD-Urgestein kannte sich unser Schulleiter mit den Finessen und Machtstrukturen in der Behörde und in der SPD ziemlich gut aus und wusste, welche Strippen er ziehen musste und wen er für sich gewinnen konnte. Unsere Schule war geopfert worden für einen – wie uns damals erschien – wirklich reaktionären Deal der natürlich überwiegend in Schwachhausen wohnenden SPD-Nomenklatura mit der „bürgerlichen Mitte" in Schwachhausen, die beide nicht mit Nahrungsgewerblern belästigt werden wollten. Die zuständigen SPD-Politiker hatten zumindest ein schlechtes Gewissen. Dies nutzte unser Schulleiter: Zunächst einmal sorgte er dafür, dass die extrem schlechte Situation der Beruflichen Schulen für das Nahrungsgewerbe mehrfach in der Presse thematisiert wurde. Besonders die unhaltbaren hygienischen Verhältnisse (Mäuse und Ratten im Gebäu-

o: Geräte in der Fleischerei-Werkstatt

m: Im Fleischerei- Lehrladen

u: Labor Lebensmittelchemie

de, Schließungsandrohung für die schulischen Werkstätten) und die Zersplitterung der Schule auf fünf Standorte standen dabei im Mittelpunkt. Zum Weihnachtsessen 1981 lud er Christine Koschnick, die Frau des Bremer Bürgermeisters, zum traditionellen Weihnachtsessen der Schule ein. Vor dem Essen besichtigte Frau Koschnick die im Keller liegenden Werkstätten und bekam so einen guten Einblick in die prekäre Lage der Schule. Frau Koschnick stammte aus einer Bäckerei/Konditorei und konnte die katastrophalen Hygieneverhältnisse sofort richtig einschätzen. In einer kurzen Ansprache während des Weihnachtsessens versprach sie uns, sich für die Belange der Beruflichen Schulen für das Nahrungsgewerbe und damit auch für die Belange der Ausbildungsbetriebe und der Auszubildenden einzusetzen. Offensichtlich ließ sich der „Gröpelinger Jung" Hans Koschnick von seiner Frau in unserem Sinne beeinflussen. So kam es, dass der bereits weit fortgeschrittene zweite Bauabschnitt am Standort „Am Rübekamp" für die Beruflichen Schulen für das Nahrungsgewerbe umgewidmet wurde. Leidtragende waren einerseits die gymnasialen Kolleginnen und Kollegen am Standort Rübekamp und die Kolleginnen und Kollegen der beruflichen Schulen für Gestaltung, die von einer gemeinsamen Zukunft am Standort Rübekamp ausgegangen waren.

Ab Ostern 1982 wurden die zuständigen Vertreter der Beruflichen Schulen für das Nahrungsgewerbe in die veränderte Bauplanung und Umsetzung einbezogen. Vor dem Hintergrund des für die gymnasiale Abteilung überraschend und ungewollt geschehenen „Partnertauschs" von der Beruflichen Schule für Gestaltung hin zur den Beruflichen Schulen für das Nahrungsgewerbe waren die ersten Kontakte zwischen der „neuen" Berufsschule und den Vertretern der gymnasialen Oberstufe durchaus freundlich, informativ, zielführend und lösungsorientiert. Es war nun wie es war und die Arbeit wurde professionell und konstruktiv aufgenommen.

Nach meinen Notizen hatten wir vom Sept. 1982 bis zum Umzugstermin im Sommer 1983 insgesamt 21 Besprechungstermine mit Behörden- oder Baufirmenmitarbeitern, um in die nicht mehr zu verändernde Bausubstanz die erforderlichen Werkstätten, Labore, Verkaufsräume und natürlich Klassenräume für die BS einzuplanen und diese sinnvoll auszustatten. Es war anstrengend aber großartig. Die Aussicht, in einem so außerordentlich schönen und großzügigen Gebäude zukünftig unterrichten und gestalten zu können, machte diese zusätzliche Arbeit für alle Beteiligten zu einem Vergnügen.

5. Integrationsauftrag für Bremer Schulen – Auswirkungen für das SZ Rübekamp

Auch Bremen machte sich seit Anfang der siebziger Jahre auf den Weg: Das Land legte erstmals im Mai 1971 einen Schulentwicklungsplan (SEPL) sozusagen als Willenserklärung der damals bildungspolitisch Verantwortlichen vor. Danach sollte Chancengleichheit hergestellt und die Schule demokratisiert werden und eine neue Struktur erhalten. Dies sollte über die „Horizontalisierung" des Schulwesens durchgesetzt werden. Vorgesehen war die Hauptschule, die Realschule und die Unter- und Mittelstufe des Gymnasiums in der Sekundarstufe I räumlich und organisatorisch zusammenzuführen. Die Oberstufen der Gymnasien sollten mit den Berufsbildungsgängen zu einer „differenzierten Einheit" in der Sekundarstufe II verbunden werden.

Die konkrete Ausgestaltung und der Umfang der Integration wurden offengelassen (SfB, 1971). Im August 1972 erschienen dazu die „ergänzenden Materialien zum Schulentwicklungsplan" (SfBW, 1972). Darin wurde festgelegt, dass die Stadt Bremen mit einem Netz von 15 Sekundarstufen-II-Zentren überzogen werden sollte. Vorgesehen war, dass jedem Schulzentrum eine gymnasiale Oberstufe und eine branchenspezifische Berufsschule mit ihren Bildungsgängen angehören sollten. Neben den nur studienbezogenen (= GyO) und nur berufsbezogenen Bildungsgängen sollten die Zentren zusätzlich auch studien- und berufsbezogene Bildungsgänge anbieten. Damit waren zunächst die Fachoberschulen gemeint. Als „nahes" Fernziel war die „institutionelle und curriculare Integration" angegeben (SfBWK, 1972). Dieses Ziel sollte über fünf Zwischenstufen erreicht werden:

Die eingefügte Tabelle macht deutlich, dass bereits beginnend 1972 auch in Bremen ein kühlerer und rationalerer Blick auf die denkbaren Möglichkeiten der institutionellen und curricularen Integration von allgemein- und berufsbildenden Schulen existierte. Dies war auch sehr begründet der Fall: Die vollständige Integration von Allgemein- und Berufsbildung, obwohl deklamatorisch in vielen politischen Stellungnahmen – vor allem von Sozialdemokraten und Gewerkschaften – beschworen, konnte nicht durchgesetzt werden, weil die institutionelle Segmentierung von Allgemein- und Berufsbildung letztlich darauf beruht, dass jeder Bildungsbereich einer anderen institutionellen Ordnung folgt und einer anderen Steuerung unterliegt.

Bildungsforscher an den Universitäten, Bildungspolitiker in SPD orientierten Ländern, die GEW in ihrer Gesamtheit und auch die Lehrerausbildungsstätten und letztendlich wir „fortschrittlichen" Lehrer an Schulzentren haben das – zumindest in den 20 Jahren von 1980 bis 2000 – einfach nicht verstanden und deshalb lange Zeit unberücksichtigt gelassen. Stattdessen haben wir uns gegenseitig hin und wieder verdächtigt im Bremserhäuschen zu sitzen und verstärkte Integration nicht „zu wollen" und „nicht anzustreben". Die realistischen Wege zur höheren Bildungsbeteiligung, die wir am Schulzentrum am Rübekamp in beiden Abteilungen außerordentlich erfolgreich beschritten haben, wurden deshalb gegenseitig vielleicht nicht immer ausreichend als solche erkannt und gewürdigt. Martin Baethge bringt das, was ich meine, auf den Punkt: Die untenstehende Übersicht veranschaulicht, wie die beiden großen Sektoren des deutschen Bildungswesens unterhalb der Hochschulebene unterschiedlichen, institutionellen Ordnungen folgen. (Siehe Tabelle 2 folgende Seite)

Die dominante Zielperspektive des allgemeinbildenden Schulwesens folgt der Vorstellung einer „gebildeten Persönlichkeit". Die Grundlage dazu ist ein Kanon repräsentativen Wissens – gleichsam ein „Weltcurriculum" des Wissens. Dabei spielt in den letzten Jahrzehnten die Wissenschaftsorientierung eine zunehmende Bedeutung – zumindest für die Sekundarstufe II.

Übersicht 1: Bremer Schulentwicklungsplan von 1972

	Geplante Entwicklungsschritte zur Integration der GyO mit der Berufsschule	Umsetzung am Rübekamp
Schritt	Dort wo es vom Gebäudebestand her möglich wäre, sollten Berufsschule und Gymnasium räumlich zusammengeführt werden.	erfolgt
Schritt	Es sollten Neubauten errichtet werden, die von Anfang an bereits so angelegt werden sollten, dass beide Bildungseinrichtungen dort untergebracht werden könnten.	erfolgt
Schritt	Im dritten Schritt sollten an den so entstandenen Sek-II-Zentren Lehrer und Schüler beider Bildungseinrichtungen zunehmend kooperieren. Genannt wurden: gemeinsame Nutzung der Einrichtung, gemeinsamer Unterricht, Entwicklung gemeinsamer Lernziele usw.	Erfolgt Punktuell erfolgt durch gemeinsamen Unterricht GyO + BGy Begrenzt GyO + BGy
Schritt	Nun sollten „strukturelle Maßnahmen" getroffen werden, die die Kooperation vorantreiben: Einrichtung von zusätzlichen, studien- und berufsqualifizierenden Bildungsgängen.	In vielfacher Weise umgesetzt: siehe Text in diesem Abschnitt
Schritt	Die Verwirklichung der vollständigen Integration sollte dann als fünfter und letzter Schritt folgen.	Das Paradies ist aber nie ausgebrochen und wurde auch von keiner Seite (GyO oder BS) am Rübekamp und auch andernorts überhaupt angestrebt. Alles andere sind Mythen.

Demgegenüber steht im Zentrum der Berufsbildung die Vermittlung von beruflicher Handlungskompetenz in unmittelbarer Verbindung mit Arbeitsprozessen, d.h. die Fähigkeit, berufliche Rollen wahrnehmen, sich in (betrieblichen) Organisationen erfolgreich orientieren und verhalten, auf Arbeitsmärkten bewegen sowie die Bedeutung technologischen und ökonomischen Wandels für die eigene Berufsbiographie erkennen und nutzen zu können. (Martin Baethge, 2006). Sicherlich spielen auch hier die für die Allgemeinbildung genannten

Übersicht 2: Institutionelle Segmentation Allgemeinbildung/Berufsbildung (Martin Baethge, 2006)

Merkmale institutioneller Ordnungen im Bildungswesen	Höhere Allgemeinbildung	Berufsbildung
Dominante Zielperspektive	Gebildete Persönlichkeit / individuelle Regulationsfähigkeit (Autonomie)	Berufliche Handlungskompetenz
Bezug für Lernzieldefinition und Curricula	Kanon repräsentativen systematisierten Wissens / Wissenschaftsorientierung	Arbeitsmarkt und Beschäftigungsstruktur, wirtschaftlicher Bedarf an Qualifikationen
Politische Steuerung, Aufsicht, Qualitätskontrolle	Staatlich (demokratische Kontrolle) durch die Bundesländer	Korporatistische Selbstverwaltung der Wirtschaft (Verbände, Kammern, Gewerkschaften) auf Basis bundesstaatlicher Regulierung
Finanzierung	Öffentlich (Länder, Kommunen)	BS-Schulen und Lehrer öffentlich Auszubildende über Betriebe
Status der Lernenden	Schüler	Auszubildende im Arbeitsverhältnis
Instruktionsprinzip / Organisation der Lernprozesse	Praxisenthoben (-fern) in eigenen Organisationen	Praxisintegriert (Verbindung Arbeit und Lernen)
Personal	Professionalisiert, öffentlicher Dienst	Berufsschulanteil: Professionalisiert, öffentlicher Dienst Betriebsanteil: Ausbilder semiprofessionell, private Arbeitsverträge

Kompetenzen hinein, aber mehr als Voraussetzung und mitlaufende Aspekte, denn als eigenständige Instruktionsgegenstände.

Alle Lern- und Ausbildungsprozesse sind einer übergeordneten Systemsteuerung und -kontrolle unterworfen. Aber hier gibt es gravierende Unterschiede zwischen der Allgemeinbildung und der beruflichen Bildung:

Das allgemeinbildende Schulwesen unterliegt einer staatlichen Steuerung durch die Bundesländer (jetzt zunehmend auch durch den Bund, da es zu „Mischfinanzierungen" in erheblichem Umfang gekommen ist), deren Bildungsadministrationen einer parlamentarischen Kontrolle unterliegen.

Ganz anders sieht es in der betrieblich dominierten Berufsbildung aus: Sie wird korporatistisch durch die großen Interessenvertretungen der Arbeitgeber und Arbeitnehmer unter begrenzter Beteiligung der Bundesregierung gesteuert.
- Diese entwickeln die Ausbildungsordnungen für alle Berufe über das Bundesinstitut für Berufsbildung. Gewerkschaften und Arbeitgeberorganisationen sitzen im Verwaltungsrat des Berufsbildungsinstituts und steuern den Prozess.
- Die Kontrolle der betrieblichen Ausbildung erfolgt über die Kammern als Selbstverwaltungsorganisation der Wirtschaft. In den Berufsbildungsausschüssen sitzen Arbeitgeber und Gewerkschaften paritätisch; Berufsschulleiter können – ohne Stimmrecht – beratend teilnehmen.
- Für die Entwicklung der Berufsbildungscurricula ist das Bundeswirtschaftsministerium zuständig.

Lediglich die berufsvorbereitenden Bildungsgänge und die Fachoberschule sind „vollstaatlich" entwickelt und organisiert und unterstehen damit der Bildungsadministration der jeweiligen Bundesländer.

Daraus folgt: Die rechtliche Einbindung und das hohe Gewicht der beiden großen Arbeitsmarkparteien in die Entscheidungs- und Steuerungsprozesse in der Berufsbildung hat dazu geführt, dass die Berufsbildung auf diesen Ebenen in erster Linie als Teil der Arbeitsmarkpolitik und nicht als Bildungspolitik gesehen und gestaltet wird (Blankertz, 1972).

Gemeinsam haben deshalb Arbeitgeber und Gewerkschaften in den 1970-Jahren die bildungspolitisch geforderten Strukturveränderungen zur flächendeckenden Integration der beruflichen und allgemeinen Bildung im Rahmen der Schulzentren des Sek II-Bereichs als Angriff auf ihre inhaltliche und organisatorische Zuständigkeit für die Berufliche Bildung verstanden und – zumindest verdeckt – verhindert. Das Fernziel der „vollständigen institutionellen und curricularen Integration" wie es in den sozialdemokratisch regierten Bundesländern unisono ausgerufen wurde (SfBWK, 1972), bedeutete Steuerungs-, Entwicklungs- und Gestaltungsverlust für beide Akteure. Die mächtigsten Spieler auf dem Feld waren sich absolut einig, das kann man in vielen Stellungnahmen nachlesen.

Dazu kamen die Interessenkonstellationen im Bereich der „höheren Bildung" in der Bundesrepublik der Jahre 1970-1985: Weder die für die höhere Bildung verantwortlichen Kultusadministrationen der meisten Bundesländer noch die bürgerlichen Mittelschichten, die die Hauptnutzergruppen der höheren Bildung abgaben – und bis heute abgeben – hatten irgendeine Affinität zum beruflichen Bildungssystem. Dies galt übrigens auch für die meisten Kolleginnen und Kollegen der gymnasialen Oberstufe, zum Zeitpunkt des Einzugs der Beruflichen Schulen für das Nahrungsgewerbe in das Gebäude am Rübekamp.

Im Ergebnis sind die Schulzentren des Sek II-Bereichs in Bremen und anderswo – was die Bildungsgänge angeht – letztendlich überwiegend additive und keine integrierten Systeme. Als die Beruflichen Schulen für das Nahrungsgewerbe nach den Sommerferien 1983 im Gebäude am Rübekamp eintrafen, war dies ebenfalls schon politische Leitlinie. Klaus Hellmerichs macht dies in seinem Beitrag ebenfalls deutlich: Der damalige Bildungssenator Horst von Hassel mahnte damals schon eine Bildungspolitik der kleinen Schritte an und meinte damit die Einführung eines Leistungsfaches „Ernährungslehre" und einen abteilungsübergreifenden Lehrereinsatz sowie ggf. die Einrichtung von gemeinsamen Arbeitsgemeinschaften. Bürgermeister Koschnik sprach ganz praktisch von verbesserten Arbeitsbedingungen der beruflichen Bildungsgänge im neuen Schulgebäude.

Nach diesen letzten Einlassungen mag es deshalb überraschend klingen, wenn ich auf den folgenden Seiten beschreibe, warum ich trotzdem das Schulzentrum am Rübekamp in allen Teilen für eine absolute Erfolgsgeschichte halte.

6. Meine Sicht auf die Arbeit der GyO

Hier muss ich meine Wahrnehmungen in zwei Zeitabschnitte unterteilen: Von 1983 bis 2001 hatte ich

als Bereichsleiter auf vier Ebenen direkte Berührung mit der gymnasialen Abteilung der Schule und ab 2001 bis 2013 hatte ich als Schulleiter die Gesamtverantwortung für die Schule.

Zeitabschnitt 1983 – 2001
a) Regelmäßige Treffen der GEW-organisierten Kolleginnen und Kollegen vor und nach dem Umzug der Beruflichen Schulen für das Nahrungsgewerbe in das Gebäude am Rübekamp
Wir trafen uns im Wall-Café oder bei Gerken. Zunächst herrschte eine gewisse Fremd- und Reserviertheit und zwar auf beiden Seiten. Einerseits gab es das Schockerlebnis des „Partnertausches" von der Berufsschule für Gestaltung hin zur Berufsschule für das Nahrungsgewerbe auf Seiten der Gymnasialkollegen(innen) aufzuarbeiten und andererseits erläuterten die „Berufler" ihre grauenhafte Lage mit fünf Schulstandorten. Die lockere Atmosphäre in den gewählten Treffpunkten und möglicherweise auch ein gewisser Alkoholkonsum erleichterten den Kontakt und die Runde wurde offener und entspannter. Ich erinnere mich an lange und ausufernde Diskussionen und Debatten bis tief in die Nacht. Wir haben auch zweimal Kolleginnen und Kollegen anderer Schulzentren eingeladen, um deren Erfahrungen in Bezug auf das „Zusammenwachsen" der unterschiedlichen Schulkulturen zu hören.

Und wie das so ist: Wer miteinander spricht (und nicht übereinander) lernt voneinander, ver-

Restaurantfachkräfte

Weihnachtsessen in einem der Restaurants der Schule

Die Jury begutachtet die Wettbewerbsplatten

und persönlicher Sozialisation – über erste gemeinsame Entwicklungslinien und Chancen nach.

b) Die Arbeit in der erweiterten Schulleitung/ die Arbeit der GyO-Abteilung von 1983 – 2001
Als Mitglied der erweiterten Schulleitung habe ich die persönlichen Arbeitsweisen, inhaltlichen Positionen und schulischen Entwicklungsstränge und die Diskussionen und Auseinandersetzungen der GyO mit der Behörde und den anderen Schulen des Stadtteils über den damaligen Leiter und dem Oberstufenkoordinator der GyO mitbekommen.

Schwierig für eine konstruktive Zusammenarbeit und Weiterentwicklung der gesamten Schule war in den ersten Jahren das persönlich sehr angespannte Verhältnis zwischen dem Schulleiter und seinem Stellvertreter und Leiter der GyO. Dieses angespannte Verhältnis übertrug sich teilweise auch auf beide Teile des Kollegiums.

Im Ergebnis entwickelte sich über die nächsten fast 20 Jahre ein zwar reservierter aber doch konstruktiver Arbeitsstil. Die den Beruflichen Schulen für das Nahrungsgewerbe und der Gymnasialen Abteilung jeweils getrennt zugewiesenen Haushaltsmittel wurden schulintern zunächst streng gegeneinander abgegrenzt. Gleiches galt für eingeworbene Sonderhaushaltsmittel. Der Berufsschule gelang es in diesen Jahren durch mehrere beantragte und genehmigte Modellversuche im Grunde über die gesamte Zeit von 1983 bis 2001 erhebliche zusätzliche Geldmittel über das in Berlin sitzende Bundesinstitut für Berufsbildung einzuwerben. Vergleichbare Projekte konnte die GyO nicht generieren, denn es gab überhaupt nicht die Möglichkeit, derartige fremdfinanzierte Projekte für die allgemeinbildenden Bildungsgänge ebenfalls einzuwerben. Es existierten solche Quellen einfach nicht. Diese Disparität hatte keine friedensstiftende Wirkung und war einer der Gründe für die relativ kühlen und distanzierten Umgangsformen der obersten Leitungsebene. Anderseits ermöglichte diese strikte Trennung der Zuständigkeiten es beiden Abteilungen (BS- und GyO), sich jeweils eigenständig und ohne Einmischung der anderen Seite ziemlich großartig zu entwickeln (vgl. die Ausführungen von Klaus Hellmerichs). Nach meiner Erinnerung

steht unterschiedliche Beweggründe, Herangehensweisen, Ansätze und erkennt, dass für die Gymnasiale Oberstufe und die Berufsschulen jeweils unterschiedliche gesetzliche Vorschriften, Zuständigkeiten, Regeln und Zwänge existieren. Man sieht den guten Willen der jeweils anderen Seite und denkt – trotz unterschiedlicher Regularien

lockerten sich die Verhältnisse zwischen 1996 bis 2001 deutlich auf und die GyO bekam Zugriff auf Computerräume, wurde mit Overhead-Projektoren ausgestattet und bekam auch finanzielle Unterstützung aus dem BS-Bereich für die Raumausstattung und für Projekte.

c) Meine Wahrnehmung der Arbeit des GyO-Kollegiums von 1983 – 2001
Als interessierter Beobachter und gelegentlicher Zuhörer bei Konferenzen der GyO habe ich vor allem in den Jahren von 1983 bis 2001 interessante Eindrücke gewonnen. Leidenschaftlich wurde über die inhaltliche Ausrichtung der Abteilung, den Umgang unter KollegInnen, das übergreifende abteilungsbezogene und das unterrichtsfachbezogene pädagogische und erzieherische Konzept diskutiert, gestritten und gerungen. Besonders intensiv wurde diskutiert, welche Fächer und Profile an unserem Standort sinnvoll wären und wie sie zielführend eingeführt werden könnten und mit welchem pädagogischen Konzepten und Unterstützungsinstrumenten für Schülerinnen und Schüler der größtmögliche Erfolg erzielt werden könne. Innerhalb der Kurse und Profile wurde über Inhalte, Unterrichtsformen und Umsetzungsbedingungen gerungen und gefightet. Die dabei sichtbar werdende fachliche und pädagogische Kompetenz von wirklich sehr vielen Kolleginnen und Kollegen sowie die Leidenschaft für die Sache und für eine gute Lösung haben mich schwer beeindruckt und meinen Respekt und meine Achtung dem GyO-Kollegium gegenüber enorm gesteigert. Die manchmal bis an die Grenze zur Rechthaberei und zur ideologischen Sturheit und bis zur Ehrverletzung vorgetragenen Beiträge Einzelner gegen andere Debattenteilnehmer haben mich dagegen eher verstört.

Trotzdem: Die intensive Bereitschaft, die vorherrschende Arbeitspraxis stetig einer kritischen Analyse zu unterziehen und sie beständig weiterzuentwickeln, fand ich außerordentlich beeindruckend und nachahmenswert, zumal diese intensive Arbeitsweise und ausgeprägte Debattenkultur erfolgreich war: Die Akzeptanz der gymnasialen Oberstufe stieg von Jahr zu Jahr. Sie war eine Erfolgsgeschichte.

Tortenwettbewerb

Sudwerk im Labor Brauerei
Hopfen und Malz

d) Zusammenarbeit/Kooperation der unterschiedlichen Abteilungen von 1983-2001
Als Bereichsleiter im BS-Bereich und als Lehrer, der selbst in diversen Bildungsgängen der BS-Abteilung (Fachoberschule, Techniker-Ausbildung, Fachkraft für Lebensmitteltechnik) über Jahre eingesetzt war, habe ich viele der in den unterschiedlichen Bildungsgängen der Berufsschule eingesetzten Gym-

In einer der Lehrküchen

Auszubildende in der Fleischerei-Werkstatt

Feingebäck aus der Bäckerei der Schule

In der Bäckerei der Schule

nasialkollegen sehr gut kennen- und schätzen gelernt. Bildungsgänge wie die Fachoberschule, die Technikerschule, das Berufliche Gymnasium, die Fachkräfte für Lebensmitteltechnik, die Brauer und Mälzer usw. hätten wir nicht neu einrichten können, wenn wir nicht unterstützend die hervorragende fachliche Expertise von Mathematik-, Deutsch-, Politik-, Englisch- und Französischlehrer(Innen) der gymnasialen Abteilung für diese Bildungsgänge zur Verfügung gehabt hätten. Diese Kollegen(Innen) haben einen großen und bedeutenden Anteil an der Entwicklung der neueren beruflichen Bildungsgänge an unserem Schulzentrum. Und sie haben sehr gern in den beruflichen Bildungsgängen gearbeitet und haben es nicht als „Zwangsversetzung aus der GyO zur BS" wahrgenommen.

Die Integration der allgemeinen und beruflichen Bildung ist m.E. am Schulzentrum Rübekamp nicht gescheitert, sondern sie hat sich auf andere, sehr differenzierte Weise ausgeprägt und realisiert. Hier zeigt sich wieder einmal, dass die Realität auf Ideologien keine Rücksicht nimmt. Die Fixierung auf eine einzige, zentrale „revolutionäre" Umgestaltungsidee für die Erhöhung der Bildungsbeteiligung in den 70-Jahren des letzten Jahrhunderts war ein theoretisches Konstrukt und hat die Interessenlagen des konservativen Bildungsbürgertums, des gesamten Wirtschaftsbereiches (Arbeitgeber-/Arbeitnehmerorganisationen) und der Lehrerverbände in den konservativen Bundesländern ungenügend berücksichtigt. Und so hat sich die vollständige Zusammenführung allgemeiner und beruflicher Bildung evolutionär verwandelt in die Einführung vieler unterschiedlicher kleinerer (und auch unvollkommenerer) Bildungsangebote, die den Durchstieg der bisher von höherer Bildung ausgeschlossenen Jugendlichen im Berufsbildungssystem bis zur Universität ermöglichen.

In Bremen hat „unser" Schulzentrum im Ergebnis die Kooperation der BS und GyO am realistischsten vorantrieben und außerdem die meisten „strukturellen Maßnahmen" zur Einrichtung von zusätzlichen, studien- und berufsqualifizierenden Bildungsgängen vorgenommen. Im Übrigen: Genau dies und nicht mehr hatten die 1972 erstellten Materialien zum Schulentwicklungsplan (SfBW, 1972) von den Schulzentren erwartet.

Die Umsetzung dieser Ideen erforderte keine vollständige Integration der beruflichen Bildungsgänge mit der gymnasialen Oberstufe. Diese Idee war – wie im Abschnitt 5 dieses Beitrags bereits dargelegt – ohnehin eine Illusion. Stattdessen haben wir innerhalb der Berufsschule – aber mit Hilfe vieler GyO-Kollegen(Innen) – in den letzten 30 Jahren Bildungsgänge entwickelt und aufgebaut, die vornehmlich natürlich unseren Absolventen den Zugang zu leitenden Positionen in der Lebensmittelwirtschaft sowie verbesserte Verdienstmöglichkeiten und eine größere Arbeitsplatzsicherheit bescheren sollten und dies auch taten, die aber auch seit einigen Jahren den Zugang zu den Hochschulen beinhalten. Viele haben davon erfolgreich Gebrauch gemacht: Von 1983 bis 2018 haben insgesamt ca. 3500 Schüler(Innen) über die Fachoberschule, die Technikerschule und die durchgeführten Meisterkurse (Küchen-, Fleischer-und Bäckermeister) zusätzlich einen Hochschulzugang innerhalb der Berufsschulabteilungen am Schulzentrum Rübekamp erworben.

Derartige Zugänge zu Hochschulen werden von der der OECD nicht gewürdigt. Sie sagt, in Deutschland entscheidet die soziale Herkunft weiter maßgeblich über den schulischen Erfolg von Kindern oder Jugendlichen. Dieser Effekt sei stärker ausgeprägt als in vielen anderen Ländern. So steht es auch in der neuesten Studie der Organisation für wirtschaftliche Zusammenarbeit und Entwicklung aus dem Jahr 2018 (OECD, 2018). Dies ist so richtig, wie es auch falsch ist. Denn es stellt sich die Frage: Ist das der richtige Maßstab? Wichtig und richtig ist das m.E., was „hinten rauskommt":

Betrachtet man die relative Jugendarbeitslosigkeit und den Anteil der erwerbslosen Jugendlichen an der gleichaltrigen Bevölkerung innerhalb der 36-EU-Staaten, die zum Zeitpunkt der Messung weder an Bildung noch an Weiterbildung teilnahmen, sondern dem Arbeitsmarkt zur Verfügung standen, dann steht Deutschland am besten da: Seit vielen Jahren ist die Arbeitslosigkeit bei Jugendlichen in Deutschland am geringsten. Es zeigt sich bei allen Indikatoren ein klarer Vorsprung in der Arbeitsmarktintegration Jugendlicher in den Ländern mit dualen Systemen. Am besten gelingt dies Deutschland seit vielen Jahren (Berufsbildung, 2016).

Die Arbeit in der erweiterten Schulleitung und die Arbeit der GyO-Abteilung von 2001 bis 2013

Eberhard Dobers hat in seinem Beitrag überzeugend die wesentlichen Aufgaben, Arbeitszusammenhänge und Entwicklungslinien der gymnasialen Abteilung in dieser Zeit dargelegt. Ich konzentriere mich deshalb auf den Beginn meiner Tätigkeit als Schulleiter, dann auf übergreifende Aspekte und besondere Risikosituationen, die einen wesentlichen Einfluss auf die gymnasiale Abteilung des Schulzentrums am Rübekamp hatten oder hätten haben können.

Mit Wirkung zum 1. August wurde ich Gesamtleiter der Schule und Wolfgang Nerlich übernahm die Abteilungsleitung des Vollzeitbereiches der Beruflichen Schulen für das Nahrungsgewerbe. Er war schon vorher bestens eingearbeitet, da er den bisherigen Stelleninhaber schon längere Zeit unterstützt hatte. Seine hohe Planungs-, Verwaltungs- und Organisationskompetenz sorgte für eine große Akzeptanz in der gesamten Schule (GyO und BS). Er war für mich vom ersten Tag meiner Schulleitertätigkeit an eine absolut zuverlässige und loyale Unterstützung.

Abteilungsleiter der Teilzeitbildungsgänge der Berufsschule war Heinrich Koopmann. Er war bereits über Jahre an der Modellversuchsarbeit, dem Prüfungswesen und an der Bildungsgangentwicklung beteiligt. Das Kollegium, die Ausbildungsbetriebe und die Berufsverbände im Nahrungsgewerbe schätzten seine Offenheit. Diese Eigenschaften machten ihn zu einem idealen Partner in der Schulleitung. Wir hatten über die Jahre ebenfalls immer einen vertrauensvollen Umgang miteinander und konnten uns stets aufeinander verlassen.

Der Leiter der GyO ging mit Wirkung zum 1. Februar 2002 in Pension, so dass seine Stelle neu besetzt werden musste. Für eine möglichst gute Zusammenarbeit in der Schulleitung war die Besetzung dieser Stelle besonders wichtig. In jeder Organisation hängt es von einzelnen Menschen ab, ob Aufgaben so wahrgenommen werden, dass das Ziel der Organisation als Ganzes in gegenseitiger Kooperationsbereitschaft erfüllt wird. In einem längeren Verfahren wurde Eberhard Dobers aus fünf Bewerbern ausgewählt. Am 1. Februar 2002 trat er seinen Dienst an. Einen kompetenteren, anständigeren, kollegialeren und effektiveren Kollegen und Partner für die Stelle des stellvertretenden Schulleiters und Abteilungsleiters hätte die Schule als Organisation und ich als Schulleiter nicht bekommen können.

Es gab in der endlich kompletten Schulleitung des SZ am Rübekamp einen Konsens über das, was wir gemeinsam und gleichberechtigt für die Schule erreichen wollten: Die Gymnasiale Oberstufe und die Beruflichen Schulen für das Nahrungsgewerbe sollten schulintern gleichberechtigt nebeneinander stehen und sich in gegenseitiger Abstimmung kooperativ entwickeln. Die Finanzmittel der Schule sollten kristallklar für alle Schulleitungsmitglieder offengelegt und fair verteilt werden. Dies wurde von Wolfgang Nerlich exzellent umgesetzt und war die vielleicht stärkste vertrauensbildende Maßnahme zwischen den Abteilungen der Schule. Für alle Ebenen der Schule wurden Aufgabenbeschreibungen mit eindeutiger Kompetenz- und Aufgabenverteilung für jeden Einzelnen erarbeitet, damit unnötige Reibungsverluste durch klare Strukturen vermieden und die Aufgaben auch tatsächlich hochwertig bearbeitet werden können.

Diese Verabredungen führten zu verbesserten Arbeitsprozessen, zu mehr bereichsübergreifendem Denken und Handeln, zu einer offeneren Kommunikation und zu klaren Vorstellungen vom Aufgabenspektrum der jeweils anderen. Dass dies keine Tatsachenbehauptung ist, sondern erfolgreich umgesetzt wurde, belegen viele Evaluationen und Befragungen des Kollegiums zur Leistung der Schulleitung. Insgesamt kann man sagen, dass das Vertrauen zwischen den Akteuren deutlich gestärkt wurde.

Nach außen sollte Eberhard Dobers als Schulleiter auftreten können, damit die GyO am Rübekamp in den Schulleiterdienstbesprechungen, aber auch gegenüber der Elternschaft nicht als Anhängsel einer Berufsschule, sondern als gleichberechtigter Spieler im Konzert mit den durchgängigen Gymnasien wahrgenommen würde. Dies ist hervorragend gelungen. Er wurde mehrmals zum Sprecher der KGyO (Konferenz der Gymnasialen Oberstufen an Gymnasien, SEKII-Zentren, Beruflichen Gymnasien und Oberschulen) gewählt und konnte dadurch erheblichen Einfluss auf behördliche Entscheidungen nehmen.

Zusammen mit dem Schulleiter des SZ-Utbremen leitete ich zur gleichen Zeit für 7 Jahre den Arbeitskreis der Berufsschulleiter des Landes Bremen. So konnten wir gemeinsam über zwei Ebenen Angriffe auf die Schulzentren des Sek II-Bereiches abschwächen und zum Teil verhindern.

7. Angriffe auf die GyO/Rettung der GyO
(2003 – 2005) zu Zeiten von Senator Willi Lemke

Ab 2003 veränderte sich die politische Landschaft deutlich. Die Idee der Schulzentren des Sek II-Bereiches hatte keine Konjunktur mehr. Stattdessen sollten einige Schulzentren der Sek I-Bereiches als Pilotschulen eine gymnasiale Oberstufe bekommen.

So sollte beispielsweise das SZ-Findorff schon 2003 eine solche Oberstufe bekommen. Dies war bedenklich für unsere Schule, denn sehr viele SchülerInnen kamen von dort an den Rübekamp. Über den Arbeitskreis der Schulleiter der Gymnasien (Dobers) und über den Arbeitskreis der Beruflichen Schulen (Hohls) haben wir uns gegen diese „Geheimplanungen" gewehrt. Zusätzlich wurden insbesondere von Eberhard Dobers viele Gespräche mit relevanten Behördenmitarbeitern geführt. Wir konnten letztlich erreichen, dass die Zusage an das Schulzentrum Findorff zurückgezogen wurde.

Der zweite Angriff auf die GyO war im ersten Moment als solcher nicht zu erkennen und sicher auch nicht das zentrale Ziel. In die sogenannte „Gesellschaft für Bildungsinfrastruktur" sollten die Beruflichen Schulen des Landes finanziell und personell vollständig aus dem öffentlichen Dienst aus- und in diese neue Gesellschaft eingegliedert werden. Die Ausgliederung des Berufsschulanteils aus den Schulzentren hätte das Ende der Schulzentren des Sek II-Bereiches bedeutet. Was hätte dies für die verbliebenen gymnasialen Oberstufen bedeutet?

Hätten sie unabhängig existieren können? Vermutlich nicht.

Die Leiter der Beruflichen Schulen und der Schulzentren der Sek II waren der Überzeugung, dass diese Gesellschaft eine Endsolidarisierung und Spaltung der Lehrerschaft im Lande Bremen bewirken und zur organisatorischen und inhaltlichen Trennung der beruflichen und allgemeinen Bildung und damit letztlich zum Ende der Schulzentren des Sek II-Bereiches führen würde. Das hätte dann zwangsweise eine Angliederung oder Überführung der vorhandenen gymnasialen Oberstufen an Sek I-Schulen ausgelöst.

Die Berufsschulen erläuterten der behördlichen Planungsgruppe ihre Bedenken und kündigten dann jede Form der Mitarbeit auf und entschiedenen Widerstand an. Der Presse wurden mehrere Stellungnahmen übergeben.

Das Ergebnis: Die Gesellschaft für Bildungsinfrastruktur wurde trotzdem gegründet, ein Geschäftsführer wurde eingestellt, auf die Gesellschaft wurden 20 Millionen Euro neue Schulden aufgenommen, auf die Überführung der Lehrer(Innen) in die Gesellschaft wurde verzichtet, der Geschäftsführer der Gesellschaft wurde entlassen, die Gesellschaft geschlossen. Es blieb also alles wie es war. Dies geschah alles innerhalb eines Jahres.

Besonders bedrohlich für die generelle Existenz und den Bestand der Schulzentren des Sek II-Bereiches war die Entfernung der gesetzlichen Grundlage für eigenständige Gymnasiale Oberstufen an Schulzentren der Sekundartstufe II aus dem Bremer Schulgesetz und dem Schulverwaltungsgesetz im Jahr 2005. Eberhard Dobers hat in seinem Beitrag dazu Näheres ausgeführt. Dass diese Situation nicht zur Auflösung und damit zum Untergang der noch existierenden Schulzentren des Sek II-Bereiches geführt hat, ist m.E. der intensiven Qualitätsarbeit nach Q2E in allen Schulzentren des Sek II-Bereiches zu verdanken. Dort waren wir „Vorbild" für den gesamten Bildungsbereich und deshalb war es schwierig gerade diese Schulen anzugreifen. Ganz unbescheiden kann man sagen, dass wir über fast 10 Jahre die taktgebende Schule bei der erfolgreichen Einführung des Qualitätsmanagements in Bremen waren. Alle in der Politik mit

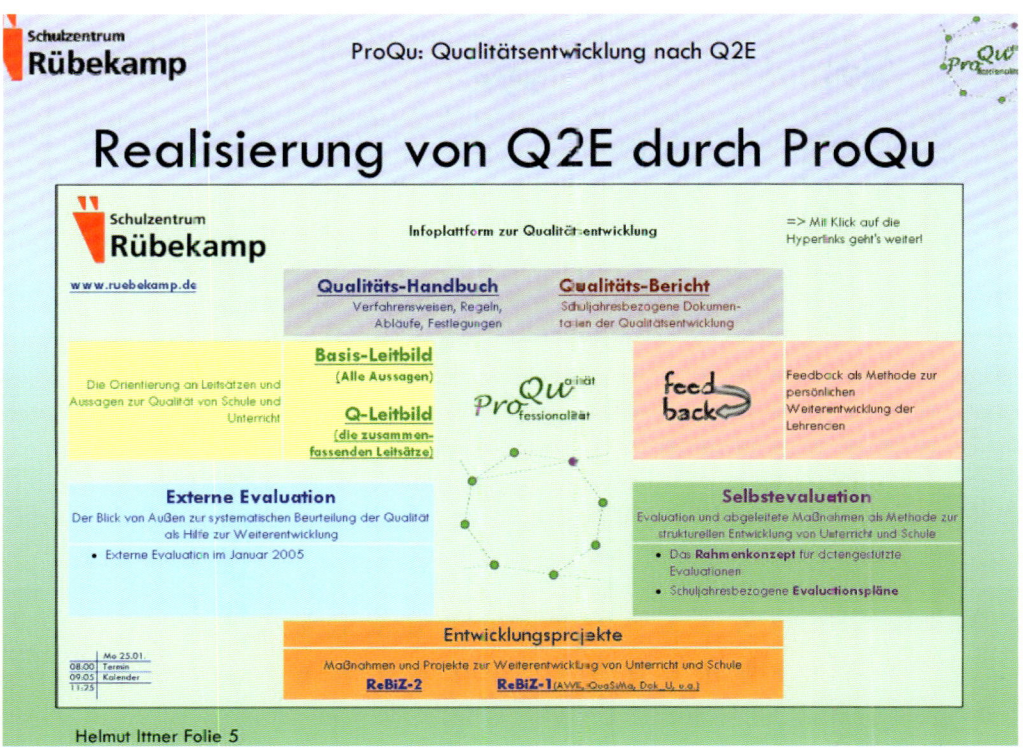

Bildung beschäftigten Bürgerschaftsabgeordneten sowie Senator Lemke und später Frau Jürgens-Pieper „mussten" uns wegen dieser Leistungen mehrfach öffentlich loben und hatten deshalb nicht die Möglichkeit unsere Schule zu beschädigen und die gymnasiale Abteilung herauszulösen.

(2007 – 2011) Probleme zu Zeiten von Senatorin Jürgens-Pieper Januar 2009

Im Januar 2009 wurde eine neue Fassung des Bremer Schulverwaltungsgesetzes vorgelegt. Dort war es nach vielfältiger Intervention zwischen 2007 und 2009 durch beide Schulleiter-Arbeitskreise (GyO und BS) endlich gelungen, rechtliche Formulierungen in diesem Gesetz unterzubringen, die den GyO-Oberstufen an Schulzentren des Sek II-Bereiches wieder ein Existenzrecht einräumte. Das war allerdings nur über die Hilfskonstruktion sogenannter Kooperationsverbünde/Schulverbünde aus mehreren Sek I-Schulen mit jeweils einer Sek II-Schule möglich.

Im Februar 2009 lagen ca. 175 Anmeldungen für die GyO am Rübekamp der Schule vor. Das war ein riesiger Erfolg. Dann der Schock:

Völlig überraschend wurde unsere Schule aufgefordert, sämtliche Originale der Schüleranmeldebögen für die GyO in der senatorischen Behörde abzugeben. Es wurde uns unterstellt, die Eintragungen auf den Anmeldebögen (1. Wahl, 2. Wahl usw.) manipuliert zu haben. Uns wurde untersagt, mit Eltern oder SchülerInnen Kontakt aufzunehmen.

Diese Maßnahme war ein brutaler Versuch die exzellente Arbeit unserer GyO und hier namentlich von Ulrich Juchheim, dem damaligen Oberstufenkoordinator, zu diskreditieren und den pädagogischen Erfolg der GyO des SZ am Rübekamp in der Öffentlichkeit als Folge betrügerischen Verhaltens hinzustellen.

Glücklicherweise hatten wir zu den meisten Verantwortlichen in der senatorischen Behörde ein ausgezeichnetes Verhältnis. Insbesondere wurde das Qualitätsmanagement des SZ am Rübekamp sehr geschätzt. Das zahlte sich nun aus. Auf dem Dienstweg informierten wir die zuständige Referatsleiterin über die Sachlage, die ihr innerbehördlich bisher verschwiegen worden war, und baten um ein direktes Gespräch. Dieses fand am 6.3. 2009 statt.

Startseite des Qualitätsmanagementsystems des SZ Rübekamp

Überraschenderweise wurden die Anmeldebögen/Schülerakten noch vor dem Gespräch an uns zurückgegeben. Das Gespräch war hart, verlief für uns aber außerordentlich erfolgreich. In einem Ergebnisprotokoll wurde festgehalten, dass das SZ am Rübekamp fehlerfrei und völlig korrekt gearbeitet hatte. Wir waren rehabilitiert und hatten eine vorläufige Bestandsgarantie für die GyO am SZ am Rübekamp erhalten.

Ein besonderes Lob gilt Ulrich Juchheim. Er hatte so exzellent gearbeitet, dass nicht einmal auf einer einzigen Schülerakte ein Fehler zu finden war. Grandios!

8. Was ist uns gemeinsam gelungen?

Die über viele gemeinsame Projekte der beiden beruflichen Abteilungen und der gymnasialen Oberstufe initiierten Arbeits- und Veränderungsprozesse in der Schule haben sich sehr positiv auf die öffentliche Wahrnehmung unserer Schule und auf unsere Kommunikation mit schulischen Partnern ausgewirkt.

Der QM-Entwicklungsprozess, dessen wissenschaftliche Begleitung und die unabhängigen externen Evaluationen bewirkten, dass Eltern, die regionale Presse und auch die zuständigen Mitarbeiter der Bildungsbehörde nicht schwerpunktmäßig Fehler oder Regelverletzungen im Entwicklungsprozess der Schule wahrnahmen, sondern das sie – beeindruckt von der innerschulisch geleisteten Arbeit – eindeutig darum bemüht waren und sind, ein differenziertes Bild von den Eigenanstrengungen, Ideen, Konzepten und Absichten der Schule zur Verbesserung der schulinternen Qualität zu erhalten.

Über den QM-Entwicklungsprozess ist es am Schulzentrum am Rübekamp erfolgreich gelungen, ein funktionierendes QM-System nach dem Q2E-System als Steuerungs- und Leitungsinstrument zu installieren.

Die Ergebnisse von zwei externen Evaluationen (2005 und 2008) und von zwei Rückmeldungen aller Kolleginnen und Kollegen der Schule an die Schulleitung (Schulleitungsfeedback 2005 und 2008) berechtigen zu folgenden Aussagen:

- Der Aufbau des schulinternen Qualitätsmanagements wird von der Mehrheit der Lehrerschaft mitgetragen. Individuelles Feedback wird von allen Lehrenden durchgeführt. Die Fortbildungskonzeption und das daraus entwickelte Angebot der Schule werden akzeptiert und genutzt. Evaluations- und Feedbackaktivitäten werden von den Lehrenden der Schule in erster Linie als Chancen gesehen, um den Lern- und Entwicklungsbedarf zur Optimierung der Schul- und Unterrichtsqualität besser zu erkennen.
- Das Kollegium wird bei Projekten in die Projektgestaltung und auch sonst in wichtige Entscheidungsfindungsprozesse gut einbezogen.
- Die engere und erweiterte Schulleitung der Schule ist fachlich und menschlich anerkannt. Gleiches gilt für die Q2E-Steuerungsgruppe.
- Im überwiegenden Teil des Kollegiums gibt es einen Konsens darüber, dass die Optimierung und Weiterentwicklung der Unterrichtsqualität nicht nur eine individuelle Angelegenheit ist, sondern dass die kollegiale Zusammenarbeit und die kollegiale Auseinandersetzung – in Kleingruppen, im Fachbereich, in der Abteilung, im Gesamtkollegium – unverzichtbare Bestandteile der schulischen Arbeit sind. Die entwickelten Arbeitsinstrumente sind akzeptiert, positiv besetzt und dauerhaft in das schulische Leben integriert. Die Organisationsentwicklung der Schule ist befördert und befruchtet worden. Die wichtigsten Punkte sind:
- Die Budgetierung der Schule im Bereich der Personal- und Sachmittel hat die Entscheidungsspielräume und die Verantwortung der Schulleitung in Bezug auf die Auswahl von Personal und die Sachmittelverwendung deutlich gestärkt. Dies hat im Laufe des Prozesses die Managementfähigkeiten der Schulleitungsmitglieder verbessert, die wesentlichen Entscheidungen und Konsequenzen bei der Personalauswahl und Personalführung in die Schule verlagert und dadurch den Blick für die Zusammenhänge zwischen Organisationsentwicklung und Unterrichtsentwicklung erheblich geschärft.
- Die Organisation der Schule hat sich dauerhaft verändert.

- Einige dauerhafte Konsequenzen: Ein fundiertes Leitbild der Schule wurde entwickelt, ein Evaluationskonzept und ein Fortbildungskonzept existieren und werden angewandt, Mitarbeitergespräche finden auf der Basis akzeptierter, fundierter Regeln und Materialien statt, schulische Entwicklungsprojekte werden mit Projektmanagementmethoden gesteuert, für alle wichtigen Bereiche der Schule sind Kostenstellen eingerichtet, Stellenbeschreibungen für alle Tätigkeitsprofile in der Schule existieren, das Formularwesen wurde verbessert, die innerschulische Kommunikation erweitert (z.B. EDV-Konzept der Schule, zentraler Server, Terminkalender usw.).
- Die Zusammenarbeit zwischen der senatorischen Behörde und der Schule hat sich dauerhaft verändert: Die Idee der „Eigenverantwortlichen Schule" hat zum Modell der „Schulsteuerung auf Abstand" geführt. Als Ergebnis arbeiten beide Seiten mit der sogenannten „Ziel- und Leistungsvereinbarung". Beide Seiten arbeiteten zum Zeitpunkt meines Ausscheidens aus dem Dienst im Sommer 2013 auf diesem Feld noch daran, die Rationalität und die Chancen dieses Vorgehens zu erkennen. Leider wurde auf diesem Arbeitsfeld 2013 von beiden Seiten (Behörde und Schule) manchmal noch zu viel über Fehler oder Regelverletzungen der jeweils anderen Seite geredet. Nach meiner Ansicht wird noch nicht von allen erkannt (ich schließe mich da ein), dass in diesem Prozess beide Seiten ehrlich darum bemüht sind, mit vielen Eigenanstrengungen, Ideen, Konzepten die Arbeitsbedingungen an Schulen zu verbessern.

9. Fazit:

Mit den Erfahrungen eines langen Schullebens sage ich: Es ist vieles gelungen und verhältnismäßig wenig schief gegangen. In meiner Rolle als Schulleiter habe ich mich von den Mitarbeitern aus allen Abteilungen der Schule gut unterstützt gefühlt und umgekehrt haben die Mitarbeiter der erweiterten Schulleitung und die Mitarbeiter der Teilkollegien der Schule kooperativ und immer mit dem Blick auf das Ganze gearbeitet. Die Q2E-Einführung gehört in der Summe zu meinen positivsten Projekterfahrungen.

Allerdings waren die Arbeitsbelastungen für viele an der Schule in all den Jahren sehr hoch. Dies galt auch für mich als Schulleiter.

Literaturverzeichnis

Blankertz, H. (1972). Planungskommission Kollegstufe NW. Strukturförderung im Bildungswesen des Landes NRW. Ratingen-Kastellaun-Düsseldorf: Eine Schriftenreihe des Kultusministers, Heft 17.

Franzke, R. (1974). Forderung an eine Reform der Berufsausbildung (Bde. Berufsausbildung – Reformpolitik in der Sackgasse). (W. L. Reinhard Crusius, Hrsg.) Reinbek bei Hamburg: Rowohlt Taschenbuch GmbH.

Kutscha, G. (2004). Zum Verhältnis von allgemeiner und beruflicher Bildung im Kontext bildungstheoretischer Reformkonzepte. Abgerufen am 18.10.2018 von http://www.forschungsnetzwerk.at/downloadpub/kutscha_60_habel.pdf

Kutscha, G. (2016). 01-15: Beruflichkeit neu denken – ein Leitbild in der Diskussion. Von Denk-doch-Mal.de. abgerufen

Lempert, W. (1971). Leistungsprinzip und Emanzipation. Frankfurt am Main: edition suhrkamp 451.

Martin Baethge, P. D. (2006). http://www.sofi-goettingen.de/fileadmin/SOFI-Mitteilungen/Nr._34/Baethge.pdf. (S. F. (SOFI), Hrsg.) Abgerufen am 18. Oktober 2018

Rolff, H.-G. u. (1974). Strategisches Lernen in der Gesamtschule – Gesellschaftliche Perspektiven der Schulreform. Reinbek bei Hamburg: Rowohlt Taschenbuch Verlag GmbH.

Senator für Bildung, W. u. (1972). Ergänzende Materialien zum Schulentwicklungsplan. Bremen.

Senator für Bildung, W. u. (1972). Informationen zur Sekundarstufe II. Bremen.

Senator für das Bildungswesen. (1971). Schulentwicklungsplan (SEPL). Bremen.

Johann Büsen: Michael

Neubau einer Schule jenseits der Norm

KRISTEN MÜLLER
Anmerkungen des Architekten zum Neubau der Schule am Rübekamp

Vorbemerkung

Direkt neben dem früheren, selbst gerade erst mit dem letzten Bauabschnitt 1979 fertiggestellten Betonklotz der Gesamtschule West, wuchs im gleichen Jahr das Betonskelett einer neuen Schule, die völlig anders aussehen würde: vielgestaltig, kein Sichtbeton, traditionelles Mauerwerk. Zwei Schulen völlig konträrer Architektur standen sich gegenüber – noch konnte niemand ahnen, dass Jahrzehnte später große Teile des Betonklotzes aus Gründen der Asbestbelastung abgerissen und architektonisch ansprechend neu errichtet werden konnten.

Wohl nichts hat die Atmosphäre der Schule am Rübekamp auf indirekte Art so nachhaltig geprägt wie ihre spektakuläre Architektur. Verantwortlich dafür war in erster Linie der Architekt Kristen Müller als künstlerischer Part im Duo Müller&Reese, doch die Umsetzung dieser Ideen, sei es Bautechnik oder Kostenrahmen, wären ohne den Bauingenieur Wilfried Reese nicht gelungen. Beide bildeten ein geradezu kongeniales Paar. Von welchen Ideen Kristen Müller sich leiten ließ, zeigt das erhalten gebliebene handschriftliche Manuskript seiner Rede zur Einweihung des Schulzentrums am Rübekamp 1983, das hier transkribiert wiedergegeben wird. Zum Kontext hier wenige einführende Anmerkungen.

Nicht nur während des Gründungsprozesses, selbst noch in den ersten Jahren der GyO am Rübekamp herrschte lange völlige Unklarheit darüber, ob überhaupt und wo sie jemals ein eigenes Gebäude erhalten würde. Das Ganze nahm einen im doppelten Sinne glücklichen Ausgang: Zum einen fiel im politischen Raum tatsächlich der Beschluss zum erhofften eigenen Schulgebäude; zum anderen ahnte damals noch niemand, welch spektakuläres Schulgebäude entstehen würde. Es verdankt sich den Ideen (und ihrer Umsetzung) des Architekturbüros Müller&Reese, damals noch in Worpswede beheimatet.

An einer Sitzung der Kommission für Bildungsfragen des SPD-Stadtkreises West, einer jener im Gegensatz zu heute äußerst einflussreichen Parteigliederung, nahm im April 1977 mit Henning Scherf auch der damalige Vorsitzende der Finanzdeputation teil, die die Gelder für den Neubau freigeben musste. Diskutiert wurde ein erster Entwurf der Raumbedarfsrechnung für das Sek. II-Zentrum am Rübekamp auf der Basis einer Gesamtschülerzahl von 1500 Schülern. Mehr als 25 Millionen, so Scherf in seiner Einschätzung, dürfe der Neubau nicht kosten und forderte zur Entscheidung der Finanzdeputation ein konkretes Raumprogramm für den Rübekamp. Nachdem mehrfach noch die Dringlichkeit des Baubeginns betont worden war, hielt der Sprecher der Deputation für Bildung Hermann Stichweh einen Baubeginn noch gegen Ende des laufenden Jahres für möglich, wenn statt des Hochbauamtes freie Architekten für die Baudurchführung verantwortlich gemacht würden. Das war zwar gar nicht im Sinne der offiziellen Politik, die Planung und Baudurchführung lieber in die Hände des Hochbauamtes legen wollte. Aus dieser folgenreichen Sitzung erinnere ich vor allem Henning Scherfs Argument, dass die Bauindustrie Aufträge des Staates erwarte, so hatte ich das noch gar nicht gesehen. Tatsächlich gaben bald darauf die dafür Verantwortlichen (Politik, Finanzdeputation, Behörden) nicht nur die Mittel für den 1. Bauabschnitt des Sek. II-Zentrums am Rübekamp frei, sondern beauftragten zudem mit Planung und Durchführung freie Architekten. Damit war der Weg frei für das Architekturbüro Müller&Reese – und eine Schulbauarchitektur, die mit der Ära der unangemessener Betonkästen brechen sollte.

Mehr als sechs Jahre sollten zwischen Baubeschluss (1976/77) und endgültiger Fertigstellung (1983) vergehen; Planung und Umsetzung des

Neubaus zogen sich aus unterschiedlichsten Gründen in die Länge. Eingeplante Finanzmittel wurden zusammengestrichen und machten Umplanungen notwendig, Termin um Termin wurde verschoben. Im März 1979, rund drei Jahre nach der Gründung der GyO, konnte endlich der Grundstein für den 1. Bauabschnitt gelegt werden. Zu diesem Zeitpunkt bereitete sich der erste Jahrgang der GyO auf seine Abiturprüfung vor – der ersten der neugegründeten Schule.

Der letzte, obwohl verspätet fertiggestellte 4. Bauabschnitt der GSW erlaubte die provisorische Unterbringung der mehr als 200 Schüler der inzwischen mit drei Jahrgängen vollständig ausgebauten GyO. Immer wieder rückte die GSW zusammen und verzichtete auf die vorgesehene endgültige Nutzung ihres nun fertiggestellten Neubaus; ihre Großzügigkeit ersparte der GyO eine geradezu abenteuerliche Unterbringung in umliegenden Schulen, wie der SfB sie geplant hatte.

Dann endlich, im Februar 1981, im fünften Jahr der Existenz der neuen GyO, konnte der lang ersehnte Umzug in das neue, eigene Schulgebäude erfolgen. Unvergesslich der Geruch alles Neuen: Jeder Tisch, jeder Stuhl, jeder Schrank, jede Tafel, jeder Tafelschwamm, jeder Kreidekasten: alles war neu. Der Teppichboden in den meisten allgemeinen Unterrichtsräumen schluckte jeden Lärm. Alle an der Schule Beteiligten haben sich vom ersten Tag an in ihr aufgehoben gefühlt. Alle Dinge wurden schonend behandelt, ganz so, als gehörten sie einem. Über Jahre hinweg wurden Tische, Stühle, Bänke und Wände nicht beschmiert. Die erste kleine, kaum wahrzunehmende Duftmarke fand sich erst nach Jahren nach einem Besuch des Bürgermeisters an der Wand zwischen Verwaltung und Pausenhalle: Koschnick was here.

Klaus Hellmerichs

Die Rede

Im Bereich der Möglichkeiten menschlicher Gesellschaftsformen gibt es die beiden Pole: zentrale und dezentrale Organisation.

Vorweg sei gesagt: Ich bin für das dezentrale Prinzip, beschreibe aber kurz einige wesentliche Merkmale unseres zentralistisch aufgebauten Systems:

- Spezialistentum, jeder kennt nur seinen kleinen Bereich, nicht aber den Gesamtzusammenhang.
- Pyramidal aufgebaute Ordnung mit verschiedenen unterschiedlich hohen Kommunikations- und Entscheidungsebenen. Information erfolgt auf den Ebenen, ebenfalls Kommunikation, von oben nach unten (Lenkung + Anordnung).
- Machtausübung + Manipulationsbestrebungen.

Vorreiter dieser Situation bei uns ist die empirische

Auszug aus der Rede von Architekt Kristen

Privat, wo der Einzelne mit seinem Spezialwissen nichts anfangen kann, wird ihm das Denken abgenommen und durch Verführungen von Werbung, Fernsehen etc. zu Konsum ersetzt.

Das Ergebnis ist Unbefriedigtsein. Der Mensch kann die in ihm steckenden geistigen Kräfte, die ihn ja normalerweise befähigen, sich gestaltend zu entwickeln, nicht nutzen. Er verkümmert geistig.

Die Architektur ist der Spiegel, in dem sich die Gesellschaft betrachten kann. Das war schon immer eine Eigenschaft von Gesellschaft und Architektur und zieht sich durch alle Kulturepochen der Menschheit.

Exakt blickt die Gesellschaft das an, was sie ist und was wir uns zumuten:

Monotone Industriearchitektur für alle Bereiche des Lebens, unausgewogene Stadtplanung. Das freie Spiel der Kräfte bestimmt die Gestaltung. Ein gemeinschaftliches Wollen fehlt. Chaos ist das Ergebnis. Es ist kein Zufall, daß Leuten jede Übereinkunft und jedes stilbildende Element fehlt, wahrscheinlich zum ersten Mal in der Geschichte der Menschheit. Keine Maßordnung, kein goldener Schnitt, keine verbindliche Vorstellung von Verhältnis Öffnung/Fläche. Nichts ist vorhanden, alles ist möglich, jeder schwimmt und ist unsicher, Experte wie Laie. Das gilt ebenso für alle gestalterischen Bereiche, selbstverständlich auch für die Bildende Kunst. In der Beziehung befinden wir uns in einer geistigen Wüste und sind entsprechend arm dran.

Als ich anfing, die Rübekampschule zu planen, suchte ich die Gefahren zu vermeiden, die Architekten drohen, wenn er sich systemkonform verhält. Ich sagte mir, man müsse möglichst so bauen, wie es den Nutzern und Anwohnern gefällt und erst in zweiter Linie, wie es dem Architekten gefällt. Ich hätte mich dabei von Vorstellungen über dezentrale Gesellschaftssysteme leiten lassen, d.h. übertragen: Der Architekt soll sein Können und Wissen nicht als Geheimwissenschaft benutzen, um damit soviel Kohle wie möglich zu machen (was ja immer abgestritten wird, aber die Architekten gehören dank ihrer Gebührenordnung sicher nicht zu den Hungerleidern in diesem unseren Lande), sondern er soll den Nutzern des Gebäudes, die dies Fachwissen nicht haben, Hilfestellung geben, damit sie ihre Vor-

Wissenschaft, weil sie vornehmlich im Detail forscht. Der Einzelne in diesem System ist abhängig vom Gesamtsystem, weil er allein hilflos ist. Umgekehrt ist das Gesamtsystem gekennzeichnet durch ungeheure unentwirrbare Knäuel von Verflechtungen, gordischen Knoten vergleichbar (zur Zeit fehlt noch der Durchhacker).

Das System unterstützt auch noch zu allem Überfluß die Unselbständigkeit und macht den Einzelnen immer hilfloser: Jeder wird erzogen, nur an sich selbst zu denken. Konkurrenzdenken, Wettkampf und Leistung sind die Motoren vornehmlich im Beruf.

stellungen artikulieren und realisieren können. Insofern lag es mir auch fern, in irgendeiner Hinsicht Macht auszuüben. Allerdings habe ich, so gut es ging, durchgesetzt, übertriebene Forderungen nach technischen Einrichtungen zu vereiteln.

Ich versuchte, dem Manko unserer Gesellschaft entgegenzuwirken, die alle Gegenstände zur austauschbaren Ware macht (siehe auch die Geschichte von König Midas mit den Eselsohren).

In Bezug auf Gestaltung bedeutet das, dass Gestaltung nur dann Bedeutung hat, wenn sie vermarktbar ist. Konzernzentralen z.B. werden unverwechselbar als Markenzeichen errichtet, Regierungsgebäude werden repräsentativ gebaut, bei Wohnhäusern werden die Haustüren mit viel Klimbim gestaltet, Schulen werden schlicht gestaltet, weil sie nicht vermarktbar sind. Wir müssen uns aber wieder vor Augen führen, dass Gestaltung d.h. Umweltformen ein Grundbedürfnis des Menschen ist, und dass er sich auf Dauer in vom Zufall oder der Wirtschaft gestalteten Gebäuden nicht wohl fühlen kann.

Unwohlsein und Krankheiten sind die Folgen. Deshalb und weil ja die Schulen die Stätten sind, wo junge Menschen entscheidende Impulse für das Leben bekommen, habe ich mich bemüht, soviel zu gestalten wie möglich. Mir kam es dabei darauf an, die Beteiligten so weit wie möglich einzubeziehen. Beteiligte waren für mich die Lehrer, die Schüler, die Vertreter der Behörden, der beteiligten Handwerker und Fachleute. Ich wollte alle Beteiligten ermuntern, aus der Enge ihres Fachgebietes herauszukommen und die Aufgabe Schulbau im Gesamtzusammenhang zu sehen. Gleichzeitig wollte ich vor allem die Lehrer und Schüler anregen, selbständig zu handeln und sich nicht auf den Fachmann Architekt zu verlassen. Aus diesem Grunde hatte ich diverse Selbsthilfeaktionen angeregt, wie Ökogarten, Solargewächshaus, Wandmalereien und Bepflanzungen im Gebäude. Auch für die Zukunft wird es sicher gut sein, Eigeninitiative zu

entwickeln. Das wünsche ich jedenfalls den Nutzern der Schule.
Wie heißt es so schön bei den alten Römern und klingt mir noch heute in den Ohren:
Non schola sed vita discimus
Nicht für die anderen, sondern für uns selbst lernen wir.

Kristen Müller

Kristen Müller (l.) und Klaus Hellmerichs (r.) bei der Einweihungsfeier des Schulzentrums am Rübekamp

WILFRIED REESE/KLAUS HELLMERICHS:
„Der Kerl war irgendwie genial"

In memoriam Kristen Müller

Foto W. Reese

In einem Buch über die Geschichte der GyO am Rübekamp musste der vom Architekturbüro Müller&Reese verantwortete Neubau des Schulgebäudes unbedingt einen würdigen Platz finden. Möglichst beide sollten mit einem Beitrag vertreten sein. Mit Kristen Müller, dem Architekten der Schule, konnte das Gespräch nicht mehr geführt werden. Er verstarb vor wenigen Jahren. Mit dem Bauingenieur Wilfried Reese, seinem Partner, habe ich Anfang September 2017 den Rübekamp besucht, um das Gespräch mit ihm vor Ort zu führen.

Wir haben Glück und erwischen einen wunderschönen Spätsommertag. Wir beginnen unseren Rundgang in dem Bereich zwischen der inzwischen neugebauten GSW und dem Rübekamp. Die vor rund 35 Jahren neu gepflanzten Bäume sind kräftig gewachsen und werfen Schatten. Der Rasen ist vor wenigen Tagen frisch gemäht. Es ist Unterrichtszeit, Ruhe liegt über dem eigentlichen Pausengelände der GyO. Die Szene bietet ein prächtiges Bild.

Klaus Hellmerichs: Herr Reese, linker Hand sehen wir die neugestaltete GSW, rechter Hand die von Kristen Müller und Ihnen Ende der 1970er Jahre geplante und 1983 eingeweihte Schule am Rübekamp. Stünde noch der frühere, aus den 1970er Jahren stammende GSW-Betonklotz, könnte der Gegensatz beider Gebäude größer nicht sein.

Wilfried Reese: Ich erinnere mich nur noch dunkel an diesen häßlichen Betonklotz.

Ihr Büro hat damals das GW2 der Universität Bremen auch im Betonstil geplant und gebaut.

Genau. Schnellbaumaßnahme! Der Schinken, und es ist ja ein Schinken, musste innerhalb kürzester Zeit hoch. Ich war der verantwortliche Bauleiter. Und wir haben getrieben, dass die Termine und der Kostenrahmen eingehalten wurden. Das GW2 wurde ja im Stahlbeton-Steckverfahren mit Fertigteilen errichtet. Kosten hatten äußerste Priorität – wie beim Rübekamp auch!

Wie erklärt sich eigentlich der radikale Wechsel des Baustils vom GW2 zum Rübekamp oder dem ebenso von ihnen verantworteten Café im Rhododendronpark? Nur wenige Jahre nach dem GW2 bauen Müller&Reese eine große Schule in völlig verändertem Stil. War es der Zeitgeist? Das andere Umweltbewusstsein?

Ganz sicher. Es waren Zeiten des Umbruchs. Wir wollten weg vom Betonstil. Wir hatten in Ritterhude ja noch eine Schule in diesem Stil gebaut. Wir wollten es mal anders versuchen und zwar für das gleiche Geld. Uns hat ja niemand geglaubt, dass wir das hinkriegen. Kristen Müller ist ja von Pontius zu Pilatus gelaufen, um die Leute davon zu überzeugen. Und wir haben es hingekriegt. Wenn man sauber ausschreibt, kann man es hinkriegen.

Unser Blick fällt auf den zum ersten Bauabschnitt gehörenden einstöckigen, differenziert gestalteten naturwissenschaftlichen Trakt, den vielleicht schönsten der drei Flügel der Schule.

Ihr Büro lud in der Planungsphase Vertreter von Schule und Behörden zu Exkursionen ein, um Schulneubauten andernorts zu besichtigen. Die Fahrten führten ins Niedersächsische, ins Holländische und Dänische. Welche Motivation steckte dahinter?

Die Motivation, dass frühzeitig mit dem Auftraggeber abgestimmt werden sollte, was es denn werden soll und was es für Baustile andernorts gibt. Aber das war allein Kristens Idee. Da war ich nicht weiter involviert.

Ich fand es deshalb interessant, weil damit alle Seiten von vornherein in den Planungsprozess eingebunden waren.

Sofort! Das haben wir immer so gemacht. Damit sind die wichtigsten Leute eingebunden und können Ideen weitergeben und zurückmelden.

Wenn man die Dinge bespricht und gemeinsam entwickelt, dann gibt es auch kein Theater.

... und das Ergebnis sieht man ja!

Man kann also sagen, dass das nicht nur ein Ergebnis des Büros Müller&Reese ist, sondern auch der Leute, die insgesamt daran mitgewirkt haben.

Sogar Schüler haben sich beteiligt und zum Teil irre Ideen entwickelt.

Das macht ja nichts. Daran kann ich mich allerdings nicht erinnern.

Als Kristen Müller dem Bausenator seinen ersten, stark differenzierten, pavillonartigen Entwurf für den Rübekamp vorlegte, soll ihn der damals verantwortliche Senatsdirektor (Staatsrat) Kuhlenkampf rausgeschmissen haben, so jedenfalls hat Kristen Müller es uns berichtet. Er könne wiederkommen, wenn er auf dem Boden der Tatsachen gelandet sei.

Ja, das war wohl eine Katastrophe. Aber das ist ja auch kein Fehler! Erstmal ein bißchen rumspinnen und verschiedene Ideen ausprobieren. Irgendwann muss man natürlich zu einer machbaren Lösung kommen. Die findet man aber nicht immer sofort. Das schafft man nicht.

Vom endgültigen Entwurf haben Sie ja ein Modell bauen lassen.

Ja, fachmännisch von einem Modellbauer. Aber das existiert leider nicht mehr.

Während wir in Richtung Haupteingang gehen, passieren wir den nach einem Brand neu errichteten Verwaltungstrakt. Wir lassen die Lösung auf uns wirken. Von dem Brand hörte Wilfried Reese zum ersten Mal. Der Trakt wurde nach heutigen Gesichtspunkten, zum Beispiel Energie einsparend, errichtet, aber aus Kostengründen nicht wieder als Mauerwerk im Stil der Schule.

Wie bewerten Sie denn die hier gefundene Lösung?

Das ist ganz einfach. Auf mich wirkt der Trakt zu hart. Er passt sich nicht recht an das vorhandene Gebäude an. Vor allem die Dachform, sie ist preisgünstig, aber nicht passend. Das gilt auch für die Außenplatten.

Es bricht sich irgendwie, folgt wohl dem ökonomischen Diktat.

Es bricht. Wenn der Trakt größer wäre, könnte er ein Gegengewicht zum übrigen Gebäude bilden. So aber wirkt der Streifen angehängt und nicht gewachsen. Aber wenn man kein Geld hat, muss man es wohl so machen.

Vor dem Haupteingang stehend fällt unser Blick zwangsläufig auf das hinter ihm sichtbar werdende und über zwei Stockwerke reichende Forum und damit auf den vielleicht auffälligsten Bauteil des Schulgebäudes.

In den ersten Skizzen zum Rübekamp hatte Kristen Müller das Forum quasi nach außen, seit-

o: Im Hintergrund die GSW, im Vordergrund der Verwaltungstrakt des Rübekamp

u: Forum außen

> **VORSCHLÄGE UND WÜNSCHE DER SCHÜLERSCHAFT ZUM BAU DES NEUEN RÜBEKAMPGEBÄUDES**
>
> 1. Ab 75 Schüler einen Schülerclubraum
> 2. Vernünftige Tische u. Stühle
> 3. Eine Behindertenfrdl. Schule
> 4. Raucherzimmer / Nichtraucherraum
> 5. Raum für Hausaufgaben u.a. Arbeiten
> 6. Pausengong
> 7. Außenwandbemalung (nach Art der Bunkerbemalung)
> 8. Cafeteria / Kiosk o.ä.
> 9. Teppichboden
> 10. Regelung der Luftfeuchtigkeit; Klimaanlage
> 11. S.V.-Raum
> 12. Gut ausgestattete Naturwissenschaften mit günstiger Sitzordnung (Sicht von allen Plätzen)
> 13. Vernünftige Toiletten (Toilettenpapier, Seife etc.)
> 14. Innenwandbemalung
> 15. Gut ausgestattete Werkräume
> 16. Teestube
> 17. Viele Uhren
> 18. Grünflächen
> 19. Sitzplätze für außen
> 20. Fenster (nicht wie in Hörsälen), die man auch öffnen kann.
> 21. Offene Notausgänge
> 22. Vernünftiges Licht, Möglichkeit der Verdunkelung
> 23. Überdachte Fahrradständer
> 24. Fotolabor
> 25. Musikraum (schalldicht) + Musikinstrumente
> 26. Musik
> 27. Kleine Bibliothek (Nachschlagraum; Lexikas, Wörterbücher etc.)
> 28. Viele schwarze Bretter.

lich vor den Haupteingang verlegt und damit separat zugänglich gemacht. *Er sah ja das Forum als den Ort, an dem Schule und Öffentlichkeit sich treffen sollten. Über das Forum sollte die Bevölkerung des Westens einbezogen werden: Chöre, Theatergruppen usw. Er wollte eine Art Marktplatz, der entsprach in der Tat dem Zeitgeist: Offenheit, Transparenz.*

Ja, Kristen wollte die Nachbarschaft in die Schule holen. Die Schule sollte am späteren Nachmittag und am Abend nicht leer und dunkel dastehen. Die Idee ist aber als nicht praktikabel weggebügelt worden. Denn mit der Öffnung entsteht sogleich die Personal- und damit Kostenfrage. Das war auch wohl nicht gewollt, einfach politisch nicht gewollt. Mit einem separat zugänglichen Vorbau hätte man dieses Problem vielleicht in den Griff kriegen können. Mit der Verlagerung nach innen war diese vielleicht etwas utopische Idee kaum mehr zu realisieren. Sehen Sie mal die Dachüberstände, die sind Gold wert. Die Fassade ist nicht grün. Da fehlt nach all den Jahren nichts dran.

Ich hätte nicht gedacht, dass die Konstruktion mit den senkrecht herunterhängenden Pfannen die ersten Jahrzehnte so überdauern konnte.

Die Pfannen halten auch noch länger. Die halten hundert Jahre. Das sind richtige Tonpfannen.

Wir betreten die Schule. Im offenen Raum vor dem Forum wird unser Blick zuerst durch einen Flachbildschirm abgelenkt, auf dem tagesaktuelle Mitteilungen zu lesen sind: ein digitales Schwarzes Brett, erster sichtbarer Ausdruck veränderter Schulwirklichkeit. Im Forum setzen wir uns auf die Stufen vor der Bühne. Wir lassen unseren Blick über das über zwei Etagen reichende, offene Forum schweifen. Hier hängt noch immer die riesige Rübe von der Decke. Alles erscheint weitgehend unverändert.

Ein tolles Konstrukt! Wenn Schüler und Eltern erstmals die Schule betreten sind sie in aller Regel schlichtweg platt.

Findet man ja auch nicht oft! Das ist kein Nullachtfünfzehn-Bau. Das ist von Idee und Umsetzung eine umfangreiche Aufgabe, auch für den Statiker. Es ist aufwendig, hat sich aber gelohnt. Es ist natürlich teurer und muss über eine Mischkalkulation an anderer Stelle wieder eingespart werden. Ich war ja auch für den Kostenrahmen zuständig und habe mit Kristen immer wieder zusammen gesessen und überlegt, was geht und was nicht geht.

Viele Kollegen hätten ja lieber eine klassische Aula gehabt, in einem offenen Forum kann man einfach nicht die Türen schließen. Forum und Aula waren leider aus Kostengründen nicht zu machen. Eine Aula war für den Bildungssenator ohnehin nur ungenutzter Raum.

Das glaube ich unbesehen. Alles kann man nicht haben. Schüler brauchen aber auch ein Aha-Erlebnis, um dann nicht alles gering zu achten und zu beschmieren. Und da trägt ein solcher Raum wie das Forum erheblich dazu bei, Schmierereien oder Zerstörungen gar nicht erst aufkommen zulassen. Und dann braucht eine Schule einen guten Hausmeister! Vom Hausmeister hängt ganz viel ab.

Vandalismus kann offensichtlich durch Gestaltung gebremst werden.

Absolut. Hierfür sind Gestaltung und Materialien ausschlaggebend. Und da hat Kristen Müller wirklich geniale Einfälle gehabt.

Zum Beispiel die Idee mit den Pflanzwannen, die die Behörde partout verhindern wollte, weil wir die Pflege nie hinkriegen würden.

Genau. Aber da blieb Kristen stur, gegen den Willen der Behörde hat er in eigener Verantwortung die Pflanzwannen mauern lassen. Übrigens auch die Holzauflagen auf den gemauerten Sitzbänken, die die Feuerwehr nicht wollte und auch nicht abnahm.

Hier scheint mir der Moment gekommen, Sie zu fragen, wie Kristen Müller und Sie als doch recht verschiedene Typen eigentlich zusammengefunden haben.

Das kann man so sagen. Ja, wo kommen wir beide her? Kristen hat in Braunschweig Architektur studiert. In seinen ersten Berufsjahren hat er in Worpswede bei seinem Onkel, einem Architekten und Designer, gearbeitet und sich dann ebenfalls in Worpswede selbständig gemacht. Dort bin ich nach meinem Bauingenieursstudium bei ihm angefangen. Im Studium habe ich mich neben Statik stark mit Ausschreibungswesen, Rechtswesen, Kostenwesen usw. befasst. Alles Dinge, die Kristen weniger interessierten. Kristen hatte Ideen und irgend jemand musste sie umsetzen. Und so sind wir zusammengekommen. Er war der Planer und ich derjenige, das ganze Ding fertigzustellen hatte.

Sie waren der Techniker und Kristen Müller der Architekt mit künstlerischem Ansatz.

Ja, das ist ganz wichtig, das darf man nicht vergessen. Beim Rübekamp hat Kristen die Entwürfe und zusammen mit einer Angestellten auch sehr viel Detailarbeit gemacht. Ich war für alles verantwortlich, was mit Geld und Bauen zu tun hatte: Ausschreibung, Kostenberechnung, Bauleitung, Abrechnung. Alles von Anfang bis Ende.

Kristen Müller hat erzählt, dass er bei seiner Aufnahmeprüfung für das Architekturstudium nicht so sonderlich gut abschnitt, aber eine schwierige Durchdringungsaufgabe gut löste.

Der Kerl war irgendwie genial. Er hatte ein unglaubliches räumliches Vorstellungsvermögen. Darum haben ihn viele bewundert, ich auch. Das hat er so aus dem Handgelenk gezeichnet, so aus dem Ärmel geschüttelt. Ich habe niemanden getroffen, der das so drauf hatte.

Ich erinnere nur, wenn wir in der Baubude saßen, um ein Problem zu besprechen und er dann Ideen entwickelte, dass er stets einschränkend hinzufügte, wegen der Technik und der Kosten müsse er erst Reese fragen.

So war das. Wir haben uns immer abgestimmt. Kristen konnte schon mal über das Ziel hinausschießen. Dann haben wir ein ernstes Wort miteinander geredet. Aber er hat mir stark vertraut und wir hatten ein gutes Verhältnis. Wir haben uns bei unseren Bauten nie wirklich verkalkuliert. Wir haben immer kostenbewusst gearbeitet und sind immer im Kostenrahmen geblieben. Und beim Rübekamp war ja wegen geforderter Umplanungen

Pflanzwanne vor dem Sekretariat

U. Lünstroth   Bremen, den 17. Jan. 1985

HÄRTETEST FÜR ZIMMERPFLANZEN AM SZ RÜBEKAMP

Am Sz Rübekamp (Sek. II) wird seit geraumer Zeit mit einer Vielzahl verschiedenster Zimmerpflanzen über den gesamten Gebäudebereich ein Härtetest durchgeführt. Dieser ist wie folgt angelegt:

1. Einige Pflanzen werden regelmäßig gepflegt. (Kontrollgruppe)
2. Die Mehrzahl der Pflanzen wird je nach Gebäudebereich folgenden Maßnahmen unterzogen:
   a) unregelmäßige Wasserversorgung (bis zu einem Entzug für mehrere Wochen)
   b) Wasserzufuhr wird völlig unterbunden
   c) Der Boden wird monatelang nicht aufgelockert
   d) Verwendung falscher Pflanzenerde
   e) Verwendung der Pflanzenkübel als Mülleimer und Aschenbecher
   f) Pflanzenschnitt, Befestigung von Rankenpflanzen etc. wird nicht durchgeführt
   f) Unregelmäßige bis überhaupt keine Versorgung mit Nahrung (Düngung).

Durchgeführt wird dieser Test in der Hauptsache von den am SZ Rübekamp unterrichtenden Lehrern, aber auch von anderen Gruppen, die die Schule benutzen.

Bisher ist folgendes festzustellen:

1. Der Test wird konsequent und mit liebevoller Sorgfalt für die anvertrauten Restpflanzen durchgeführt. Dies zeigt sich z.B. darin, daß abgestorbene Pflanzen in ihrer gewohnten Umgebung belassen werden, offensichtlich als mahnende Beispiele für die im Härtetest Übriggebliebenen, sich mehr anzustrengen.

2. Wunderbarerweise gibt es einige Pflanzen, die bis dato relativ unbeschadet überlebt haben, ja, die offensichtlich der härtesten Maßnahmen geradezu bedürfen, um zu gedeihen. Alle Lehrkräfte sollten sich an dieser Stelle über Transfermöglichkeiten Gedanken machen!

3. Die Mehrzahl der Pflanzen kümmert dahin oder ist bereits abgestorben. Degenerationserscheinungen sind an vielen Pflanzen zu beobachten, z.B. Verfärben und Austrocknen der Blätter, Anfälligkeit gegen Krankheiten, vermindertes Wachstum.

Wie soll es weitergehen?

– 2 –

bei erheblichen Mittelkürzungen, denen ein ganzer Gebäudeflügel zum Opfer fiel, immer mächtig viel in Fluss.

Kristen hatte ein humanistisches Gymnasium besucht. Als Altsprachler soll er auch Homer übersetzt haben.

> – 2 –
>
> Alle Beteiligten sollten den Test mit Sorgfalt weiterführen, gegebenenfalls sind weitere Maßnahmen für die verbliebenen Pflanzen zu überlegen.
>
> Bedauern über das Verrotten des Pflanzenschmucks ist nicht angebracht; wir alle wissen, daß wissenschaftliche Experimente ihre Opfer fordern, der tägliche Anblick des positiven Testverlaufs ist genug Lohn. Etwaigen Einwürfen gegen den Härtetest ist z.B. damit zu begegnen, daß auch die Leitung der Schule bisher das Experiment unterstützt, selbst auf die Gefahr hin, ein wesentliches Element des Schulbaus, welches dazu beiträgt, daß dieser sich bisher wohltuend von anderen abhebt, zu verlieren. Wissenschaft fordert eben ... (s.o.).
>
> Ich danke allen Beteiligten für ihre aufopfernden Bemühungen.
>
> Lünstroth
> (Testbeobachter)
> u. -teilnehmer

Ja, das stimmt. Diese Übersetzungen hat er zu bestimmten Anlässen Freunden überreicht. Das hat ihm Spaß gemacht.

Sie waren ihm über Jahrzehnte nahe. Was für ein Mensch war er eigentlich? Irgendwie schien er sich immer neu auszurichten. War er ein Utopist, ein Visionär? Hartnäckig in der Verfolgung seiner Ziele?

Nee! Das kann man so nicht sagen. Er hat sich wahnsinnig eingesetzt für die verschiedensten Dinge, Er war ja ungeheuer vielseitig interessiert und mischte sich in manche bremischen Belange ein ...

... Ohne ihn wäre der Schlachthof wohl nicht gerettet worden.

... Richtig. Aber, wenn er nicht mehr weitergekommen ist, dann erlahmte auch sein Interesse. Er hat sich um vieles gekümmert, aber wenn er an eine Grenze gekommen ist, dann war auch bald Schluss. Und dann hat er sich etwas Neues gesucht.

Ende der 70er, Anfang der 80er Jahre interessierte er sich für Albanien. Das fand ich überraschend, weil er zu dieser Zeit mit dem Büro- und Wohnhaus an der Marcusallee doch einen recht komfortablen Lebensstil zu bevorzugen schien. Sie sind aber mit ihm in Albanien gewesen.

Wir haben einen Betriebsausflug nach Albanien gemacht. Wir sind alle Mann von Ost-Berlin aus an die albanische Küste geflogen und haben dort in einem Strandhotel gewohnt. Wir trafen auf Ingenieure und Lehrer aus der DDR, die sich dort stark engagierten. Manches erinnere ich nicht mehr. Kristen hatte kein Faible für Enver Hodscha. Ihn interessierte ein Gesellschaftsmodell, das keine großen Einkommensunterschiede machte. Ein Arzt verdiente nicht sehr viel mehr als ein Arbeiter.

Er lud auch interessierte Kollegen zu einer weiteren Reise dorthin ein. Sie kam aber nicht zustande.

Ein echter Norbert Schwontkowsky im Treppenhaus am Schulzentrum am Rübekamp

Beim Verlassen des Forums fällt unser Blick auf die Ziegelsteine, auf denen einige Maurer ihre Namen hinterlassen haben. Eine tolle Idee, sie erinnert an Brechts Gedicht vom lesenden Arbeiter.

Wo kamen die Betonbauer, die Maurer her? Die Leistungen der Maurer fallen immer wieder ins Auge. Was waren das überhaupt für Leute?

Die Betonbauer kamen aus Jugoslawien. Ich habe mich intensiv um sie gekümmert. Wir haben häufiger nach Feierabend zusammengesessen. Haben ein Bier getrunken, auch mal ein Spanferkel gebraten. Die Maurer kamen aus dem Ostfriesischen. Die kamen montags an und fuhren zum Wochenende wieder nach Hause. Eine gute Truppe und die haben sich hier in einem Stein verewigt. Ich habe immer ein gutes Verhältnis zu allen Beteiligten gesucht. Auf der Baustelle habe ich immer jeden mit Handschlag begrüßt, ob Bauherr, Arbeiter oder Hilfsarbeiter. Das haben wir auf unseren Baustellen aber grundsätzlich so gemacht. Ein gutes Betriebsklima ist wichtig. Ohne die Handwerker kommt man nicht klar. Wenn die sich stur stellen, haben Sie ein Problem. Wissen Sie überhaupt, dass Kristen sich mit gut sechzig Jahren noch in Lilienthal ein Haus aus Lehm gebaut hat? Und zwar so gut wie allein und nur wenig Hilfe. Ob Sonne oder Schnee, zwei, drei Jahre ist er nach Lilienthal gepilgert und hat an dem Haus gebaut. Da ist er auch eingezogen.

Das höre ich zum ersten Mal. Aber das passt zu ihm. Dabei war er von Statur her doch ein schmaler, kleiner Mann.

Aber zäh! Wie Katzen mit sieben Leben.

Das passt alles zusammen. Denn in ihren späteren gemeinsamen Jahren, gegen Ende seines beruflichen Lebens, als sie beide mit ihrem Büro in einem Reihenhaus in der Osterfeuerbergstraße im Bremer Westen residierten und wo Kristen Müller auch wohnte, lebte er dort als wahrer Asket mit dem Vorsatz: Nur keine Schulden machen!

Das stimmt. Das habe ich schon ganz früh von ihm gelernt. Als ich noch selbst gebaut habe, hat er mir das immer schon erzählt. Obwohl man natürlich nicht bauen kann, ohne Schulden zu machen. Aber in einem vernünftige Rahmen.

Auf dem Weg zur »Alten Pausenhalle«, noch vor den beiden beliebten Sitzecken in der Flurzone vor dem Lehrerzimmer, in denen Schüler diskutierend, lesend, arbeitend oder auf ihr Smartphone starrend ihre Freistunden verbringen, erinnere ich daran, dass hier einmal unter anderem eine große Mediathek sowie eine Lehrerbibliothek entstehen sollte. Überhaupt war ja alles anders geplant. Statt des Berufsfeldes Nahrungsgewerbe sollte ursprünglich das Berufsfeld Gestaltung dazu kommen. Unter dieser Änderung und unter Einsparungen haben vor allem der Kunst-, aber auch der Musikbereich schwer gelitten. Beide sind aus den Provisorien nicht herausgekommen.

Wie haben Sie eigentlich damals diese radikale Umplanung von Gestaltungs- auf Nahrungsgewerbe ohne Änderung der Gebäudestruktur überhaupt hingekriegt?

Einzelheiten erinnere ich nicht mehr. Bei großen Bauten muss man mit solchen Dingen rechnen. Ein großes Problem waren die Mittelkürzungen. Dadurch konnte ja der 4. Flügel nicht mehr gebaut werden; insofern ist der ursprüngliche Entwurf ja nicht vollständig umgesetzt worden.

Wir gelangen zur »Alten Pausenhalle«, der Zentrale der Gymnasialschüler, in der in Pausenzeiten immer dichtes Gedränge herrscht. Dabei sollte das Forum der zentrale Ort für die zwanglose Begegnung von Gymnasial- und Berufsschülern werden, als ein sichtbarer Raum für die angestrebte Integration beider Bildungsbereiche. Die Schüler der GyO haben das Forum als Pausen- und Aufenthaltsraum wohl bis heute einfach nicht angenommen. Diesen doch nur als Provisorium des 1. Bauabschnitts gedachten Aufenthaltsraum haben die »Gymmies« einfach nicht mehr verlassen. Ursprünglich sollten hier Räume entstehen, sie wurden dann eingespart. Genau wie die geplante große Garderobenzone, aus der provisorisch die Räume 001 bis 006 geschnidert wurden, und die später wegen Mittelkürzungen nicht realisiert wurde. Wenn man das Ergebnis hier sieht, kann man fast froh sein. Wir schließen unseren Rundgang im naturwissenschaftlichen Trakt ab. Am Ende des Flures steht die Klassentür zu einem der schönsten Klassenräume offen. Die Sonne scheint herein, es herrscht eine geradezu idyllische Unterrichtsatmosphäre. Der Unterschied zu früheren Jahren scheint einzig in der Kursgröße zu liegen, der Raum ist vollgepackt. Mit einem Blick nach draußen versuchen wir uns an das längst verschwundene Ökohaus zu erinnern, eine Idee Kristen Müllers, dem Zeitgeist entwachsen und zugleich der Zeit weit voraus. Ein Passiv-Haus würden wir heute sagen. Er hatte es auf seine Kosten errichten lassen und packte selbst mit an, auch Schüler und Lehrer engagierten sich. Es hat nur wenige Jahre bestanden, von herumstreunenden Kindern und Jugendlichen immer wieder demoliert und schließlich zerstört. Aber wo genau hatte es einst gestanden? Auf dem Rückweg in Richtung Verwaltung bleiben wir im Treppenhaus stehen, dass im Rahmen von »Kunst am Bau« durch Bremer Künstler gestaltet wurde.

Sagt Ihnen der Name Norbert Schwontkowski noch etwas?

Nein. Ich weiß nur, dass eine bestimmte Summe für Kunst am Bau bereitgestellt werden musste und erinnere nur dunkel, dass da auch etwas passiert ist.

Ich muss gestehen, ich auch nicht. Obwohl es Protokolle von Sitzungen mit ihm gibt, auf denen auch mein Name steht. Damals war Schwontkowski noch ein junger unbekannter Künstler. Der gebürtige Blumenthaler reüssierte später international, er verstarb bereits 2013. Bremens Kunstszene veranstaltete zu seinen Ehren noch im gleichen Jahr zwei Ausstellungen. Die Schule hat einen echten Schwontkowski!

Im Verwaltungstrakt endet unser Rundgang und wir staunen über die wunderbare Pflanzwanne vor dem Sekretariat.

Herr Reese, abschließende Frage: Wenn sie heute, fast vierzig Jahre nach der Grundsteinlegung und 35 Jahre nach ihrer Einweihung, durch die von Ihnen gebaute Schule gehen, was empfinden Sie da? Was geht da in Ihnen vor? Sie sind ja zwischenzeitlich nie wieder hier gewesen.

Ich bin schon beeindruckt davon, dass das Gebäude in einem solch guten Zustand ist. Es macht einen sehr gepflegten Eindruck, wie auch das Schulgelände insgesamt. Es gibt keine großen Schmierereien, keine Zerstörungen. Also scheint das Gebäude bei den Schülern immer noch gut anzukommen. Die Außenfront hat früher allerdings etwas mehr gelebt, weil die Fensterrahmen einen gelblichen Naturton hatten. Nach einem Anstrich wirken sie jetzt dunkel. Aber insgesamt gefällt mir das Gebäude immer noch gut.

Ein Gespräch mit dem Schulleiter Björje Horn und seinem Stellvertreter Daniel Lucas beschließt unseren Besuch des Rübekamp. Bei Kaffee und selbst gebackenem Butterkuchen drehen sich Nachfragen und Diskussion um den ungewöhnlich gelungenen Bau und um Fragen und Probleme seiner Erhaltung.

Ziegelsteine mit den Namen einiger Maurer

EBERHARD DOBERS
Der Brand

Im Flur des Verwaltungstraktes

In den Herbstferien, am 24.10.2012 um 1:29 Uhr, wurde der Feuerwehr ein Brand am Rübekamp gemeldet.

Aufgrund dieser Meldung wurden der Direktionsdienst, der Einsatzleitdienst, die Feuerwachen 1, 2, 4 und 5, die Freiwilligen Feuerwehren Neustadt, Burgdamm, Grambkermoor und Schönebeck sowie der Rettungsdienst zur Einsatzstelle alarmiert. Sehr schnell waren insgesamt 45 Rettungskräfte und 20 Fahrzeuge bei der Schule. Der ca. 20m x 60m große eingeschossige Verwaltungstrakt stand beim Eintreffen der Einsatzkräfte teilweise in Vollbrand, die Flammen schlugen bereits aus dem Dach. Der sehr schnelle und massive Einsatz der Feuerwehrkräfte konnte eine noch stärkere Brandausbreitung im Verwaltungstrakt und das Überspringen des Feuers auf das Hauptgebäude verhindern. Schon um 03.56 Uhr wurde vom Einsatzleiter „Feuer in der Gewalt" gemeldet, also Glück im Unglück. Um zusätzliche Schäden durch etwaige Regenfälle zu minimieren, wurde der Verwaltungstrakt nach einigen Tagen eingerüstet und mit Planen abgedeckt.

Jedoch gaben die Kriminalpolizei und die Versicherungen den Brandort erst zwei Wochen später frei, die immensen Schäden am und im Verwaltungstrakt wurden sichtbar. Sechs Büros (der Schulleitung und der Abteilung Gymnasium), das Schulsekretariat, der Druckraum mit dem Papierlager, der Medienraum, der Heizungsraum und die Pausenhalle waren durch Feuer und Löschwasser weitgehend zerstört oder durften wegen zu hoher Schadstoffbelastung nicht mehr benutzt werden. Die Zerstörung des sich auch im Verwaltungstrakt befindlichen, zentralen Technikraums der Schule bewirkte den kompletten Ausfall der Technik im gesamten Gebäude, also kein Strom, kein Wasser, kein Telefon, kein Internet, keine Alarmanlage. So war das Schulgebäude nach den Herbstferien (ab Montag, dem 5.11.2012) bis zur Installation einer provisorischen Stromversorgung nicht zu nutzen. Vor diesem Hintergrund musste ein Weg gefunden werden, wenigstens einen Großteil der rund 2000 Schülerinnen und Schüler trotzdem unterrichten zu können. Schon am Dienstag, also nur einen Tag später, konnte ungefähr ein Drittel der Schülerschaft Dank der schnellen Aufnahmebereitschaft von acht Schulen im Bremer Westen (Oberschule Findorff mit ihren zwei Dependancen, Oberschule Waller Ring, Gesamtschule West, Schulzentrum Walle mit zwei Standorten und die Johann-Heinrich-Pestalozzi-Schule) unterrichtet werden. Für diese großartige Hilfe und Solidarität sei diesen Schulen nochmals herzlichst gedankt. Höchste Priorität bei der Unterrichtsversorgung hatten dabei Schülerinnen und Schüler aus der Fachoberschule, dem Beruflichen Gymnasium und der Abteilung Gymnasium, die sich auf ihre Abschlussprüfungen vorbereiten mussten.

Die Gesamtschule West stellte sofort ihr größtes Büro und alle technischen Hilfsmittel zur Verfügung. So konnten die erweiterte Schulleitung und die Sekretärinnen den Unterricht an den schon genannten Schulen organisieren und die notwendigen Maßnahmen zur Wiederinbetriebnahme des Rübekamps planen und einleiten.

Im Laufe der dritten Woche nach den Herbstferien konnten alle Bereiche der Schule wieder mit Strom und Heizung versorgt und damit der reguläre Unterricht nach Stundenplan erteilt werden. Die Errichtung des neuen Verwaltungstraktes (vom zerstörten Bau blieben nur die Grundmauern stehen) und der Pausenhalle dauerte bis zu den Weihnachtsferien 2013, also fünfzehn Monate. Während dieser Zeit musste die Verwaltungs- und Leitungsarbeit von provisorischen Arbeitsplätzen, die hauptsächlich in den beiden Lehrerzimmern eingerichtet worden waren, erfolgen. Es war aus technischen Gründen nicht zu vermeiden, dass die Sekretärinnen die schlechtesten Arbeitsplatzbedingungen bewältigen und erdulden mussten. Diese Bauphase war natürlich mit vielfältigen Schwierigkeiten verbunden und bedeutete erhebliche Mehrarbeit, insbesondere auch für den Hausmeister und das Reinigungspersonal. Sie war aber auch eine Phase des Helfens, Kooperierens, Improvisierens und Arrangierens von allen am Schulleben beteiligten Gruppen.

Für den Neuaufbau des Verwaltungstraktes galten sehr viel höhere Mindeststandards der Wärmedämmung, der Sicherung des elektrischen Netzes und des Feuerschutzes als in den siebziger Jahren. Die damit verbundenen Kosten mussten aus der von der Versicherung geleisteten Schadenssumme bezahlt werden, mit der Folge, dass nicht genügend Geld für eine Erneuerung der Klinkerfassade und des Ziegeldaches zur Verfügung standen. Immobilien Bremen war nicht in der Lage, die notwendigen Zusatzkosten zu übernehmen. Die Außenwände wurde mit Kunststoffplatten verkleidet und ein Blechdach aufgesetzt. Damit wurde die schöne, harmonische architektonische Gesamterscheinung des Rübekamps nicht zerstört, aber doch beeinträchtigt. Viele schmerzte dieser Verlust. Dagegen waren die Neuaufteilung der Bürogrößen, das neue Inventar, die neue technische Ausstattung, mehr Licht und Wärme ein riesiger Gewinn.

o: Bis auf die Grundmauern zerstörtes Büro der Jahrgangsleitungen und des Stundenplaners

u: Büro des Oberstufenkoordinators

Johann Büsen: In Between

**Organisation muss sein ...
Zum Innenleben der Schule**

UTE LEMKE
Der Rübekamp aus meiner Sicht – ganz persönlich

Mit ganz viel Interesse habe ich die Aufzeichnungen über die Gründungsgeschichte der GyO am Rübekamp gelesen. Ich muss gestehen, dass ich die politischen Hintergründe für die Gründung nicht kannte. Für mich bestand die Welt damals aus zwei Kindern, einem Mann im Schichtdienst und einem gerade gekauften Haus, und es musste alles am Laufen bleiben.

Die Anstellung beim Senator für Bildung habe ich unserem ehemaligen Nachbarn Herrn Wachtendorf zu verdanken, dem ich mehrere Male in der Verwaltung des Hermann-Böse-Gymnasiums ausgeholfen habe.

Die Arbeit am Rübekamp begann für mich mit den Sommerferien und viel Angst vor dem, was auf mich zukommen würde. Da ich von den Arbeitsabläufen in der Schule nicht viel wusste, war ich auf die Hilfe der KollegInnen und auch auf die Hilfe von den Damen der Verwaltung der GSW angewiesen. Alle haben mich freundlich aufgenommen und so hatte ich die Gelegenheit, die Schule mit aufzubauen. Mein Arbeitsbereich war es, ein eigenes Inventarisierungssystem für Lehr- und Lernmittel und die Bücherei aufzubauen, dazu die Handgeldkasse, Personalakten, Krankenkartei und die Lehr- und Lernmittel zu verwalten.

Ich habe viel gelernt und gerade das erste Jahr mit nur 41 Schülern war sehr familiär. Diese erste Zeit brachte sehr viel Arbeit mit Neuanschaffungen und Inventarisierungen. Die Bücher, die für den Deutschunterricht angeschafft wurden, habe ich die ersten Jahre eigentlich alle gelesen. Danach waren das Arbeitspensum und die Anzahl der Bücher einfach zuviel.

Solange wir „nur" die gymnasiale Oberstufe waren, war der Kontakt zu den Kolleginnen und Kollegen sehr nah. Kaffeepause wurde bei mir in der Verwaltung abgehalten und im Laufe der Zeit haben sich daraus auch Freundschaften entwickelt. Es war ein freundliches und familiäres Zusammenarbeiten und ich denke alle Kolleginnen und Kollegen, die diese Zeit miterlebt haben, denken genauso wie ich ab und zu daran.

Herrn Koy bin ich noch immer dankbar dafür, dass er Verständnis für meine Verantwortung als Mutter hatte und ich bei ihm immer ein offenes Ohr für Probleme fand.

Da ich auch einige Arbeiten für die Konzerte und Chorreisen unserer Musikkollegin Frau Ingrid Galette erledigt habe, durften mein Mann und ich mit dem Chor nach Kaliningrad, Polen und Finnland reisen. Für uns unvergessene Momente mit den Carmina burana.

Mit dem Zuzug der Berufsschule hat sich das ganze Arbeitsklima verändert, so viele neue KollegInnen, da ist natürlich der Abstand größer geworden. Da ich immer nur halbtags gearbeitet habe, war ich auch nicht in der Lage alle neuen KollegInnen kennen zu lernen.

Wir waren eine ziemlich große Verwaltung und auch ich bekam eine Hilfe für das Gymnasium, die aber leider keinerlei Vorkenntnisse in der Büroarbeit hatte und da kam es doch manchmal zu Spannungen. Da ich ein sehr pingeliger Mensch bin, hatte ich mit Nachlässigkeiten so meine Schwierigkeiten.

Die beiden Verwaltungsteams haben gut zusammengearbeitet und da ich neben Frau Hilger die einzige mit Stenografiekenntnissen war, habe ich auch öfter für Herrn Bazak Diktate aufgenommen. Die Zusammenarbeit von uns hat sich dann so entwickelt, dass wir merkten der eine kann das besser, der andere das und so haben wir die Aufgaben etwas anders verteilt.

Die größte Herausforderung für mich war jedes Jahr das Schreiben der Abiturzeugnisse. Die ersten Jahre auf der elektrischen Schreibmaschine mit 2 Durchschlägen. Natürlich ohne jeden Tippfehler.

Als ich noch alleine in der Verwaltung war, lief natürlich alles andere auch weiter, so dass ich das Schreiben unterbrechen musste und mich dann wieder einlesen musste. Nachdem die Berufsschule dann dabei war, durfte ich für die Zeit des Schreibens der Zeugnisse mein Büro abschließen.

Das hat mir sehr geholfen bei ca. 100 Zeugnissen pro Jahr.

Als wir dann die PCs bekamen, habe ich mir irgendwann ein Herz gefasst und das Zeugnisformular in den PC geschrieben. Ich habe das als Verbesserungsvorschlag eingereicht und dafür DM 200,-- bekommen. Und ich war richtig stolz, dass mir das gelungen war. Die Behörde hat dann das nötige Papier und natürlich auch einen professionellen Zeugnisvordruck für den PC bereitgestellt. Danach war es nicht mehr ganz so anstrengend die Zeugnisse fertig zu stellen.

Nachdem Herr Koy in den Ruhestand gegangen war, haben sich meine Aufgaben total verändert und ich fühlte mich nicht mehr als Teil der Schule mit einem eigenen Aufgabenfeld. Ich habe dann Altersteilzeit eingereicht und genehmigt bekommen, und letztendlich war es gut, dass ich aufhören konnte zu arbeiten, da meine Mutter um die Zeit an Demenz erkrankte und sehr schnell Hilfe benötigte.

Ich denke auch heute noch, dass ich eine schöne Zeit des Arbeitens in der Schule hatte, mit freundlichen Menschen und viel Gesprächen und auch Lachen. Ich glaube, dass es heute nicht mehr ganz so selbstverständlich ist, solche Aussagen nach einem Berufsleben machen zu können. Vielen Dank dafür.

PETER MINDERMANN
Der Rübekamp ist natürlich speziell

Dobers (D): Peter, wann bist du zum Rübekamp gekommen?

Mindermann (M): Ich bin am Rübekamp angefangen 2004.

D: Du hattest vorher schon anderswo gearbeitet. Warum bist Du ausgerechnet hier gelandet?

M: Ganz einfache Sache, die haben sechs Wochen vor den Sommerferien meine ehemalige Schule geschlossen, einfach so, ohne Vorwarnung, ohne alles, und da musste ich mir eine neue Schule suchen. Hab noch nie etwas vom Rübekamp gehört gehabt, hab dann, wie Hausmeister es tun, mit Peter Nolte Kontakt aufgenommen, hab das Wohnhaus gesehen, weil als Hausmeister ist man natürlich abhängig von der Wohnung. Das war gut. Peter Nolte sagte mir in seiner Art, alles Scheiße hier, mach das bloß nicht. Immobilien Bremen wollte nicht, dass ich hier herkomme, ich sollte mir nicht selber eine Arbeit suchen, sondern warten, bis IB mir etwas zuteilt. Dann hat Wilhelm sich stark gemacht, hab ich mich stark gemacht, und so bin ich hier am Rübekamp gelandet.

D: Was ist das Besondere der Aufgaben an dieser Schule, oder ist es letztendlich eine Hausmeisterstelle wie an jeder anderen Schule auch?

M: Nein, der Rübekamp ist natürlich speziell, allein von der Technik her, von der Größe her, es ist nun mal eine der größten Schulen. Es gibt viel Verschleiß. Was erstaunlich ist, also ich hab vorher eine Schule gehabt, 120 Schüler mit acht, neun Lehrern, so eine kleine Orientierungsstufe, da war mehr Vandalismus als hier zu der Zeit, als ich angefangen habe. Ich rede jetzt in der Vergangenheit, mittlerweile hat sich einiges gewandelt. Aber das Erstaunliche an dieser Schule war tatsächlich Verschleiß, kein Vandalismus. Die Schule ist immer noch relativ sauber, ist nicht beschmiert. O.K. die Toiletten lassen wir jetzt außen vor. Aber wenn man mal an andere Schulen geht, wie die Flure dort aussehen, die Wände vollgeschmiert sind und und und, das hatten wir hier lange Jahre gar nicht. Das war wirklich immer ein Highlight. Alle, die gekommen sind, haben gefragt, was machst du, dass diese Schule so sauber ist. Ich glaube, das war das Gesamtpaket: Kollegium, Schülerklientel, der Rübekamp wurde ja auch von bestimmten Schülern angewählt, das war nicht so eine Allerweltsschule, das war schon so eine Insel der Glückseligkeit. Das hat ganz viel ausgemacht, und das war auch der Grund, warum ich mich hier beworben habe oder dieses Gespräch hatte, ich hatte einfach gemerkt, das ist hier ein ganz anderer Umgang als an anderen Schulen. Ich kannte ja verschiedene Schulen in Bremen Nord, und dort war immer so ein frostiges Klima, „ööh die Berufler" oder „ööh die Gymmis", hier auch, wir haben alle mal gefrotzelt, das war ja auch herrlich. Aber wenn mal wirklich was war, dann hat das immer funktioniert. Das war so ein Highlight hier, das war wirklich toll.

D: Die Sauberkeit in unserer Schule ist natürlich auch auf die über all die Jahre sehr gute Arbeit des Reinigungspersonals zurückzuführen. Stichwort Verschleiß. Du bist hier der einzige Hausmeister, insofern hast du keinen Kollegen, der die gleiche Arbeit macht. Man bekommt viele Arbeiten nicht mit, die du machst, die aber existentiell für die Schule sind.

M: Ja

D: Was läuft bei dir unter Verschleiß?

M: Verschleiß sind zum Beispiel Türschlösser, Türgriffgarnituren, Wasserhähne, Abflussrohre, Tische, Stühle, der Fußboden, Fensterklappen, Fenstergriffe, also alles, was benutzt wird. Und da ist wenig gewesen, was mutwillig zerstört wurde.

D. Du bist wahrscheinlich neben dem Direktor die einzige Person, die mit allen, die hier im Gebäude ein- und ausgehen, hier arbeiten, Kontakt hat. War das mit allen das gleiche, oder gab es Gruppen, die sich dir gegenüber unterschied-

lich verhalten haben oder mit denen du unterschiedlich umgegangen bist?

M: Ich muss sagen, ganz zu Anfang ja. Resultierte, glaube ich, daher, dass mein Vorgänger sich da raus genommen hatte. Jetzt stelle ich es auch fest, ich gehe zum Beispiel nicht mehr zum „Silbernen Schlüssel" (Kochwettbewerb), mache keine anderen Veranstaltungen mehr mit, und ich merke, dass gerade die Schulfremden, mit denen ich früher näher zu tun hatte, sich auch zurücknehmen. Man grüßt ganz nett, aber dies Herzliche geht zurück.

Ihr habt mich ja auch immer gestützt: der wichtigste Mann, hier kommt der Hausmeister. Ich war immer präsent und immer im Gespräch mit euch. Und dadurch haben die Gruppen mich auch anders wahrgenommen. Ich sag mal, ich war praktisch die vierte Person der Schulleitung, so ein Gefühl hatte ich, so einen Eindruck. Es kamen die Leute extra rein, haben guten Tag gesagt, haben auch mal ein Problem angesprochen, was mich eigentlich gar nichts anging. Man hat einfach einen Umgang gepflegt, der sehr, sehr nett war. Ich kann von anderen Schulen sagen, da werden die Hausmeister manchmal behandelt wie der letzte Dreck. Das hab ich in euren Schulleitungsjahren niemals so empfunden.

D: Negatives vergisst man meistens, aber dir ist doch sicherlich etwas im Kopf geblieben, was dich geärgert hat, blöd gelaufen ist, oder nicht hätte sein müssen.

M: Ne, tatsächlich nicht. Wenn irgendetwas schlecht gelaufen war, haben wir es sofort angesprochen. Wir haben ja immer einen fairen Umgang gepflegt.

D: Ja, die Sendepausen waren immer sehr kurz.

M: Ja, dann wurde mal eine ruhige Minute gesucht und einmal losgeballert, dann war alles wieder gut. Und insofern, richtig negativ, kann ich gar nichts empfinden.

D: Und Belastendes? Belastendes muss nicht negativ sein, aber wo dir die Arbeit bis hier stand?

M: Ist klar wo, mit dem Brand.

D: Du bist der einzige, dem das einfällt. Niemandem fällt mehr der Brand ein.

M: Ja gut, da bin ich aber auch richtig über Kopf gegangen.

D: Ohne dich wäre das auch gar nicht so abgelaufen.

M: Aber ich war danach sechs oder sieben Wochen mit Burnout zu Hause.

D: Was verbindest du alles mit dem Brand?

M: Also, da muss ich sagen, jetzt nicht negativ, ihr habt alle immer 110 Prozent gegeben, sei's Wolfgang, sei's Wilhelm, sei's du. Und wir haben es alle mitgelebt, ich inklusive, und wenn es 120 waren, war es auch nicht schlimm. Dann kam eben der Brand oben drauf. Wilhelm hat sich um Immobilien Bremen und die Technik gekümmert. Und Wilhelm hat gesagt, ich geh bald, ich halt mich da raus, mach du das Eberhard. Nach wie vor, ganz ehrlich, ich hätte es dir nie zugetraut, dass du es so toll machst. Sag ich auch heute noch, ohne Eberhard mit seiner akribischen Art, diese Zettel, alles perfekt vorbereitet, das hätte ich dir niemals zugetraut, dass das so reibungslos läuft. Der Fehler, auch von meiner Seite aus, war, dass ich mir freiwillig jeden Schuh angezogen hab, und ich bin irgendwann bei 150 Prozent gewesen. Ich hab die Handwerker gehabt, die Bildungsseite, die Versicherungsseite, die Architekten. Dazu kam das ganze Mobiliar. Bestellungen hast du gemacht, aber es musste angeliefert werden, die kleinen Reklamati-

Hausmeisterloge

Provisorische Abdichtung des zentralen Technikraumes der Schule

onen. Das war einfach zu viel, da hätte ich vorher ein Stopp setzen müssen: Entweder stellt mir IB einen zweiten Mann zur Seite, oder seht zu, wie ihr fertig werdet. Aber seht zu, wie ihr fertig werdet, wäre genau der falsche Weg gewesen. Deswegen hab ich es durchgezogen, bis der letzte Schlüssel übergeben war. Dann hab ich gemerkt, die Luft ist raus, das war eine Sache, die ging gar nicht.

D: *Du hattest auch noch die Arbeit infolge der neuen Brandschutzmaßnahmen für die Pausenhalle.*

M: Es hatte sich dadurch ja alles verzögert, es wurde immer mehr.

D: *Durch die neuen Baubestimmungen kam immer wieder etwas oben drauf, alle haben zügig gearbeitet, die Baustelle gut abgewickelt, aber es war ein vorher nicht überschaubares Paket gewesen.*

M: Nein, das war überhaupt nicht zu überblicken. Gerade die Trockenbauer, polnische Fremdfirmen, die haben auch Sonnabend/Sonntag gearbeitet. Das habt ihr schon gar nicht mehr mitgekriegt. Neuer Estrich war reingekommen, Dach komplett neu, neue Fassade vorgehängt. Keiner hat mitgekriegt, was im Hintergrund lief, da eine neue Wand, dort den Ausgang verlegen, die Zuwegung musste verändert werden usw. Der Bauleiter von IB hat auch flott erkannt: Erstens, Hausmeister tut viel und zweitens, Schulleitung ist immer präsent, hat sich dann hier völlig zurückgenommen. Wir haben alles nur noch telefonisch gemacht. Der kam einmal die Woche: oh, alles gut und ist wieder abgehauen. Normalerweise hat der Hausmeister mit dem Bau nichts zu tun, eigentlich schließt er auf, macht Licht an, schließt ab und macht Licht aus.

D: *Hast du dafür Überstunden abrechnen können?*

M: Nein gar nichts. Das habe ich alles so nebenbei gemacht.

D: *Bewundernswert.*

M: Ich hab viel draus gelernt, wobei ihr ja auch immer die gleiche Leistung gebracht habt. Man hat ja immer eine Orientierung, und wenn dein Vorgesetzter sagt, wenn die Reparatur erst in einem halben Jahr erfolgt, das sei nicht zu ändern, dann setzt du dich in deinen Stuhl und denkst, ok, dann warten wir. Und wenn dein Vorgesetzter sagt, das muss jetzt schneller gehen, ich rufe gleich an, dann nimmst du dir das auch als Orientierung.

D: *Du hast auch ein ganz dichtes Ohr, eine ganz dichte Beobachtung zu den Schülern. Du sitzt an der Schnittstelle zu den verschiedenen Abteilungen und bist auf dem Freigelände, eigentlich überall. Sind Schüler Schüler geblieben, oder haben sich die Zusammensetzung der Schülerschaft und das Verhalten verändert?*

M: Ja, also die letzten drei Jahre... Ich rede mir ein, ich bin so langsam zu alt für die Schülerschaft. Ne, das ist es nicht, die sind einfach laut geworden, die sind so rücksichtslos. Das, was man der Gesellschaft vorwirft, ist hier wirklich ein absolutes Spiegelbild. Wenn die alle erwachsen werden und die nächste Generation Gesellschaft, kannst du sagen „Gute Nacht". Also das nimmt Formen an, die beschimpfen sich, wo du denkst, das geht gar nicht.

D: *Auch untereinander und nur gegenüber den Alten nach dem Motto, die Alten spinnen eh?*

M: Nein, nein, auch untereinander, du Hurensohn, ich fick deine Mutter. Verpiss dich, ist die friedliche Umgangssprache, und das geht so den ganzen Tag. Was da verbal abgeht, das ist nicht mehr normal. Auch untereinander, dieses Mobbing, die haben überhaupt keine Achtung mehr voreinander.

D: *Ist das geschlechtsspezifisch oder verhalten sich Jungen und Mädchen gleich?*

M: Die Mädchen sind fast schlimmer. Wir haben jetzt gerade eine Horde hier, ganz exzessiv, das ist schon fast eine Mädchengang. Die Sekretärinnen stellen es auch fest. Letzte Woche wurden auch die

Raumpflegerinnen beschimpft. Das hat es davor nie gegeben.

D: Alle sagen es, und die Lehrerschaft sagt es auch und ist etwas ratlos, damit umzugehen?

M: Ja, die Schüler erfahren keine Konsequenz. Es fehlt jetzt, ich sag mal zum Beispiel ein Hellmerichs, der da mal richtig zwischengeknallt hat, oder auch Peter Döppel, der immer für Ordnung gesorgt hat, der fehlt. Wir haben auch viele Referendare, die lernen auf der Uni Stillarbeit, z. B. beim Proben eines Rollenspiels auf dem Flur, die machen dann auch Stillarbeit. Aber das sind Studenten und keine hochpubertierenden Jugendlichen, und wenn diese hier rausgehen und Stillarbeit machen sollen, ist es richtig laut. Wir haben jetzt 15 Referendare und acht praktizieren Stillarbeit, dann kannst du dir vorstellen, was hier los ist. Ob das nicht einzudämmen ist, oder ob man kein Interesse daran hat, ich weiß es nicht. Also das hat sich bös geändert.

Von der BS kann ich das nicht sagen, das ist klar, das sind Auszubildende. Wenn man sich jetzt die Klientel anhört, das sind Gymis, (im Hintergrund hört man durch die verschlossene Tür Mädchen obszön fluchen), drei solche Sätze im Betrieb, dann bleiben die zu Hause.

D: Ich habe in Erinnerung, dass wir am Rübekamp wenige Verletzungen, Unfälle hatten, trotz der Größe dieses Betriebes. Schüler sind mal umgefallen, weil sie z.B. morgens nichts gegessen hatten. Aber Schlägereien, Treppe runterschubsen oder Verletzungen in den Werkstätten, so dass ein Krankenwagen gerufen werden musste, kamen nicht oft vor. Der Sicherheitsaspekt war hier ganz gut.

M: Ja, aber wie gesagt, das liegt auch wieder am Umgang miteinander. Andere Schulen, die haben einmal die Woche die Polizei da wegen Massenschlägerei. Ich glaub, das haben wir einmal gehabt in der ganzen Zeit, und der Auslöser war die Bundeswehr gewesen.

D: Nein, das war nicht die Veranstaltung mit dem Bundeswehroffizier. Die Polizei war hier, als es in der Pausenhalle eine Schlägerei zwischen ausländischen Jugendlichen gab, mit Eisenstange usw. Bei der Bundeswehrveranstaltung war auch Polizei im Haus, aber es gab keine Schläge-

rei, das hatte Demo-Charakter. Ein Jugendoffizier war gekommen, den ich im Rahmen der Tage zur Studien- und Berufsorientierung eingeladen hatte. Das hatte aber keine Akzeptanz. Es wurden, glaube ich, Mehltüten geworfen, aber es gab keine tätlichen Auseinandersetzungen.

M: In Vergleich mit anderen Schulen, ich bin jetzt 14 Jahre hier, war hier mit zwei Polizeieinsätzen fast gar nicht los.

Januar 2018.

o: Schalttafeln für die Steuerung der Stromversorgung im gesamten Schulgebäude

u: Heizungsraum

HANNELORE SKORIC
Das ging, weil man eine Gemeinschaft war

Sekretariat

Dobers (Do): Hannelore, Du hast von 1995 bis 2015, also 20 Jahre, am Rübekamp gearbeitet. Warst du für alle drei Abteilungen zuständig? Wie hat sich dein Arbeitsplatz entwickelt?

Skoric (S): Für das Gymnasium war anfangs Frau Lemke da, und ich war für alle Sparten der Berufsschule zuständig, weil ich das Schülerverzeichnis gemacht habe. Frau Maluvius hat die Rechnungen und den Haushalt gemacht, sie stellte auch mal eine Schulbescheinigung aus.

D: Mal ganz spontan. Was waren die nervigen, die schönen und die weniger schönen Sachen? Das gibt es ja an jedem Arbeitsplatz.

S: Kann ich gar nicht sagen. Ne, das ist alles irgendwie gewesen.

D: Haben sich die Schüler im Laufe der zwanzig Jahre verändert? Im Sekretariat habt ihr die Schüler aus allen Abteilungen erlebt, ihr hattet mit mehr Schülern zu tun als die Lehrer.

S: Früher gab es die Hotel-Berufsfachschule, sowas wie heute die Werkschule. Die hatte eine Klientel von Schülern, eigentlich traurig, die sind so von zu Hause geprägt gewesen. Mal sind sie gekommen, mal nicht, die waren aber nicht frech oder ungezogen uns gegenüber, die waren immer höflich und nett. Und das hat sich sehr geändert.

D: Wie zeigt sich das?

S: Ja, die kommen rein, sprechen dich gleich mit du an. Jetzt hast du das mal gleich zu machen. Aber das haste von den erwachsenen Berufsschülern nicht gehabt, das hattest du bei den Berufsfachschülern, den Vollzeitklassen. Das negative Verhalten hat sich im Laufe der Jahre verstärkt. Ich habe nicht mehr so viel mitbekommen, da ich dann die Rechnungen gemacht habe, nachdem Frau Maluvius gegangen war. Aber ich habe schon mitgekriegt, wie sie reinkommen und nicht mal Guten Tag sagen, nichts. Zwischen Jungen und Mädchen ist da kein großer Unterschied. Einmal habe ich eine Schülerin angeschrien und der Tür verwiesen, die war sowas von aufmüpfig.

D: Hast du diese Erlebnisse nach Hause mitgenommen und dich abends noch geärgert?

S: Nein, ich amüsiere mich dann nur noch. Zu der Zeit, als man keine Handys in den Unterricht mitnehmen durften, kam einmal ein Berufsschüler ganz aufgelöst und sagte: „Ich bin emotional am Ende, ich muss unbedingt mein Handy haben." Ich fragte: „Wieso sind Sie emotional am Ende?" „Ich kann ohne mein Handy nicht leben." Da sagte ich: „Dann müssen Sie in die Klinik gehen, dann sind Sie hier falsch." Das behält man, weil das so urig war. Aber ich muss sagen, ich habe gerne in der Schule gearbeitet

D: Das hängt ja nicht nur von den Schülern ab, sondern auch von der Lehrerschaft. Wie hast du die Lehrkräfte im Allgemeinen wahrgenommen und euch gegenüber als den Verwaltungsfachfrauen im Besonderen?

S: Es gab immer welche, die uns als unterste Stufe angesehen haben, und das wird auch immer so sein. Die kommen an den Tresen, so jetzt bin ich hier, so, jetzt will ich was haben. Und das hast du manchmal auch bei neuen Kolleginnen, die davor im Referendariat waren. Aber es gab auch viele Kollegen, die nie etwas verlangt haben oder rausgeholt haben. Manche haben nie irgendwelche Ansprüche gestellt. Aber es gibt auch andere, die denken, die sind sonst wer was, weil sie irgendeine Funktionsstelle haben und da musst du springen.

D: Aber gab es auch Kolleginnen und Kollegen, bei denen du ein gutes Gefühl hattest?

S: Ja, ganz viele, ganz viele.

D: Zwanzig Jahre sind ein großer Erfahrungsschatz, in diesen zwanzig Jahren gab es bei der technischen Büroausstattung viele Veränderungen. Wie war das?

S: Eine Schreibmaschine hatte ich nicht mehr,

sondern gleich einen PC. Durch die verschiedenen Programme wurde die Arbeit vielfältiger und intensiver. Das Neue musste man erstmal in den Kopf kriegen.

D. Bekamst du dafür systematische Einführungen?

S: Wir hatten jährlich eine Einführung, aber man musste dann doch alleine klarkommen. Ich habe mir viel aufgeschrieben, damit ich nachgucken konnte. Als ich am Rübekamp anfing, hatte ich keine Ahnung vom Schülerprogramm und auch nicht von der Schule, denn in der Behörde hatte ich nur die Rechnungen von den Schulen zu bearbeiten. Aber dann ist man drin in den neuen Programmen. Viele Kollegen in der Behörde haben gesagt, oh, die haben schon wieder Ferien. Nachdem ich dann in der Schule war, habe ich meinen Kollegen aus der Behörde erstmal erzählt, dass das gar nicht so einfach ist: Ihr habt einen Arbeitsbereich, wir in der Schule haben zehn Sachen auf einmal zu machen. Das habe ich in den ersten zwei Jahren gar nicht so mitgekriegt, aber als Sekretärin brauchst du die Ferien.

D: Mir fällt auf, du erwähnst überhaupt nicht den Brand, der war doch ein einschneidendes Ereignis. An was denkst du, wenn du jetzt an den Brand denkst?

S: Es war ja in den Ferien, ich habe es im Autoradio gehört „Rübekamp hat gebrannt". Ich dachte das gibt's ja wohl gar nicht, ich musste sofort hinfahren. Die Räume der Verwaltung waren alle hin.

D: Für dich hat sich die Situation dann sehr verändert, in der kalten Ecke im Büchereiraum. Das war eine harte Situation, oder?

S: Das gehört eben dazu, und wir haben das Beste daraus gemacht, aber es war wirklich schweinekalt.

D: Du hast auch ganz intensiv geholfen, alles aufzunehmen, was zerstört oder beschädigt war. Jedes einzelne Teil im Medienraum mussten wir in die Hand nehmen.

S: Ja, das war das Entscheidende. Doch dafür haben wir später einen wunderschönen, neuen Verwaltungstrakt bekommen.

D: Wie erinnerst du dich an die Kollegen in dieser Stressphase nach dem Brand?

S: Die Lehrer sind alle damit sehr gut umgegangen. Aber das war ja noch zu einer Zeit, da haben wir alle zusammengehalten, das war eben unsere Schule. Wir sind alle zusammengewachsen. Ich war ja auch schon fünfzehn Jahre am Rübekamp. Wir haben alle angepackt, da hast du gesehen, dass alle zusammenhalten können.

D: Was nach meiner Wahrnehmung nicht so gut funktioniert hat und worüber du dich fürchterlich aufregen konntest, war die Küche im Lehrerzimmer. Was fällt dir dazu ein, vom Geschirrspüler bis zum Kaffeetrinken?

S: Das ist für mich das Schlimmste gewesen. Das Kollegium bekommt eine neue Küche und nach kürzester Zeit sieht es aus wie Schwein. Ich

o: Ein Büro des Sekretariats

u: Postfächer im Lehrerzimmer

o.: Grünpflanzen im Verwaltungstrakt

u: Grünpflanzen im Eingangsbereich der Schule

r: Spendentier für gute Projekte

hab nur gedacht, es darf nicht wahr sein. Das hab ich vielen auch gesagt, die haben es mir aber nicht krumm genommen, weil es die Wahrheit ist. Die Regale, dass sie die nicht mal aufräumen konnten, war für mich ein rotes Tuch.

D: Du und Susanne, ihr ward für vieles zuständig und habt auch versucht darauf zu achten, was geht und was nicht geht. Wenn du zurückschaust, hast du das Gefühl, das wurde auch gewürdigt, oder hast du die Schule mit dem Gefühl verlassen, dass es nicht gesehen oder anerkannt wurde?

S: Ich wollte nie Anerkennung haben, ich wollte nur respektiert werden. Wenn irgendetwas verquer war, habe ich es auch gesagt. Aber es gab Kollegen, die die große Gusche hatten und mir was erzählen wollten. Da habe ich gesagt, dann machen Sie's doch. Aber sonst, die Kollegen haben mich alle akzeptiert, wie ich war, das ist ja auch nicht immer so die Sache.

D: Die Blumen waren auch einer deiner Verantwortungsbereiche.

S: Verantwortungsbereich nicht, aber wenn ich es nicht gemacht hätte, hätte es niemand gemacht, dann wären keine Blumen mehr da. Ich konnte das nicht lassen. Am schlimmsten war es beim Brand, als die schönen Pflanzen alle zerstört waren. Das war Wahnsinn.

D: Ich denke, du bist wirklich akzeptiert worden, als jemand, der bisschen Salz in die Suppe und bisschen Schwung in den Laden bringt, so wie du bist, du bist eben die Hannelore.

S: Ja, genau.

D: Fällt dir sonst noch irgendetwas zum Rübekamp ein?

S: Eberhard, es ist so, wie du sagst. Wie mit dem Brand, man weiß, dass es war, aber man streicht es aus dem Kopf.

D: Das war eine harte Zeit. Wir hatten erst keinen Strom, dann Tage keine Telefonanlage, nur schlechten Empfang mit unseren privaten Handys. Ihr habt gefroren und du hast Heizventilatoren besorgt, die aber nichts gebracht haben.

S: Genau, aber das ging, weil man eine Gemeinschaft war. Eine Sache habe ich noch. Der Verwaltungstrakt war gerade neu errichtet worden, wir saßen beim Frühstück, ein vom Sturm entwurzelter Baum bewegte sich auf uns zu. Weil es so langsam ging, gab kaum Schaden, aber es hätte sonst was passieren können. Was auch in die Chronik reingehört, ist die Druckerei in der GSW, die der Rübekamp mit nutzen durfte, der Herr Schaake hat auch für uns gedruckt. Dann haben wir die große Druckmaschine mit Herrn Brandlmeyr als Drucker bekommen und später die hochwertigen Kopierer.

D: Mit den hochwertigen Farbkopierern kam auch Herr Schliep, der für den gesamten Rübekamp, also für die Schülerschaft, das Lehrerkollegium, die Verwaltung und die Schulleitung, zuverlässig und schnell sehr gute Kopien, Broschüren, Flyer und Fotos herstellte. Außerdem hat Herr Schliep ein großes digitales Archiv aufgebaut.

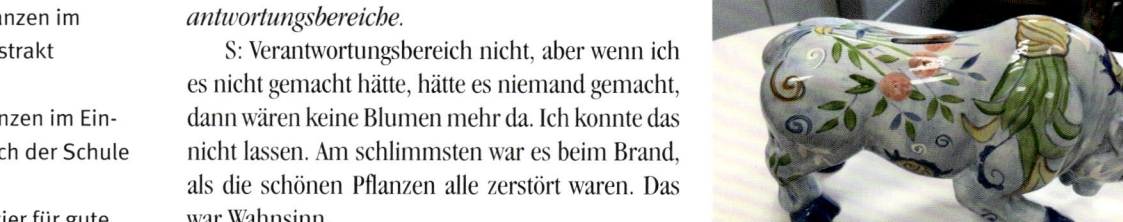

SUSANNE MARTENS
Mein Schulleben wurde „saisonal" stressiger

Im Nachherein hat sich der Wechsel zum SZ am Rübekamp als reiner Glücksfall ergeben.

Ich habe zuvor an einer Grundschule in der Neustadt als Sekretärin gearbeitet und hatte zusätzlich für 1 ½ Jahre auch noch die Vertretung einer erkrankten Kollegin in der Oberstufe des Leibnizplatzes übernommen. An diesen beiden Schulen fühlte ich mich sehr wohl und wäre meine Stundenzahl an der Grundschule nicht reduziert worden (an Grundschulen errechnet sich die Stundenzahl nach Schüleranzahl), wäre ich sicher nicht auf die Idee eines Wechsels gekommen. Ich kannte Wilhelm Hohls; wir kennen uns schon aus dem Kindergarten unserer Kinder. So habe ich ihn gefragt, ob er sich vorstellen könne, dass ich bei ihm arbeiten würde/wollte. Er fand es eine gute Idee und zum Vorstellungsgespräch mit den Herren Hohls, Dobers, Nerlich und Frau Isermann aus dem Ressort – zuständig für das Verwaltungspersonal – bin ich sehr nett empfangen worden. Ich kannte die Schule überhaupt nicht und musste vor diesem Gespräch erst einmal googeln, wo ich euch überhaupt finde. Nach einer sehr schnellen Zusage wurde ich zum SJ 2009 eingestellt, bin dann aber noch bis zu den Herbstferien tageweise an meinen beiden alten Schulen gewesen. Ich hatte eine „grandiose" Einweisung von Frau Crusius, die sich auf sagenhafte 20 Minuten belief. Das war schon ein bisschen schräg, denn der Rübekamp war doch etwas anderes als meine kleine Grundschule (von „meinen" Grundschülern kannte ich alle Namen) oder die „zierliche" Oberstufe des Leibnizplatzes mit damals nur 3 Profilen. Verschiedene Bildungsgänge, wesentlich mehr Schüler und viel mehr Lehrkräfte. Am Anfang habe ich alle Namen durcheinander bekommen. Und es hat bestimmt ein Jahr gedauert bis ich Anne Labusch und Britta Cordes sowie Anja Storm und Sandra Bösch nicht mehr verwechselt habe. Ich kann noch nicht einmal sagen warum, denn alle sind sich total unähnlich, aber das war einfach so. Die eigentliche Arbeitsweise ist in den Schulen nicht so verschieden, aber am Rübekamp war es eben sehr viel umfangreicher. Die verschiedenen Bildungsgänge – die Oberstufe, die Berufsschule, die Berufsfachschule, die Werkschule, damals noch Sekundarschule, die Fachoberschule – jeder Bildungsgang hatte seine eigenen Aufnahmekriterien, Termine, Abschlüsse, Verordnungen. Ich hatte gottseidank eine professionelle Lehrmeisterin, Hannelore Skoric, und ich bin auch nicht mit geschlossenen Augen oder Ohren durch die Schule gelaufen. Wenn ich Hannelore Skorics Hilfe nicht gehabt hätte, wenn ich sie die ersten Monate nicht jeden Tag gelöchert hätte: „Hannelore, wie geht das, und Hannelore, wo muss der hin, und wer muss da Bescheid wissen", hätte mein Einstieg sicher nicht so gut geklappt. Hannelore hat mir immer geduldig alle Fragen beantwortet, manche Fragen auch zum zehnten Mal. Bei dem damaligen Vorstellungsgespräch musste ich noch paar Minuten warten und wir haben diese Zeit zusammen in der damaligen Frühstücksecke verbracht. Sie hat mir dann anschließend mal erzählt, das wäre Absicht gewesen. Sie sollte mich begutachten, ob ich zu ihr und in das Kollegium passe. Wir hatten gleich einen „Draht zueinander". Das hat, glaube ich, viel ausgemacht.

Mein Schulleben wurde „saisonal" stressiger, aber auch schöner. Meine Aufnahme in der Schule und das Betriebsklima des Rübekamps, das war einfach sagenhaft. Ich fühlte mich vom ersten Moment an heimisch. Und das will etwas heißen, denn ich kam aus den Schulen, an denen meine Kinder unterrichtet wurden, kannte also die Kollegen „von der Pike auf", war in der OS am Leibnizplatz 12 Jahre Schulsprecherin und der Abschied von „meinen Kleinen" aus der Grundschule ist mir sehr, sehr schwer gefallen. Aber der Rübekamp hatte

o: Aussicht aus dem Sekretariat auf den Fahrradparkplatz

u: Provisorisches Sekretariat im Lehrerzimmer nach dem Brand im Verwaltungstrakt

durch alle Abteilungen so etwas Herzliches, fast Familiäres. Auch wenn jetzt keine Kinder mit Bauchweh mehr bei mir auf dem Schoß sitzen und nach Mama weinen, konnte ich nach ganz kurzer Zeit sagen: „Das ist meine Schule". Jetzt fahre ich eben statt einem 7-Minuten-Fußweg 25 Minuten mit dem Rad in's Büro, was im Winter schon etwas gewöhnungsbedürftig ist.

2002 begann auch in Bremer Schulen das Computerzeitalter. Das Schülerverwaltungsprogramm „Magellan" wurde schrittweise eingeführt. Vorher gab es für jeden Schüler eine Art Karteikarte. Analog zu Magellan gab es nun auch das Programm „d'vinci", zwei Programme, die jetzt im Schülerverzeichnis verzahnt sind. Am Anfang lief dieses System noch ziemlich holperig. Einmal im Jahr wurde ein Workshop zur Arbeitsweise angeboten und viele Sekretärinnen haben dort Vorschläge eingebracht. Aufgrund dieser vielen individuellen Anpassungen an das Bremer Schulsystem wurde durch das Ressort ein Eigenprodukt, das jetzige Schülerverzeichnis, entwickelt, das inzwischen eigentlich ganz rund läuft.

Und wie gesagt, die Zusammenarbeit mit den Kollegen, besonders mit der Schulleitung war und ist wunderbar. Als ich kam, gehörten neben Wilhelm Hohls, Wolfgang Nerlich, Eberhard Dobers, Uli Juchheim und Karl-Heinz Pitz zur Schulleitung. Mit allen habe ich mich richtig gut verstanden. Und ich habe unsere „blaue" halbe Stunde mit Eberhard Dobers, die wir uns selten genug am Schluss des Arbeitstages gegönnt haben, immer sehr genossen.

Wenn das Umfeld stimmt, habe ich auch Lust etwas Eigenes zu entwickeln; neue Formblätter, um der Schulleitung die Arbeit ein bisschen zu erleichtern, oder Statistiken. Ich liebe Herausforderungen und Arbeiten außerhalb des Bürotrotts.

Und konnte das auch beweisen, als in den Herbstferien 2012 der gesamte Verwaltungstrakt des Rübekamps in Flammen aufging. Als ich dies morgens im Radio hörte, dachte ich zuerst an eine Falschmeldung. Das konnte gar nicht sein! Aber es stimmte und ich denke, in dieser Zeit ist Wilhelm Hohls mit der gesamten Schulleitung, unglaublich unterstützt durch unseren Hausmeister Peter Mindermann, über sich hinausgewachsen. Wir hatten ein provisorisches Büro in einem Raum der GSW, ohne Computerzugang, ohne Telefon. Das war eine unheimlich spannende und herausfordernde Zeit. Schüler und Lehrer wurden auf verschiedene Standorte verteilt und das gesamte Kollegium machte ohne Murren mit. Diese große Solidarität und Hilfsbereitschaft zwischen den betroffenen Schulen und Kollegen war herausragend. Nach einiger Zeit durften wir mit Einschränkungen zurück in unser Gebäude. Die Pausenhalle und der Verwaltungstrakt waren auf längere Zeit gesperrt und das Sekretariat wurde in dem kleinen Raum neben dem großen Lehrerzimmer ausgelagert. Dort saßen wir nun, Hannelore und ich, zwischen Kartons, immer noch ohne Telefon und Computer und in Eiseskälte. Oh, war es dort trotz Heizofen kalt! Es sollte ein Jahr dauern, bis wir in unser schönes „neues" Büro umziehen konnten. Es war eine spannende, letztendlich aber auch befriedigende Zeit, in der wir eng zusammengerückt sind und viel bewältigt haben.

Die Gesellschaft ändert sich, auch bei der Schülerklientel sind Tendenzen erkennbar. Ich habe in den letzten Jahren immer mehr das Gefühl, dass das Verhalten Lehrern gegenüber, das Verhalten in der Schule, die Lautstärke, auffälliger wird. Von Lehrkräften weiß ich, dass auch die Qualität der Arbeiten nachgelassen hat. Vielleicht kann man in einigen Jahren nicht mehr von HochschulREIFE sprechen. Eine eigenartige Stimmung.

Alles ist im Fluss: Lehrer kommen und gehen und mit ihnen ändert sich auch die Struktur und das Leben einer Schule. Ich habe immer gerne am Rübekamp gearbeitet; nun trennt mich nur noch ein läppisches Jahr vom Rentnerdasein und das ist gut so.

o: Empfangstheke m Sekretariat

u: Innenansicht der Empfangstheke

ULRICH JUCHHEIM
Was macht eigentlich so eine Jahrgangsleitung – und warum gibt es die überhaupt?

Die zweite Frage zuerst: Die Jahrgangsleitung wurde am SZ Rübekamp eingerichtet, nachdem sich herausgestellt hatte, dass nicht alle gewählten Tutorinnen[1] gleichermaßen sicher in der Handhabung der Oberstufenrichtlinen waren, also neben der pädagogischen Betreuung durch Tutorinnen jemand speziell dafür sorgen musste, dass bei Kurswechseln alle Auflagen für die Schullaufbahn berücksichtigt wurden und somit die Zulassung zum Abitur nicht gefährdet wurde. Vom Oberstufenkoordinator allein war diese Aufgabe, als drei komplette Jahrgänge die Schule füllten, neben seinen anderen Verpflichtungen nicht zu bewältigen. Damit die Übersicht über die gesamte Schullaufbahn in einer Hand blieb, entstand die Idee, die Jahrgangsleitung – wie schon in der Gesamtschule West – einen Jahrgang von der Einschulung bis zum Abitur begleiten zu lassen und ihre Aufgaben nicht nur auf ein Jahr der Oberstufe festzulegen. Aus dieser Konzeption heraus ergeben sich auch ihre Aufgaben, und zwar, kurz gesagt: Sie nimmt einen neuen Jahrgang in Empfang, lässt ihn sich ein paar Tage lang kennen lernen, sorgt sich dann drei Jahre lang darum, dass alle Schülerinnen den Regeln entsprechend ihre Schullaufbahn verfolgen, und entlässt sie nach dem Abitur mit ein paar aufmunternden Worten in die weite Welt. Im Detail sieht es dann aber etwas komplizierter aus.

Einen neuen Jahrgang kann man nur in Empfang nehmen, wenn das Aufnahmeverfahren im März/April abgeschlossen ist – also die Zehntklässler beraten wurden, Anwahlbögen sortiert und ausgewertet sind, Telefonate über notwendige Änderungen in der Fächerwahl oder Ablehnungen (die unangenehmen) geführt sind, Kontaktaufnahmen mit anderen Oberstufen stattgefunden haben, um die Schülerinnen, die wir nicht aufnehmen können, anderswo unterzubringen. Das ist im Wesentlichen Aufgabe der Oberstufenkoordination, aber die ‚neue' Jahrgangsleitung ist darin eingebunden (auch wenn sie gerade noch damit beschäftigt ist, ihren ‚alten' Jahrgang durchs Abitur zu bringen).

Steht fest, wer nach den Sommerferien den 11. Jahrgang am Rübekamp besuchen wird, will das erste große Ereignis geplant sein: die Kennenlernfahrt. Da das SZ Rübekamp nicht eine festzugehörige Mittelstufe hat sondern seine Schülerschaft aus mehreren Schulen, nicht nur aus dem Westen, sondern stadtweit stammt, soll die gemeinsame Fahrt zu Beginn der Einführungsphase die heterogene Schülerschaft miteinander und mit ihren zukünftigen Tutorinnen vertraut machen. Also muss geklärt werden, wo es hingehen soll, wer aus dem Kreis der künftigen Leistungskurslehrerinnen bzw. Tutorinnen mitkommt und was wir vor Ort mit den Neuen anstellen wollen – und all das vor den Sommerferien, da die Fahrt gleich in der ersten vollen Schulwoche stattfinden soll.

Kennenlernfahrten gab es seit dem ersten Jahrgang; mehrfach ging es in Ferienhäuser in Dänemark, eine kombinierte Bahn-/Radtour führte in ein bremisches Schullandheim in der Nähe von Rinteln. Dieser Jahrgang war drei Jahre lang nicht mehr zu einer Wandertagsradtour zu überreden, schon die bloße Andeutug, man könne vielleicht mit dem Rad..., löste hysterische Reaktionen aus. Seit Mitte der achtziger Jahre bildete sich dann die Tradition der Steinkimmenfahrt heraus: Unterkunft im idyllisch – und weit ab von jedem verführerischen Supermarkt – gelegenen Jugendhof Steinkimmen, Anfahrt mit dem Rad etwa 42 km; für manche Ungeübte durchaus eine Herausforderung. Im Laufe der Jahre bildete sich ein bewährtes Programm aus Kennenlernspielen (Eierflugma-

---

1 Für die Lesbarkeit: Mit dieser Form sind auch die Tutoren gemeint. Gleiches gilt für Schülerinnen, Lehrerinnen und Kolleginnen.

schine, Turmbau, Modenschau), ersten Leistungskurstreffen, Sport-, Kunst- und Chorangeboten sowie Informationsveranstaltungen zu Schülervertretung und Schulregeln heraus. Auch die zunächst manchmal unangenehmen abendlichen Besuche des 12. und 13. Jahrgangs konnten irgendwann im gegenseitigen Einvernehmen ‚kanalisiert' werden. Für die verantwortlichen Lehrkräfte war vor allem auch das freundliche und kompetente Verwaltungsteam des Jugendhofes eine große Hilfe; in den Jahren der sehr großen Jahrgänge z.B. durch die Herrichtung von – bei den Schülerinnen und Schülern sehr beliebten – Matratzenlagern anstelle der fehlenden Zimmer. Schade, dass der Jugendhof nach Umstrukturierung und Modernisierung keinen ganzen Jahrgang mehr aufnehmen konnte und die Kennenlernfahrt verlegt werden musste, und zwar in die Jugendherberge Worpswede. Natürlich mussten auch Konflikte geklärt werden: Mit 15-17 Jährigen auf einer Schulfahrt müssen Alkohol- und Nikotinkonsum thematisiert werden und es muss dafür gesorgt werden, dass nächtliche Ruhezeiten und Besuchsregelungen eingehalten werden. Sollen wir Alkoholkonsum ganz verbieten oder reglementieren (und wie dann kontrollieren?) – und wenn es Regeln für die Schülerinnen und Schüler gibt, dann auch für die Lehrkräfte? Dass diese Fragen von jedem Steinkimmenteam neu entschieden werden mussten und sich die Haltung dazu im Laufe der Jahre verändert hat, spiegelt vielleicht auch sich verändernde gesellschaftliche Einstellungen.

Zurück in Bremen fängt dann der Schulalltag an: erste Umwahlwünsche, die in Steinkimmen gesammelt wurden, umsetzen, dann nach acht Wochen der erste offizielle Umwahltermin. Der zweite kommt mit dem Ende des ersten Halbjahres; dann bleibt es eine Weile eher ruhig, bis am Ende des 12.

Kennenlernfahrt
Steinkimmen

Modenschau in Steinkimmen

Jahrgangs mögliche Abwahlen zu regeln sind, auch Abgänge mit dem Schulischen Teil des Fachabiturs zu bedenken sind. Im 13. Jahrgang muss dann am Ende des 1. Halbjahres die Wahl der Prüfungsfächer und die Zulassung zum Abitur geprüft werden, die am Ende des 2. Halbjahres endgültig ansteht. Nach den Prüfungen die Ergebnisse sammeln, Durchschnitte ausrechnen, Chancen in Nachprüfungen kalkulieren – und über das alles die Schülerinnen beraten. Sehr vieles dieser Arbeit findet inzwischen am Computer mit entsprechenden Programmen statt; vor Einführung der EDV wurden Schullaufbahnbögen als DIN A3–Kartonbögen geführt, in denen von Hand die gewählten Kurse und die erzielten Leistungen eingetragen wurden. Jede Oberstufe verfügte über ein eigenes Codierungssystem für Kurse und ein eigenes System der Fächerkürzel; was manche Hieroglyphen im Laufbahnbogen eines Schülers, der von einer anderen Schule kam, wohl bedeuten mochten, ließ sich oft erst im Telefonat mit der entsprechenden Schule klären. Auch Qualifikationsbögen, in denen die für den Nachweis einer regelgerechten Schullaufbahn und die Berechnung der Abiturnote gültigen Kurse und Prüfungsergebnisse festgehalten waren (Karton in DIN A4), wurden von Hand geführt – und jeder Verschreiber hieß: noch mal!

Die eigentliche Herausforderung aber waren die Regelungen des sogenannten ‚Grünen Otto' selbst, eines handlichen, grüngebundenen DIN A 5-Heftes, das die Richtlinien für die Gymnasiale Oberstufe enthielt. An sich ein Gebilde, das seine Komplexität dem Versuch einer Quadratur des Kreises verdankt, nämlich der Vereinbarkeit von Allgemeiner Hochschulreife und Individueller Schwerpunktsetzung, blieb es gerade auch durch seine häufige Veränderung immer spannend. In manchen Jahren musste der Anspruch, auf dem Laufenden zu sein ohne dauernd im ‚Grünen Otto' nachzusehen, als hoffnungsloses Unterfangen aufgegeben werden: Es half nur, erst mal das Eintrittsjahr in die Oberstufe zu klären und dann aus den vier bis fünf gleichzeitig gültigen ‚Ottos' den gerade passenden herauszufischen. Im Beratungsgespräch schmälert das allerdings etwas das Vertrauen in die Sachautorität der Jahrgangsleitung. Die ist dann eher im beherzten Zurückweisen der Ansicht wiederherzustellen, man könne Deutschkurse durch solche in Niederdeutsch ersetzen – auch wenn Kollege X das jedes Jahr wieder verbreitet, stimmt es nicht. Die Meinung, man müsse in den Leistungskursen immer zusammen 10 Punkte haben, war ein Dauerbrenner in den Beratungen; die Quelle dieser Fehlinformation wurde nie gefunden. Durch Beratungsgespräche konnte man auch den Eindruck gewinnen, dass Oberstufenrichtlinien für ein eher geheimnisumwölktes Gebilde gehalten werden, von dem man sichere Kenntnis nur durch Hörensagen von guten Freunden (Ich kenne aber einen, und bei dem ...) – und nicht durch Lektüre – gewinnt.

Sind Fragen der Kurswahlmöglichkeiten und der Qualifikation auch Schwerpunkt der Beratung durch die Jahrgangsleitung, so entwickelt sich darüberhinaus eine spezifische Beziehung zu den vielen Individuen, die einen Jahrgang ausmachen. Als ich Mitte der 70er Jahre in den bremischen Schuldienst eintrat, galt noch der alte Rahmenplan aus den 50er Jahren. Darin fand sich der schöne Satz: "Der Schüler soll sich in der Schule wohlfühlen." In den späteren reformierten Rahmen- und Lehrplänen taucht er nicht mehr auf, aber als eine Maxime bei der Beratung blieb er sinnvoll: Schullaufbahnberatung ist nicht nur Kontrolle der Regeln sondern auch der Versuch, eine den individuellen Wünschen und Fähigkeiten entsprechende Fächerwahl und Schullaufbahn zu organisieren. Solches Bemühen um Verständnis und Eingehen auf individuelle Interessen schafft eine Voraussetzung dafür, dass das Lern- und Erfahrungsangebot der Schule angenommen wird. Manchmal löst das Beratungsgespräch dann auch den Wunsch aus, persönliche Probleme anzusprechen, die im täglichen Umgang mit den anderen Lehrkräften keine Rolle spielen sollen, manchmal werden Konflikte in Kurs oder Tutorgruppe oder dem Jahrgang an die Jahrgangsleitung herangetragen, für die man keinen anderen Ansprechpartner weiß, mit denen man aber auch nicht gleich zur Schulleitung gehen will. Die Jahrgangsleitung wird oft als eine gleichsam neutrale Institution verstanden, die außerhalb des alltäglichen Unterrichts angesiedelt ist ohne die administrative Macht der Schulleitung zu haben.

Und wenn dann klar ist, wer bestanden hat und wer nicht, muss das letzte Großereignis geplant werden: die Abiturentlassung. Abiturfeiern im eigentlichen Sinne gibt es am SZ Rübekamp seit Mitte der achtziger Jahre, d.h. Veranstaltungen, die aus der von Reden begleiteten Zeugnisausgabe plus Rahmenprogramm plus Büffet plus Tanzen bestehen. Sie wurden lange Jahre im Forum der Schule organisiert, mal mit selbst erstelltem Büffet, mal mit Unterstützung der Berufsschule, mal mit professionellem Catering. Programm war immer dabei, mehr oder weniger ausführlich, mit mehr oder weniger starker Schülerbeteiligung, gelegentlich heiß umstritten wie das Programm von 1988, das,

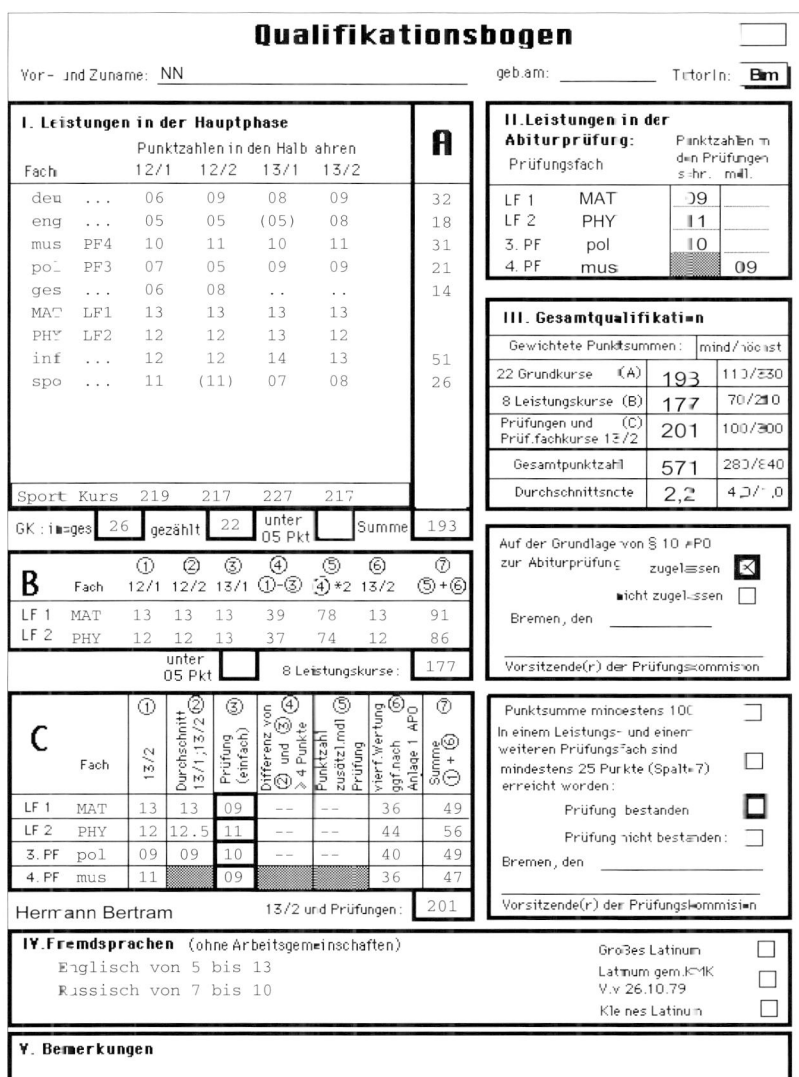

Qualifikationsbogen

SZ am Rübekamp
Abt. Gymnasium

Schullaufbahnbogen

Name: N
Vorname: N
GyO-Eintritt: 1999
2. Fremdsprache Sek I GyO: SPA

Zeugnisvermerke
- Ende 11/1: verwarnt ja ☐ nein ☒
- Ende 11/2: versetzt ja ☒ nein ☐
- Wiederholung Hauptphase: Wd.H1 ☐ Wd.H2 ☐
- Wiederholung ganz 11.Jg: ja ☐ nein ☒
- Beim 1. Mal: versetzt ja ☐ nein ☐
- Fremdsprachen 1: Englisch von 5 bis 10
- Fremdsprachen 2: Spanisch von 7 bis 10
- Kleines Latinum ja ☐ nein ☒

Halbjahr	DEU eng spf med ... ... dar	pol ... ... SOZ ...	mat ... bio ...	spo ...	Philosophie	AGs
11/1 99/00	101 201 201 601 ... ... 201 / Ju. Hn. Bg. Go. ... ... Re. / 11. 09. 08. 10. ... ... 12.	201 ... ... 101 ... / He. ... ... La. ... / 11. ... ... 10. ...	201 ... 201 ... / He. ... Wm. ... / 04. ... 05. ...	201 ... / Rd. ... / 10. ...	Philosophie	10 / 34
11/2 99/00	111 211 211 611 ... ... 611 / Ju. Hn. Bg. Go. ... ... Re. / 11. 10. 07. 10. ... ... 11.	201 619 ... ... 112 ... / He. ... ... La. ... / 10. ... ... 08. ...	211 ... 211 ... / He. ... Wm. ... / 04. ... 09. ...	214 ... / Hf. ... / 09. ...	Philosophie	10 / 34
12/1 00/01	121 631 621 621 ... ... 621 / Ju. Hn. Bg. Go. ... ... Re. / 10. 10. 05. 08. ... ... 10.	629 ... ... 529 ... / He. ... ... La. ... / 09. ... ... 11. ...	241 ... 221 ... / He. ... Wm. ... / 04. ... 07. ...	223 ... / Lr. ... / 13. ...	Philosophie	10 / 34 / Σ 34
12/2 00/01	131 223 231 631 ... ... 631 / Ju. Hn. Bg. Go. ... ... Re. / 12. 09. 07. 11. ... ... 09.	639 ... ... 539 ... / He. ... ... La. ... / 08. ... ... 11. ...	231 ... 231 ... / He. ... Wm. ... / 01. ... 06. ...	217 ... / Fh. ... / 10. ...	Philosophie	10 / 34 / Σ 68
13/1 01/02	132 232 241 642 ... ... 641 / Ju. Hn. Sr. Go. ... ... Re. / 12. 10. 05. 11. ... ... 05.	649 ... ... 549 ... / He. ... ... Cr. ... / 10. ... ... 11. ...	221 ... 241 ... / He. ... Wm. ... / 03. ... 06. ...	212 ... / Mn. ... / 08. ...	Philosophie	10 / 34 / Σ 102
13/2 01/02	731 831 831 ... ... med / Ju. Hn. Sr. ... ... 8P1 / 12. 10. 04. ... ... 08.	849 ... ... 749 ... / He. ... ... Cr. ... / 11. ... ... 13. ...	821 ... 849 ... / He. ... Wm. ... / 01. ... 10. ...	219 ... / Hf. ... / 10. ...	Philosophie	9 / 31 / Σ 133

N, N

---

mit Dekorelementen aus der Wilhelminischen Ära, an die Entwicklung von Schule seit 1908 erinnerte. Und immer füllte sich gegen Abend der Hof mit Ehemaligen. Seit Beginn des neuen Jahrtausends sind Zeugnisausgabe und Abiturfête getrennt; die Zeugnisausgabe findet in der Schule statt, die Abiturfête, der Abiturball, von der Schülerschaft organisiert, an wechselnden Orten (VIP-Lounge im Stadion, Flughafenrestaurant, Modernes, Kongresszentrum ...). Und jedes Jahr die bange Frage: Wird das Jahrbuch rechtzeitig vorliegen? Und was schreiben sie über uns (Schüler über Lehrer, Lehrer über Schüler, Schüler über Schüler)? Und zu beidem, Zeugnisausgabe und Jahrbuch, sollte die Jahrgangsleitung sich etwas einfallen lassen – wie z.B. dieses für das Jahrbuch 2002:

Liebe Dreizehner!

Wenn ihr dieses Jahrbuch in Händen haltet, so habt ihr alle – das wünsche ich euch – die Abiturprüfung erfolgreich bestanden und habt die Schulzeit damit abgeschlossen. Sicher seid ihr jetzt damit beschäftigt, das Kommende zu planen; es mag aber vielleicht auch sinnvoll sein, zum Abschluß eines Lebensabschnittes noch mal an den Beginn zurückzudenken. Könnt ihr euch noch an das Gefühl, an die Erwartungen vor dem ersten Schultag erinnern?

Donata Elschenbroich hat eine Liste zusammengestellt, was ein siebenjähriges Kind beim Eintritt in die Schule erfahren haben sollte. Das meiste davon kann bei staatlich geprüften Allgemeingebildeten wohl jetzt abgehakt werden; es finden sich aber auch Einträge, die vom Lehrplan nicht abgedeckt werden, mir aber gleichwohl wichtig erscheinen:

- *Jedes Siebenjährige sollte ein Ich-als-Kind-Buch haben.*
- *Es sollte sein Selbstportrait gemalt und ge-*

rahmt haben. Vielleicht auf Goldgrund.
- Es sollte einen Gegenstand auswählen zum Aufbewahren für die eigenen Kinder.
- Es sollte einen Gegenstand repariert haben.
- Jedes Kind sollte sich als unwillkürlichen Weltverbesserer erlebt haben.
- Jedes Kind sollte einen Ort des guten Lebens als seine Heimat erkannt haben.
- Jedem Kind sollte Gelegenheit gegeben werden zu entdecken: Weniger war mehr.
- Jeder Junge, jedes Mädchen sollte wissen, wie sich ein Baby anfühlt.
- Jedes Kind sollte einige Tage seines Lebens im Wald verbracht haben.
- Jedes Kind sollte einmal in einen Bach gefallen sein.
- Es sollte eine Erinnerung haben an die Spannung und die Vorfreude, die ein unbeschriebenes, unbemaltes Blatt auslösen kann.
- Jedes Kind sollte seine Singstimme gefunden haben.
- Jedes Kind sollte die Stille als einen Teil von Musik erfahren.
- Es sollte eine respektvolle Ahnung haben von den virtuosen Möglichkeiten der menschlichen Hand: zaubern, jonglieren, operieren, Klavier spielen ... Als Vorfreude auf alles, was ein Mensch lebenslang handhaben kann.

Es ist nie zu spät: sucht euch, so lange noch Sommer ist, einen Bach, den ihr meint gerade noch überspringen zu können; lernt Klavier spielen; verbessert die Welt.

Ich wünsche euch alles Gute und freue mich über jeden, der mal wieder vorbeischaut.

Ulrich Juchheim
Januar 2002

Abiturjahrgang 1938

KLAUS HELLMERICHS
Von Bleistift, Radiergummi und Papieren zu Bits und Bytes

In memoriam Wilfried Koineke

Schule und Unterricht sind ohne Stundenplan nicht zu organisieren. Zwar ist der Stundenplan nicht alles, aber ohne ihn geht nichts. Er ist und bleibt ein zentrales Element von Schule schlechthin, weil er für die Dauer eines Schuljahres erheblich in den Tagesablauf von Lehrern und Schülern, ja selbst Eltern, eingreift. Und Jahr für Jahr stellt sich deshalb die geradezu bange Frage: Wie sieht der neue Stundenplan dieses Mal aus?

Die Präsentation eines neuen Stundenplans, dem ja jeweils eine intensive Phase der Zuordnung von Klassen, Fächern und Lehrern vorausgegangen ist, ist ein kritischer und selten konfliktfreier Moment. Ein Lob hört der Stundenplaner eher selten, kritische Anmerkungen ist er gewohnt, immer wieder aber muss er auch mit Unmut leben. Es ist nachgerade eine Binsenweisheit, dass jeder Stundenplan eine Art Gratwanderung ist und nicht alle zufrieden zu stellen sind. Nicht selten bedrängen Kollegen ihn, Stunden zu verlagern, um ihren Plan zu optimieren und vergessen dabei, welche Folgen das für die Stundenpläne der betroffenen Schüler hat. Dann ist Fingerspitzengefühl gefragt; nicht wenige sehen in aller Regel nur sich, nicht aber das große Ganze; verständlich, aber wenig hilfreich. Ob Lehrer oder Schüler, nahezu alle wünschen sich geschlossene Pläne, die Stunden gleichmäßig auf die Wochentage verteilt, nicht zu früh zu beginnen und rechtzeitig zu enden – also schlicht die Quadratur des Kreises. Der Stundenplaner wünscht sich dann Verhältnisse wie in Frankreich, Großbritannien oder den USA, wo die tägliche Präsenzpflicht diese Probleme gar nicht erst entstehen lassen.

Im Folgenden soll es um eine Entwicklung gehen, die nicht nur die Arbeit des Stundenplaners, sondern die Organisation von Schule überhaupt grundstürzend verändert hat – und nahezu zeitgleich mit den radikalen Reformbestrebungen im Bildungsbereich zu Beginn der 1970er Jahre einsetzte: Gemeint ist die rasante Entwicklung der elektronischen Datenverarbeitung, die auch die »Produktionsmittel« für die Organisationsarbeit in der Schule revolutionierte: Bleistift, Radiergummi und (Karo-)Papier, Handwerkszeug aller (Stunden-)Planer über nahezu Jahrhunderte, wurden in zwei, drei Jahrzehnten marginalisiert. Wie dieser Prozess die Organisation einer Oberstufe veränderte, soll hier knapp beschrieben werden.

Gleich eingangs eine generelle Anmerkung: Stundenpläne für ein in Klassen organisiertes System unterscheiden sich strukturell von jahrgangsmäßig organisierten Kurssystemen: Bei der Organisation nach Klassen kann der Einsatz von Lehrkräften relativ flexibel gehandhabt werden: Einzelne Stunden einer Lehrkraft können zeitlich grundsätzlich unabhängig von Klassen und Jahrgängen getauscht werden. Ein Kurssystem erfordert dagegen eine Anordnung von Kursen in Schienen; je nach Größe eines Jahrgangs liegt eine entsprechende Anzahl von Kursen parallel – mit der Konsequenz, dass die Verschiebung auch nur eines Kurses grundsätzlich die Verschiebung der gesamten Schiene zur Folge hat. Anders als Schulen mit eingeführter und/oder breiter Oberstufe, die ihren Schülern fertige Modelle vorlegten, in die die Schüler sich einzupassen hatten, entschieden wir uns als neue Oberstufe mit zunächst schmalster Basis dafür, unsere Modelle im Rahmen der KMK-Auflagen den Wünschen der Schüler anzupassen. Zweifellos der schwierigere Weg, doch nur darin sahen wir eine reale Chance, die Jahrgangsbreiten kontinuierlich zu erhöhen.

In den Anfangsjahren unserer GyO gehörte zu meinen Aufgaben als Koordinator neben der Organisation der Fächerwahlen, ihre Auswertung und Umsetzung in Kursmodelle auch die konkrete Umsetzung in einen Stundenplan. Schrittweise versuchte ich ein Schienenmodell zu entwickeln, das

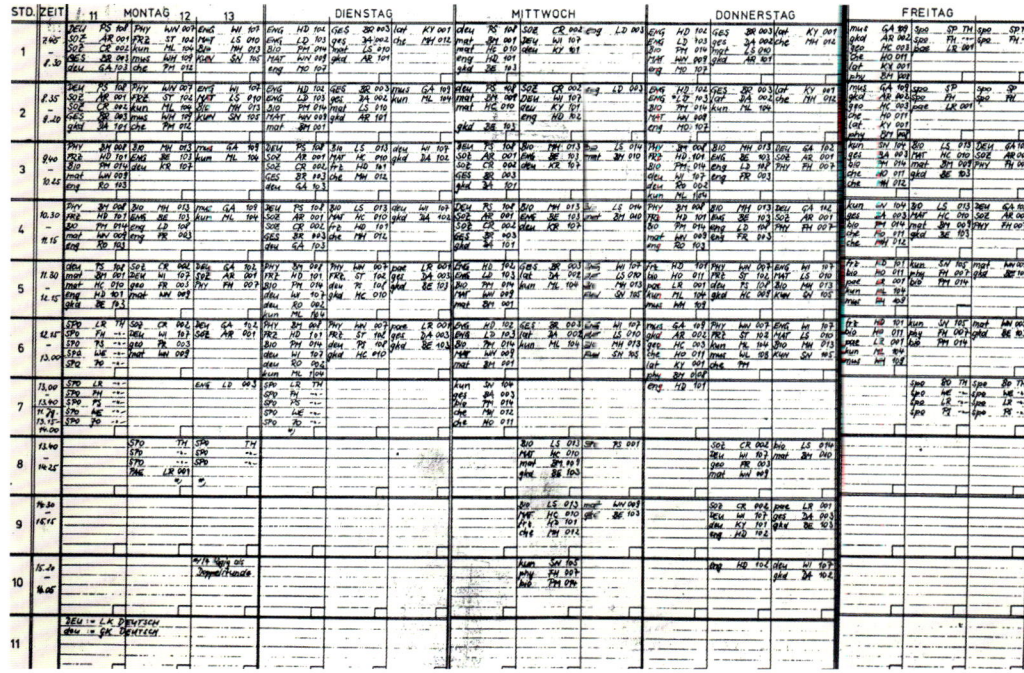

sowohl hohe Akzeptanz auf der Schülerseite finden als auch bei ausgebauter Oberstufe zusammen mit den Schienenmodellen der vorlaufenden Jahrgänge personell und räumlich realisiert werden konnte – einschließlich der Möglichkeit von Wiederholungen für Rückläufer. Der konkrete Stundenplan entstand peu à peu durch Puzzlearbeit mit Bleistift, Karopapier, farbigem Karton und Radiergummi, das dabei eine wesentliche Rolle spielte. Wenn das Kursmodell stand, schrieb Frau Lemke Kurslisten mit allen relevanten Daten und Namen, die wir jahrgangsweise in Klassenzimmern aushängten. Vor ihnen drängten sich dann die Schüler, suchten jeweils ihre Namen und stöpselten sich so ihren Stundenplan zurecht – die meisten fanden es spannend, manche gar als kleine Vorübung für spätere Hochschulzeiten.

In ihren ersten Jahren war die GyO auf Personal und Räume der Gesamtschule Bremen-West angewiesen. Dabei genoss die GyO den unschätzbaren Vorzug, ihren Plan den KMK-Vorgaben entsprechend ohne Abstriche gestalten zu können: Sek. II ging vor Sek. I; niemand wollte Gefahr laufen, die Anerkennung des Abiturs an dieser Stelle zu gefährden. Zu dieser Zeit wurden die ersten Programme zur Stundenplanerstellung entwickelt. Den Anfang machten professionelle, nicht selten an Technischen Universitäten entwickelte Programme, die zu ihrer Anwendung Großrechner erforderten. Mitte der 1970er Jahre nutzte u.a. die Gesamtschule West – mit dem Rübekamp im Schlepptau – ein Stundenplanprogramm der TH Darmstadt. Sämtliche Daten Klassen, Fächer, Lehrer (Fächerkombination, Stundenzahl), Räume etc. mussten in mühevoller und zeitraubender Kleinarbeit per Hand in Lochkarten gestanzt werden. Das Rechenzentrum der Bremer Verwaltung ließ das Programm für Schulen kostenfrei auf ihren Großrechnern laufen – konkret: wenn die Routinearbeit entsprechende Zeitfenster erlaubte, nicht selten in den Nachtstunden. Dafür musste man aber vor Ort sein, ein Ruheraum mit Liegen lud bei langen Wartezeiten zum Überbrückungsschlaf ein. Rechtzeitig zum Start geweckt, stieg die Spannung; sofern keine Probleme auftraten, lag nur Minuten später das Ergebnis vor. Bis dann endlich ein Drucker das Ergebnis auf Endlospapier ausgeworfen hatte, hieß es wiederum warten. Das Ergebnis war meistens ernüchternd: Das Programm scheiterte schlicht an der Komplexität der Gesamtschule West mit ihrem Klassen- als

Stundenplan aus vordigitaler Zeit

Modulex-System

auch Kurssystem (für Wahl- und Wahlpflichtbereiche): Das Programm lieferte zwar eine Lösung, aber auch jede Menge unverarbeiteter Daten. Immerhin erbrachte es zumindest Ansätze für ein mögliches Modell – und vergaß nichts; alle nicht verarbeiteten Daten listete es sorgfältig auf.

Für eine Schule der Größenordnung der GSW (48 Klassen, über 100 Kollegen, dazu entsprechende Räumlichkeiten) plus einer entstehenden GyO war ein Stundenplan auf Papier mit Bleistift und Radiergummi praktisch nicht mehr zu erstellen. Der Markt bot für komplexe Organisationsarbeiten Hilfsmittel und die GSW hatte sich für das System der Firma Modulex entschieden, eine Abwandlung des Lego-Systems: Eine graue, ca. 5 m breit und 1,50 m hohe Grundplatte mit einem Grundraster für 48 Klassen à 5 Tage à 10 Stunden (Ganztagsschule) wartete darauf, von Stundenplanern mit kleinen farbigen Bausteinen für sämtliche Fächer, für rund 100 Lehrer und diversen Fachräumen möglichst intelligent besteckt zu werden. Allein weit über 2000 verschiedenfarbig gestaltete Bausteine mit kleinsten aufzusteckenden Buchstaben (z.B. für Lehrerkürzel) und Zahlen waren vorzubereiten, anzupassen etc., bevor die Arbeit überhaupt beginnen konnte. In Burkhardt Schreiber besaß die GSW einen genialen Stundenplaner, von dem ich viel gelernt habe. Allein die Größe der Grundplatte bedingte, dass wir auf Bürosesseln sitzend vor ihr hin und herfuhren, um die kleinen Steine in den Blick zu nehmen, nach Stunden davor, begannen sie vor unseren Augen zu verschwimmen. Nach dem Umzug in die eigene Schule setzten wir ebenfalls auf das Modulex-System.

Ende der 1970er Jahre drangen die ersten Personalcomputer auf den Markt und eröffneten zunehmend neue Möglichkeiten. Wir konnten uns einen Commodore 64 mit nur geringer Speichermöglichkeit anschaffen, geeignet zwar für Programmierübungen, viel mehr aber auch nicht. Bald folgten leistungsfähigere Rechner von IBM und Apple. Als der SfB sich entschloß, seine Schulen für den neu eingeführten Informatikunterricht mit dem Modell Apple 2e auszustatten, konnten wir nach dem Einzug in den 1. Bauabschnitt der neuen Schule den ersten Computerraum mit 6 Apple 2e-Rechner einrichten. Die Rechner wurden geradezu belagert, nicht selten musste der Hausmeister die Enthusiasten am späten Nachmittag des Raumes verweisen. Bald dominierten die Freaks das Geschehen, eine Art Hackordnung bildete sich heraus; strenge Nutzungsregeln wurden unvermeidbar. Die Apple-Rechner erwiesen sich dem Ansturm als gewachsen und als erstaunlich robust. In den Sommerferien 1982 schrieb ein Schüler, einer dieser frühen Informatikfreaks, in meinem häuslichen Arbeitszimmer ein Programm, das es erlaubte, individuelle Stundenpläne auszudrucken. Fortan hielten unsere Schüler – später mit Hilfe anderer Programme – noch vor den Sommerferien ihren Stundenplan mit allen relevanten Daten in den Händen; für alle Seiten ein großer Fortschritt. Insgesamt war in den ersten Jahren hilfreich, dass Kollege Frowein, mein Gegenpart an der Langen Reihe, sich schon früh der Datenverarbeitung zugewandt hatte und als Koordinator für die Schülerverteilung im Bremer Westen praktikabel aufbereitete Datensätze übergeben konnte; weil er in der IBM-Welt lebte und wir in der Apple-Welt, konnten wir leider über viele Jahre keine ausreichende Kompatibilität herstellen.

Nach der Auflösung der Oberstufe an der Rembertistraße als Nachfolgerin der Wirtschaftsoberschule konnten wir 1983 Wilfried Koineke, anfangs mit halber Stelle, für uns gewinnen. Wir kannten uns privat und ich überzeugte ihn, den Stundenplan zu übernehmen. Als Lehrer für Mathematik/ Chemie verfolgte er unglaublich breitgestreute Interessen: Neben Politik und Geschichte hatten Literatur, Theater, vor allem das Tanztheater, und der Jazz es ihm angetan; seit Jugendzeiten hielt er sich über aktuelle Entwicklungen im Kulturbereich auf dem Laufenden und konnte später von mancher Theaterproduktion im deutschsprachigen Raum aus eigener Anschauung erzählen. Als Mathematiker fand er rasch Zugang zur Informatik und stieg früh in die Apple-Welt ein, stets arbeitete er mit den neuesten Modellen. Zunächst programmierte Wilfried vor allem für seinen Unterrichtsbedarf. Das allerdings änderte sich mit seinem Einstieg als Stundenplaner. Er nahm nicht nur die naheliegenden Notwendigkeiten dazu in den Blick, sondern begann sofort ein Programm zu entwickeln, das Kursmodelle auf personelle und räumliche Realisierungsmöglichkeiten durchspielte und wir so über gewisse Anpassungen zu neuen Lösungen gelangten. Wir saßen uns täglich im Büro gegenüber, er beobachtete mich und auch die Jahrgangsleiter und erklärte eines Tages, dass er, wenn ich ihm die einzelnen Arbeitsschritte detailliert erklärte, ein Programm zur gesamten Verwaltung einer GyO schreiben würde. Gesagt, getan; Schritt für Schritt entfaltete er so sein Programm: Aus – allerdings stets sorgfältig zu pflegenden Dateien – schnurrten bald die Daten zu Individualplänen für Schüler und Lehrer, Kursverzeichnissen und -listen zusammen und füllten für den Laien wie von Geisterhand Formulare über Schullaufbahn, Abiturqualifikation und -prüfung. Vor allem wurden jetzt Zeugnisse nicht mehr von Hand geschrieben, sondern ausgedruckt, selbst Abiturzeugnisse, die Frau Lemke über viele Jahre auf ihrer Olivetti mit mehreren Durchschlägen geschrieben hatte und die nun von diesen nervtötenden Arbeitsschritten entlastet werden konnte.

Wilfried Koinekes professionelles Programm für die Verwaltung einer GyO ließ nahezu keine Wünsche offen. Die Sache hatte allerdings einen Haken: Seine mit Apple-Software – es waren die Zeiten von HyperCard und HyperTalk – geschriebenen Programme konnten wir zwar händeln, aber keineswegs von heute auf morgen seine offene Programmstruktur und -schritte durchschauen. Nie-

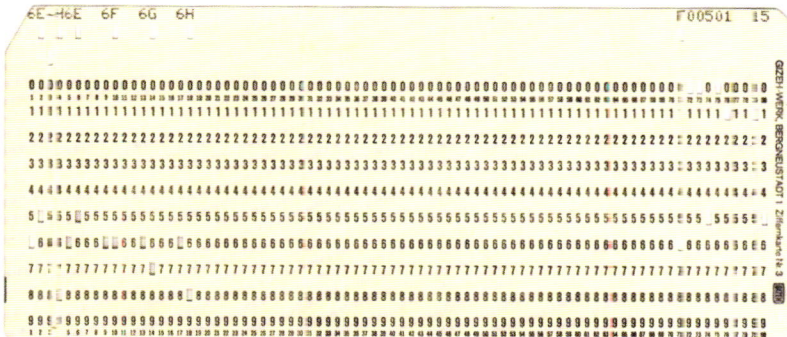

mand von uns hätte in diesen Jahren Wilfried von heute auf morgen ersetzen können, so dass wir fürchteten, dass ihm etwas zustoßen könnte – und genau das passierte. Er erkrankte schwer und war 1995/6 gezwungen, schrittweise aus dem Dienst auszuscheiden. In dieser für ihn schwierigen Situation sorgte er selbst für einen kongenialen Nachfolger: Peter Döppel, den er von der GyO Waliser Straße an den Rübekamp lotste. Beide kannten sich, beide gehörten zur Bremer schulischen Informatikszene, beide kannten sich von Fortbildungen her. In vielen Sitzungen, die sich über Monate hinzogen führte Wilfried seinen Nachfolger trotz seiner Erkrankung in sein Programm ein. Peter konnte nahezu nahtlos einsteigen, Wilfrieds Programm nicht nur pflegen, sondern der wachsenden Bedürfnissen entsprechend ergänzen und erweitern. Darauf waren wir angewiesen, weil wir in jenen Jahren – anders als andere Oberstufen – keine festen Kursmodelle vorgaben, in die die Schüler sich jeweils einzupassen hatten, sondern unser Kursmodell jeweils aus den Wahlwünschen der Schüler entwickelten. Mit wachsender Jahrgangsbreite und damit einhergehendem größeren Kursangebot wechselten wir unser System und gaben ebenfalls feste Kursmodelle vor. Für beide Systeme war die elektronische Datenverarbeitung irgendwie schon selbstverständlich und unverzichtbar geworden. Vor allem über das lange Wochenende zu Himmelfahrt lief bei Wilfried resp. Peter der Rechner Tag und Nacht – in der Regel ohne komplette Lösungen zu finden, weil immer wieder Individualpläne entstanden, die inakzeptabel waren. Ich hatte Wilfried als Stundenplaner unter der Zusicherung gewinnen können, ihm die mit dieser Funktion verbun-

o: Lochkartemuster

u: Wilfried Koineke

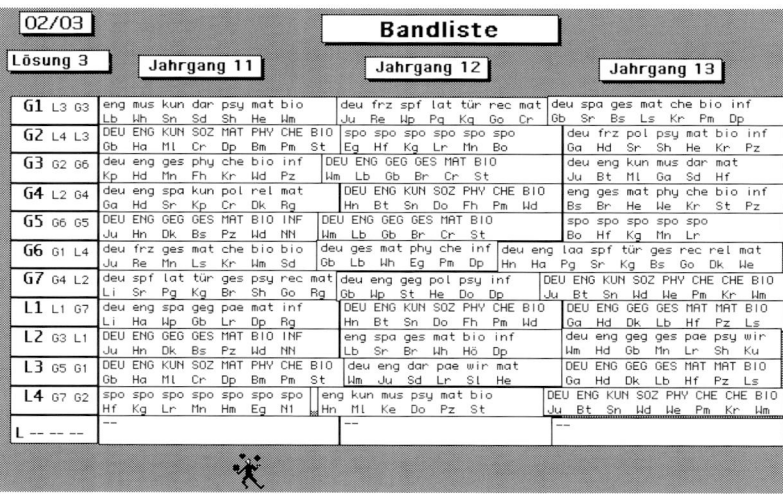

denen, in der Natur der Sache liegenden Konflikte mit Kollegen vom Hals zu schaffen. Es stellte sich aber heraus, dass dies nur äußerst selten erforderlich war: In seiner ruhigen und gewinnenden Art ging er – wie später Peter Döppel als sein Nachfolger – auf betroffene Kollegen zu, besprach mit ihnen die Probleme, erläuterte mögliche Lösungen, bis ein akzeptabler Plan gefunden war. Weniger Verständnis hatte Wilfried allerdings dafür, dass wir seinen technischen Lösungen nicht immer folgen konnten. Unvergessen bleibt mir der Unterton seines Grußes am Montagmorgen: »Klaus, ich habe am Wochenende wieder für dich gearbeitet!« Wilfried Koineke erlag, nachdem er frühpensioniert worden war, 2003 schließlich seiner schweren Erkrankung.

Sowohl Wilfried Koineke als auch Peter Döppel waren zu ihren Zeiten Teil der erweiterten Abteilungsleitung, beide brachten sich in die Organisation ein und waren wegen ihrer Kompetenzen für die Verwaltung unserer GyO unverzichtbar. Heutige Oberstufen werden mit einem vorgegebenen Programm verwaltet; über eine vollständige Vernetzung mittels eines zentralen Servers hat der SfB nicht nur jeder Zeit Zugriff auf sämtliche Schuldaten, sondern kann sich jederzeit in Schulrechner einloggen. Es ist damit jene gläserne Schule entstanden, vor der viele gewarnt hatten und die über eine verantwortungsbewusste dezentrale Datenverarbeitung zu verhindern gewesen wäre.

o: Mit dem Computer erstellte Stundenplanstruktur

m: Stundenplan eines Schülers

u: Stundenplan eines Lehrers

GERHARD DAHLKE

Von der Sek I zur Sek II – Erfahrungen aus 40 Jahren Schuldienst im Bremer Westen

„Man hat das Gefühl in eine andere Schulwelt zu kommen", sagt Ayse C. kurz nach ihrem Wechsel zur Gymnasialen Oberstufe am SZ Rübekamp. *„Ein freundlicher Empfang, das schöne Schulgebäude, schon nach den Hospitationstagen wusste ich, dass ich hier weiter zur Schule gehen wollte."*

„Aber es ist hier deutlich schwerer als vorher gedacht. Ich weiß nicht, ob ich mit den Lernanforderungen hier klarkomme. Man weiß erst gar nicht, was man machen soll", ergänzt Matthias K. aus Walle, der eher zufällig zum SZ Rübekamp gewechselt ist. *„Meine Freunde wollten hierher und da bin ich auch zum Rübekamp gegangen."*

„Es ist doch leicht hier, überhaupt nicht streng. Außerdem durfte ich sogar Fächer abwählen, die mir nicht liegen." Meint im Gegensatz dazu Nora W., die aus Findorff gekommen ist.

So unterschiedlich wie ausgewählte Elftklässler ihren Schulübergang in die Gymnasiale Oberstufe beschreiben, so verschieden gestaltet sich die Übergangsproblematik von der Sekundarstufe I in die Gymnasiale Oberstufe. Mit der Einführung der Stufenschule in Bremen (auf Empfehlung des Deutschen Bildungsrates) entstanden Schulzentren der Sekundarstufe I (Mittelstufe) und der Sekundarstufe II (Gymnasiale Oberstufe u. Berufsschule). Daraus ergab sich eine räumliche und inhaltliche Trennung der gymnasialen Bildung. Diese hatte zur Folge, dass Gymnasiallehrkräfte entweder in der Sekundarstufe I (5.-10. Klasse) oder in der Sekundarstufe II (Klassen 11-13) unterrichten konnten. Unter der Dienstbezeichnung „Lehrer an öffentlichen Schulen (LöSch)" wurde der Stufenlehrer eingeführt (und nach Protesten der Gymnasiallehrer inzwischen wieder abgeschafft). Schulzentren ohne eine eigene Mittelstufe sind deshalb auf die Anwahl von mehreren, in der Regel benachbarten Mittelstufen angewiesen. So war das Schulzentrum Rübekamp auf die Anwahl von Schülerinnen und Schülern aus dem Bremer Westen, später auch dem weiteren Stadtgebiet, und auf eine gute Zusammenarbeit mit den umliegenden Sekundarschulen I angewiesen – und trat damit unmittelbar in Konkurrenz zur Oberstufe des alteingesessenen Gymnasiums am Waller Ring. Die damalige sozialdemokratische Bildungspolitik setzte ganz gezielt darauf, Kindern aus eher bildungsfernen Bevölkerungsschichten und Stadtteilen, z.B. Gröpelingen, den Weg zum Abitur zu ermöglichen. Aus dieser politischen Überlegung heraus, wurde die anfangs recht kleine GyO des SZ Rübekamp trotz geringer Schüleranwahlen in der 1980er Jahren seitens der Bildungsbehörde aufrechterhalten und unterstützt.

Schon wenige Jahre nach Einführung der Stufenschule zeigten sich im Bremer Westen einige problematische Nachteile. Zwei dieser Probleme sollen hier beispielhaft erläutert werden. Da ist zum einen die organisatorische Gestaltung und inhaltliche, vom Abitur her gedachte Anforderung der Gymnasialen Oberstufe, die sich für Schülerinnen und Schüler aus dem Bremer Westen zu einer Art Hürde entwickelte. Zum anderen ergab sich für Gymnasiallehrkräfte, die weiterhin in beiden Stufen arbeiten wollten, nur die Möglichkeit an zwei Schulen gleichzeitig zu arbeiten

Für die GyO am SZ Rübekamp und das SZ Walle ergab sich daraus die Notwendigkeit, intensiv mit den Zuweisungsschulen Gesamtschule West, SZ Helgolander Straße, SZ Pestalozzistraße, SZ Findorff, dem SZ Waller Ring und auch mit dem SZ Sek. II Walle zusammenzuarbeiten. Angehende Oberstufenschüler wurden in ihren Sek.-I-Zentren rechtzeitig durch Vertreter der beiden Oberstufen ausführlich beraten. Überdies gab es fest installierte Hospitationstage, an denen die Zehntklässler der Region Unterricht anhospitieren konnten und sich so ein Bild über das machen konnten, was sie erwarten würde. In den Kernfächern Mathematik,

Deutsch und Englisch kam es auf Initiative des SZ Rübekamp zu gemeinsamen Konferenzen und Absprachen mit den Sek I-Schulen. Diese Treffen halfen, die Übergangsproblematik abzuschwächen. Bei den beteiligten Schulleitungen wuchs darüber hinaus die Erkenntnis, dass man Lehrkräfte nicht nur in einer Schulstufe einsetzen sollte. Lehrkräfte, die bereit waren, sowohl in der Sekundarstufe I als auch in der Sekundarstufe II tätig zu sein, waren eine gute Klammer für die auseinanderdriftenden Schulstufen in der gymnasialen Bildung.

Mit dem Ziel, Gymnasialklassen von 5 bis 13 zu unterrichten, trat ich (nach vorübergehender Arbeitslosigkeit) meinen Dienst als Lehrer an öffentlichen Schulen (LöSch) im Angestelltenverhältnis an und wurde dem Sek I-Zentrum Pestalozzistraße in Gröpelingen zugewiesen. Als gebürtiger Bremer, der seine ersten sechs Lebensjahre in Gröpelingen verbracht hatte, wollte ich um alles in der Welt beruflich nicht in den Bremer Westen – und schon gar nicht nach Gröpelingen, das sich zu einem sozialen Brennpunkt zu entwickeln schien.

Es sei mir ein Hinweis auf die Entwicklung in Gröpelingen erlaubt:

Die erste Besiedlung auf dem Gebiet des heutigen Gröpelingens entstand um 1300 auf einem Dünenrücken. Aus den Wörtern „gropen" (Graben) und „linga" (Leute von) entstand die Bezeichnung „Gropelinga" für die Menschen, die an dem Graben wohnten. Das Dorf war geprägt durch Bauernhöfe, Sommersitze und Ausflugslokale. Diese verschwanden von 1885 bis 1914 im Zuge des Hafenbaus und der Industrialisierung, als auch Gröpelingen zu Bremen kam. Einfache Arbeiterwohnsiedlungen wurden sehr schnell geschaffen, um die Betriebe der Hafenwirtschaft und Industrie zu versorgen. Einfache Wohnungsbauten in dichter Bebauung für die zugewanderten Arbeiter der Hafenwirtschaft aus Deutschland, Osteuropa, Italien und der Türkei entstanden. Infolge der Umstellung auf Container und durch die Werftenkrise gab es starke Veränderungen in der Hafenwirtschaft, die sich auch auf Struktur und Bevölkerung des Stadtteils auswirkten. Massenentlassungen veränderten die Sozial- und Stadtteilstruktur Gröpelingens grundlegend. Neben einer Verschlechterung der baulichen Struktur setzte eine Segregation ein, in deren Folge Gröpelingen heute von überwiegend ungesteuert zugewanderter Bevölkerung mit Migrationshintergrund (81,6 %; 2010) bevölkert wird. Die Lindenhofstraße bezeichnet der Volksmund als „Klein-Istanbul".

Auch Walle war von der Hafen- und Werftkrise betroffen, allerdings wegen seiner durchmischten Sozial- und Bevölkerungsstruktur weniger stark. Zuwanderung aus Südosteuropa prägte auch Walle.

In beiden Stadtteilen, Walle und Gröpelingen, überlagerten sich in rascher Folge mehrere, die Struktur verändernde Prozesse: Niedergang der Altindustrie (Werften, Nahrungs- und Genussmittelindustrie), dramatischer Rückgang des Hafenumschlags in Verbindung mit neuen personalsparenden Hafenumschlagstechniken und der Verlagerung der wesentlichen Hafenwirtschaft nach Bremerhaven, dramatische Erhöhung der Arbeitslosigkeit, Verfall des Altwohnungsbestands, Zuzug von Süd- und Südosteuropäern (zunächst Gastarbeiter genannt), Segregationstendenzen mit fast völligem Bevölkerungsaustausch sowie kulturelle Neuausrichtungen mit Tendenzen zur Parallelgesellschaft.

Die rasanten Strukturveränderungen in Gröpelingen und Walle prägten auch seine Schullandschaft und seinen Bildungsbedarf. Der größte Teil der Schülerschaft kam seit 1900 stets aus bildungsfernen Familien und galt bis lange nach dem 2. Weltkrieg als zu vernachlässigen, da ja ohnehin dort nur weniger gut ausgebildeter Arbeitskräfte gebraucht wurden. Eine achtjährige Volksschule sollte reichen. Doch mit dem Aufstieg der Sozialdemokratie im Bremer Westen und der fortschrittlichen Öffnung der Bildung für die Breite der Bevölkerung wurden auch im Bremer Westen in rascher Folge neue Schulen eingerichtet und ältere ausgebaut. Aus dem wirtschaftlichen Aufstieg während des „deutschen Wirtschaftswunders" in den 1960er und aus dem gesellschaftlichen Aufbruch Anfang der 1970er Jahre heraus investierte Bremen in die Bildung für bisher benachteiligte Stadtteile mittels neuer Bildungskonzepte, mittels engagiertem Lehrkräftepotential und mittels einer neuen Schulstruktur, der Stufenschule. Im Bremer Westen entstanden eine neue Gesamtschule, die GSW, sowie

neue Schulzentren, die sich aus älteren schon bestehenden Schulen entwickelten, wie z. B. das SZ Pestalozzistraße. Innerhalb dieses Prozesses wurde die GyO des SZ Rübekamp als Reformoberstufe gegründet, um mehr Schülerinnen und Schüler aus bildungsfernen Haushalten zum Abitur zu führen.

Durch die zunächst ungeliebte Arbeit in Orientierungsstufe (5. und 6. Klasse) und Sek I wurde mir deutlich, dass Gröpelinger Schülerinnen und Schüler Probleme in der Gymnasialen Oberstufe bekämen und sie beim Wechsel dorthin besonderer Unterstützung und Förderung bedürften. Schnell wurde klar, dass der größte Teil der Gröpelinger Schülerinnen und Schüler nur durch engagierte Unterstützung den gymnasialen Bildungsweg erfolgreich absolvieren würde. Viele kamen aus bildungsfernen Häusern, etliche mit Migrationshintergrund sowie Kultur- und Sprachproblemen und überdurchschnittlich viele aus zerrütteten Familienverhältnissen. Über meine Pflichtstunden hinaus gab ich den Schülerinnen und Schülern meiner Gymnasialklasse nachmittags in deren Elternhäusern und bei mir privat Zuhause intensiven Förder- und Unterstützungsunterricht. Es wurden individuelle Lernangebote gemacht, Hausaufgaben betreut, auf Klassenarbeiten vorbereitet, Methoden zum Selbstlernen eingeübt, inhaltliche Lücken und Defizite aus vergangenen Schuljahren aufgearbeitet und geschlossen, individuelle Lernhilfen und Motivationen gegeben, mitunter auch persönliche Fragen und Probleme besprochen sowie spielerisch Freizeit verbracht. Es entwickelte sich eine „häusliche Schule nach der Schule", aus der zu etlichen dieser jungen Menschen und deren Erziehungsbe-

Haupteingang des Schulzentrums am Rübekamp

rechtigten fast freundschaftliche Beziehungen entstanden, ohne dass das Verhältnis Lehrer – Schüler beschädigt wurde. Bald konnte ich deutliche Fortschritte in Lernqualität und Methodenkenntnissen bei meinen Schülerinnen und Schülern erkennen, die sich positiv auf deren Schulleistungen und Motivation auswirkten. Es gelang bei den meisten meiner Schülerinnen und Schüler das zu ersetzen, was Kinder aus Bildungsbürgerhaushalten in deren Familien mitbekamen.

Insgesamt aber nicht wirklich zufrieden mit meiner beruflichen Situation, reichte ich immer wieder Versetzungsanträge an eine GyO des Bremer Westens ein, mit dem Ziel, sowohl in der Sek I als auch in der Sek II zu unterrichten und dadurch Gröpelinger Schülerinnen und Schüler beim Stufenübergang zu unterstützen. Die Abteilungsleitung der GyO am Rübekamp war daran interessiert, die Zusammenarbeit beider Schulen zu verbessern und den Übergang zu erleichtern. Dabei konnte ich behilflich sein. So bot man mir eine Abordnung mit dem Aufbau des Geographie-Leistungskurses am SZ Rübekamp an. Mein neunter Versetzungsantrag wurde schließlich genehmigt. Vier Jahre pendelte ich zwischen dem SZ Pestalozzistraße und dem SZ Rübekamp: musste zusätzliche Schulstunden unterrichten (und meinen privaten PKW zum Pendeln benutzen). Außerdem ergaben sich doppelte organisatorische sowie Konferenzbelastungen; jede außerunterrichtliche Tätigkeit musste doppelt erledigt werden, z. B. Pausenaufsichten, Vertretungsunterricht, Elternsprechtage, Klassenfahrten usw. In der Zusammensetzung und im Verhalten der Schülerschaft zeigten sich gravierende Unterschiede: statt quirliger, nicht selten nervenaufreibender Lautstärke bei den Jüngeren, Disziplin, Lernbereitschaft, Respekt und entspannteres Sozialverhalten bei den Älteren.

Als ich mich schon mit der Existenz als Pendellehrer im Angestelltenstatus abgefunden hatte, ereignete sich bei einem Schulfest am SZ Pestalozzistraße, bei dem ich Aufsicht führte, ein für mich einschneidender Zwischenfall. Am späten Abend rief mich eine Kollegin in die zur Disko umfunktionierte alte Turnhalle. Dort gab es einen Streit zwischen Schülern unterschiedlicher Migrationsgruppen. Mit anderen Lehrerkollegen versuchte ich den Streit zu schlichten und stellte mich zwischen die streitenden Schülergruppen und versuchte durch gutes Zureden die Gemüter zu beruhigen. Da hörte ich wie hinter meinem Rücken ein Messer oder Stilett aufklappte. In diesem Moment durchschoss mich die pure Angst und der Gedanke: „Was machst Du hier eigentlich?" Vorsichtig und beschwichtigend drehte ich mich um und blickte in das gezückte Messer. Es gelang den Schüler zu beruhigen und ihn dazu zu bringen, mir das Messer auszuhändigen. Die sich streitenden Schülergruppen konnten getrennt werden. An diesem Abend wurde mir klar, dass ich mein berufliches Umfeld verändern musste.

Trotz dieses Engagements für die Schülerinnen und Schüler im Übergang, war es kaum möglich die durch die Bildungspolitik gewollte Stufe wirklich abzumildern. Bei Schülerinnen und Schülern, die von der Sekundarstufe I in die Gymnasiale Oberstufe wechselten, entstand für manche eine unüberwindliche Hürde. Die Lernniveaus waren zu unterschiedlich. Die jeweiligen Schulen und Lehrkräfte verloren den Blick für die tatsächliche Situation der jeweils anderen Schulstufe. Aber wie sollten auch die Lehrkräfte der Sekundarstufe I ihre lernstärkeren Schülerinnen und Schüler auf die Gymnasiale Oberstufe vorbereiten, wo doch der größere Teil ihrer Klassen lediglich um den Mittleren Schulabschluss kämpfte und eine anschließende Berufsausbildung anstrebte? Die Unterschiede in Zielführung und Lernfähigkeit waren in den Abschlussklassen der Sekundarstufe I im Bremer Westen zu groß. Eklatante Mängel in den Grundfertigkeiten und im Arbeitsverhalten bei den in die Gymnasiale Oberstufe wechselnden Schülerinnen und Schülern zeigten sich immer deutlicher. Curricula und Lehrpläne beider Schulstufen waren nicht aufeinander abgestimmt und wurden in der Praxis nur selten erschöpfend umgesetzt.

Erst viele Jahre später reagierte die Schulpolitik auf diese Missstände, indem stufenübergreifende Fachlehrerkommissionen eingesetzt wurden. Das praktizierten aber der Rübekamp und seine Zuweisungsschulen bereits seit längerer Zeit, ohne dass dies tatsächlich die Schwierigkeiten bei den Übergängen verkleinerte. Letztlich blieb die Stufe eben eine Stufe. Zwar hatte der Schul- und Stufenwechsel für manche Schülerinnen und Schüler den Vorteil des unbelasteten Neuanfangs, doch vergrößerten sich bei anderen die Lerndefizite immer mehr. Auch wurde die Hoffnung der Bildungsplaner, mit der Einführung der Stufenschule mehr Integration der verschiedenen Bildungsformen zu erreichen, nicht bestätigt. Das Einzige, was integriert wurde, war ein einfacherer Einsatz von Lehrkräften in unterschiedlichen Bildungsgängen zwischen den und innerhalb der Schulstufen.

Stärker negativ betroffen von der Hürde des Stufenübergangs waren vor allem Schülerinnen und Schüler mit Migrationshintergrund und aus problembeladenen Elternhäusern, aber auch diejenigen, die sich aus den Lerngruppen zurückzogen, Kontakte mieden und Einzelgänger waren. Die Zahlen der Schulabbrecher und Wiederholer nahmen zu. Die GyO des SZ Rübekamp reagierte im Jahr 2003 darauf mit der Einrichtung einer Funktionsstelle, von der aus die engere Verzahnung mit den Sek I-Schulen in gemeinsamer Curriculumarbeit und regelmäßigen Hospitationen organisiert werden sollte.

Ein Konzept zur Unterstützung bildungsferner und förderungsbedürftiger Schülerinnen und Schüler wurde erstellt und umgesetzt. In den Kernfächern Mathematik, Deutsch und Englisch erteilten qualifizierte Studentinnen und Studenten in Schülerkleingruppen zusätzlichen Unterricht für jeden der drei Jahrgänge. Schülerinnen und Schüler, die regelmäßig daran teilnahmen, erhielten Vorteile z. B. bzgl. der Beurteilung ihrer Orthographie in diesen Kernfächern. Finanziert wurde dieser Unterstützungsunterricht durch Sponsorengelder, nicht aus öffentlichen Mitteln. Zusätzlich wurden zwei Deutschkurse ausschließlich für Schülerinnen und Schüler mit Migrationshintergrund eingerichtet, die von zwei erfahrenen Lehrkräften mit der Zusatzausbildung „Deutsch für Ausländer" geleitet wurden. Auch dieses Zusatzangebot zur Unterstützung verlief auf freiwilliger Basis in Kleingruppen, so dass in diesen Gruppen eine individuelle Unterstützung möglich wurde. Die Teilnahme an diesen Unterstützungsmaßnahmen war für Schülerinnen und Schüler in der Eingangsphase (früher: 11. Jahrgang) nicht leicht, da sie ohnehin schon durch inzwischen veränderte Belegungsbedingungen in der GyO zwischen 33 und 35 Schulstunden absolvieren mussten. Im Ergebnis konnte nach zehnjähriger Durchführung dieser Unterstützungsmaßnahmen festgestellt werden, dass etwa zwei Drittel der regelmäßig an diesen Angeboten teilnehmenden Schülerinnen und Schüler eine Versetzung in die Hauptphase der GyO und davon 90 % das Abitur erreichten. Aus der Bildungsbehörde kamen positive Reaktionen. Das Modell der Unterstützung in der GyO des SZ Rübekamp sollte auch auf andere eher bildungsferne Stadtteile übertragen werden.

Das SZ Rübekamp bemühte sich weiterhin um die Zusammenarbeit und den Austausch mit den Zuweisungsschulen. Jetzt entstanden Kommissionen, die aufeinander abgestimmte regionale Bildungspläne entwickelten. Hinzu kamen wieder Sitzungen des Austausches unter Lehrkräften nicht nur in den Kernfächern. Überdies wurden individuelle niederschwellige Hospitationen für die Schülerinnen und Schüler der Abschlussklassen von Gesamtschule West, der Helgolander Straße und Neuer Oberschule Gröpelingen (früher: SZ Pestalozzistraße) am SZ Rübekamp organisiert und erfolgreich, aber mit großem Aufwand, durchgeführt. Dadurch wurden viele Schülerinnen und Schüler neben den seit Jahren erfolgreich laufenden Beratungen durch Vertreter der GyO an den Oberschulen (früher Sekundarstufe I) und den behördenseitig vorgegebenen Hospitationstagen noch besser auf die GyO vorbereitet, die Übergangsprobleme vermindert.

Überlagert von diesen Bemühungen zur Zusammenarbeit gab es vor allem im Bremer Westen verstärkte Integrationsprobleme mit der ständig steigenden Anzahl der Einwohner mit Migrationshintergrund. Diese Schwierigkeiten zeigten sich auch am SZ Rübekamp. Migrantenfamilien wollten ihren Kindern und Enkelkindern über gute Schulabschlüsse den sozialen Aufstieg ermöglichen, ohne dabei selber integriert zu sein (oder sein zu wollen). Der Anteil der Schülerinnen und Schüler mit Migrationshintergrund im Bremer Westen ist

Hans Traxler: Chancengleichheit

inzwischen auf 60 bis 80 % gestiegen. Am SZ Rübekamp hatten 2010 knapp die Hälfte aller Schülerinnen und Schüler einen Migrationshintergrund. Sie hatten ihre ethnischen Wurzeln in 39 verschiedenen Herkunftsländern.

Die Bildungsbehörde reagierte auf die Integrationsprobleme mit der Auflage eines stadtteilbezogenen Projekts namens „Qualität in multikulturellen Schulen und Stadtteilen (QUIMS)". Ziel dieses auf Dauer angelegten Projekts war es, zunächst einmal in Pilotfunktion im Bremer Westen, alle Schulen und im weitesten Sinne Sozial- und Bildungseinrichtungen zur Zusammenarbeit und zur Beteiligung an der Verbesserung der Integration von Einwohnern mit Migrationshintergrund zu bewegen. Es gab relativ praxisnahe, aber zugleich wissenschaftlich fundierte Seminare und Fortbildungen für die von allen teilnehmenden Schulen bestimmten QUIMS-Beauftragten. Schulpraktiker und Wissenschaftler aus dem deutschsprachigen Raum bildeten die QUIMS-Beauftragten aus, gaben Einblicke in gelungene Integrationserfahrungen andernorts. Begegnungen mit Zuwanderern unterschiedlicher Provenienz verringerten durch intensive Gespräche und gemeinsame Schulungen den Abbau von Ressentiments und Vorurteilen. Die Seminare und Fortbildungen unterstützten und schulten die QUIMS-Beauftragten sowie deren Schulleitungen. Die Seminarreihe war methodisch-didaktisch sinnvoll aufgebaut. Es fanden in 14-tägigem Abstand regelmäßige Treffen mit detailliertem Austausch zwischen den Institutionen, QUIMS-Beauftragten und wissenschaftlichen Fachkräften in der Region statt.

Als eine der ersten Schulen unterschrieb das SZ Rübekamp 2008 einen Vertrag mit der Bildungsbehörde zur Teilnahme an diesem Projekt. Für das SZ Rübekamp bedeutete QUIMS eine Hilfe in Qualität und Quantität im Umgang und bei der Beschulung der großen Schülerschaft mit Migrationshintergrund. Zusätzliche Unterrichtsstunden für den schon laufenden Unterstützungsunterricht am SZ Rübekamp waren im QUIMS-Vertrag zugesichert und kamen dem Förder- und Integrationsgedanken sowie den schon laufenden Unterrichtsmaßnahmen zugute.

Leider wurde QUIMS mit dem Wechsel an der Senatorenspitze im Jahr 2012 gestoppt und ausgesetzt. Trotz der intensiven Arbeit im QUIMS-Projekt, konnte dieses bis dahin seine Möglichkeiten der Umsetzung vor Ort noch nicht entfalten. Es gab keine Mittel mehr. Die QUIMS-Beauftragten erhielten von einem auf den anderen Tag keine weiteren, vorher aber geplanten Qualifizierungen mehr. Die Bildungsbehörde wurde „vertragsbrüchig". Dennoch führte das SZ Rübekamp den schon längere Zeit erfolgreich laufenden Unterstützungsunterricht für lernschwächere Schülerinnen und Schüler sowie die Deutschsprachkurse für Schülerinnen und Schüler mit Migrationshintergrund weiter. Die dafür notwendigen materiellen und personellen Mittel wurden nach Beendigung von QUIMS wieder vor allem durch Sponsoren erbracht.

Sollen aber mehr Schülerinnen und Schüler aus bildungsfernen Schichten im Bremer Westen den höchsten deutschen Schulabschluss erreichen, so sind weiterhin großes Engagement der Lehrkräfte, schulische Unterstützungsmaßnahmen, deutlich mehr Mittel seitens der Bildungsbehörde in jeglicher Form sowie eben auch Pendellehrkräfte notwendig. Ohne die besondere Förderung und Unterstützung des benannten Schülerklientels wird man nicht mehr Lernende im Bremer Westen zum Abitur führen und nicht die im bremischen Schulsystem zweifellos vorhandenen Rückstände aufholen. Soll im Bremer Westen und am SZ Rübekamp weiterhin dem Trend, dass in erster Linie die soziale Herkunft den Bildungsstand bestimmt, begegnet werden, bedarf es zusätzlicher Mittel und vieler engagierter und schülerfreundlicher Lehrkräfte, die über ihre normalen Dienstanforderungen hinaus den Schülerinnen und Schülern in entspannter und freundlicher Lernatmosphäre Hilfen und Unterstützung geben. Letztere waren in der GyO des SZ Rübekamp gegeben, so dass das SZ zu einer erfolgreichen Schule wurde.

Stellvertretend für erfolgreiche Förderung sei auf einen Schüler mit denkbar schlechter Prognose hingewiesen: Nach knappem Erreichen des formalen Übergangs in die GyO kommt er an das SZ Rübekamp. Schnell zeigt sich, dass er gravierende sprachliche sowie Lerndefizite und Schwierigkeiten in der Lernorganisation mitbringt. Als ältester Sohn eines ungelernten kurdischen Einwanderers kann er Zuhause keinerlei Lernhilfen erfahren. Unterstützt und motiviert mittels zusätzlicher Schulungen, regelmäßiger Teilnahme am Unterstützungsunterricht in Deutsch und Mathematik, aber auch durch persönlichen Fleiß sowie zunehmende Integration steigert er sein Potential und seine schulischen Leistungen. Er erreicht das Abitur und nimmt ein Studium auf. Voraussichtlich 2020 wird er sein Masterstudium erfolgreich beendet haben und einen anfangs nicht für möglich gehaltenen sozialen Aufstieg erreichen.

Es ließen sich viele ähnliche „Karrieren" von Schülerinnen und Schülern aus bildungsfernen Familien anführen, denen die Förderung und Unterstützung am SZ Rübekamp und das persönliche Engagement ihrer Lehrkräfte – bis hin zur Pflege langjähriger Kontakte – geholfen haben.

Johann Büsen: Reineke

Im Mittelpunkt: Die Unterrichtsfächer

VOLKER ARNOLD / ANNEMARIE CREUTZ
Soziologie als Schulfach am Rübekamp

I. Das Schulfach Soziologie im Kontext der Schulreformen der 70er Jahre

Die strukturelle und inhaltliche Neuordnung des Schulwesens in den 70er Jahren in der Bundesrepublik und in Bremen, ging für die Sekundarstufe II von folgenden Grundsätzen und Überlegungen aus, wie sie der Bildungsrat empfohlen hatte:
- Berufliche und allgemeine Bildung sollen zusammengeführt werden.
- Chancenungleichheiten in den verschiedenen Lebensbereichen und Lebensphasen sollen vermieden bzw. abgebaut werden.

Für die Altersgruppe der Sekundarstufe II gilt: „Die Lernenden sind keine Kinder mehr." Das Jugendalter „ist ein Stadium der Ablösung aus überkommenen Bindungen, der Verselbständigung der Person und einer neuen Identitätsfindung". Die Schule hat für diese Altersgruppe Lernangebote mit dem Ziel zu machen, „den Jugendlichen als mündigen Bürger mit einer von ihm gewählten und erworbenen Fachkompetenz in eine neue Phase seines Lebens in Beruf, Hochschule und Weiterbildung zu entlassen"

Aus dieser entwicklungspsychologischen, pädagogischen und auch politischen Einsicht folgte für die Sekundarstufe II des Gymnasiums die Maßgabe, den jungen Menschen mehr Möglichkeiten zu einem selbstbestimmten Bildungsweg zu geben, in dem sie „individuelle Fähigkeiten entwickeln" und ihre „Interessen ... entfalten" können.

Der traditionelle Fächerkanon des Gymnasiums war dazu aus drei Gründen zu eng:

1. Er richtete sich aus an den Vorstellungen des Bildungsbürgertums und an dem Fächerangebot der Universität des 19. Jahrhunderts, nicht aber an den Entwicklungen der Berufswelt und der Universitäten des 20. Jahrhunderts. Nun sollten neue Fächer hinzukommen, die den Jugendlichen das Verständnis wichtiger Aspekte der individuellen, gesellschaftlichen, politischen, wirtschaftlichen und technischen Entwicklung ermöglichten.

2. Die Enge und die bildungsbürgerliche Ausrichtung des Fächerkanons wirkten – neben weiteren Faktoren – zudem sozial hoch selektiv. Noch in den 60er Jahren des 20. Jahrhunderts kamen nur jeweils 5% aller GymnasialschülerInnen und Studierenden in der Bundesrepublik aus Arbeiterhaushalten und anderen bildungsfernen Schichten. Chancengleichheit in der Bildung war zwar in der Verfassung verankert, in der Realität der Bundesrepublik jedoch noch nicht angekommen.

3. Das Bundesland Bremen versuchte mit der Neugründung der gymnasialen Oberstufe am Rübekamp diese Bildungsbenachteiligung auszugleichen. Denn für die Stadtteile Gröpelingen und Walle, deren Bevölkerung überwiegend aus Arbeitern, kleinen Angestellten und Gewerbetreibenden bestand, gab es bis dato nur ein einziges Gymnasium (Waller Ring), während im innerbremischen bürgerlichen Stadtviertel und in Schwachhausen seit langem mehrere Gymnasien höhere Bildung anboten (Altes Gymnasium, Hermann-Böse-Gymnasium, Kippenberg-Gymnasium, Gymnasium am Barkhof, Gymnasium an der Kleinen Helle). Das Fächerangebot der Gymnasien orientierte sich an traditionellen bildungsbürgerlichen Vorstellungen. Mit der neuen Gymnasialen Oberstufe am Rübekamp sollte nun SchülerInnen aus der Gesamtschule West und anderen SEK-I-Schulen der beiden Stadtteile ein Bildungsangebot gemacht werden, das sich nicht nur an den traditionellen Haupt- und Nebenfächern orientierte. So konnten vielfältige ästhetische, soziale, kulturelle, sprachliche, technische, naturwissenschaftliche, mathematische, sportliche Interessen aufgenommen werden.

Die genaue Erweiterung und Umstrukturierung des gymnasialen Fächerangebotes für alle gymnasialen Oberstufen in der Bundesrepublik

bestimmte dann 1972 die Kultusministerkonferenz mit der „Vereinbarung zur Gestaltung der gymnasialen Oberstufe in der Sekundarstufe II".
Die Vereinbarung wirkte in zwei Richtungen:
1. Die Erweiterung des Fächerangebots und die Stündigkeit (mindestens sechs dreistündige Grundkurse und zwei sechsstündige Leistungskurse pro Woche) lösten die Dominanz bestimmter Fächer zugunsten einer Gleichwertigkeit der Fächer auf.
2. Die Jahrgangsklassen, die den unterrichtlichen Rahmen der Primarstufe und der Sekundarstufe I bestimmten, wurden als unangemessen einengend für das Jugendalter angesehen. Eine „offen angelegte Lernorgansiation" sollte die „allgemeinen Probleme" berücksichtigen, „die an das Aufwachsen in einer industrialisierten, durch Wissenschaft und Technik bestimmten demokratischen Gesellschaft gestellt sind". Lernen sollte daher in wählbaren Kursen geschehen, auch um den Selbstbestimmungsinteressen der Jugendlichen zu entsprechen.

Das Fächerangebot wurde in drei Aufgabenfelder plus Sport aufgeteilt, und zwar in Aufgabenfeld I: sprachlich-musisch-künstlerisch, Aufgabenfeld II: gesellschafts-wissenschaftlich sowie Aufgabenfeld III: mathematisch-naturwissenschaftlich. Es gab jeweils Mindestbedingungen für die Belegungen. Im „gesellschaftswissenschaftlichen Aufgabenfeld" sollten „in entsprechenden Fächern historische, politische, soziale, geographische, wirtschaftliche, rechtliche und – je nach Länderregelung – auch philosophische, ethische oder religiöse Fragestellungen in länderspezifischem Fächerzuschnitt unterrichtet" werden.

Bremen setzte diese Vereinbarung der KMK konsequenter um als andere Bundesländer und ermöglichte Schulen, neben den herkömmlichen Fächern Geographie und Geschichte die Fächer Pädagogik, Politik, Psychologie, Recht, Wirtschaft ... und eben auch SOZIOLOGIE in das Bildungsangebot aufzunehmen.

Für die neugegründete gymnasiale Oberstufe am Rübekamp wurde in Hinblick auf die besonderen sozialen Interessen der SchülerInnen und Eltern der GSW und anderer Schulen des Bremer Westens zunächst das Fach Soziologie eingerichtet.

Soziologie war anfangs dann auch gezielt das einzige Leistungsfach in den Gesellschaftswissenschaften (s. Anschreiben von Oberschulrat Herrn Freitag, auf das Klaus Hellmerichs in der Gründungsgeschichte Bezug nimmt).

Später kamen die neuen (Grundkurs-)Fächer Pädagogik, Psychologie, Rechtskunde, Wirtschaft hinzu. Das begrifflich und inhaltlich belastete Fach „Gemeinschaftskunde" wurde in „Politik" umgewandelt.

II. Welche LehrerInnen für das Schulfach Soziologie?

Doch: Wer sollte dieses neue Schulfach Soziologie unterrichten? Wer hätte die Qualifikation dazu? Soziologie konnte traditionellerweise als Schulfach an den Universitäten nicht studiert werden (ebenso wenig wie Psychologie, Recht etc.).

Bei der Durchsicht der Studien- und Prüfungsordnungen für das Lehramtsstudium Politikwissenschaft zeigte sich, dass Niedersachsen für dieses Studium Anteile von Soziologie in allen Studienphasen und im mündlichen Staatsexamen vorschrieb. Damit war es möglich, Politologie-AbsolventInnen die Lehrfakultas für das Schulfach Soziologie zu erteilen. So kam es, dass ich, V. A., 1976 von dem GSW-Kollegen Jürgen Matthes gefragt wurde, ob ich mir vorstellen könnte, an der für die GSW-SchülerInnen neu zu gründenden Gymnasialen Oberstufe Soziologie zu unterrichten.

Ich unterrichtete damals nach Abschluss meiner Dissertation seit Mai 1974 am Schulzentrum Bördestraße mit ihrem z.T. recht traditionell ausgerichteten Kollegium in der Gymnasial-Abteilung die Fächer „Gemeinschaftskunde", Geschichte und Deutsch. Etwas Neues in einer neuen Schule mit neuen Kolleginnen und Kollegen meiner Altersgruppe zu machen, fand ich deshalb sehr attraktiv und war schnell bereit, auf den Vorschlag einzugehen.

Typisch für die Neugründung einer Schule war damals, dass sich das Kollegium nach und nach aus LehrerInnen konstituierte, die irgendwie – manche stärker, andere schwächer – durch die Politisierungsphase der 68er Studentengeneration geprägt waren. So ähnlich ging es auch mir (A.C.), auch

Annemarie Creutz

Konstanze Langer

wenn ich erst nach der Studentenbewegung mit meinem Studium begonnen habe. 1976 hatte ich das erste Staatsexamen für Gymnasien in Hannover abgelegt und mich für das Referendariat nur in Bundesländern mit einer SPD-Regierung beworben. Zu der Zeit bestand eine klare politische Trennung zwischen den sogenannten A-Ländern (SPD-regiert) und den B-Ländern (CDU-regiert) in Westdeutschland – und die FDP spielte das „Zünglein an der Waage". Schulpolitik war und ist Ländersache. Diese Situation führte zu großen Unterschieden zwischen den einzelnen Bundesländern, abhängig von ihrer jeweiligen Grundorientierung. Ein wesentlicher Streitpunkt war dabei der Erhalt der Dreigliedrigkeit des Bildungssystems (Hauptschule/Realschule/Gymnasium) oder die Einführung der Gesamtschule. Seit den 60er Jahren des 20. Jahrhunderts haben die SPD-geführten Länder, allen voran Hessen (damals SPD-regiert), mit der Gründung von Gesamtschulen versucht, der frühzeitigen Selektion der SchülerInnen nach der 4. Klasse entgegenzuwirken. Ich hatte neben meinen Fächern Mathematik und Politikwissenschaft auch das Fach Erziehungswissenschaft mit Examen abgeschlossen. Die in den späten 60er Jahren und insbesondere in den 70er Jahren entstehenden Gesamtschulen waren es, die meinem pädagogischen und bildungspolitischen Ansatz entsprachen. So habe ich mich explizit für eine Referendariatsstelle an einer Gesamtschule beworben – und im Oktober 1976 landete ich in Bremen an der GSW und damit auch am Rübekamp.

Später (Anfang der 80er Jahre) kam Konstanze Langer († 2001) vom SZ Weidedamm zum Rübekamp und ergänzte das Soziologenteam. Sie hatte Deutsch, Soziologie, Politologie und Psychologie studiert und in Gießen an Randgruppenprojekten von Horst-Eberhard Richter mitgewirkt. Besonders mit Psychologie und ihren psycho-sozialen Emanzipationsansatz konnte sie das sozialwissenschaftliche Profil unserer GyO ergänzen.

Dem Aufbruchs- und Änderungsbedürfnis der 68er Lehrergeneration kam die vom Deutschen Bildungsrat geforderte Schulstrukturreform der 70er Jahre mit der Neuordnung der Sekundarstufe II und der „Neugestalteten Gymnasialen Oberstufe" („NGO") entgegen, nämlich neue Unterrichtsfächer einzuführen und für sie Lerninhalte zu entwickeln.

Dieses über 20 Jahre lang konstante SoziologInnenteam wurde seit den späten 90er Jahren zeitweise ergänzt durch Ingeborg Weber-Dwertmann, Ursula Nickel-Funck, Eberhard Dobers und Michael Schulze.

III. Entwicklung des Faches Soziologie am Rübekamp und in Bremen

Für Soziologie lagen anfangs (wie für die anderen neuen Schulfächer der NGO) weder ein Curriculum noch ein behördlicher Lehrplan oder Unterrichtsmaterialien und Schulbücher vor.

Das sahen wir nicht als Problem. Im Gegenteil, wir empfanden die Situation als positiv, waren doch die eigene fachliche und pädagogische Kompetenz und die Kreativität herausgefordert. Es war die einmalige Chance, in Diskussionen mit den FachkollegInnen anderer Gymnasialer Oberstufen einen inhaltlichen Rahmen zu entwickeln und dann allmählich von Halbjahr zu Halbjahr mit konkreten Kursinhalten zu füllen. Außer am SZ Rübekamp wurde damals Soziologie in der Gymnasialen Oberstufe an den Schulzentren Horn und im Holter Feld angeboten. Die KollegInnen aus den Schulzentren Horn und Rübekamp haben intensiv zusammengearbeitet – und das nicht nur in den Anfängen. Wir entwickelten für das Fach Soziologie im Lande Bremen Curricula, arbeiteten an Schulbüchern mit, beteiligten uns an der Lehrerausbildung, erarbeiteten für Soziologie zunächst die Lehrpläne der 70er/80er Jahre, anschließend die Bildungsstandards und Kompetenzen der 90er Jahre, erstellten die Abiturrichtlinien mit und verantworteten beim Senator für Bildung die Genehmigung der Abiturvorschläge. Und das alles für ein Schulfach, das es bis dato nicht gegeben hatte. Deshalb mussten und wollten wir uns immer wieder weiterbilden. Wir organisierten unsere Fortbildungen selbst, knüpften enge Kontakte zur Universität Bremen (wir denken besonders gerne an die Arbeitssoziologinnen Prof. Helga Krüger und Prof. Eva Senghaas-Knobloch zurück) und nahmen regelmäßig an den alle zwei Jahre stattfindenden Soziologentagen teil. Hier wurden die neuesten Ergebnisse der Forschung in den Sozialwissenschaften vorgestellt. Das ermöglichte uns, inhaltlich-fachlich immer am Ball zu bleiben. Das tat der Fachkompetenz gut, und das tat auch den SchülerInnen gut. Manches Mal waren wir ihnen im Lernen zeitlich nur ein bisschen voraus....

Da Soziologie ein den SchülerInnen bis dahin unbekanntes Fach war, mussten wir ordentlich die Werbetrommel rühren.

Während wir im ersten Halbjahr versuchten, uns diesem neuen Fach anzunähern, seine Methoden zu erkennen und zu verstehen, mit denen die Inhalte entwickelt und Theorien erarbeitet werden, beschäftigten wir uns im nächsten Halbjahr damit, wie wir als Individuen, die in diese Gesellschaft hineingeboren werden, über Normen und Werte unser Verhalten lernen und damit die Gesellschaft weiter stabilisieren, ggf. auch verändern können. Für die SchülerInnen war es gar nicht einfach auszuhalten, dass in diesem Fach so wenig von „richtig" oder „falsch" die Rede war, sie benötigten nämlich Sicherheiten. Neben dem neuen, unbekannten Fach waren es auch die alterstypischen Unsicherheiten der Adoleszenz, die sie verwirrten und verunsicherten. Das Fach Soziologie konnte und wollte nur Denkanstöße liefern, Erklärungsmuster, Deutungen – aber Argumentation üben, Entscheidungen treffen, das mussten die SchülerInnen allein. Wenn diese große Unsicherheit, was sie denn nun für die Klausuren lernen sollten, erst einmal der Erkenntnis gewichen war, dass es spannend sein kann, Argumente abzuwägen und auszutauschen, dann war alles gut.

Möglicherweise können Abituraufgaben diese Arbeitsweise in Soziologie etwas verdeutlichen.

Zunächst eine Abituraufgabe aus dem Jahr 1980 (2. Abiturjahrgang des Rübekamp) für eine 20minütige mündliche Nachprüfung, bei 20 Minuten Vorbereitungszeit, die damals nötig wurde, wenn die schriftliche Abitur-Prüfung um mehr als 1,3 Note von der Durchschnittsnote des Faches in der GyO abwich.

Das Thema „Gibt es noch ein Proletariat?" ist ebenfalls der Zeit geschuldet wie die Technik, mit deren Hilfe die Aufgabe geschrieben wurde: eine Schreibmaschine, aber schon eine elektrische!

Soziologie

Die deutsche Gesellschaft wird immer unübersichtlicher. Familien bleiben nicht zusammen, Gewalt und Vorurteile beherrschen unser Leben, Armut und Reichtum bestimmen unser Ansehen. Immer mehr Menschen fühlen sich von Erscheinungen der Politik abgestoßen. Der Wirtschaftsstandort Deutschland soll in Gefahr sein. Arbeitslosigkeit bedroht alle, auch länger Ausgebildete, soziale Leistungen werden abgebaut.

Andererseits gilt aber auch:

- DU bestimmst Dein Leben selbst,
- DU hast die Freiheit der Wahl
- Jugendliche haben mehr Möglichkeiten als jemals zuvor, ihren Lebensweg selbst zu bestimmen.

Wie sollen wir uns da noch zurechtfinden?

Es werden Kinder, Jugendliche und Erwachsene gebraucht, die sich auch gemeinsamen Zielen verpflichtet fühlen, die komplizierte Strukturen der Gesellschaft durchschauen möchten und die auch Alltägliches richtig einordnen können.

Wer

- sich für diesen "Durchblick interessiert,
- die Probleme unserer Zeit "anpacken" will,
- auch mit anderen nach Lösungen suchen möchte,
- theoretische Erörterungen nicht scheut,
- bereit ist, auch sich selbst kritisch zu hinterfragen,

der bzw. die wählt mit SOZIOLOGIE das richtige Leistungsfach

- 11 -

Und nun eine Abiturprüfungsaufgabe aus dem Jahr 2013 für eine schriftliche Abiturprüfung mit der Dauer von 4 Zeitstunden (2seitiger Text). Wie 1980 gilt auch hier: Thema „Soziale Spaltung" und Technik (PC) sind der Zeit geschuldet....

Wir erkennen an dieser Aufgabenstellung bei der Transparenz in der Benotung auch einen Erfolg der Qualitätsentwicklung.

Die Themenbereiche bzw. die Kompetenzen, die in Soziologie erlernt werden sollen, haben sich über die Jahre hinweg grundsätzlich gehalten (manche wie „Soziosexualität" aber auch nicht).

Wahlwerbung für Soziologie 1994

> SZ 'Am Rübekamp'
> Abiturprüfung Frühjahr 1980
> SOZ 506, Nachprüfung
> Prüfling: ▆▆▆▆
> Prüferin: ▆▆▆▆
> 21. Mai 1980
>
> 1   "Gibt es noch ein Proletariat? Vielen mag die Frage müßig erscheinen, weil
>   der Augenschein sie angeblich ohne weiteres mit Nein beantwortet. Zahlreiche
>   Äußerungen der letzten Jahre haben außerdem schon fast eine öffentliche
>   Meinung erzeugt, daß die proletarischen Zustände endgültig der Vergangenheit
> 5   angehörten. Der Arbeiter sei in den Mittelstand aufgestiegen, heißt es, die
>   so lange erstrebte volle Eingliederung der Arbeiterschaft in die bestehende
>   Gesellschaft sei erreicht und damit auch der letzte Rest proletarischen
>   Daseins abgestreift; die Klassenunterschiede seien fast verschwunden, und
>   die soziale Nivellierung schreite täglich weiter fort.
> 10   An dem äußeren Bild der industriellen Gesellschaft sind in der Tat während
>   der letzten hundert Jahre gewaltige Veränderungen vor sich gegangen, die auf
>   eine solche Entwicklung hinzudeuten scheinen. Beim Arbeiter fällt das wohl
>   am meisten ins Auge. Seine jetzige Lage ist mit der früheren nicht mehr zu
>   vergleichen. Der Zustand des sogenannten Elendsproletariats ist überwunden.
> 15   Ob aber auch das Proletariat als solches – das ist eine ganz andere Frage."
>
> Jostock, P. Gibt es noch ein Proletariat? IN: Bahrdt, H.P./Dirks, W. u.a.
> Gibt es noch ein Proletariat? Ffm 1962, S. 9
>
> Aufgaben
>
> 1. Erläutern Sie den Begriff 'Proletariat' – auch in Absetzung von anderen arbeitenden Menschen!
>
> 2. Stellen Sie knapp die Kernpunkte der im 1. Absatz referierten soziologischer Theorie dar!
>
> 3. Versuchen Sie – unter Heranziehung empirischer Daten – eine Beantwortung der im Text aufgeworfenen Frage!

Aufgabe für die mündliche Nachprüfung 1980

Das sind „Arbeitssoziologie", „Politische Soziologie" oder „Soziale Ungleichheit" – und neue sind hinzugekommen, wie „Integration und Desintegration" oder „Soziale Ungleichheit in Europa". Grundlegende Fragestellungen von Sozialisation, sozialer Gerechtigkeit, Markt- oder Planwirtschaft, Sozial- und Rechtsstaat, wurden immer wieder verknüpft mit aktuellen Entwicklungen im Mikro-Bereich der Jugendlichen, ihren eigenen Erfahrungen, sowie im Makro-Bereich von Gesellschaft, Recht, Wirtschaft, Politik. Neben der Theorie-Einbindung war uns immer eine nachhaltige Handlungsorientierung wichtig, die möglichst über das Unterrichtsgeschehen hinausgehen soll.

IV. Soziologie konkret – zwei Beispiele
Betriebspraktika

Im Rahmen des Kurses „Arbeits- und Betriebssoziologie" fanden seit 1997 zunächst dreitägige, später fünftägige Betriebspraktika statt. Wer eine Schule von innen kennt, weiß um die Organisationsschwierigkeiten, wenn eine Gruppe eine Woche lang nicht in der Schule anwesend ist, während jeder andere Unterricht aber normal weitergeht. Ganz zu schweigen von den Klausuren und ihren Vorbereitungen. Hier war innerhalb des Kollegiums große Überzeugungsarbeit zu leisten. Auch ArbeitgeberInnen von der Sinnhaftigkeit eines solchen Praktikums zu überzeugen, war nicht immer einfach.

Aber Ende gut, alles gut. Inzwischen schauen wir auf 20 Jahre Erfolgsgeschichte zurück.

Abschließend äußern sich die SchülerInnen (und anfangs die Lehrerin) des ersten Praktikumsjahrganges 1997 selbst zu dem Thema, was ein solch kurzes Praktikum überhaupt bewirken könnte.

Schulvertrag bzw. Grundprinzipien des Schullebens (s. Anhang)

Für alle Mitglieder des SZ Rübekamp gilt seit 2004 ein Schulvertrag bzw. gelten die Grundprinzipien des Schullebens. Darin verpflichten sich alle an der Schule Beteiligten, sich an gewisse Regeln zu halten und sich gegenseitig zu unterstützen. Diesen Schulvertrag zu entwickeln war ein Prozess von einem Jahr, z.T. während und z.T. außerhalb des Unterrichts. Was zunächst nur als Orientierung an der Praxis in der Sozialisationsinstanz Schule gedacht war, entwickelte sich aufgrund des großen Engagements des Kurses zu einem Schulvertrag, der für die gesamte GyO Gültigkeit hat. Da zu diesem Zeitpunkt Schulverträge in Deutschland noch nicht so selbstverständlich waren wie heute, war das Ganze sozusagen eine Pionierarbeit. Und insbesondere das Kollegium zu überzeugen, war wirklich ein „schwerer Brocken".

Wie es dann doch zu einem von allen getragenen Schulvertrag kam, der auch aktuell noch gültig ist, haben die beiden Schülerinnen Jana Merkelbach und Marieke Wede damals aufgeschrieben. Gut zu erkennen ist an den einzelnen Stationen, dass den SchülerInnen die Nachhaltigkeit dieses Vertrages sehr am Herzen lag.

Seit 2004 stellt inzwischen in jedem Jahr ein Soziologie-LK des 11. oder 12. Jahrganges auf der Kennenlernfahrt der neuen RübekämperInnen diesen die Grundprinzipien des Zusammenlebens am Rübekamp vor – quasi im Sinne eines Initiationsritus.

Diese aktive und langfristige Auseinandersetzung innerhalb der Schule mit nachhaltiger Perspektive fand auch außerhalb der Schule große Anerkennung. Bei dem bundesweiten Wettbewerb „Demokratisch Handeln" erhielt der Soziologiekurs im Jahre 2004 einen der Hauptpreise.

S II am Rübekamp   Abiturprüfung 2013   LK   Soziologie:
Vorschlag 1   Thema: Soziale Spaltung

Aufgaben

1. Arbeiten Sie die *klassischen Ungleichheitsfragen* (Zeile 24) aus dem Text heraus.

2. Erläutern Sie die These *Walters*, dass die *sozialen Abschließungstendenzen* (Zeile 44) wieder erheblich zunähmen, und zwar im Gegensatz zu der Entwicklung in den letzten Jahrzehnten. Berücksichtigen Sie dabei die Forschungsergebnisse von Beck, Geißler und Hartmann.

3. Heute – 7 Jahre nach der Veröffentlichung von Walter – nehmen die Diskussionen um die *gesellschaftliche Verantwortung der ökonomischen Eliten* (Zeilen 36f.) großen Raum ein. Nehmen Sie Stellung zu der Besonderheit der ökonomischen Eliten im Vergleich zu anderen Funktionseliten.

Aufgabe 1: 25%;   Aufgabe 2: 50%;   Aufgabe 3: 25%

Aufgabe für das schriftliche Abitur 2013

V. Was war nun das Besondere an dem Fach Soziologie am Rübekamp?

1. Soziologie galt quasi als Alleinstellungsmerkmal unserer Schule; das Fach wurde in Bremen nur noch in den Schulzentren Horn (Leistungs- und Grundkurs) und Holter Feld (Grundkurs) bzw. später in Obervieland (Leistungs- und Grundkurs) (wohin die Horner-Soziologie-KollegInnen und 1998 auch Volker Arnold abgewandert sind) angeboten. Damit wählten Schülerinnen und Schüler aus verschiedenen Stadtteilen Bremens das SZ am Rübekamp an.

2. Das führte zu einer regional, sozial und leistungsorientiert heterogenen Zusammensetzung der Soziologie-Kurse, die sehr fruchtbar für das Diskussions- und Lernklima in den Kursen – und auch für das Schulklima insgesamt war. Jugendliche aus Arbeiterfamilien und aus der unteren Angestelltenschicht konnten ihre sozialen Erfahrungen in den Kursen einbringen und mit anderen reflektieren. Das Gleiche galt für Jugendliche mit bildungsnaher sozialer Herkunft. Verbleiben gewöhnlich SchülerInnen der weiterführenden Bildungsgänge in ihrem Herkunftsmilieu, so hatten sie am Rübekamp die Chance, andere soziale Erfahrungen als die für ihr Herkunftsmilieu typischen zunächst kennen zu lernen und in Soziologie auch

> **Vorwort**
>
> Als wir im Spätsommer 1996 die Betriebserkundungen geplant haben, wußten wir alle nicht so recht, was da eigentlich auf uns zukommt. Wir wußten nur, daß wir es einmal ausprobieren wollten. Ein vierwöchiges Betriebspraktikum mit anschließender Beschreibung desselben - das hatten alle Schülerinnen und Schüler schon im 9. Schuljahr durchgeführt. Aber ein nur dreitägiges Praktikum: konnten wir das eigentlich noch Praktikum nennen? Und wenn ja: was sollte in dieser kurzen Zeit überhaupt 'praktiziert' werden?
>
> Aus der Sicht der Lehrerin ganz einfach: das Leben in die Schule holen! Im Soziologie-Unterricht beschäftigen wir uns mit der Gesellschaft. Daß dazu nicht nur Beschreibungen des Mikro- und des Makrokosmos gehören, sondern Analysen, das erfahren Soziologie-SchülerInnen sehr schnell. Ohne verschiedene Erklärungsmuster, ohne Theorien ist halt die (Mikro- und Makro-)Welt noch schwerer zu verstehen als eh'. Aber ohne Überprüfung der Theorie an der Realität bleibt die Theorie halt doch nur Theorie.
>
> Das nun ein knappes Dreivierteljahr später vorliegende Werk des Soziologie-Kurses über die Betriebserkundungen zeugt von hohem Engagement der Schülerinnen und Schüler bei Vorbereitung, Durchführung und Reflexion der Betriebserkundungen und bei Erstellung dieses Buches.
>
> Unter Verwendung verschiedener soziologischer Methoden - wie Einzel- oder Gruppengespräche oder teilnehmende Beobachtung - wurden vielfältige Aspekte des Arbeitsplatzes analysiert. Durchaus unterschiedlich kreativ und selbständig wurde praktiziert, beobachtet, befragt, zerlegt, hinterfragt, bewertet und vielleicht auch "auf die Nerven gegangen".
>
> Die Themenvielfalt der vorliegenden Arbeiten von Arbeitsmittel über Entfremdung über Interessenvertretung über Qualifikationsanforderungen bis zu Zufriedenheit am Arbeitsplatz ist beachtlich.
>
> Und schließlich kommen alle Schülerinnen und Schüler zu einem ähnlichen Ergebnis, was den Wert der Betriebserkundung als Teil von Unterricht angeht. Hier einige Äußerungen dazu:
>
> Prinzipiell finde ich ein Praktikum ... in der Oberstufe sinnvoll, da die Schüler kaum Ahnung vom Arbeitsleben ... haben. (Ilka Hartmann, S. 18)
>
> (Die Betriebserkundung hat) ... mir sehr viel an Erkenntnissen gebracht. Ich weiß jetzt, daß ich niemals einen Bürojob ausüben werde. (Claudia Kutzschbauch, S. 32)
>
> ...ich (möchte) später mal in dieser Richtung etwas machen ... Im Büro hat es mir sehr viel Spaß gemacht... Ich finde, es wäre ganz gut, wenn in jedem Soziologiekurs so eine Betriebserkundung gemacht werden würde, da man das Thema "Arbeit" dann aus einem anderen Blickwinkel sieht. (Andrea Lenzen, S. 59)
>
> Ich war wirklich erstaunt darüber, wie realitätsbezogen Unterricht doch sein kann. Doch zwischen darüber reden, es sich also vorzustellen, und es in der Wirklichkeit zu erleben, liegen Welten. (Nina Schäfer, S. 97)
>
> Meiner Meinung nach paßt ein kurzes Betriebspraktikum ... gut in den Soziologieunterricht, da es sich nicht nur auf das Thema einer Unterrichtseinheit beziehen kann, sondern auch den Personen des Soziologiekurses zeigt, was die Person von einem Beruf erwarten kann (muß) bzw. was auf die Person zukommt, wie der Arbeitsmarkt zur Zeit aussieht und welche Chancen bestehen; denn eins steht für mich fest: leichter und unanstrengender als die Schule wird der Beruf sicherlich nicht. (Sönke Jorzick, S. 24)
>
> - I -

Beurteilung des 1. Praktikums 1997 durch SchülerInnen und Lehrerin

leuten, den zukünftigen ÄrztInnen, SpediteurInnen, ArchitektInnen, HandwerkerInnen, JuristInnen, IngenieurInnen, Polizei- und VerwaltungsbeamtInnen, KünstlerInnen etc. eine soziologische Blickrichtung auf ihren Beruf und ihr Leben zu vermitteln. Sie sollten also bei ihrer Berufstätigkeit und in ihrem Leben immer die gesellschaftliche Bedingtheit und die sozialen Auswirkungen ihrer Arbeit und Freizeit erkennen und berücksichtigen. Insofern kann man die Zielrichtung unseres Soziologieunterrichts einerseits als allgemeinbildend, andererseits auch als politisch im weiteren Sinne bezeichnen.

Die Soziologie-SchülerInnen waren grundsätzlich sozial und politisch motiviert und engagiert, wollten die Gesellschaft verstehen und hatten Interesse an Veränderung. Eigene Erfahrungen konnten zum Verständnis komplizierterer gesellschaftlicher Prozesse und Strukturen herangezogen werden – und umgekehrt. Es konnte auch passieren, dass SchülerInnen, die ein großes Interesse daran hatten, sich selbst und ihre Sozialisation besser zu verstehen, Soziologie als Leistungsfach wählten. Immer wieder haben wir zu hören bekommen, dass das Fach Soziologie die jungen Menschen über die Schule hinaus begleitet. So schrieben z.B. Christian Blaum und Heiko Slawinski in ihrem Abi-Jahrbuch von 1992: *So ist ‚Soz' zu einem überaus wichtigen Teil in der Schule selbst, wichtiger aber, in unserer Bewusstseinsentwicklung geworden. So war auch der Tenor des letzten Kurstreffens so, dass soziologisches Denken über die Schule hinaus einigen erhalten bleiben wird.... Nun bleibt zum Schluss nicht mehr viel zu sagen, vielleicht noch eins, wir wünschen uns viel Glück, mit unseren ‚notwendigen Bedingungen' weiter zu kommen in dieser ‚hoch individualisierten Risikogesellschaft', und dass wir den ‚pathogenen Strukturen' dieser Gesellschaft standhalten werden.*

VI. Und wie nun weiter?

Mit dem Schuljahr 2017/18 fehlt das Fach Soziologie am Rübekamp. Anwahlen für den Leistungskurs gab es zwar nach wie vor, aber keine Lehrkräfte mehr, die das Fach unterrichten könnten. Damit brach ein weiteres Fach aus dem Aufgabenfeld II

zu reflektieren. Das half den Jugendlichen mit eher bildungsferner Herkunft auch, den Weg durch die gymnasiale Oberstufe mit ihren Anforderungen zu gehen. Insofern wurden die Soziologie-Kurse den Erwartungen des Deutschen Bildungsrates gerecht, Chancenungleichheiten zu verringern.

3. Wir Lehrerinnen und Lehrer wollten nicht explizit auf ein Fachstudium Soziologie vorbereiten, wenngleich dann eine Reihe von SchülerInnen ein sozialwissenschaftliches Fach studierten. Unser Ziel war es eher, den zukünftigen Kauf- und Bank-

weg (siehe die folgende Übersicht). Das ist die negative Nachricht.

Die positive Nachricht ist, dass das Kollegium sich dafür ausgesprochen hat, anstatt des Leistungsfaches Soziologie nun das Leistungsfach Politik einzurichten (dieses Fach wurde bisher nur als Grundkurs unterrichtet). Damit ist die Anzahl der Leistungsfächer im Aufgabenfeld II konstant geblieben.

Aber: Die Gymnasiale Oberstufe am Rübekamp ist gegründet worden mit dem Ziel des deutschen Bildungsrates, Jugendlichen inhaltlich breite Hilfestellung beim Verständnis der Welt und im Umgang mit ihr zu geben. Größere Chancengleichheit für Jugendliche mit eher bildungsferner Herkunft sollte eine Oberstufe bieten, die neue Fächer und gerade auch Leistungskurse anbietet, die nicht zum traditionellen Fächer-Kanon gehören. Gleichwertigkeit der Fächer sowie der Aufgabenfelder war dabei der Ausgangspunkt der bildungspolitischen und innerschulischen Debatten.

Es hat im Laufe der Jahre vielfältige Änderungen der Richtlinien im Hinblick auf Fächeranzahl, Leistungsfächer, Profile gegeben. Wir richten bei den folgenden Überlegungen unser Augenmerk speziell auf die Auswirkungen im Aufgabenfeld II. Der Fokus ist dabei, ob sich die Gleichwertigkeit von Fächern und Aufgabenfeldern über die Zeit hinweg retten konnte. Dazu stellen wir das Fächer- und Leistungskursangebot nach den drei Aufgabenfeldern strukturiert dar. Sport wurde darüber hinaus durchgängig als Auflagen-Grundkurs angeboten. Wir haben exemplarisch drei Jahre ausgewählt (auch in Abhängigkeit von Materiallage, Erinnerung, Vor-Computer-Zeitalter...): 1976 als Gründungsjahr, 1994 und aktuell 2017. Mit der Vergrößerung der Schule wuchs auch das Fächerwahlangebot. Das ist das Eine. Das Andere verweist darauf, dass die Gleichwertigkeit von Fächern und Aufgabenfeldern für das Kollegium und die Abteilungsleitung zwar ein wesentlicher pädagogischer und bildungspolitischer Anspruch war, aber auf Dauer nicht eingehalten werden konnte.

Die inzwischen eingeführten und verpflichtenden Kurssequenzen in Religion und Philosophie sind nicht mit aufgeführt, weil es keine durchgängig zu belegenden Kurse sind.

Stationen zur Durchsetzung der Grundprinzipien (GyO Rübekamp)

Station 1

Anfang 2003 wird im Rahmen einer Unterrichtseinheit im Kurs Soziologie, 11. Jg., (Normen und Werte in unserer Gesellschaft, Sozialisation und ihre Bedeutung für das Individuum und die Gesellschaft) die Basis für die Ausarbeitung eines Schulvertrags für unsere Schule erarbeitet.

Station 2

Der Soziologiekurs entscheidet sich den Schulvertrag zu optimieren um ihn letztendlich als offizielles Dokument an der Schule geltend zu machen.

Station 3

Damit das Produkt ein demokratisches, gemeinsames Werk der gesamten Schulgemeinschaft wird, wird mit Schülerinnen und Schülern sowie Lehrerinnen und Lehrern als auch den Elternvertreterinnen und Elternvertretern über den Inhalt diskutiert und in den Gremien der Eltern und LehrerInnen darüber abgestimmt. Entsprechend der Kritik in den einzelnen Gruppen wird der Schulvertrag inhaltlich verbessert.

Da das Wort *Schulvertrag* in den Ohren vieler Schülerinnen und Schüler nach unausweichlicher Verbindlichkeit klingt, einigen wir uns auf die Bezeichnung *Grundprinzipien*.

Station 4

Um nun die Stimme der größten Gruppe der Schule, der Schülerinnen und Schüler, zu dem fertigen Produkt zu erhalten wird eine SchülerInnen-vollversammlung einberufen, bei der in geheimen Wahlen von ca. 200 Anwesender 102 die *Grundprinzipien* bejahen, 53 sie ablehnen und das restliche Viertel sich enthält.

Station 5

Die *Grundprinzipien* werden nach der Arbeit von beinahe einem ganzen Jahr auf der Schulkonferenz, dem höchsten Schulgremium, am 13.5.2004 angenommen, mit nur einer Gegenstimme und einer Enthaltung.

Station 6

Die *Grundprinzipien* werden bei der traditionellen Kennenlernfahrt des neuen 11. Jahrganges, im August 2004, von uns vorgestellt und diskutiert. Die Schülerinnen und Schüler nehmen die *Grundprinzipien* positiv auf.

Station 7

Damit auch in Zukunft unsere *Grundprinzipien* an der Schule präsent bleiben, werden sie nun jedes Jahr bei der Kennenlernfahrt des neuen 11. Jahrganges ausgeteilt und vorgestellt. Diese Aufgabe geben wir dem LK Soziologie zwei Jahrgänge unter uns weiter, der sie wiederum „vererben" soll.

Die Tabelle ist wie folgt zu lesen: In der linken Seite der Tabelle sind alle Fächer, die angeboten wurden, aufgelistet. Sie sind dabei nach den drei Aufgabenfeldern eingeteilt. In der rechten Seite der Tabelle sind alle jemals angebotenen Leistungskurse aufgelistet, jeweils auch nach den Aufgabenfeldern.

Wir können an der rechten Seite leicht erkennen: Das Angebot der Leistungskurse blieb mit drei bzw. vier Fächern je Aufgabenfeld nahezu konstant. D.h. die Gleichwertigkeit der Leistungskurse ist erhalten geblieben.

Stationen des Schulvertrages

Jahr	Fächer			Leistungskurse		
	AF I	AF II	AF III	AF I	AF II	AF III
1976	Deutsch Englisch Latein Kunst Musik	Geographie Geschichte Pädagogik Politik Soziologie	Mathematik Biologie Physik	Deutsch Englisch Kunst	Geographie Geschichte Soziologie	Mathematik Biologie Physik
1994	Deutsch Englisch Französisch Latein Spanisch Kunst Medien Musik	Geographie Geschichte Pädagogik Politik Psychologie Rechtskunde Religion Soziologie	Mathematik Biologie Physik Chemie Informatik	Deutsch Englisch Kunst	Geographie Geschichte Soziologie	Mathematik Biologie Physik Chemie
2017	Deutsch Englisch Spanisch Türkisch Darst. Spiel Kunst Musik	Geographie Geschichte Politik Psychologie	Mathematik Biologie Chemie Physik	Deutsch Englisch Türkisch Kunst	Geographie Geschichte Politik	Mathematik Biologie Chemie Physik

Die inzwischen eingeführten und verpflichtenden Kurzsequenzen in Religion und Philosophie sind nicht mit aufgeführt, weil es keine durchgängig zu belegenden Kurse sind.

Die Anzahl der angebotenen Fächer je Aufgabenfeld hat sich allerdings sehr verändert.
- Während in den Anfangsjahren im Aufgabenfeld III drei Fächer angeboten wurden, war das Angebot in den beiden Aufgabenfeldern I und II mit jeweils fünf Fächern fast doppelt so groß.
- Im Aufgabenfeld II hat der größte Wandel stattgefunden: Zunächst war das Aufgabenfeld II gleichrangig mit dem Aufgabenfeld I und bot eine inhaltliche Vielfalt im Spektrum der Gesellschaftswissenschaften an. Von 1994 zu 2017 wurde das Angebot der Fächer im Aufgabenfeld II allerdings halbiert, und zwar von 8 auf 4 Fächer.
- Die Anzahl der Fächer ist im Aufgabenfeld I (nahezu) kontinuierlich vergrößert worden. Heute bietet das Aufgabenfeld I mit 7 Fächern fast doppelt so viele Fächer an wie Aufgabenfeld II und III, die jeweils 4 Fächer anbieten. D.h. die Gleichwertigkeit der Fächer bzw. der Aufgabenfelder ist nicht erhalten geblieben. Dies ist rein quantitativ argumentiert.
- Qualitativ geht die Veränderung im Aufgabenfeld II einher mit dem Verlust neuerer Fächer (Ausnahme: Psychologie) und der Hinwendung zu den traditionellen Fächern, insbesondere zu Geschichte (KMK-Beschluss). Gesellschaftswissenschaftliche Bildung entfällt nahezu.

Wir sehen in dieser Entwicklung eine Entpolitisierung des Fächerangebotes der Schule. Die Fächer-Wahlmöglichkeiten für die SchülerInnen mögen in der Gesamtheit nicht kleiner geworden sein. Sie haben sich allerdings verschoben: weg von einer gesellschaftspolitischen und aktuellen Ausrichtung hin zu einer starken Betonung des sprachlich-ästhetischen Aufgabenfeldes bei gleichzeitiger Stagnation (bzw. geringem Ausbau) von Aufgabenfeld III. Dies hängt sicherlich mit SchülerInnen-Wahlverhalten bzgl. der Fächer zusammen, das hängt zusammen mit dem Fachangebot der Lehrkräfte (s. Soziologie) und nicht unwesentlich hängt es zusammen mit bildungspolitischen Entscheidungen.

Denn seit den ersten TIMMS- und PISA-Studien zur Jahrtausendwende wissen wir, dass die Leistungen der deutschen SchülerInnen innerhalb eines Rankings der OECD-Staaten weit abgeschlagen im Feld liegen. Das Gleiche gilt für die Leistungen der bremischen SchülerInnen innerhalb der deutschen Bundesländer. Die Folgerung der BildungspolitikerInnen war und ist: Die deutschen Schüle-

rInnen müssen leistungsfähiger werden, und zwar in Mathematik, in den Naturwissenschaften, in den Informationstechnologien sowie im Bereich Literacy – Sprachverständnis, in Deutsch und in Englisch.

Sozialwissenschaftliche Fächer spielen in dieser Sicht keine Rolle mehr. Dieser Rückgang der sozialen und politischen Bildung in entsprechenden Schulfächern seit TIMMS und PISA scheint ein allgemeines Phänomen in Deutschland zu sein (so z.B. Sabine Anchour, FU Berlin, in ihrem Vortrag auf der Fachtagung *Vielfalt zusammen leben – Miteinander Demokratie lernen* am 2. und 3. Dezember 2016 in Berlin). Einerseits wird geklagt über zunehmenden Rechtsradikalismus, die unpolitische Jugend und mangelnde politische Kenntnisse, andererseits wird soziale und politische Bildung in der Schule nicht nur nicht gefördert, sondern sogar gekürzt. Entsprechend gab und gibt es seit Jahren Bestrebungen des Senators für Bildung, die neuen Fächer Soziologie, Psychologie, Pädagogik, Rechtskunde auslaufen zu lassen bzw. personell auszutrocknen. Mit Soziologie ist das jetzt am Rübekamp 'gelungen' – mit Pädagogik und Rechtskunde schon vor einigen Jahren. So gut der Ersatz von Soziologie durch das Fach Politik als Leistungskurs auch ist, wesentliche Analyse- und Erkenntnisansätze gesellschaftskritischer Auseinandersetzung können damit nicht kompensiert werden.

Quo vadis?

Preisverleihung links vorne: Marieke Wede, Anne Creutz, Jana Merkelbach; rechts: Prof. Dr. P. Fauser bei der Laudatio

Der Schulvertrag aus dem Jahre 2004

Bremen, den 13.05.2004

Grundprinzipien für das Schulleben
der gymnasialen Abteilung
des SZ am Rübekamp
in Bremen

Einleitung

Unsere Schule ist eine Gemeinschaft, die Menschen von 15 bis 65 Jahren zum Lernen und Leben unter einem Dach vereint. Das sind SchülerInnen, LehrerInnen, SekretärInnen, Hausmeister, Raumpflegepersonal und indirekt auch die Eltern der unter 18-jährigen. Die Gruppen haben verschiedene Aufgaben und Interessen.

Damit das Zusammenleben klappt, brauchen wir Vereinbarungen, an die sich alle genannten Personen halten und an die sie sich gegenseitig erinnern.

Viele der Wertvorstellungen und Regeln, die für unsere Schule gelten, sind anderswo aufgeschrieben (Gesetze, Verordnungen, Schulordnung, Oberstufenrichtlinien) oder werden in unserer Kultur als selbstverständlich vorausgesetzt.

Auf der Basis von gegenseitiger Achtung und Toleranz wollen wir uns als VertragsteilnehmerInnen zu den nachstehenden Regeln bereit erklären und somit versuchen eine möglichst angenehme Lernatmosphäre an unserer Schule zu schaffen.

Angestrebte Ziele:

- Ein angenehmes Schulklima ermöglichen und schaffen
- Mir als SchülerIn einen möglichst erfolgreichen Abschluss zu ermöglichen
- Engagement für das Schulleben zeigen

I. Ich als SchülerIn erkläre mich bereit...

- mich allen Mitgliedern der Schulgemeinschaft gegenüber respektvoll und höflich zu verhalten, unabhängig von Geschlecht, Hautfarbe, Herkunft oder auch Kleidung, Haarfarbe, Alter;
- Zivilcourage zu zeigen;
- Eigenverantwortung bezüglich des Lernens zu zeigen, d.h.
  - selbstständig Versäumnisse aufzuholen (wie verteilte Arbeitbögen einfordern, Notizen von MitschülerInnen abschreiben, verpasste Hausaufgaben nachholen),
  - selbstständig eine Einschätzung des eigenen Lernbedarfs vorzunehmen (wie selbstständig eine Mappe führen, ohne besondere Aufforderung der Lehrperson Vokabeln lernen, selbst einschätzen, ob Notizen während des Unterrichts notwendig sind und sie ggf. machen, unaufgefordert bei Bedarf den Unterrichtsstoff zuhause noch einmal wiederholen),
  - der Lehrperson gegenüber deutlich zu machen, wenn ich Hilfe benötige oder mich überfordert fühle;
- konsequent zu lernen, d.h.
  - grundsätzlich im Unterricht und bei außerschulischen Veranstaltungen anwesend und pünktlich zu sein,
  - für das Vorhandensein meines Unterrichtsmaterials selbstständig zu sorgen,
  - den Unterricht aktiv mitzugestalten,
  - meine Hausaufgaben zu machen,
- initiativ und offen für Gruppenarbeit wie auch für neue Lernmethoden zu sein;
- zum pfleglichen Umgang mit dem Schuleigentum (z.B. Einrichtung, Unterrichtsmaterial, Schultoiletten);
- Kritik von Seiten der Lehrperson auch als Ratschlag zu sehen und konstruktiv zu verwerten;
- zu akzeptieren, dass LehrerInnen gelegentlich auch Fehler machen, wie auch ihre Arbeit anzuerkennen.

II. Ich als LehrerIn erkläre mich bereit...

- mich allen Mitgliedern der Schulgemeinschaft gegenüber respektvoll und höflich zu verhalten und die SchülerInnen fair zu bewerten, unabhängig von Geschlecht, Hautfarbe, Herkunft oder Kleidung, Haarfarbe, Alter;
- Zivilcourage zu zeigen;
- meinen Unterricht gut vorzubereiten und ihn abwechslungsreich und unter Verwendung alternativer Lernmethoden (nicht nur lehrerzentriert) zu gestalten;
- Meine Notengebung offen zu legen, dh.:
    - die Gewichtung von der mündlichen und der schriftlichen Note am Anfang des Halbjahres bekannt zu geben;
    - jederzeit bei begründeter Nachfrage, jedoch mindestens in der Mitte jeden Halbjahres die SchülerInnen über ihren mündlichen Leistungsstand zu informieren;
- mich um Pünktlichkeit zu bemühen;
- die SchülerInnen, soweit möglich, über die Unterrichtsthemen und Lernmethoden mitentscheiden zu lassen;
- auf den jeweiligen Kurs einzugehen, d.h.:
    - mich kritikfähig zu zeigen;
    - meinen geplanten Unterrichtsablauf bei Fragen und Verständnisprobleme der SchülerInnen bei Notwendigkeit zu deren Hilfe umzugestalten;
    - eine Kursstunde (d.h. eine Unterrichtsstunde zur Verfügung zu stellen um Probleme im Kurs zu besprechen) abzuhalten, wenn der Kurs diese fordert oder ich finde, dass diese notwendig ist;
    - allen SchülerInnen die Möglichkeit zu geben, einen Fehler wieder gutzumachen bzw. zu verbessern (z.B. noch einmal zu Worte kommen lassen); dies gilt nicht für Klausuren;
- eine Vertrauensperson für SchülerInnen darzustellen (insbesondere als TutorIn);
- mich mit anderen Lehrpersonen abzusprechen, um zu hohe zeitgleiche Belastung der SchülerInnen durch besondere Lernleistungen (wie Bildschirmpräsentation, Referat, Klausurersatz) zu vermeiden;
- die SchülerInnen auf von der Schule angebotene Förderangebote hinzuweisen (z.B. Deutsch-Förderkurse);
- zu akzeptieren, dass SchülerInnen gelegentlich auch Fehler machen, wie auch ihre Arbeit anzuerkennen.

III. Resümee und Einverständniserklärung

Damit ich mich und auch alle anderen sich am Rübekamp wohlfühlen werde ich mein Verhalten an den Leitbildern der Grundprinzipien ausrichten.

Wenn sich andere mir gegenüber nicht fair verhalten, d.h. die Zielvereinbarung mir gegenüber nicht einhalten, werde ich versuchen, dies selbstständig zu klären, indem ich die Personen darauf anspreche.

Umgekehrt versuche ich, möglichst offen zu reagieren, wenn ich auf einen Konflikt, der mich betrifft, angesprochen werde. Sollte der Konflikt nicht mit der KonfliktpartnerIn alleine zu lösen sein, kann ich mich jeder Zeit an andere SchülerInnen, TutorInnen, andere LehrerInnen oder die SV wenden.

Ich habe mir die Grundprinzipien gründlich durchgelesen.

Ich erkläre mich mit meiner Unterschrift dazu bereit, mich grundsätzlich nach diesen Regeln zu richten, da auch ich das Ziel habe, zu einer angenehmen Lernatmosphäre an der Schule beizutragen.

Name, Vorname (gut lesbar):

Datum, Unterschrift:

BARBARA SCHNEIDER
Kunst am Rübekamp – Erinnerungen – Streiflichter – bis 2005

Die Situation des Faches Kunst war am Rübekamp immer geprägt von wechselnden äußeren Bedingungen, die sehr oft – auch im Rückblick – die Arbeit erschwerten und viel Zeit banden. Aber Lehrer und Lehrerin, Schülerinnen und Schüler waren erfinderisch.

Wurde beispielsweise wegen einer in Hamburg gefundenen Asbestfaser die Arbeit mit Speckstein verboten, musste das ganz Halbjahr „Plastik" umgeplant werden. Waren mit Speckstein, auch ohne Werkstatt und spezielle Steinwerkzeuge ästhetisch befriedigende Kunstobjekte entstanden, so mussten wir jetzt, auch noch möglichst kostenneutral, umdisponieren. Unter anderem fanden außerschulisch Bildhauerprojekte im Westend statt. In der Schule arbeiteten wir mehrfach an Installationen von lebensgroßen Figuren aus Pappmaché mit echter Kleidung. Eine davon saß jahrelang auf einem gespendeten Sofa im Lehrerzimmer.

Zu den äußeren Bedingungen gehört die bis heute unbefriedigende Raumsituation. Echte Fachräume müssten anders aussehen und ausgestattet sein. Lange Zeit hatten wir im Materiallagerraum eine Dunkelkammerecke. Jahrelang benutzten wir immer wieder Räume anderer Institutionen, u.a. die Dunkelkammer des LIS, natürlich nur außerhalb der normalen Unterrichtszeiten.

Zu den nicht beeinflussbaren Bedingungen zählten aber auch behördliche Vorgaben und schulische Entscheidungen. Beispielsweise gab es einmal eine Koppelung der Leistungskurse Kunst und Physik, was zu einer reinen Jungengruppe führte.

Ich erinnere mich in dem Zusammenhang an ein Filmprojekt: „Rotkäppchen" mit sehr witzigen Einfällen. Der Film wurde jahrelang bei Treffen gezeigt.

Es gab auch einige Zeit zwei parallele Kunst-Leistungskurse, wodurch Kunst angeblich maßgeblich zur Erhöhung der Schülerzahlen und damit zur Stabilisierung der Abteilung Gymnasium am Schulzentrum beitrug. Später wurde der Schwerpunkt wieder zu den „wirklich wichtigen Fächern" hin verschoben. Unterschwellig spielte also auch immer die gesellschaftliche Bewertung von Kunst eine Rolle.

Noch heute zu sehen ist das Ergebnis einiger Projekttage: Die Rübe, ein großes hängendes Pappmaché-Objekt, das ehemals zu den Klängen eines von Solidarität handelnden Rübenliedes angefertigt wurde.

Leider nicht mehr vorhanden sind Wandbemalungen aus Kunst-am-Bau-Aktionen mit Künstlern, u. a. Norbert Schwontkowski, der später weltberühmt wurde.

Nicht mehr zu sehen ist auch das Ökohaus (passive Sonnenenergie, Recycling von Materialien, etc.), an dem auf Initiative und nach Plänen des Architekten der Schule, Kristen Müller, gemeinsam mit ihm und seinen Studenten viele Halbjahre lang, meist an Wochenenden, gebaut wurde. Immer wie-

der waren dabei neue Probleme auf verschiedenen Ebenen zu lösen. Das ging so weit, dass Schüler große Erklärungen am Haus anbrachten und sogar dort übernachteten, um es zu schützen. Schließlich fiel es aber doch einem Brandanschlag zum Opfer und verschwand aus Sicherheitsgründen sehr schnell unter einem Erdhügel.

Der Lehrplan umfasste damals große Bereiche von Gestaltung und war dabei relativ offen formuliert. Das gab uns am Rübekamp die Möglichkeit, ihn sowohl inhaltlich eigenständig zu füllen als auch immer wieder neue Inhalte bei gleichbleibenden Lernzielen zu erarbeiten. So konnten wir neue Elemente aus der Entwicklung von Kunst und Gestaltung aufnehmen und auch die temporäre Zusammenarbeit mit außerschulischen Partnern integrieren.

Innerschulisch hatten wir den Lehrplan inhaltlich im Groben festgelegt:

Zum Beispiel war für das erste Halbjahr in der Oberstufe das Oberthema „Methoden des Faches" vorgesehen. Wir verknüpften es mit dem Thema „Selbstdarstellung", das sich aus pädagogischen und fachlichen Gründen als besonders geeignet erwies. Produktion und Reflexion mussten dabei grundsätzlich ineinandergreifen, aber auch immer wieder angepasst gewichtet werden. Die Vorgaben des Lehrplans wurden also im Einklang mit der Entwicklung der Kunst und der Gesellschaft immer wieder neu interpretiert

Die Offenheit des Lehrplans und die nur grobe Festlegung der Halbjahrsinhalte ermöglichte es auch, in der Diskussion mit den Schülerinnen und Schülern Einzelheiten festzulegen und Schwerpunkte unterschiedlich zu setzen, was im allgemeinen zu einem Motivationsschub führte. Bewährt hat sich auch die Offenlegung von Bedingungen jeder Art, waren es nun die wechselnden Abiturrichtlinien oder die schulische Organisation der Halbjahre mit den festen Klausurzeiten und Klassenfahrtterminen oder bestimmte Ausstellungen. So entstand eine realistische Vorstellung von dem, was zu schaffen wäre. In Halbjahresplänen wurde alles festgehalten und die Arbeit eines Halbjahres so strukturiert.

Eine Möglichkeit, auch individuelle Kenntnisse

und Interessen einzubeziehen, boten Referate. Ich erinnere mich an eins über Mangas, über die weder Schüler noch Lehrer zu dem Zeitpunkt etwas Genaueres wussten.

Gelegentlich konnten wir auch Fachleute einladen oder sie aufsuchen: Architekten, Designer, Künstler, einen Steinmetz.

Schon früh benutzten wir verschiedene Formen der Evaluation, besonders als Kommunikationshilfe zwischen Schüler und Lehrer. Ausgehend von der Beobachtung, dass die Vorkenntnisse und die Vorerfahrungen im 11. Jahrgang extrem unterschiedlich waren, entwickelten wir Fragebögen dazu. Sie fragten auch nach den Vorstellungen über das, was Kunst sein könnte und was man denn in diesem Fach lernen wolle. Die Antworten reichten meist von Kunsthandwerk bis Kunsttheorie. Im Allgemeinen gelang es, im ersten Halbjahr realistischere Vorstellungen von den Unterrichtsinhalten zu entwickeln und die Motivation zu steigern. Am Ende des Halbjahrs standen auch Fragen wie: Was hat Dir am meisten gefallen? Wo hast Du am besten gelernt? Was sollte man streichen, bzw. ersetzen? Was hättest Du lieber gelernt?

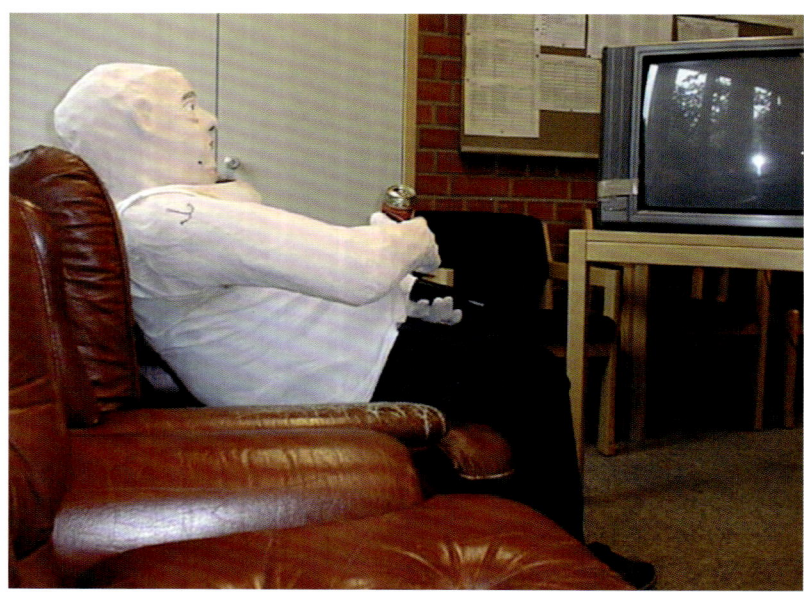

Kunst und Kunstgeschichte

Ein riesiges Feld, in dem die Auswahl nicht leicht ist. Aber es bot sich hier auch immer die Möglichkeit, aktuelle Ausstellungen und neue künstlerische Positionen miteinzubeziehen.

Hier gab es auch die Möglichkeit, mit der Kunsthalle zu kooperieren, was damals mit der Konzeption von Ausstellungen endete, z.B. zu bestimmten Themen oder für Kinder. Raummodelle mit maßstabsgerechten Bildern und Einrichtung ausgestattet machten die Ideen anschaulich und wurden dann wiederum in der Kunsthalle ausgestellt.

Wo könnte man später dieses Wissen anwenden? Wir stellten uns dann immer den mündigen Bürger vor, der – in welcher Position auch immer – über Kunst im öffentlichen Raum entscheiden soll . . . oder über öffentliche Gelder für Museen und andere Kunstorte.

Arbeitsbereiche In der Oberstufe:

Methoden des Faches – Selbstdarstellung

Hier entstanden sowohl naturalistisch dargestellte Selbstporträts in feinen Bleistift- und Federzeichnungen als auch Collagen oder mit Hilfe eines Computerprogramms gestaltete und variierte Fotos zum Thema und dem verwandten Bereich Paare und Beziehungen.

- Gestaltete Umwelt – Architektur und Design

Hier wählten die Schüler den jeweiligen Schwerpunkt, und so entstanden u. a. pfiffige Ideen für Verpackungsdesign oder Hausmodelle.

- Plastik – Installation, Performance

Im Zusammenhang mit der Auseinandersetzung mit zeitgenössischen Positionen in der Kunst entstand ein Projekt, von dem nur noch einige Fotos existieren, wie es bei performativen Aktionen nicht selten ist. Unter dem Obertitel „Mensch und Mauer" versuchten Schülerinnen und Schüler, auf die Mauern im Schulgebäude zu reagieren. Aus einem spielerischen Probieren entstanden bedeutungsvolle Situationen.

- Visuelle Kommunikation – Werbung, Plakat, Illustration, CD-Cover, etc.

Gerade in diesem Bereich wurden die Möglichkeiten durch die Benutzung von digitalen Programmen immer differenzierter und die Ergebnisse professioneller und befriedigender. Sogar eine schöne Homepage für Kunst als Teil der allgemeinen Rübekamp-Homepage wurde entwickelt. Von der existiert heute wohl nichts mehr.

Die sehr gewünschte Kooperation mit anderen, gerade auch den musischen Fächern scheiterte an der Konstruktion der Oberstufe, z.B. konnten Schüler oft nur ein musisches Fach (von dreien) wählen.

Die Individualisierung der Fächerwahl stand möglichen Synergieeffekten im Wege. Allerdings konnten wir bei Studienfahrten partiell mit Deutsch und Geschichte zusammenarbeiten.

Ständig wechselnde Ausstellungen von Kunst-Produkten in der Vitrine, auf den Fluren oder im Forum trugen wesentlich zum Erfolg des Faches bei. Wir legten auch Wert auf die Präsentation des Faches im Stadtteil, selbst in der senatorischer Behörde hängen Werke unserer Schüler. Zahlreiche Kooperationen mit außerschulischen Partnern wie der Kunsthalle, dem Westend und vielen anderen mehr bereicherten die Erfahrungen, nicht nur mit Kunst.

Museumsbesuche und Fahrten zur Documenta waren selbstverständlich.

Ich erinnere mich auch an ein Wochenende, bei dem wir als Kunst-LK ein Haus auf dem Lande bewohnen durften. Es endete mit einem Reisvergrabungs-Happening.

Wir, das waren über viele Jahre Bernd Müller und Barbara Schneider, später auch Peter Körtje, zahlreiche Referendarinnen und Referendare und viele Schülerinnen und Schüler.

In der Erinnerung verblassen mittelmäßige Produkte, und die Highlights treten stärker hervor: eigenständige Bilderfindungen, kluge Analysen, kreative Lösungen, verblüffende Erkenntnisse – alles, was schon damals die Mühe lohnte und vielleicht bis heute zählt.

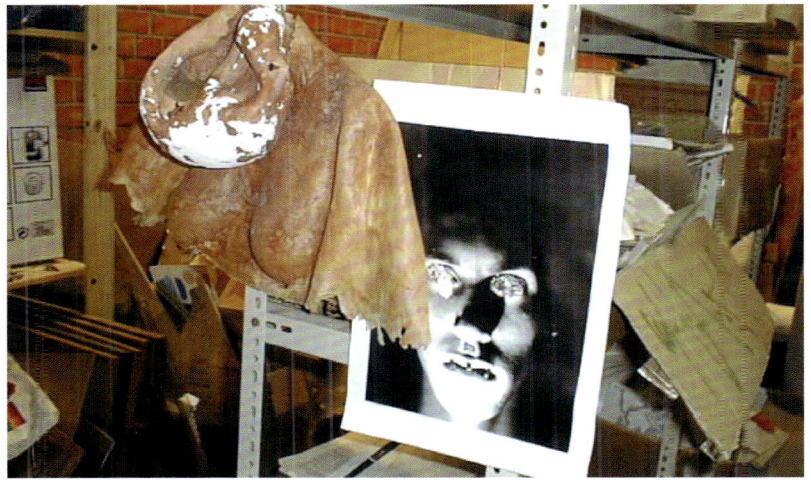

MARGARETHE REINHARDT
Das Fach Darstellendes Spiel von 1994 bis 2013

Die Einführung des Faches Darstellendes Spiel am Schulzentrum Rübekamp

In den frühen neunziger Jahren entwickelte sich eine Konkurrenzsituation zum Schulzentrum Lange Reihe, das in geringer Entfernung von uns dieselben Schülergruppen umwarb wie wir. Daher versuchten wir natürlich, unsere Oberstufe so attraktiv wie möglich zu machen. Am Rübekamp gab es Informatik-, Medien- und Niederdeutschkurse. Die Lange Reihe hingegen hatte sich einen Trumpf ergattert mit dem neuen Fach Darstellendes Spiel. In den Gesprächen mit den SchülerInnen aus den 10. Klassen, die überlegten, welche SEK II sie in Zukunft besuchen wollten, erfuhren wir, dass diese gerne Theater statt Kunst oder Musik belegen wollten, und wurden gefragt, warum wir das nicht anböten. So kam es, dass Herr Koy, der damalige Abteilungsleiter, mich fragte, ob ich mir vorstellen könnte, Darstellendes Spiel zu unterrichten. Am LIS gäbe es eine Weiterbildung zu diesem Fach, die zu dem Zeitpunkt von ReferendarInnen in Anspruch genommen würde. Die einjährige Ausbildung würde mich als Absolventin dazu berechtigen, Unterricht im Darstellenden Spiel zu erteilen. Ich kam wohl in die engere Wahl, weil ich bereits an der Rembertischule, an der ich zuvor unterrichtet hatte, fünf Stücke inszeniert hatte; außerdem war ich dem Kollegium auch als Mitglied des Kabarett-Duos „Midlife Crisis Management" (mit Dieter Mensen) bekannt.

Die Einrichtung des Faches am Rübekamp erhielt nicht den ungeteilten Zuspruch durch das Kollegium. Etlichen KollegInnen erschien das Fach als nicht geeignet für die gymnasiale Oberstufe. Bei der Debatte in der Abteilungskonferenz half natürlich die Tatsache, dass die Behörde Darstellendes Spiel an anderen Schulen bereits genehmigt hatte und dass ein Lehrplan sowie Abiturrichtlinien dazu existierten.

Jedenfalls machte ich die einjährige Ausbildung bei der Fachleiterin Karin Öljeklaus, Donnerstags vier Zeitstunden und mindestens einmal im Monat ein Wochenende. So konnte ab dem Schuljahr 1994/95 das Fach DSP (Darstellendes Spiel) am Rübekamp angeboten werden. Übrigens haben die DSP-KollegInnen der Langen Reihe und des Rübekamps keine Konkurrenzsituation aufgebaut. Im Darstellenden Spiel gab es immer genügend Interessenten für beide Oberstufen. Außerdem mussten wir im Abitur als Fachkollegium zusammenarbeiten, solange ich allein in dem Fach unterrichtete. Da lernten wir uns kennen und schätzen.

Der erste Kurs war mit 16 TeilnehmerInnen angenehm klein. Wir hatten räumliche Probleme, da der Rübekamp – anders als die Lange Reihe – nicht über eine Aula mit Bühne und all dem, was man zum Theaterspielen braucht (Beleuchtung, Ton-Technik, Umkleideräume, Requisite), verfügte. Eine glückliche Lösung war für uns die Zusammenarbeit mit dem Kulturzentrum WESTEND (10 Minuten Fußweg), wo wir sowohl den Unterricht als auch Aufführungen machen konnten. Leider war es im Laufe der Jahre nicht mehr möglich, alle Stunden dort zu geben, weil es einfach zu viele wurden. Jedes Jahr kam ein Kurs dazu, später gab es sogar zwei Kurse pro Jahrgang und das Raumproblem sollte uns in den Folgejahren noch erhebliche Schwierigkeiten bereiten.

Theaterspielen als Fach der gymnasialen Oberstufe

Das Fach Darstellendes Spiel ist ein künstlerisches Grundkursfach wie Musik oder Kunst, mit bestimmten Auflagen, was Belegzeiten, Klausuren und Prüfungen betrifft. Neben der dreijährigen Belegung des Faches, die eine mündliche Abiturprüfung ermöglicht, gab es auch eine zweijährige zur

Abdeckung der Auflage, ein musisches Fach belegt zu haben. Eine schriftliche Abiturprüfung war am Rübekamp nicht möglich. Ebenso wenig war ein Leistungskurs Darstellendes Spiel vorgesehen. Dafür konnte an anderer Stelle eine Aufwertung des Faches durch Einbindung in Profile (DSP als Profilfach) erreicht werden. In Verbindung mit Deutsch, Geschichte, Soziologie wurden schöne Projekte verwirklicht.
Zunächst einmal zu den Unterrichts-Inhalten.

Im ersten Jahr lernen die Schülerinnen und Schüler Spielfreude und Spielfähigkeit zu entwickeln. Darauf möchte ich genauer eingehen, da dieser Bereich das Fach ganz besonders charakterisiert. Die wenigsten Leute wissen, dass man das Schauspielen tatsächlich lernen kann, wie das Spielen eines Instrumentes oder das Erstellen eines Bildwerkes.

Es geht für die KursteilnehmerInnen zunächst darum, ihren Körper kennenzulernen, und zwar mithilfe von Spielen, z.B. Körpereinsatz (Laufen, Fallen, Fangen), Rhythmusspielen (Klatschen, Stampfen, Geräusche machen), Stimm- und Sprachübungen (lautes und deutliches Sprechen, Singen), Wahrnehmungsübungen (mit geschlossenen Augen agieren), Spielen auf drei Ebenen (liegend, sitzend, stehend), Bewegen im Raum (Auftreten und Präsenz, Spannungsaufbau) und Berührungsspiele (Bein an Bein gehen, auf kleinstem Raum stehen, aufeinander liegen etc.). Auf diese Art und Weise lernen die SchülerInnen ihren Körper mit all seinen Teilen für das Theater-Spiel zu nutzen, als wäre er ein kostbares Instrument.

Als zweites wird Kreativität gefordert, deren Königsdisziplin die Improvisation ist. Zwei Menschen begegnen sich auf der Bühne, ohne Vorgaben, und spielen eine Szene. Das ist eine große Herausforderung an die Phantasie. Einer der beiden Menschen muss kurz entschlossen entscheiden, wie es los gehen soll. Z.B. sagt er zum anderen: „Hast du das Geschenk mitgebracht?" Der andere muss darauf eingehen, er kann jetzt nicht sagen „Ich kenn Sie doch gar nicht." oder „Wo geht es zum Bahnhof?" Er wird also die Geschichte mit dem Geschenk weiterspinnen, und so entsteht, in stetem Wechsel, eine Szene. Später werden die Schüler dann lernen, die Szene nach dramatischen Gesichtspunkten aufzubauen und kleinere Stücke zu inszenieren. Die Bereitschaft, mit dem anderen zu spielen, zusammen mit ihm eine imaginäre Situation zu erschaffen, ist hohe Kunst und wird nur durch ständiges Spiel erworben. Dabei lernen die SchülerInnen, wie gewinnbringend das Zusammenspiel ist, wie abhängig die einzelnen SpielerInnen von den anderen sind und wie wichtig sie selbst in diesem Zusammenspiel. Spielbereitschaft, Wahrnehmungsfähigkeit, Kreativität, Selbstbewusstsein und Kooperation werden hier gelernt und gefördert. Und gleichzeitig haben alle jede Menge Spaß.

Außerdem lernen die SchülerInnen, mit Texten umzugehen. Die Umsetzung eines Prosatextes in Dialogform bereitet manchen SchülerInnen Schwierigkeiten. Wenn in der Erzählung ein Gefühl oder ein Gedanke auftaucht, stellt sich die Frage, wie man dieses Fühlen oder Denken auf die Bühne bringt. Spricht der Protagonist über seine Gefühle, oder zeigt er sie? Und wenn ja, wie? Hier wird der Subtext wichtig, das Unausgesprochene. Die Bühnensprache muss also bewusst erfahren und geübt werden. Umgekehrt lernen die KursteilnehmerInnen kurze Dialoge (Minidramen) mit Handlung zu füllen, z.B. Sketche daraus zu machen. Und sie lernen, eigene über Improvisation entstandene Szenen in schriftliche Form zu bringen, um sie festzuhalten, für sich selbst, und damit auch andere sie spielen können.

Das Wecken der Spielfreude, das Kennenlernen der Möglichkeiten, Charaktere und Sachverhalte darzustellen sowie bildhaft zu machen, macht m.E. den größten Anreiz des Faches aus. Sie sind die Voraussetzung dafür, größere Werke auf die Bühne zu bringen.

Im zweiten Jahr geht es darum, nach der Inszenierung kleinerer Stücke ein großes zu verwirklichen, mit Textarbeit (Analyse, Subtext), Dramaturgie, Rollenstudium, Kostümsuche, Kulissenherstellung, musikalischer Begleitung, und was das Stück sonst noch erfordern mag.

Im dritten Jahr wenden wir uns dann der Theatergeschichte zu; wir studieren und spielen Klassiker, Brecht, das Absurde Theater und neuere Richtungen, z.B. Peter Weiss.

Beurteilung und Benotung im Fach Darstellendes Spiel

Als musisches Fach ist *Darstellendes Spiel* ein Fach, in dem kreativ und praktisch gearbeitet wird. Insofern unterscheidet es sich von den anderen, eher wissenschaftlich, forschend ausgerichteten Fächern der Oberstufe. Wie wirkt sich dieser Unterschied auf die Methoden der Leistungsbeurteilung aus?

Während in sprachlichen Fächern die Beherrschung der Sprache im Vordergrund steht, in Mathematik die Lösung von Problemen, in Deutsch die Analyse von Texten, ist es im Darstellenden Spiel das Inszenieren und Spielen selbstverfasster oder vorgegebener Szenen, was von den Schülern verlangt wird. Dies leisten sie in Gruppen, meist nach vorhergehendem Projektunterricht, in welchem sie diese Szenen vorbereiten.

Nun fragt es sich für die notengebende Kursleiterin, wie aussagekräftig, wie gerecht kann eine Note sein, die sich auf ein einmaliges Anschauen der Präsentation einer Szene stützt? Wie sollen die einzelnen Spielerinnen und Spieler beurteilt werden, wo doch jeder seine eigene Rolle spielt, wo der eine mehr, der andere weniger zu sagen oder zu tun hat? Wie will man wissen, was die Einzelnen vorher geleistet haben, um diese Szene aufführungsreif zu machen? Sollen sie alle die gleiche Note für die Szene bekommen? In meiner Ausbildung wurden solche Fragen nicht erörtert. Auch in den Richtlinien stand nichts Diesbezügliches. Aber in der Unterrichtspraxis mussten 2 Klausuren pro Halbjahr geschrieben werden, die ca. 50% der Halbjahresnote ausmachen sollten. Im Laufe der Zeit habe ich Lösungen gefunden, die ich für vertretbar hielt und halte, wie ich im folgenden Kapitel darstellen werde.

Leistungsnachweise im Darstellenden Spiel

In der Oberstufe wird die Mitarbeitsleistung in der mündlichen Note gewürdigt, die 50% der Gesamt-Bewertung ausmachen soll. So auch im Darstellenden Spiel, was gerechtfertigt ist, denn besonders in den Übungs- und Improvisationsphasen ist voller Einsatz gefragt – ein Ausruhen oder Verstecken ist nicht möglich. Die anderen 50 % der Note ergeben sich aus individuellen Leistungsprüfungen, nämlich den Klausuren oder Klausurersatzleistungen. Meine „Klausuren" waren nur zu einem Drittel Klassenarbeiten im Klassenraum, nämlich die schriftliche Reflexion der Szene, die sie gezeigt hatten. Die anderen zwei Drittel waren die Inszenierung und die Präsentation dieser Szene vor der Gruppe. Ich möchte diese Prüfungsmethode im Folgenden näher erklären.

Die Inszenierung

Die Inszenierung, d.h. die Kreation der Szene und ihre Umsetzung (was vorher im Projektunterricht passiert war), wurde von mir mit einer Note versehen, die eine Art Pool war und meist ein Drittel der Gesamtnote ausmachte. Nehmen wir an, die Note war 9 Punkte und die Gruppe hatte vier Mitglieder, dann konnten die zu Benotenden über einen Pool von 36 Punkten verfügen, die sie demokratisch auf die jeweiligen Mitglieder verteilen konnten. Hatten alle gleichermaßen mitgearbeitet, bekam jedes Mitglied 9 Punkte. Hatte einer kaum mitgearbeitet und die Last der Arbeit anderen überlassen, durften sie die Verteilung anders organisieren. Mir ist klar, dass das System Schwächen hat, aber es schien einfach unfair, dass Faulpelze sich an der Arbeit der anderen bereicherten. Außerdem wurde ihnen auf diese Weise deutlich gemacht, dass es sich lohnen könnte, in der Gruppenarbeit aktiv mitzuwirken. Die Bedeutung der „Equipe" im Theaterunterricht ist sehr hoch anzusetzen; ohne die anderen ist kein Spiel möglich. Ich denke, dass etliche meiner Schüler dadurch Gelegenheit zu sozialem Lernen erhielten.

In der Inszenierungsnote wurden Inhalt der Szene, Text, Handlung, Dramaturgie, Requisiten, Musik- und Geräusche-Einsatz gewürdigt und beurteilt.

Das Spiel

Das Spiel eines/einer jeden Einzelnen wurde individuell gewürdigt und beurteilt, und zwar Bühnenpräsenz, Stimme, Körperbeherrschung, Bespielen des Raumes, Zusammenspiel mit den anderen, Beherrschung des Textes, überzeugendes Spiel und

Kostümierung. Auch diese Note machte ein Drittel der Gesamtnote aus.

Wenn man es genau betrachtet, gibt es kaum eine ungeschütztere Situation sein Können zu zeigen, als auf die Bühne zu gehen und vor aller Augen und Ohren zu agieren. Es erfordert viel Mut, sich einer solchen Prüfung zu stellen. Die Teilnehmer und Teilnehmerinnen eines Kurses Darstellendes Spiel gewinnen dadurch ein natürliches Selbstbewusstsein, das sie im späteren Leben vielfältig unterstützen wird.

Die Reflexion

Dieser Teil war der Anforderung geschuldet, dass die „Klausur" einen schriftlichen Teil haben müsse. Anfänglich fiel es mir schwer, einzusehen, dass ein solcher schriftlicher Teil notwendig sei, um den wissenschaftlichen Anspruch des Faches zu rechtfertigen. Dann aber entdeckte ich, dass die schriftliche Befassung mit dem, was die Spieler praktisch machten und erlebten, sehr sinnvoll war. So hatten fast alle zu Beginn Probleme damit, einen erzählenden Text in einen dramatischen umzuwandeln, der ja nur wörtliche Rede zulässt, allenfalls noch Bühnenanweisungen. Ihre Transformationsversuche gaben ihnen die erwünschten Einblicke in die unterschiedlichen Literaturgattungen und die Notierung des Bühnengeschehens ließ sie die Unterschiedlichkeit von Drama und Roman erkennen. In ihren Szenen tauchten Sätze auf wie „Berni fühlte, dass er sich dumm verhalten hatte." anstelle von „Berni: Das war jetzt blöd von mir." Oder „Tina wollte sich ein neues T-Shirt kaufen." anstelle von „Tina: Lass mal zu H&M gehen, ich brauch ein neues T-Shirt."

Weitere schriftliche Aufgaben waren die Beschäftigung mit der eigenen Rolle, z.B. mit der Erstellung eines Rollenprofils oder einer Rollenbiographie, die Bearbeitung eines Textes mit Subtext, will sagen, die Gedanken, die unausgedrückt hinter einem Text stehen können, und die Beantwortung der W-Fragen an das Stück oder an die Figur. Später galt es auch, eine kleine Szene zu erfinden, und, noch später, die Analyse eines Charakters, einer Szene oder auch eines ganzen Stückes zu schreiben. Wichtig war auch die Reflexion des eigenen Tuns, nämlich der Arbeit im Projekt und an der Rolle. Natürlich waren die schriftlichen Aufgaben sinnvoll auf die vorhergehende praktische Arbeit ausgerichtet. Auch dieser Teil war ein Drittel der Gesamtnote.

Um die Benotung so fair wie möglich zu machen, wurden die gespielten Szenen gefilmt und vom ganzen Kurs noch einmal in einer späteren Stunde angeschaut, und die Mitschüler und Mitschülerinnen gaben Rückmeldungen zum Spiel. Diese notierte ich mir und flocht sie in meine Beurteilung mit ein. Es kam durchaus vor, dass meine erste Einschätzung durch die Bemerkung eines Schülers oder einer Schülerin noch eine Änderung erfuhr. Gleichzeitig konnten die Spieler und Spielerinnen ihr eigenes Spiel noch einmal selbst überprüfen. Anfangs waren die KursteilnehmerInnen zurückhaltend mit Kritik, da sie ihren MitschülerInnen nicht schaden wollten, aber nach kurzer Zeit merkten sie, dass der Spiegel, den sie den SpielerInnen boten, diese weiter brachte, und die Bemerkungen zum Spiel wurden zahlreicher und fundierter.

Die schriftliche Arbeit wurde ausschließlich von mir beurteilt und benotet. War jemand mit seiner Benotung nicht einverstanden, oder meinte er, er könne es besser, gab es die Möglichkeit der Nachbesserung.

Eine wichtige Maßnahme in diesem Zusammenhang war auch die Leistungsbesprechung zur Halbzeit des Halbjahres. Ich nahm mir die Zeit, mit jedem/jeder Einzelnen den derzeitigen Leistungsstand zu besprechen, sowie Möglichkeiten, ihn zu verbessern. Das gab ihnen Gelegenheit, ihren Einsatz in der verbleibenden Zeit bis zum Ende des Halbjahrs zu verstärken, wenn sie es wollten, und zu besseren Ergebnissen zu kommen.

Ein Beispiel für eine mündliche Abitur-Prüfungsaufgabe

Wie bereits berichtet, kann als viertes Prüfungsfach im Abitur das Fach *Darstellendes Spiel* gewählt werden, und zwar als mündliche Prüfung. Die Prüfung ist zweigeteilt, in einen praktischen und einen theoretischen Teil. Im ersten Teil muss der Prüfling eine oder zwei Szenen kreieren, in denen er zeigt, welche Fähigkeiten er in den drei vorangegangenen Jahren in Theaterspiel und Dramaturgie erworben hat. Im zweiten Teil soll er sein Tun reflektieren und in Bezug setzen zu Methoden und Theorien, die er im Unterricht kennengelernt hat, z. B. Strasbergs Methode, seine Sinne einzusetzen, oder die völlig entgegengesetzte Methode Brechts mit seinem epischen Theater, oder die oft verwirrenden Methoden des Absurden Theaters. Dabei wird er auch Rückbezüge zu seiner Rolle in der Aufführung des Kurses herstellen. Im Folgenden präsentiere ich eine Aufgabenstellung, die tatsächlich im Abitur gestellt und bearbeitet wurde.

Mündliche Prüfung im Darstellenden Spiel am 8. Mai 2006

1. Praktische Prüfung/Aufgaben
Inszeniere zwei Szenen vor dem Hintergrund der kulturell und religiös begründeten „Ehrenmorde" (siehe Zeitungsausschnitt).

Die erste Szene sollte realistisch gestaltet sein, die zweite absurd im Sinne des Absurden Theaters.

Die Ausgangssituation ist für beide Szenen die folgende: Die Protagonistin, eine junge Studentin mit Immigrationshintergrund und Verfechterin ihrer Kultur, erhält den Besuch einer Freundin, die ihre Familie verlassen will, um nicht zwangsverheiratet zu werden.

Mache in Deiner Szene klar, welchen kulturellen Hintergrund die Protagonistin hat, wie ihre private Situation ist und welches ihre beruflichen Ziele sind. Zeige den Konflikt/die Katastrophe (der Freundin) und einen Weg hinaus.

Die zweite Szene zeigt zu Beginn die gleiche Situation. Dann kann die Handlung einen völlig anderen Verlauf nehmen. Du kannst die Rolle wechseln (z.B. die Freundin spielen). Du kannst mit oder ohne Partner (Statist) arbeiten.

2. Theoretische Prüfung/Aufgaben
Reflektiere die beiden Szenen, die Du kreiert hast. Was waren Deine Überlegungen zu ihrer Gestaltung?

Nenne die absurden Merkmale in der zweiten und die Wirkung, die Du mit ihnen beabsichtigt hast.

Erörtere die Wirkungsweise des absurden Theaters anhand von Beispielen aus Ionescos „Mörder ohne Bezahlung" und auf der Grundlage der Texte von Esslin: „Das Theater des Absurden".

Für die PrüferInnen wird wie üblich eine „Erwartete Prüfungsleistung" erstellt, die der Prüfling nicht kennt, die aber den Beisitzern eine Hilfe bei der Einschätzung seiner Leistung sein soll. Hier ist sie:

Erwartete Prüfungsleistung: Die praktische Prüfung.
Die <u>Inszenierung</u> soll dramaturgische Regeln berücksichtigen. Das <u>Spiel</u> soll Erfahrung in der Präsentation zeigen. Die <u>Vorgaben</u> müssen erkennbar berücksichtigt sein.

Die <u>erste Szene</u> soll realistisch in dem Sinne sein, dass sie den Protagonisten als Handelnden in einer begreiflichen Welt zeigt.

Die <u>zweite Szene</u> soll absurd in dem Sinne sein, als sie zeigt, wie dem Protagonisten durch Verunsicherungen der Boden unter den Füßen weggezogen wird.

<u>Konkret</u>: Die Protagonistin und ihre Freundin sollen eine Auseinandersetzung über ihre Grundsätze haben, insbesondere Familienehre. Dabei soll Rückbezug auf den Artikel genommen werden. Eine konkrete Bedrohung könnte eine Solidarität unter den beiden herstellen.

Die zweite Szene soll absurd gestaltet werden. Es könnten zum Beispiel die gegebenen Informationen nicht übereinstimmen, Wahrnehmungen können bestritten werden. Die Verhältnisse könnten sich umkehren, die Freundin die Protagonistin attackieren.

Die theoretische Prüfung
- *Reflexion der eigenen Produktion.*
- *Rückbesinnung auf das Stück „Mörder ohne Bezahlung" von Ionesco und Beschreibung des absurden Theaters anhand der Erfahrungen, die im eigenen Spiel gemacht wurden, und auf der Grundlage des Textes von Esslin: „Das Theater des Absurden". Übergreifender Aspekt:*
- *Betrachtung der handwerklichen Mittel bei Strasberg: „Das Training des Schauspielers".*

Bei Zeit: Vergleich des Anspruchs und der Wir-

kungsweise des epischen und des absurden Theaters.

Die Vorbereitungszeit in der mündlichen Prüfung weicht von der üblichen ab, da die Prüflinge für die kreative Leistung der Inszenierung ihrer beiden Szenen mehr Zeit brauchen. Außerdem können sie einen Statisten zu Hilfe nehmen, dieser darf jedoch nicht aus dem 13. Jahrgang sein und gleichzeitig Darstellendes Spiel belegen. Für die Statisten gilt, dass sie den Vorstellungen des Prüflings folgen und ihn nicht durch eigene Ideen belasten. Ein Kollege oder eine Kollegin überwacht die Vorbereitung.

Diese Abitur-Prüfungsaufgabe vom 8. Mai 2006 – mit Ergänzungen für die Prüfer – zeigt beispielhaft, wie AbsolventInnen des Faches Darstellendes Spiel ihre erworbenen Fähigkeiten unter Beweis stellen sollen und können. Mit dieser Form der Aufgabenstellung will man sicher gehen, dass der Prüfling die Prüfung eigenständig bestreitet und vorher keine Informationen über die Prüfungsinhalte erhalten haben kann. Genau wie in den anderen Fächern bringt er seine Kenntnisse und Fähigkeiten mit – spezifiziert ist nur das Halbjahr, auf das die Prüfungsaufgabe sich bezieht. So lässt sich eine gewisse Gleichwertigkeit der mündlichen Abiturprüfungen erzielen. An unserer Schule haben sich regelmäßig SchülerInnen im Darstellenden Spiel prüfen lassen. Ich durfte einige exzellente Abiturprüfungen abnehmen, die mir noch immer in Erinnerung sind.

Aufführungen

Mit dem gemeinsam einstudierten und vor der Schulöffentlichkeit präsentierten Stück erfahren die Spieler und Spielerinnen noch eine andere Art der Prüfung: das Urteil ihrer Familien, ihrer MitschülerInnen und LehrerInnen. Der Applaus ihres Publikums zeigt ihnen, dass ihre Arbeit erfolgreich war, wobei ein großer Teil der BesucherInnen sicherlich eine wohlwollende Einstellung mitbringt. Das Klatschen der ZuschauerInnen jedenfalls weckt in unseren DarstellerInnen auf der Bühne ein Gefühl der Freude und ist Belohnung an sich.

Wenn es sich in Gesprächen nach der Aufführung zeigt, dass die Inhalte des aufgeführten Stückes nachwirken, kommt für die Mitwirkenden das Gefühl hinzu, etwas Besonderes geschaffen zu haben, etwas, das sie stolz und froh machen kann und das sie mit allen Mitstreitern teilen.

Einige Produktionen näher betrachtet
Im Folgenden möchte ich drei unserer Stücke vorstellen, von denen ich glaube, dass jedes einzelne von ihnen besonders war.

Warum weinst Du, Beatrice?
Tanzstück. Eigenproduktion mit Motiven nach Shakespeare.
Eine Zusammenarbeit von Petra Thielebein, Karl-Heinz Wenzel und Margarethe Reinhardt.
Aufführungen am 06. 03. 2000 Whirlschool, 29. 06. 2000 Landesschultheatertreffen und 16. 09. 2000 Teilnahme am 16. Schultheatertreffen der Länder in Magdeburg.

Für dieses Stück hatten wir das Glück, die Mitarbeit der Tänzerin Petra Thielebein vom Tanzwerk Bremen und des Theaterlehrers Karl-Heinz Wenzel zu gewinnen. Der Gedanke war, durch Tanz die Situation bestimmter weiblicher Protagonistinnen aus Shakespeares Werken (Ophelia, Katharina, Julia, Beatrice) darzustellen, wobei eine dynamische Entwicklung die Geschlechter von der plumpen Unterdrückung durch die Männer und Selbstkasteiung der Frauen zum partnerschaftlichen Miteinander bringt.

Die Außenwirkung dieses Stückes war beträchtlich, denn wir traten nicht nur im Schlachthof und im Kleinen Haus auf, sondern wurden auch nach Magdeburg zum Schultheatertreffen der Länder eingeladen.

Zu Beginn waren die SchülerInnen nicht begeistert als sie erfuhren, dass sie bei einem Tanzstück mitmachen sollten, mit dem sie bei der Veranstaltung „Whirlpool" auftreten würden. Sie hatten sich doch für Schauspiel eingetragen, nicht für Tanz. Ich konnte sie verstehen, aber ich wusste auch, dass sie mit dem Tanz ein unvergessliches Erlebnis haben würden, und eine Idee hatte ich auch schon: Shakespeare-Frauen. Petra fing sofort an, die beiden Grundfiguren – das Männer- und das Frauenthema – mit ihnen einzustudieren, und die Ergebnisse ließen eine Weiterarbeit lohnend erscheinen. Vielleicht waren die jungen Mädchen ja auch von den weißen Gewändern angetan, die sie tragen würden. Und die Jungen auch, wer weiß. So entwickelte sich nach und nach das Interesse an den Tanzfiguren, an der Choreografie, an der Thematik und an der ungewöhnlichen Musik (Nicholas Lens: Flamma Flamma), die Karl-Heinz dazu mitbrachte. Schließlich, spätestens in Magdeburg, überwog der Stolz, und sie begriffen, dass sie etwas ganz Besonderes geschaffen hatten, denn die Wertschätzung durch das Publikum war hier besonders hoch.

In dem Stück geht es um einige Frauen Shakespeares, die es schwer mit ihrem Frausein haben. Ophelia ist von vornherein chancenlos: Hamlet spielt mit ihr, ihr Vater instrumentalisiert sie und ihr Bruder nimmt sie nicht ernst. Julia ist ebenso dem Willen ihres Vaters unterworfen, der sie verheiraten will – um zu entkommen, muss sie zu verzweifelten Mitteln greifen, die letztendlich tödlich sind. Katharina, auch dem Willen ihres Vaters unterworfen, muss Petruchio ehelichen, der von vornherein verkündet, sie bändigen zu wollen. Was als Wortgefecht beginnt wird in Shakespeares Stück schließlich eine Gehirnwäsche. Beatrice muss erleben, wie ihre beste Freundin in den Schmutz gezogen wird und ihr Verlobter noch nachtritt. Beatrice wünscht sich ein Mann zu sein, um Claudio herausfordern und töten zu können, ist sich aber ihrer Ohnmacht bewusst.

Unser Stück kombiniert diese Geschichten zu Bildern der Ohnmacht auf der einen Seite – junge Frauen, die sich selbst mit Rosen, dem Symbol der Schönheit und Liebe, schlagen – und der unbeschwerten Lebenslust der jungen Männer auf der anderen Seite, die in fröhlichem Tanz ihrem Dasein frönen. Nicht alle Männer sind Unterdrücker – Romeo ist selbst betroffen von der patriarchalischen Ausrichtung der italienischen (elisabethanischen) Gesellschaft. Er stirbt bei seinen vergeblichen Versuchen, zu Julia zu kommen. Benedict lässt sich von Beatrice überzeugen, dass Hero unschuldig ist. Er ist sogar bereit, sich auf Beatrices Geheiß mit Claudio zu schlagen. Diese Einzelheiten kommen in unserem Stück nicht vor. Stattdessen lernt Beatrice sich so frei wie die Männer zu bewegen. Sie und Benedict messen sich im Tanz, und schließlich tanzen alle auf diese selbstbestimmte, freie Art, Frauen wie Männer.

Bei der Aufführung in den Kammerspielen (heute Kleines Haus) in Bremen hat Rolf Schmidt die wunderbaren Fotos gemacht.

Die jungen Frauen geißeln sich mit Rosen

Katharina und Petruchio – Die Unterdrückung wird zur Unterwerfung

Beatrice tanzt wie die Männer

Die jungen Frauen und Männer tanzen auf die gleiche freie Art

Eine Schüler-Kritik aus Magdeburg zu „Warum weinst Du Beatrice?"
Erschienen am 17. 9. 2000 in **es**, der begleitenden Zeitschrift beim 16. Schultheatertreffen der Länder, Herausgeber: Landeszentrum Spiel & Theater Sachsen-Anhalt e.V.

An der nächsten Ampel rechts – Sackgasse
Eigenproduktion; Aufführung am 21. 03. 07 im SZ Rübekamp.

Mein DSP-Kurs 13. JG. 2006/2007 war zu kurz gekommen, da er statt drei Stunden zwei in der Woche hatte. Aus diesem Grunde hatten wir in der 12. Klasse noch keine Aufführung gehabt, aber der Kurs war wild entschlossen, wie die anderen DSP-Gruppen an der Schule ein Stück auf die Bühne zu bringen. In außerordentlich zielgerichteter und konsequenter Arbeitsatmosphäre wurde in kürzester Zeit ein sozialkritisches Drama erdacht und inszeniert.

Das Stück schildert den Weg eines 16-jährigen Schulversagers, Tim, in die Neonazi-Szene sowie das Zusammentreffen seiner neuen Gruppe mit seinen bisherigen Schulkameraden, welches in einer Schlägerei endet, wodurch Tim wieder zur Vernunft kommt, auch mithilfe seiner jetzigen Freundin Lisa.

Dramentechnisch hatten wir beschlossen, die ganze Schule zu bespielen und die Zuschauer per Musik mit uns zu ziehen. Das Spielen an unterschiedlichen Orten hatten wir bei dem Jugendtheater B.E.S.T. gesehen. Das Nutzen der Schulräume verhalf dem Stück zu einer gewissen Authentizität. Ich denke da an den Verkauf von Neonazi-CDs in der Pausenhalle, den Streit mit der Lehrerin in der Klasse und das Gespräch im Lehrerzimmer. Natürlich gab es auch Nachteile für das Publikum – man konnte nicht sitzen, sondern war gezwungen, sich ständig einen guten Platz zum Schauen zu suchen. Auch gab es ein paar Probleme bei der Lautstärke. Aber alles in allem klappte es gut.

Die Fotos zeigen verschiedene Spielorte in der Schule:

Auseinandersetzung im Klassenraum

Im Lehrerzimmer – Lena sucht Hilfe bei der Lehrerin

Pausengang – Die Lehrerin sucht Tims Mutter auf

Das Stück „An der nächsten Ampel rechts – Sackgasse" war für mich eine ganz besondere Erfahrung. Keine meiner anderen Gruppen hat sich dermaßen engagiert, darüber hinaus noch während des letzten Schulhalbjahres kurz vor dem Abitur. Es war auch das einzige Stück, in dem ich selbst eine Rolle übernahm, und zwar als die alkoholkranke Mutter von Tim. Das tat ich, weil die Gruppe so klein war, dass wir in Besetzungsschwierigkeiten waren, aber es zeigte auch, dass ein großes Vertrauen zwischen uns herrschte. Die Aufführung war für uns alle ein sehr befriedigendes Erlebnis.

Ein Sommernachtstraum von William Shakespeare

2 Aufführungen am 10. und 11. Juni 2009 am SZ Rübekamp

Im Juni 2009 führte meine Gruppe Shakespeares Sommernachtstraum auf. Das Stück wird immer wieder von Schülergruppen aufgeführt, nicht zuletzt, weil es 22 Rollen aufweist. Außerdem hat es mit den drei verschiedenen Personengruppen – Hofgesellschaft, Waldgeister, Handwerksleute – drei sehr unterschiedliche Rollenangebote, wo eigentlich jede/jeder etwas für sich findet.

Andererseits ist der Shakespeare-Text für die SchülerInnen eine große Herausforderung. Ich musste eine Übersetzung finden, die für uns passte, und so saß ich in den Weihnachtsferien und bastelte aus drei verschiedenen Vorlagen und dem englischen Original unsere Rübekamp-Version. Die SpielerInnen hatten dann die Freiheit, den Text an die eigene Sprache anzupassen, sofern der Inhalt erhalten blieb.

Die zweite Herausforderung war die Frage der Kostüme und Kulissen. Es traf sich, dass viele Kursmitglieder gleichzeitig den Leistungskurs Kunst bei meiner Kollegin Anne Labusch belegt hatten. Ich schilderte ihr mein Projekt und unsere Nöte und sie stieg bereitwillig ein. Ihr Kurs hat dann sowohl die Kulissen mitsamt den Möbeln gebaut als auch das Plakat gestaltet. Es war eine fabelhafte Zusammenarbeit. Die Fotos zeigen diese wunderschönen funktionellen Kulissen.

Feenkönigin Titania und Feenkönig Oberon treffen aufeinander im Streit.

Die Liebenden im Wald

Helena stalkt Demetrius

Die folgenden Fotos zeigen drei Schülerinnen, die sich in Männer verwandeln – in die Handwerker, die dem Herzog ein Stück vorspielen wollen – und in einem zweiten Schritt die Rollen, die sie übernehmen sollen: eine Mauer, einen Löwen und den Mann im Mond. Diese Mädchen konnten sich von der Vorstellung lösen, besonders hübsch sein zu wollen.

Schnauz als Mauer

Schnock als Löwe   Schlucker als Mann im Mond

Schlussbemerkung

Drei Stücke, drei völlig verschiedene Themen: Einmal kämpfen Frauen aus dem 17. Jahrhundert gegen ihre Unterdrückung, beim zweiten Beispiel lässt sich ein Jugendlicher von heute aus Frust zum Rechtsradikalen machen und beim dritten wird ein fröhliches, klassisches Theaterstück von Shakespeare gespielt.

Ebenso werden verschiedene Methoden der Textbearbeitung benutzt. Im Tanzstück wird völlig auf Text verzichtet; alles wird verständlich durch die Körpersprache der DarstellerInnen und durch die Musik. Das Nazi-Stück wurde komplett von den SpielerInnen selbst erdacht und inszeniert. Die Sprache war ihre eigene und daher leicht zu lernen. Im Shakespeare-Stück war die Sprache für die SchülerInnen sehr viel schwieriger. Dazu kam die Charakterstudie; jede/r musste viel Rollenarbeit leisten, gleichzeitig musste jede/r auch das ganze Stück kennen und den anderen bei ihren Bemühungen zur Seite stehen. Jede Gruppe hat auf ihre

Weise eine eigene Sprache gefunden und die jeweiligen Texte überzeugend umgesetzt.

Lassen sich denn auch Parallelen zwischen diesen Stücken erkennen? Ich denke, wer mich kennt, kann in diesen Aufführungen meine persönlichen Interessen entdecken. So ist es nun mal mit uns Spielleitern und Spielleiterinnen. Ohne böse Absicht drücken wir diesen Produktionen unseren Stempel auf. Ich hoffe, meine Schülerinnen und Schüler haben es mir verziehen.

GERHARD DAHLKE

Geographie – Vom Erfolg eines von der Bremer Bildungspolitik weniger geliebten Fachs

Seit der Gründung der Gymnasialen Oberstufe des SZ Rübekamp 1976 hatte das Unterrichtsfach Geographie einen festen Platz im Kanon. Zunächst nur als Grundkurs, ab 1985 auch als Leistungsfach mit eigenem Fachraum im 1. Stock des älteren Bauabschnitts (Raum 129). Das Fach gehört zum Aufgabenfeld II, den Gesellschaftswissenschaften. Es wurde in erster Linie wegen seiner inhaltlichen und medialen Vielfalt von den angehenden Oberstufenschülerinnen und –schülern gewählt.

Der Philosoph Immanuel Kant (1724 – 1804) formulierte (in seinen Vorlesungen zur Physischen Geographie): „Die Geographie vertritt das Reisen und erweitert den Gesichtskreis nicht wenig. Sie macht uns zu Weltbürgern und verbindet uns mit den entferntesten Nationen. Ohne sie sind wir nur auf die Stadt, die Provinz, das Reich eingeschränkt, in dem wir leben. Ohne sie bleibt man, was man auch gelernt haben mag, beschränkt, begrenzt, beengt. Nichts bildet und kultiviert den gesunden Verstand mehr als Geographie."

Was Kant vor knapp 300 Jahren postulierte, erkennen die Schülerinnen und Schüler aus dem Bremer Westen sehr genau. Es wird die fachliche Vielschichtigkeit, die Beschäftigung mit dem Fremden, den diversen Räumen unterschiedlicher Provenienz, den vielen differenten Kulturen und Menschengruppen sowie den Naturphänomenen und deren Auswirkungen geschätzt.

Im Vordergrund steht der „Raum" in seinen verschiedenen Maßstabsgrößen mit seinen Strukturen (Gestalt u. Gepräge) und Funktionen (Aufgaben u. Wechselwirkungen). Diesen mittels konkreter Vorgaben zu analysieren und in seinen Veränderungen zu erfassen, ist zentraler Gegenstand des Unterrichts. Menschen und Gruppen unterschiedlicher Größe prägen den Raum in der Welt, werden aber auch durch die natürlichen u. ökonomischen Lebensbedingungen und die Physis der Erde mit ihren Phänomenen in und auf der Erdkruste sowie in der Atmosphäre geprägt. Gerade diese Interdependenzen sind es, die im Wechselspiel zu Veränderungen und Entwicklungen führen.

Daraus ergibt sich eine Vielfalt von Inhalten und Methoden für den Geographieunterricht. Die Themen und Inhalte in den ersten beiden Schuljahren der GyO stehen nebeneinander, bauen nicht unbedingt aufeinander auf, und helfen damit differente Interessen der Schülerschaft anzusprechen, ohne dass befürchtet werden muss, bei geringerer inhaltlicher Motivation bzgl. eines Lerngegenstands den nächsten wegen fehlender Grundlage nicht erfassen zu können. Erst im letzten Schuljahr zum Abitur hin werden Grundlagen und Erkenntnisse aus den beiden vorherigen Jahrgängen verknüpft und zur geographischen Analyse benötigt.

So wird das Fach Geographie am SZ Rübekamp insbesondere von Schülerinnen und Schülern gewählt, die man früher als „fleißige Realschüler" bezeichnete. Die Geographie eignet sich sehr gut zur Kombination mit anderen Leistungsfächern aus den beiden anderen Aufgabenfeldern. Zudem ist die Geographie per se ein Fach, das themen- und fächerübergreifend arbeitet. Sie ist gerade deshalb aus dem Angebot des SZ Rübekamp nicht wegzudenken.

Sehr vorteilhaft, weil sie den Abwechslungsreichtum des Unterrichts unterstützen, sind die diversen geographisch-didaktischen Methoden und die Medienfülle. Informationen für die Raumanalyse beschaffen sich die Schülerinnen und Schüler mittels Texten, Bildern, Filmen, Karten, Diagrammen, Statistiken, Internetrecherchen, Modellen, Globen usw. sowie in Projekten und auf Unterrichtsgängen, Besichtigungen und Exkursionen. Dabei wird immer wieder Neues entdeckt, denn jeder Raum und jede Ethnie/Kultur sind einerseits individuell, aber andererseits vergleichbar struktu-

Leistungskurs Geographie

riert und bedingen sich gegenseitig in ihren Veränderungen und Entwicklungen.

Schülerinnen und Schüler mit der Anwahl der Geographie kommen ins SZ Rübekamp aus allen Zuweisungsschulen der Sekundarstufe I, vermehrt jedoch aus Walle und Gröpelingen. Der Anteil derjenigen mit Migrationshintergrund ist höher als in vergleichbaren Fächern des Aufgabenfelds II. Schülerinnen und Schüler, die aus den Ober- und Gesamtschulen kommen, kennen das Fach Geographie nicht, weil dies dort seit 2008 nicht mehr unterrichtet wird und im Konglomeratfach GuP (= Gesellschaft und Politik) gänzlich verschwunden ist. Anders sieht es bei den Gymnasiasten aus der Mittelstufe aus, welche mindestens zwei Schuljahre die zweistündig unterrichtete Erdkunde kennengelernt haben. Die Eingangsvoraussetzungen sind dementsprechend unterschiedlich. Selten kann von fundierten Grund- und Vorkenntnissen ausgegangen werden. Aber in dieser Heterogenität der Schülerschaft und ihrer Vorkenntnisse liegt auch die Chance der gegenseitigen Unterstützung und Zusammenarbeit innerhalb der Lerngruppe. Im Grunde sind die meisten Personen im Kurs recht motiviert und gespannt auf die vielfältigen Themen des Fachs. Da die neuen Bildungspläne des Fachs dem Unterrichtenden weniger konkrete inhaltliche Vorgaben, sondern stärker Oberthemen vorgeben und auf Methodenvielfalt sowie Selbstlerneffekte setzen, können sehr verschiedene Raumbeispiele im Unterricht behandelt werden. Auch das macht den Unterricht abwechslungsreicher. Zudem wird so der Druck durch eng getaktete Inhalte von der Schülerschaft genommen. Es bleibt Zeit für Exkursionen und Projekte.

Die Schülerschaft am SZ Rübekamp hat dieses Unterrichtsfach stets als interessant und abwechslungsreich beschrieben, weil es eben nicht, wie die wörtliche Übersetzung aus dem Altgriechischen mit geos = Erde/Welt und graphein = schreiben/beschreiben, eine reine Lehre von der Erdbeschreibung bzw. ein etwas aufgemotztes Spiel „Stadt, Land, Fluss" ist, sondern darüber hinaus aktuelle und langfristige Raumentwicklungen analysiert und die Weltsicht über den eigenen Tellerrand hinaus schult und schärft. Dabei helfen selbstverständlich ein fundiertes topographisches Grundwissen und ein guter Atlas. Gerade in diesem Fach werden das häufige sich in seiner Meinung und Ansicht Bestätigende innerhalb der eigenen „Echokammer" aufgelöst und Blick sowie Horizont geweitet.

Während das Fach Geographie als Leistungskurs am SZ Rübekamp seinen festen Platz hat und bei den Schülerinnen und Schülern im Bremer Westen beliebt ist, gibt es an den meisten Bremer GyOs keine Geographie-Leistungskurse mehr. 2017 waren es noch sechs Leistungskurse Geographie, die im Bundesland angeboten wurden. Das Unterrichtsfach Geographie wird von der Bildungsbehörde als vernachlässigbares Wahlpflichtfach eingestuft und ist aus den Oberschulen und Gesamtschulen gänzlich verschwunden. Aber auch in etlichen Mittelstufen der Gymnasien wurde der Unterricht in Geographie als Folge der Verkleinerung der Jahrgangsbreiten und der Höherbewertung von Sprachen, Mathematik und Naturwissenschaften drastisch gekürzt. Auch aus den GyOs verschwindet das Fach zusehends als Folge der Profilbildung, der Veränderung der Belegungsbedingungen zu mehr Unterricht in den sog. Kernfächern, der Auflagenpflicht Geschichte zu wählen und der Verringerung der Jahrgangsbreiten. Die Bremer Bildungspolitik strebt an, die Geographie noch stärker mit anderen Gesellschaftswissenschaften in einem Sammelfach zu integrieren und vergisst dabei welche Bedeutung geographisches Denken für eine sich weltoffen gebende Hafenstadt hat.

Der Bremensie im System der GyO Rechnung

tragend, dürfen die Schulen die Bildungspläne für die Einführungsphase im Wahlpflichtfach eigenständig erstellen. Das SZ Rübekamp hat deshalb die seitens der bremischen Bildungspolitik abgeschaffte und aus den Inhalten des Unterrichtsfachs Geographie in Bremen entfernte Naturgeographie wieder mit einbezogen. Das ist eine fachliche Notwendigkeit, wie schnell jedem an den folgenden zwei Beispielen deutlich wird:

a) Fundierte Erkenntnisse zum Klimawandel sind nicht ohne die Kenntnis der natürlichen klimatischen Grundlagen zu gewinnen.

b) Naturkatastrophen, wie Erdbeben, Vulkanausbrüche, Überschwemmungen, Erosionen, Hangrutschungen, Ausbreitung der Wüsten und Steppen, Gletscher- und Eisbewegungen u.v.m. bestimmen und bedrohen immer mehr den menschlichen Lebensraum. Ohne deren Kenntnisse lassen sich keine vernünftigen und die Geosysteme schützenden, menschlichen Vorkehrungen und Entscheidungen treffen.

Das Unterrichtsfach Geographie am SZ Rübekamp vermittelt den Schülerinnen und Schülern die folgenden Inhalte: siehe Grafik

Einführungsphase
E 1 (früher 11/1): Einführung / Physische Geographie
Raumanalyse
Kartenkunde
Physische Geographie
Plattentektonik, Erdbeben, Vulkanismus
Geomorphologie
Klima und Wetter

E 2 (früher: 11/2): Stadtgeographie
System Stadt
Stadtentwicklung
Stadtmodelle
Genetische, strukturelle u. funktionale Stadttypen
Innere Differenzierung; Viertelbildung
Citybegriff
Verkehrssysteme
Bauliche Erschließungen u. Sanierung
Segregation, Gentrifizierung u. ä.
Stadt-Umland-Beziehungen

Hauptphase
H 1 (früher 12/1): Geoökologie
Geoökosysteme
Vernetzungen u. Dependenzen
Desertifikation
Analyse ökologischer Problemräume
Klimawandel

H 2 (früher 12/2): Wirtschaftsgeographie
Struktur und Funktion in Wirtschaftsräumen
Agrargeographie
Industriegeographie
Geographie des tertiären Sektors

H 3 (früher 13/1): Entwicklungsländer
Entwicklungsbegriff
räumliche Unterentwicklung
Disparitäten
Entwicklungstheorien, -strategien
Regionalisierungs- u. Kategorisierungsmodelle
Analyse ausgewählter Entwicklungsländer
Entwicklungshilfe

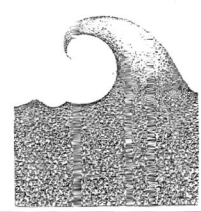

H 4 (früher 13/2): Zukunft der Weltbevölkerung
Bevölkerungsexplosion
Migrationen
Zukunftsmodelle

Besonders attraktiv wurden von den Schülerinnen und Schülern der Geographie am SZ Rübekamp u. a. diese Fragestellungen empfunden: Wie und wodurch veränderte sich das Bild der Erde? Wie kann man das Gesicht der Erde realistisch darstellen? Wodurch entstehen Erdbeben und Vulkanismus und wie kann sich der Mensch schützen? Wie verändern und prägen Wasser, Eis, Wind die Landschaften? Wie entstehen und wirken Wetter und Klima? Warum liegen Städte dort, wo man sie heute findet? Wie sind Städte in den unterschiedlichen Regionen der Erde aufgebaut und wie bedingen sich ihre Strukturen und Entwicklungen gegenseitig? Wie und warum verändern sich Städte so schnell? Warum und wo breiten sich Steppen und Wüsten aus? Welche Bedeutung haben produzierende Arbeitsplätze für die Region, in der sie sich befinden? Gibt es ein Gegeneinander von Industrie und Umwelt? Was heißt denn Entwicklung bzw. Unterentwicklung? Wie leben Menschen in anderen Kultur- und Wirtschaftsräumen? Warum sind Wohlstand und Armut so ungleich verteilt? Wieso gibt es eine so rasch wachsende Menschheit und kann die Erde so viele Menschen einigermaßen ertragen? Wie kann ich andere Menschen und Kulturen erfassen und verstehen lernen? Wo liegt denn was und warum gerade dort? Wie kann ich global denken und handeln?

Man kann der Bremer Bildungspolitik nur wünschen, ihre vernichtende Sichtweise über das Unterrichtsfach Geographie zu verändern und sich an der interessanten und erfolgreichen Durchführung des Faches am SZ Rübekamp zu orientieren.

MANFRED HOFER
Sport am Rübekamp

Wintersportfahrt nach Seefelden

Der Sportunterricht in der Gymnasialen Oberstufe war, wie an allen Schulen üblich, von Anfang an in Wahlpflichtkursen organisiert, die halbjährlich neu eingerichtet wurden. Das Angebot war immer von der Zielsetzung geprägt, Schüler/innen zu lebenslangem Sporttreiben zu motivieren. Dieser Anspruch impliziert eine möglichst vielseitige Sportartenpalette, die sich in den vier Jahrzehnten nur wenig verändert hat. Dazu gehören die großen Ballspiele Fußball, Basketball, Volleyball und zeitweise auch Handball, die sehr beliebten Rückschlagspiele Badminton, Tischtennis und zeitweise Tennis und Individualsportarten wie Schwimmen, Tanzen, Judo, Leichtathletik, Geräteturnen, Trampolinspringen und Rudern. Leider kann Tanzen und Judo seit der Pensionierung von Bri Lörcher nicht mehr angeboten werden. Auch Leichtathletik- und Geräteturnkurse hat es seit Jahren wegen zu geringer Nachfrage nicht mehr gegeben. Dafür haben sich in den letzten 15 Jahren Gesundheits- und Fitnesskurse sowie Ruderkurse mit guten Anwahlen etabliert.

Ein Sporttheoriekurs, der die Wahl von Sport als viertem Abiturprüfungsfach ermöglicht, wird seit 2010 aufgrund zu geringer Anwahlen nicht mehr angeboten. Dies war eine Folge verschärfter Behördenauflagen. Da auch der Sport-LK am SZ Walle nicht mehr hinreichend angewählt wird, haben unsere Schüler/innen seit 2015 im Rahmen einer Kooperation die Möglichkeit, dort den LK zu besuchen.

Der Aufwand, in jedem Halbjahr für über 400 SuS ein Wahlverfahren durchzuführen und den Wahlergebnissen entsprechende Kursprogramme zusammenzustellen, ist relativ hoch. Dafür können wir aber mit einem attraktiven Angebot und einer hohen Akzeptanz unseres sehr schülerfreundlichen Verfahrens werben.

Ein immer wiederkehrendes Thema war die Stündigkeit der Sportkurse (zweistündig oder dreistündig?). Bei Knappheit von Lehrer/innenstunden bot es sich aus Schulleitungssicht immer an, Sportkurse nur zweistündig pro Woche zu organisieren, was natürlich zu Konflikten mit dem Fachbereich führte. Seit die ersten Jahrgänge mit Gy8-Schüler/innen – verknüpft mit einer höheren Anzahl an Wochenstunden – kamen, wird Sport generell dreistündig erteilt.

Da der Rübekamp über keine eigene Sporthalle verfügt, sind wir auf eine Zusammenarbeit mit der GSW angewiesen. Diese funktioniert seit Jahrzehnten hervorragend. Durch konsequente Nutzung des Mittagsblocks der GSW können wir mit der Dreifachhalle unter Einbeziehung der Bezirkssportanlage und des Westbades bis zu sechs Parallelkurse gleichzeitig durchführen. Damit sind wir im Vergleich mit anderen Oberstufen gut aufgestellt. Ergänzt werden die nutzbaren Sportstätten noch durch einen großen Hartplatz mit zwei Basketballfeldern und einen Beachvolleyballplatz, der durch die Initiative beider Fachkollegien und S. Bokelmanns Hartnäckigkeit noch kurz vor seiner Pensionierung – finanziert aus Stadtteilgeldern – fertiggestellt wurde. Da Sportfeste bei Oberstufenschüler/innen nicht mehr populär sind, versuchen wir andere außerunterrichtliche Ideen, teilweise mit Stadtteilbezug, umzusetzen.

Seit knapp zehn Jahren organisieren Rübekamp- und GSW-Kollegen gemeinsam mit Vertretern von TURA und der Initiativgruppe „Gröpelinger Sportmeile"/Gesundheitstreffpunkt West im Sommer den sogenannten Sportmeilenlauf für alle 5. und 6. Klassen im Stadtteil. Dabei sollen die 600 bis 800 SuS verschiedene markierte Laufstrecken im Stadtteil kennenlernen, die von der „Gröpelinger Sportmeile" gekennzeichnet und gepflegt werden. Oberstufenschüler/innen und ältere GSW- Schüler/innen übernehmen dabei Aufgaben als Streckenposten oder an den Getränke- und Verpflegungsständen.

Im Winter, kurz vor Weihnachten, wird seit 25 Jahren zum großen Fußballturnier für Schulmannschaften des Bremer Westens eingeladen. Hier steht das Motto „Sportler gegen Rassismus und Gewalt – für Toleranz und Menschlichkeit" im Vordergrund. Die Eintrittsgelder des meist sehr stimmungsvollen Turniers werden für gemeinnützige Zwecke gespendet.

Weitere außerunterrichtliche „Sahnehäubchen" für die Schülerschaft sind sicherlich unsere Sportfahrten. Auf diesen Fahrten spielen neben sportlichen Inhalten und Naturerlebnissen soziale Erfahrungen durch gemeinsames Kochen, Spielen, Singen usw. eine wichtige Rolle.

Seit 1985 gibt es in jedem Januar die Skifahrt, aus der inzwischen eine Wintersportfahrt mit Ski- und Snowboardangebot geworden ist. Schon nach der ersten Fahrt wurde mit dem Aufbau eines schuleigenen Materialpools begonnen, der seit Langem günstige Verleihgebühren für immer mehr Schüler/innen ohne eigene Ausrüstung ermöglicht.

Auch eine Sommersportfahrt mit dem Schwerpunkt Windsurfen nach Spanien oder Fehmarn wird in der Fahrtenwoche gut angewählt.

Die dritte sogar in jedem Halbjahr stattfindende Fahrt ist das Ruderwochende in OHZ für unsere Ruderkurse.

Die personelle Fluktuation im Sportkollegium war immer sehr gering. Auch wenn das dem allgemeinen Trend am Rübekamp entspricht, gibt es meines Erachtens fachspezifische Gründe. Bedingt durch die Parallelität unserer Kurse im Stundenplan, zahlreiche mündliche und sportpraktische Prüfungen in jedem Abiturdurchgang und die sich halbjährlich wiederholende gemeinsame Erstellung eines Kursprogramms findet einerseits eine nach meiner Wahrnehmung intensivere kollegiale Zusammenarbeit als in anderen Fachbereichen statt.

Zu unserem guten „Teamgeist" haben zum anderen sicherlich auch zahlreiche gemeinsame Fortbildungen, der Lehrerfußball, die Teilnahme an der Lehrer/innen-Volleyballrunde, die Langlaufwochenenden im Harz, die Wochenenden in Bokis Bauernhaus in Ostfriesland, die vielen Schulfahr-

ten und vielleicht auch die Kontinuität in der Fachkoordination beigetragen.

Für mich persönlich war die Arbeit im Fachbereich Sport seit meiner Versetzung an den Rübekamp im Februar 1984 immer eine spannende Herausforderung. Als Fachkoordinator (seit 1989) gab es vielfältige Aufgaben und Probleme zu bewältigen, wobei ich mich immer auf die Unterstützung und das Vertrauen meines Fachkollegiums und meiner jeweiligen Schulleiter verlassen konnte.

Der durchaus positiven Bilanz für den Sportunterricht am Rübekamp stehen wichtige Herausforderungen für den Sport bzw. Sportunterricht – besonders im Bremer Westen – gegenüber. Die Verbesserung der Hallensituation im Bremer Westen ist dringend geboten, ebenso die Versorgung der Schulen mit gut ausgebildeten Sportlehrkräften. Letzteres erscheint nach den jüngsten Erfahrungen ohne die Wiedereröffnung des Studiengangs Sport an der Universität Bremen auch im Hinblick auf den Übungsleiternachwuchs für die Vereine nicht möglich. Daraus ergibt sich die Notwendigkeit, dass die politischen Gremien in diesem Sinne schnellstmöglich Entscheidungen treffen.

Ergänzungen von Siegfried Bokelmann

Ruderwochenende in Worphausen

LOTHAR GEBHARDT

Von einem, der auszog, das Glück in Bremen zu finden! Oder: Vom Harzvorland hinunter in die Wesermarsch

Im Rahmen der sogen. Familienzusammenführung kam ich 1985 von Wolfsburg nach Bremen. Als ersten Schulmann hatte ich in Bremen Herrn Dahnken kennengelernt, Dezernent in der Schulbehörde. Er konnte mir auf meinen Wunsch, in der Sek. II zu unterrichten, das Schulzentrum am Rübekamp vermitteln. Da würde ich mich wohlfühlen. Das war kein leeres Versprechen. Ich hatte zunächst zwei Drittel meiner Unterrichtsstunden in der beruflichen Abteilung zu absolvieren, die meisten davon bei den Fleischern und Fleischereifachverkäuferinnen. Und ohne die freundliche, ja warmherzige Aufnahme durch die Kollegen dort (unter Leitung von Wilhelm Hohls) wäre mir die Eingewöhnung am Rübekamp nicht so leicht gefallen. Was machst du denn eigentlich in Deutsch, war die häufige Frage von alten Freunden in Wolfsburg. Ja, in diesem Zusammenhang muss ich natürlich auch die Hilfe von Evelyn Platte erwähnen, die einen fabelhaften Umgang mit den Schülerinnen und Schülern in der Fleischereiabteilung hatte.

Nun aber zur gymnasialen Abteilung. Da waren mehrere neue Kolleginnen und Kollegen, und wir entwickelten eine gewisse Solidarität im Kampf um die begehrten Leistungskurse. In Geographie, mit Gerhard Dahlke, gab es keine Konkurrenz. Im Fach Deutsch schon. Und in diesem Fach waren überhaupt die überraschendsten Erfahrungen zu machen (in diesem neuen Bundesland, in dieser »freien« Stadt. An meiner alten Schule in Wolfsburg gab es Fachkonferenzabsprachen über Klausurthemen (Themenstellung im Hinblick auf das Abitur), Anforderungen und Benotungen (Austausch von Klausuren), Absprachen also auch in der Oberstufe (in der im Aufbau befindlichen integrierten Gesamtschule, also in der Sek. I, war das ohnehin eingeübt). Hier am Rübekamp herrschte Freiheit in fast jeder Hinsicht. Bei Abiturklausuren bzw. Aufgabenvorschlägen hieß es: Verdirb nicht die Preise, d.h. schreibe nicht zuviel zum Erwartungshorizont (etwas übertrieben: eine Paraphrase zur Aufgabenstellung reicht). Das kannte ich in Wolfsburg nicht. Gab es Neuerungen in Bezug auf die Aufgabenstellung der Abiturarbeiten, den zu formulierenden Erwartungshorizont oder in Fragen der Bewertung, so wurden diese von Vertretern der Behörde (also des Regierungsbezirks) in den einzelnen Schulen vorgetragen und erläutert oder diskutiert.

Man, bzw. ich, konnte mit jedem Kollegen, jeder Kollegin am Rübekamp auskommen, aber gemeinsame fachliche Anstrengungen gab es kaum. Jemand sagte einmal, bei der Behörde ginge (in Bezug auf das Abitur) auch alles durch. Das stimmte nicht ganz. Denn einmal, in meinen ersten Jahren am Rübekamp, kam einer der Dezernenten, ein Herr Freitag, und versuchte ganz moderat Maßstäbe zu setzen (hinsichtlich Aufgabenstellung und Beurteilung von Abiturarbeiten), bzw. an solche zu erinnern. Da gab es aber vehementen Widerstand von einigen im Kollegium. Das ging soweit, dass sich der mir als freundlich-sachliche Person in Erinnerung gebliebene Herr Dahnken einmal geradezu rechtfertigen sollte, weshalb er überhaupt in unsere Schule zu einer Konferenz käme – von Lehrerseite sei er nicht eingeladen. Solch ein gestörtes Verhältnis zwischen Kollegium und Behörde gab es im Regierungsbezirk Braunschweig nicht. Inwieweit unsere Schule repräsentativ war für ganz Bremen, weiß ich nicht.

Und die Schülerinnen und Schüler? Eigentlich sehr umgänglich, sagte ein Kollege einmal. Das konnte ich unterstreichen. Allerdings machte sich die Trennung von Sek. I und Sek. II negativ bemerkbar. In Niedersachsen hatte man ordentlich investiert in die Qualifizierung der Sek. I-Schüler. Man wollte ja in der Oberstufe selbständig arbeitende Schülerinnen und Schüler haben. Hier war ich zunächst verblüfft über die Antworten der Schüler auf

Fragen nach Unterrichtsstoffen und Arbeitsmethoden, die eigentlich laut »Lernerträgen« (so hieß – glaube ich – eine Zusammenstellung von Wissen und Können, das in der Sek. I erworben werden sollte) vorauszusetzen waren. »Hatten wir nicht gehabt, nie gehört«. Das war natürlich eine eingeübte Schutzbehauptung der Schüler; so durfte bzw. sollte man als Lehrer sozusagen bei Null anfangen. Dass es dann doch innerhalb von drei Jahren ansehnlich aufwärts ging, hat mich immer wieder überrascht. Einmal sagte ein Schüler aus einem Jahrgang, mit dem ich besonders gut auskam: »Am Anfang dachten wir, was ist denn das für einer?« (gemeint war: der verlangt ja Hausaufgaben). »Aber dann wurde es immer besser«. Als ich in den 80er Jahren die Schüler einmal ein Reclam-Heft als Deutsch-Lektüre kaufen lassen wollte, rief ein schlauer Mensch (Mitglied der Bildungsdeputation) bei unserem Abteilungsleiter an, dass in Bremen der Staat alle Lehrmittel kostenlos zur Verfügung stelle, mein Vorhaben also verfassungswidrig sei. Das war auch Bremen. Später änderte sich die Lage. Mit meinem letzten Abiturkurs in Deutsch konnte ich sogar verabreden, ein Lehrbuch zu kaufen: »Deutsch in der Oberstufe« vom Schöning-Verlag. Auf die Anschaffung dieses – von allen geschätzten – Lehrwerks für den ganzen Jahrgang konnte sich die Deutsch-Fachkonferenz allerdings nicht einigen. Die vorhandenen Mittel ließen nicht alle notwendigen Ausgaben zu, sondern zwangen zur Entscheidung zwischen Lehrwerk und Modernisierung des Lektüreangebots – die Mehrheit entschied sich für die Lektüren.

Johann Büsen: Stich by Stich

Schule ist mehr als Unterricht

VOLKER ARNOLD
Die GEW-Betriebsgruppe am Rübekamp (1976 – 1996). Eine Skizze

Allgemeine Vorbemerkungen

Ab Anfang der 70er Jahre wirkte sich die Politisierung der 68er Bewegung auch in der Gewerkschaft Erziehung und Wissenschaft (GEW) und an den einzelnen Schulen aus. Viele junge Lehrkräfte traten ihren Schuldienst in Bremen an, die von der Studentenbewegung geprägt waren, sich mehrheitlich auch als Arbeitnehmer verstanden und deshalb in die GEW eintraten. Aus anderen Bundesländern hatten sich viele bewußt für den Stadtstaat entschieden, weil Bremen damals reich war, eine reformorientierte Bildungspolitik betrieb und um nicht in einer konservativ-reaktionären Kleinstadt eines Bundeslandes zu landen – nach dem geflügelten Wort: „In Aurich ist es schaurig."

Unter den neuen Mitgliedern waren überproportional viele Gymnasiallehrkräfte, die das bisher wesentlich von Grund- und Hauptschullehrern geprägte Gesicht der GEW veränderten und zeitweilig den Landesvorstand dominierten und die Bremer Lehrerzeitung (BLZ) redigierten.

Diese Gymnasiallehrer-Generation war nicht nur fachlich gut ausgebildet. In Berlin, Marburg, Frankfurt, Göttingen und anderen Universitäten hatte sie sich kritisch mit der deutschen Geschichte (v.a. dem Faschismus) und der Nachkriegsrestauration der Adenauerzeit auseinandergesetzt. Sie hatte sich in Demonstrationen, Sit-Ins, Gegenuniversitäten, Vietnamkongressen, offenen Seminar-Diskussionen, Professoren-Kritik politisch selbst sozialisiert. Antiautoritäre Haltungen und radikale Kritik bestimmten nun ihren Habitus.

Viele aus dieser Generation hatten sich auch mit Theorien des Marxismus und Sozialismus beschäftigt. Boten sie doch ein theoretisches Instrumentarium und einen historischen Erfahrungsfundus, sich mit der deutschen und internationalen Politik und mit der herrschenden Wirtschafts- und Gesellschaftsstruktur auseinander zusetzen.

Einige dieser Gymnasiallehrer hatten schon in ihrer Zeit am Studienseminar einen Referendar-Rat gegründet, weil sie sich über die autoritären Strukturen ärgerten, die Lehrinhalte und -methoden kritisierten und offenere Verfahren bei den Neuberufungen von Seminarleitern forderten. Führend war dabei eine Gruppe, die in Berlin Politologie studiert hatte (u.a. der Verfasser). Sie rieb sich an den autoritär-bürokratischen Apparaten von Lehrerausbildung, Schule und GEW und wollte ihre praktischen Erfahrungen und theoretischen Vorstellungen direktdemokratischer Prozesse einbringen.

Der Rübekamp als Generationsprojekt

Besonders viele aus dieser Generation der Gymnasiallehrer/innen wurden an den neugegründeten Schulzentren, Gesamtschulen sowie auch an den Neugestalteten Gymnasialen Oberstufen (NGO) eingestellt. Der Neuaufbau und die Prägung der Schulen wurde bestimmt von dem Impetus, die eigenen allgemein politischen und bildungspolitischen Vorstellungen umzusetzen. So stießen sich die jungen Lehrkräfte vielfach an den institutionellen und politischen Rahmensetzungen (Schulgesetz, Schulverordnungsgesetz, Verordnungen zur Gestaltung der NGO, Abiturrichtlinien, Ressourcen…). So war es auch am Rübekamp. Dennoch gab es große Spielräume.

Die Neugründung des Rübekamp bot nun – innerhalb des vorgegebenen administrativen und politischen Rahmens – große Möglichkeiten der inneren und äußeren Gestaltung der Schule, die besonders in der Anfangsphase das Engagement aller ermöglichte und herausforderte:

- Innerkollegiale Strukturen konnten neu geprägt werden (es gab laut Schulgesetz die „kollegiale Schulleitung"). Hier konnten einige Kol-

legInnen ihre direktdemokratischen und antiautoritären Vorstellungen und Erfahrungen einbringen, so dass die Arbeit der innerschulischen Gremien von den KollegInnen selbst gestaltet und geleitet wurde.

- Neue Unterrichtsfächer konnten eingeführt und selbst entwickelt werden; die traditionellen Schulfächer konnten umgestaltet werden.
- Neue Inhalte und neue Lehrpläne mussten für die Kurse aller Fächer entwickelt werden, denn zu Anfang gab es keine Lehrpläne für die NGO. Viele KollegInnen waren an den Kursplanungen und an der Lehrplangestaltung beteiligt, einige (wie der Verf.) wirkten sogar an der Formulierung der Einheitlichen Prüfungsanforderungen für das Abitur auf Bundesebene mit.
- Auch neue Methoden und neue Umgangsformen mit den Jugendlichen, die nun als junge Erwachsene zu begreifen waren, mussten erprobt werden.

Die Ergebnisse der intensiven Diskussionen und der Arbeit wurden als etwas Eigenes empfunden. Dadurch entstand ein sehr hoher Grad der Identifikation mit der Schule. Es ist deshalb nicht zu weit hergeholt, Gründung, Aufbau und Gestaltung der NGO am Rübekamp als Generationsprojekt zu bezeichnen.

Die organisatorische Seite der GEW-Betriebsgruppe

Durch die Neueinstellungen der jungen Lehrkräfte und den Wechsel von Lehrkräften aus der Gesamtschule West (GSW) kam es, dass fast das gesamte Kollegium der neugegründeten gymnasialen Oberstufe am Rübekamp aus der oben angesprochenen Generation stammte und wie selbstverständlich Mitglied der GEW und der GEW-Betriebsgruppe war. Wer nicht abseits stehen wollte, wurde Mitglied der GEW und der Betriebsgruppe. (Längere Zeit war nur der Leiter der NGO, Herr Koy, nicht Mitglied der GEW und der Betriebsgruppe.)

Die verschiedenen linken parteipolitischen Strömungen der Zeit wirkten in die Betriebsgruppe hinein und bestimmten die Diskussionen. Dementsprechend gab es in den Anfangsjahren z B. stundenlange Diskussionen darüber, welcher der 1.-Mai-Parolen man zustimmen könne oder sich zuordnen solle. Trotz der unterschiedlichen parteipolitischen Orientierungen vom Kommunistischen Bund Westdeutschlands (KBW), über Kommunistische Partei Deutschlands (DKP) bis zum rechten Flügel der SPD (hinzu kamen freischwebende linke Positionen) waren die Auseinandersetzungen (anders als an der GSW) nicht so scharf, dass es darüber zu tiefen Gräben oder gar lähmenden Feindschaften gekommen wäre. Das war besonders wichtig bei einem zentralen Punkt in der Betriebsgruppenarbeit, nämlich bei Vorbereitungen der Konferenzen, wenn es um die Gestaltung der Schule und um die pädagogische Arbeit ging. Zwar gab es häufig keine einheitliche Meinung, die jeweilige Minderheit akzeptierte jedoch dann, von der Mehrheit überstimmt zu werden. In späteren Jahren wirkten Konflikte, persönliche Animositäten und Verletzungen, die nichts mit der GEW zu tun hatten, negativ auf die Betriebsgruppe ein.

Von der Betriebsgruppe gingen auch Initiativen zur unterrichtlichen Beschäftigung mit aktuellen politischen Themen in verschiedenen Fächern aus, so z.B. zum NATO-Doppelbeschluss zur Bewaffnung der Bundeswehr mit Pershing-II-Raketen, zur Einführung von Neutronen-Bomben, zur Volkszählung, zum (auch damals schon) zunehmenden Rechtsradikalismus.

Viele Betriebsgruppenmitglieder schlossen sich auch allgemein politischen Protestveranstaltungen in Bremen und überregional an. Wie häufig tagten wir? Wenn ich mich richtig erinnere, gab es in den ersten Jahren Treffen im vierzehntägigen Rhythmus. Nach der Konsolidierung der Schule trafen wir uns einmal im Monat sowie zusätzlich bei Bedarf (etwa zur Vorbereitung auf Konferenzthemen). Dabei war die Beteiligung der KollegInnen in den Anfangsjahren sehr hoch, sie ließ mit den Jahren nach und schwand dann in den 90er Jahren allmählich auf den Kern einer kleinen aktiven Gruppe. Sprecher der Betriebsgruppe war lange Jahre der Verfasser (er war auch Mitglied der Bezirks- und Landesvertreterversammlungen und Sprecher der Fachgruppe Gymnasien in der GEW), später übernahm Konstanze Langer eine sehr aktive Rolle.

Als mit dem Neubau des Rübekamp die beruf-

Diese und folgende Bilder: Bremen ist bunt. Demonstration Bremer Schulen im Westen 2006

liche Abteilung hinzukam, tagte die Betriebsgruppe abteilungsübergreifend. Das war positiv für das Zusammenwachsen der Schule und verringerte gegenseitige Vorbehalte. Sehr angenehm war die Zusammenarbeit zwischen den aktiven GEW-Kollegen beider Abteilungen. Hier diskutierten wir zunächst, welche Ansätze zur Integration gymnasialer und beruflicher Bildung es geben könnte – eine Diskussion, die weitgehend im Sande verlief. Relativ planlos wurden dann gymnasiale Lehrkräfte dort in der Berufsschule eingesetzt, wo Personal fehlte. Nur sehr wenige Lehrkräfte der Berufsschule unterrichteten in der gymnasialen Abteilung. Das Schulzentrum Sek.II am Rübekamp blieb im Grunde ein additives System. Die Ziele des Deutschen Bildungsrates hinsichtlich der Integration allgemeiner und beruflicher Bildung in der Sekundarstufe II sind gar nicht realisiert worden.

Konflikte

Konflikt um die Besetzung von Funktionsstellen
In den Aufbaujahren der NGO am Rübekamp gab es in der Betriebsgruppe einen heftigen Konflikt um die Besetzung der Funktionsstellen. Die Behörde des Bildungssenators hatte geplant, wie an anderen Schulen so auch am Rübekamp, für die Leitung der drei Aufgabenfelder A15-Stellen auszuschreiben. Entsprechend ihrer antihierarchischen und direktdemokratischen Auffassungen (s.o.) forderte ein Teil der Betriebsgruppe, solche Stellen nicht auf Lebenszeit und mit höherer Besoldung, sondern auf Zeit und dann rotierend mit entsprechender Stundenentlastung zu besetzen. Dieser Ansatz (wiewohl vom Senatsdirektor Dr. Hoffmann zeitweilig befürwortet) entsprach nicht den traditionellen Vorstellungen der Verwaltung und den herkömmlichen beamtenrechtlichen Regelungen. Die drei A15-Stellen wurden also nach und nach ausgeschrieben. Die Betriebsgruppe sprach sich jeweils mehrheitlich dagegen aus, doch einzelne Betriebsgruppenmitglieder bewarben sich auf die Stellen und wurden dann von der Mehrheit des Kollegiums gewählt. Recht bald wurden die Stellen schulintern zu Jahrgangsleitungen umgewidmet.

Die Diskussion um eine andere Art der Stellenbesetzung lebte Mitte der 90er Jahre wieder auf, als ein Großteil des Kollegiums mit der Leitung der gymnasialen Abteilung und den Spannungen innerhalb der Schulleitung, die nicht strukturell, sondern personenbedingt waren, immer unzufriedener wurde. In der Betriebsgruppe wurde dann ein Modell entwickelt, den lebenszeitlich bestellten Abteilungsleiter durch ein kleines auf Zeit gewähltes Gremium zu ersetzen, das unter sich bestimmte Aufgaben zu erledigen hätte und durch Stundenentlastung auszustatten wäre. Auf einer Abteilungskonferenz gewann dieser Vorschlag die Zustimmung der Mehrheit, er wurde dann auf der Gesamtkonferenz der Schule kontrovers diskutiert. Der Senator für Bildung ließ sich auf solch ein Modell nicht ein. Wie bei der Frage der Besetzung von Funktionsstellen so wirkten auch hier die Bestimmungen des Beamtenrechts als unüberwindbare Hürde. – Die Betriebsgruppe war mit dieser Initiative gescheitert, hatte sich wohl auch überhoben – die Verletzungen wirkten aber nach.

Bildungspolitische Konflikte
Von drei Seiten wurde die bremische NGO in die Zange genommen:

1: Einerseits setzte bald eine konservative Kritik an der offenen Kursstruktur, den angeblich mangelnden Verbindlichkeiten und Lernergebnissen der NGO, am Übergang von Sek.I zu Sek.II ein: von konservativen Eltern, von der CDU, von CDU/CSU-geführten Bundesländern („B-Ländern").

2: Andererseits folgte die Bildungsbehörde dem neoliberalen Zeitgeist und glaubte, die Leistung von Schulen dadurch zu steigern, dass sie das Konkurrenzprinzip im Bremischen Schulwesen etablierte.

3: Schließlich blieben auch die Oberstufen nicht von finanziellen Kürzungen und zusätzlichen Arbeitsbelastungen verschont.

Gegen diese bildungspolitischen Tendenzen richteten sich die Aktivitäten unserer Betriebsgruppe zusammen mit anderen Betriebgruppen und der Fachgruppe Gymnasien als der gesamtbremischen Vertretung der Gymnasiallehrkräfte in der GEW.

Zu 1: Die Fachgruppe Gymnasien (FgGy) hat in Zusammenarbeit mit der Gesamtschülervertretung (GSV) und dem Zentralelternbeirat (ZEB) und unterstützt von den GEW-Betriebsgruppen und -Ver-

treterversammlungen die Vorwürfe der mangelnden Leistungsfähigkeit zurückgewiesen, weil es dazu keine empirischen Belege gab und sie sich lediglich aus dem konservativen Unbehagen an der NGO speisten. Auch Klagen über angebliche Übergangsschwierigkeiten von der Mittel- zur Oberstufe waren überzogen. Zwar haperte es an der Zusammenarbeit zwischen Mittelstufe und NGO, doch die Oberstufen konnten diese Mängel durch die damals einjährige Eingangsphase auffangen. (Der Ausgleich von unterschiedlichen Lernvoraussetzungen, Kenntnisständen und Stärken zwischen Schülerinnen und Schülern mit verschiedenen mittleren Schulabschlüssen und unterschiedlicher sozialer Herkunft war ja gerade auch der Sinn der Einführungsphase mit zwei Halbjahren.) Wichtiger war aber, dass die meisten SchülerInnen den Übergang zur NGO (später: GyO) und den damit verbundenen Schulwechsel als Befreiung von der Enge und den Gruppenzwängen der Mittelstufe und als Aufbruch in eine neue Lebensphase empfanden. Darin wurden sie von der jungen Lehrergeneration unterstützt. – Hinter der Kritik an der NGO/GyO steckte von Anfang an das Ziel, in der gymnasialen Oberstufe das System der durchgängigen Jahrgangsklassen des Gymnasiums wiederherzustellen – ungeachtet der fundierten jugendsoziologischen und jugendpsychologischen Begründung des Kurssystems durch den Deutschen Bildungsrat.

Da das Kurssystem nicht ausgehebelt werden konnte, verlegten sich die B-Länder darauf, schrittweise die Wahlmöglichkeiten einzugrenzen und die Kursauflagen zu erhöhen. Aus Angst vor den Diffamierungen aus anderen Bundesländern geriet Bremen immer wieder in die Defensive, und der Senator für Bildung (SfB) setzte die neuen Einschränkungen jeweils vorauseilend um; ja, die Verordnungen erhielten zusätzliche Verschärfungen im Vergleich zu anderen Bundesländern. Der SfB beschönigte diese Verschlechterungen propagandistisch mit dem Titel „Weiterentwicklung der NGO". – Die Betriebsgruppe und die FgGy opponierten mit allen Mitteln (Gesprächen und offenen Diskussionen mit Senatoren, Behördenvertretern, Bildungsdeputierten, Eltern und Schülern sowie Demonstrationen und Pressearbeit), wenn mit dieser Salamitaktik Kurswahlmöglichkeiten schrittweise eingeschränkt und die Abiturregelungen verschärft wurden. Gegen den massiven politischen Willen auf Bundes- und Landesebene konnten bestenfalls nur Verzögerungen durchgesetzt, die Tendenzen zur Restauration traditioneller gymnasialer Strukturen und Inhalte aber nicht aufhalten werden.

Um wenigstens noch Teile der bildungspolitischen Vorstellungen der GyO (v.a. Kurswahlmöglichkeiten, fächerübergreifendes Lernen, Fächervernetzung, Projektarbeit) zu retten, ließen sich Betriebsgruppe und Fachgruppe darauf ein, in vielen Arbeits- und Steuergruppen die Profiloberstufe mitzuplanen. Doch behördliche Direktiven ließen diese Aktivitäten ins Leere laufen: Die Anzahl der Profile wurde strikt begrenzt; mit Blick auf die bun-

desweiten Abiturregelungen wurde eine Konzentration auf die „Kernfächer" (Deutsch, Mathematik, Englisch) durchgesetzt. Kurz: Die letzten Sargnägel für die von den Lehrkräften verteidigte GyO waren – vor allem in der Koppelung – das eingeschränkte Profilsystem, das Zentralabitur und schließlich die generelle Verkürzung der Gymnasialzeit auf acht Schuljahre („Gy8") mit der Einführung der Jahrgangsklasse 10 als Einführungsphase. Sich dagegen stark zu wehren und diese „Reformen" zumindest abzumildern oder zu verzögern, waren dann sowohl die Betriebsgruppe(n) als auch die Fachgruppe schon zu schwach.

Zu 2: Um das Konkurrenzprinzip zwischen den Schulen zu etablieren, hob der Senator für Bildung (SfB) die Schulbezirksgrenzen auf und ermöglichte damit die bremenweit freie Anwahl der gymnasialen Oberstufen. Die offensiv vorgetragenen Bedenken der Betriebsguppe(n) und der FgGy waren, dass leistungsstarke Schülerinnen und Schüler in traditionelle Gymnasien abwandern würden und dass dadurch eine soziale und leistungsmäßige Entmischung der Schülerschaft an gymnasialen Zweigen der Schulzentren und NGOs in sozial schwächeren Stadtvierteln stattfinden könnte. Auch die Kampagne gegen die Aufhebung der Schulbezirksgrenzen fand starke Unterstützung, war aber erfolglos. – Die NGO/GyO am Rübekamp hat letztlich von der Aufhebung der Schulbezirksgrenzen profitiert, denn sie wurde von Schülerinnen und Schülern aus vielen Stadtbezirken angewählt. Über viele Jahre war der Rübekamp für Schülerinnen und Schüler u.a. der Gesamtschule Mitte attraktiv. (Insbesondere die Kurse Soziologie, Psychologie und Musik zusammen mit der Chor AG lockten viele SchülerInnen an.) Insofern war die Sorge der Betriebsgruppe unberechtigt, nicht mehr genug Schülerinnen und Schüler zu bekommen.

Zu 3: Finanzielle Kürzungen wurden in der NGO/GyO v. a. an drei Punkten durchgesetzt:

a) Die Schüler-Lehrer-Relation wurde verschlechtert, so dass die Kurse vergrößert werden mussten. Zu Anfang galten Kursgrößen von maximal 16 SchülerInnen für experimentelle Fächer in den Naturwissenschaften und max. 20 für alle anderen Fächer; für diese Kursgrößen wurden die Raumgrößen in den GyO-Neubauten (z.B. Grambke, Rübekamp, Kurt-Schumacher Allee) konzipiert. Heute, 2019, sind Kurse mit 30 und mehr SchülerInnen die Regel.

b) Die Pflichtstundenzahl der Gymnasial-Lehrkräfte wurde von 23 auf 25 erhöht und die Arbeitszeit durch sonstige Maßnahmen ausgeweitet;

c) die Verfügungsstunden für bestimmte Aufgaben (Tutortätigkeit, Jahrgangsleitung, Sammlungspflege...) wurden gekürzt oder gar gestrichen. Die Stundenerhöhung von 23 auf 25 Stunden wurde dadurch verschärft, dass schrittweise Verfügungs- und Entlastungsstunden für pädagogische, planerische und administrative Aufgaben gestrichen, Präsenzzeiten erhöht und die Arbeitsanforderungen durch ständige „Reformen" sowie bürokratische Aufgaben ausgeweitet wurden.

Gegen diese Verschlechterungen der Lern- und Lehrbedingungen und gegen die Ausweitung der Arbeitszeit leistete die Betriebsgruppe im Verein mit der Fachgruppe heftigen Widerstand (z.T. sogar mit Beistand von Fachleuten beim Senator für Bildung). So beteiligte die Betriebsgruppe sich auch an der Aktion „Gläserne Schule" zusammen mit dem Gymnasium Horn, sie wirkte mit bei den GEW-Kampagnen und Aktionen gegen die Arbeitszeiterhöhung.

Wie erfolglos auf lange Sicht der Kampf gegen die Arbeitsintensivierung und die Arbeitszeitverlängerung war, zeigen die heutigen Arbeits- und Lernbedingungen an den Schulen.

Es wird wohl dieser jahrelange vergebliche Kampf gegen den Abbau dessen, was wir engagiert aufgebaut und mit Leben gefüllt hatten, sowie gegen die schrittweise Arbeitszeiterhöhung und Aufgabenausweitung gewesen sein, der zu allmählicher Resignation der KollegInnen und zum Rückzug auf die Kernaufgabe des Berufes geführt hat. Darunter litt dann zunächst die Beteiligung an der Betriebsgruppe und schließlich auch die Arbeit der Betriebsgruppe insgesamt.

INGRID GALETTE-SEIDL
„Jede und jeder kann singen.....": Chor – Theater – Tanz

Alles beginnt 1978

Die SchülerInnen kommen einzeln oder in kleinen Gruppen in das Forum, sie trinken Tee, essen Kekse, Obst, Süßes, und nach 10 Minuten massieren die Schülerinnen und Schüler sich ihre Rücken, Arme, Beine, sie gehen singend, die Stimme variierend, lachend, schreiend, flüsternd diagonal durch den Raum, und die Einsingübungen gehen über in zwei- bis vierstimmigen Gesang. Ist es zu Anfang eher ein Sprechgesang, lernen die SchülerInnen sehr schnell sauberer und vollmundiger zu singen und zu gestalten.

Die Jugendlichen des „Rübekamp" wollten singen, wollten sich außerhalb des zeitlich und inhaltlich begrenzten Raumes des Schulalltags künstlerisch ausdrücken: Gesellschaftlich kritisch „durfte" es sein, musikalisch anspruchsvoll und doch machbar, Freude wollte ein jeder, körperlich Zufriedenstellendes war gewünscht und politisch sinnvoll sollte es auch noch sein: ein hoher Anspruch.

So begannen wir mit den „Goldenen 20er Jahren", einer politischen Collage. Zusammen mit Brigitte Lörcher studierten wir selbstgeschriebene Szenen mit historischer und aktueller Musik ein, die in dem kleinen Theater der Böttcherstraße und beim Abifest vorgestellt wurden. Die Kombination von Musik und Theater, von tänzerischer Bewegung, Schauspiel und Gesang war eine hervorragende Grundlage, um die künstlerischen Fähigkeiten mit den gesellschaftlich engagierten Themen zu verbinden, die seit den 70er Jahren gewollt waren. In nur kurzer Zeit folgten die Einstudierung und Aufführung der „Mutter" von Brecht/Eisler, bei der schon sehr viel mehr SchülerInnen teilnahmen als zu Beginn: Zunächst im Keller des Kulturzentrums Schlachthof, der rasch zu eng wurde, sodann in der großen Kesselhalle.

Selbstgeschriebene Stücke („Gewaltige Zeiten", „Der gemeine Erdling") folgten. Da es kaum moderne Musik zu den anspruchsvollen Inhalten gab, fragten wir Manfred Seidl, ob er für uns neue Kompositionen schreiben könne. Und mehr als dankbar waren wir ihm, weil er bis zum Ende der Chor-Theater-Zeit unentgeltlich zahlreiche Werke für unser Ensemble schrieb. Bis zum letzten Konzert 2014 durften wir ihn als „Hauskomponisten" für den Rübekampchor „verpflichten". Erster Höhepunkt in dieser Zusammenarbeit wurde das Stück „Die

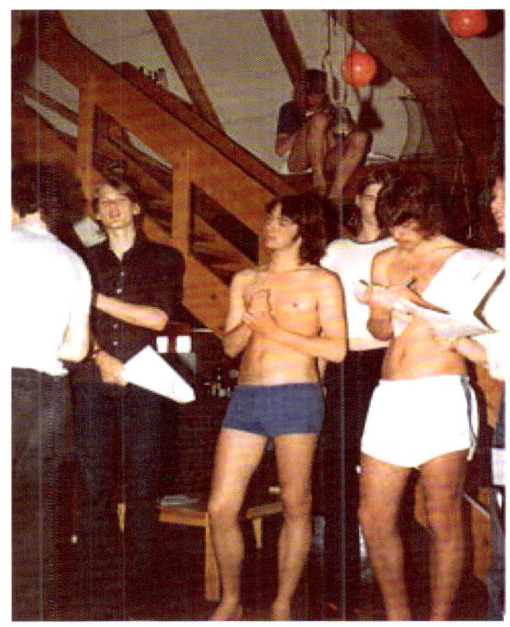

o: „La liberatione de Ruggiero dal isola d'Alcina" (Francesca Caccini) (1995)

u: Probenwochende im Bauernhaus (1978)

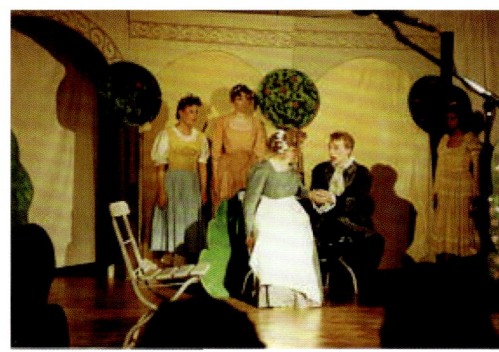

o-l: „Die Verfolgung und Ermordung des
J. P. Marat..."
(P. Weiss/ M.Seidl) (1986)

o.r: „Gärtnerin aus Liebe"
(W. A. Mozart) (1990)

o. m: „Gärtnerin aus Liebe"
(W. A. Mozart) (1990)

Verfolgung und Ermordung des J. Paul Marat..." von Peter Weiss. (Unser Kollege Ulrich Juchheim kam für diese und zwei weitere Produktionen in unser Ensemble hinzu).

Mehrstimmige anspruchsvollere Musik, die zusätzlich zu den Musiktheaterproduktionen aufgeführt wurde, folgte: Liebesliederabende, Musik und Tanz zusammen mit Bewohnern in Heimen, Vertonungen des „Gloria" (u.a. von J.S. Bach) mit einer interpretierenden Rede von dem politisch querdenkenden Heinrich Albertz; sodann die Weihnachtskonzerte, die zum festen Ritual gehörten: Mit professionellen und schulinternen InstrumentalistInnen wurden Werke von Vivaldi, J. Haydn, G.Fr. Händel, J.S. Bach und moderne Kompositionen aufgeführt.

Die Schüler waren ja inzwischen gewohnt, polyphone und homophone Musik zwei- bis achtstimmig zu singen. Und durch die guten InstrumentalistInnen konnte das Niveau rasch gehoben werden. Große Musiktheateraufführungen – nun mit professionellen RegisseurInnen, ChoreographInnen, InstrumentalistInnen, BühnenbildnerInnen – wurden jährlich einstudiert und auf die Bühne gebracht.

Unter der Regie von Bernd Rast führten wir in den Anfangszeiten der 90er-Jahre nichts Geringeres als die Mozart-Oper „Gärtnerin aus Liebe" auf, für viele ein unvergessliches Erlebnis. Die Rezitative sind in der späten Münchner Fassung von Mozart selbst als Sprechtexte gestaltet – das heißt, es war für die SchülerInnen natürlich einfacher und gewitzter zu gestalten. Die Soloarien wurden für zwei bis drei Stimmen arrangiert, das große Orchester bestand z.T. aus InstrumentalistInnen, die bis heute als ausgezeichnete Profis international tätig sind.

Durch das „Weitersagen" und durch die qualitativ guten Ensembleleistungen – auch durch die Zusammenarbeit mit der Universität – kamen MusikstudentInnen zu uns, die nicht nur dem Chor zu neuem Glanz verhalfen, sondern auch aktiv in der Arbeit der Regie, der Stimmtechnik, der Produktionsleitung mitwirkten: Nur einige der wundervollen StudentInnen und SchülerInnen, die z.T. über zehn Jahre leitend mitwirkten, können hier genannt werden: Katrin Westerholt, Frank Hohmeister, Henrik Schäfer, Monika Hattenhauer, Katharina Laue, Frauke Stock, Simon Beckmann, Ulrike Jakob, Marion Kohlmeier. Ihnen bin ich sehr, sehr dankbar.

Der Kreis der professionelleren SängerInnen und auch der Schülerinnen wurde immer größer – Hunderte wurden es wohl im Laufe der Jahre. Der Ruf des „Westchores" verbreitete sich langsam in Bremen. Auch in etablierteren Schulen hörte man von uns, so dass etliche Schülerinnen aus anderen Schulen in der Probenarbeit und in den Aufführungen mitwirkten. Für die Werbung des Rübekamps wurden die großen Aufführungen von Bedeutung, zumal sie in der Bremer Innenstadt gezeigt wurden.

Unsere erste Sekretärin, Ute Lemke, unterstützte unsere Arbeit: Sie formulierte und tippte die ersten Programmhefte und half in der finanziellen und organisatorischen Abwicklung. Ihr Ehemann Heinz Lemke half uns immer bei der Gestaltung unserer Veröffentlichungen. Und von Anfang an wurden wir von unseren KollegInnen, den Hausmeistern, den Sekretärinnen und der gymnasialen Abteilungsleitung sehr unterstützt.

Nur einige der großen Kompositionen, welche die SchülerInnen in all den Jahren einstudiert und aufgeführt haben, seien hier genannt:
- „Die Goldenen 20er Jahre" (Musikcollage) (1979)
- „Missa Criolla" (Raminez) (mehrfach seit 1980)
- „Der gemeine Erdling" (eigene Texte) (1982)
- „Gewaltige Zeiten" (eigene Texte) (1983)
- „Die Verfolgung und Ermordung des J. P. Marat..." (P. Weiss/ M.Seidl) (1986)
- „Gärtnerin aus Liebe" (W. A. Mozart) (1990)
- „Carmina burana" (C.Orff) (Tanz, Chor und InstrumentalistInnen): Aufführungen in Bremen, Poznan, Danzig, Tampere (1993/94)
- „La liberatione de Ruggiero dal isola d'Alcina" (Francesca Caccini) (1995)
- „Undine" (E.T.A. Hoffmann) Aufführungen in Bremen und Kaliningrad (1996)
- „An die Nachgeborenen" (B. Brecht/M. Seidl) (1997)
- „Kassandra" (Chr. Wolff/E. Koch-Raphael) (1998)
- „Candide" (Voltaire/L. Bernstein) (1999)
- „heart.brain.hamlet" (Schülertexte/E.Koch-Raphael) Aufführung Expo (2000)
- „Hair" (für Tanz, Chor, Soli und Band) (2001)
- „Che Guevara" (lateinamerikanische Musik) (2002)
- „Die Vögel" (Aristophanes/G.Kampe) (2003)
- „Die Schöpfung" (J. Haydn) (2004)
- „Die Metamorphosen" (Ovid/H.Purcell) (2006)
- „Woyzeck" (G. Büchner/M.Seidl) (2010)
- „Leonce und Lena" (G. Büchner/M.Seidl) (2011)
- „Zuerst widerstand die Erde" (P. Neruda/M. Theodorakis) (2013)

Und in jedem Jahr vor Weihnachten: Teile aus dem „Messias" (Händel) und doppelchörige Werke von Vivaldi u.a.

All diese Aufführungen wären ohne professionelle Hilfe nicht denkbar gewesen: So konnten wir für die Regie zunächst Bernd Rast, dann Marcello Monaco, ab 1998 Senta Bonneval, Wolfgang von Borries und Alexander Hauer gewinnen, für die Choreographie Hannele Järvinen (Carmina burana), Katharina Reif und Sibylla Klein. Das Bühnenbild wurde jahrelang vom „KUBO" unter der Leitung von Ele Hermel gestaltet. Und seit 2002 kam der neue vielseitig talentierte Kollege Alexander Hanke hinzu.

Bis heute wirkt die schöpferische Arbeit bei

o. l: „Undine" (E.T.A. Hoffmann) Aufführungen in Bremen und Kaliningrad (1996)

o. r: „Candide" (Voltaire/L. Bernstein) (1999)

o.m: „Kassandra" (Chr. Wolff/E. Koch-Raphael) (1998)

o: Carmina burana, 1993/94

o. r: Die »goldenen« 20er Jahre, 1979

u: Undine, 1996

SchülerInnen, ZuschauerInnen und HörerInnen nach. Viele der ausführenden jungen Künstlerinnen und Künstler sind noch heute professionell oder in ihrer Freizeit kreativ tätig.

Dass Musik, Tanz, Schauspiel und bildnerische Kunst unseren Geist und unsere Gefühlswelt beflügeln, ist ja bekannt. Ein Hoch auf die freie Kunst!

URSULA BROICHER
Der Rübenacker

Eine Schule nach einem Rübenacker zu benennen hätte dem griechischen Philosophen Epikur sicher gefallen.

Im nüchternen Bremen geht es bei der Namensgebung der Schulen natürlich ganz prosaisch zu. Ein ehemaliges Rübenfeld an der Bahnlinie am Stadtrand war Namensgeber für eine kleine Straße, an der die schöne neue Schule gebaut wurde.

Epikur jedoch, ein Atomist und Freidenker, betrieb eine Philosophenschule in Athen, wo er ein Anwesen mit einem großen Garten gekauft hatte.

Die „Schule des Gartens" beherbergte die „Philosophen des Gartens", Frauen und Sklaven gehörten auch dazu, das Thema war die „Philosophie der Freude". Epikurs Ethik, die Lehre vom rechten, freudegebenden, freudesuchenden und vor allem erkenntnissuchenden, selbstgenügsamen Leben war über die Jahrhunderte unversöhnlicher Kritik und Verleumdung ausgesetzt. Zu Unrecht!

„Anfang und höchstes Gut bei alledem ist die Vernunft. Deshalb ist die Vernunft sogar wertvoller als das Philosophieren. In ihr wurzeln alle übrigen Tugenden. Sie ist es, die lehrt, dass man nicht freudvoll leben kann, ohne vernünftig, anständig und gerecht zu leben, aber auch nicht vernünftig, anständig und gerecht, ohne freudvoll zu leben." (Brief an Meneukios)

Wir wiederum betreiben die „Schule des Rübengartens" und haben über die Jahre, ohne je bewusst auf ihn Bezug zu nehmen, die Forderungen Epikurs nach Erkenntnis, Wissen, notwendigem Widerspruch, Stärkung der Vernunft und daraus folgender Freiheit gelehrt.

Einen wirklichen Garten auf dem Gelände anzulegen und längerfristig zu bebauen haben wir sogar ganz am Anfang versucht, das Projekt musste jedoch aufgegeben werden. Epikureer zu werden ist ein erstrebenswertes Bildungsziel. Epikureer sein ist nicht leicht.

Das alles hätte Epikur gefallen und er hätte sicher auch in Milde auf unsere berufsbildende Abteilung geblickt, denn: *„Anfang und Wurzel alles Guten ist die Freude des Magens; selbst Weisheit und alles, was sonst noch über sie hinausgeht, steht in Beziehung zu ihr." (Fragmente 5)*

Nun ist der Garten eine verlockende Metapher, sie regt zu allerlei Assoziationen an, wie überhaupt die Pflanzen- und Gärtnermetaphorik über die pädagogischen Jahrhunderte im wahrsten Sinne des Wortes Blüten getrieben hat.

Ein Rübengarten im Besonderen ist zuvörderst ein weites Feld und, anders als ein Kindergarten, eine ernste Angelegenheit landwirtschaftlicher Anstrengung und so gar nicht von Poesie umweht. Hier muss geackert werden.

Unser Rübengarten ist aber darüber hinaus in vielen Dingen für uns Ackerleute ein Quell der Freude und des Erstaunens, und das im Besonderen hätte Epikur erfreut.

„Wir müssen gleichzeitig lachen und philosophieren, unser Haus verwalten und alle übrigen Fähigkeiten nutzen, dabei niemals davon ablassen, die Stimme der wahren Philosophie hören zu lassen." (Spruchsammlung 28)

Und das hätte uns in so mancher Konferenz wirklich gut getan.

Epikur

> Die Arbeit des Erziehers gleicht der eines Gärtners, der verschiedene Pflanzen pflegt. Eine Pflanze liebt den strahlenden Sonnenschein, die andere den kühlen Schatten; die eine liebt das Bachufer, die andere die dürre Bergspitze. Die eine gedeiht am besten auf sandigem Boden, die andere im fetten Lehm. Jede muß die ihrer Art angemessene Pflege haben, anderenfalls bleibt ihre Vollendung unbefriedigend.
>
> (Abbas Effendi)
>
> gutezitate.com

VOM WISSEN…

„Es ist besser, gewisse Mühen zu ertragen, damit wir uns umso größerer Freude erfreuen. Hinwiederum ist es von Nutzen, sich gewisser Freuden zu enthalten, damit wir nicht weit schlimmere Schmerzen erleiden." (Fragmente 29)

Hausarbeiten, so höre ich und dazugehörige Vorträge sind der pure Stress, unnötig, viel zu anspruchsvoll in der Fragestellung und überhaupt unzumutbar! Schließlich gebe es noch andere Fächer!

Dann aber werden Juwelen produziert. Bildfolgen, Grafiken, Layouts, Fließtexte, Referate mit Musik unterlegt, Freude daran, das alles mit den anderen zu teilen, Freude daran, sich bestätigt zu finden – oder sehe ich das nur so, weil ich sehr beeindruckt bin?

Jonas hält gute Vorträge, er ist Japan-Spezialist, weil er auch japanisch lernt und mit seinem Vater schon dort war. Wir haben sehr interessiert zugehört. Trotzdem muss er 1,90 Euro bezahlen, weil er 19 – mal „halt" gesagt hat (Dann hat Japan halt China angegriffen).

Meine Klausur scheint etwas viel für die zur Verfügung stehende Zeit zu verlangen. Ich sammle ein. Protest! Protest! Viel zu wenig Zeit!

Man muss ja auch manchmal Fehleinschätzungen zugeben. Die Klausur wird am nächsten Tag zu Ende gebracht. Jedenfalls ist es auf diese Weise dazu gekommen, dass telefoniert, gefragt, erklärt und geholfen wurde. Ganz ohne meine Beteiligung.

Es gibt eine wunderbare Szene in dem Film „Das fliegende Klassenzimmer". Da schaut der Lateinlehrer während eines Tests angelegentlich im Klassenschrank nach irgendwelchen Materialien und die Probanden nutzen die Gelegenheit des „angelegentlichen" Wegschauens. Kästner forever!

Jens hat den Film „Highlander" gesehen und im Rahmen seiner historischen Unterweisungen verinnerlicht. Sein Resümee in einer Klausur zum Investiturstreit zwischen Kaiser und Papst im Mittelalter endet daher: „Es kann nur einen geben!"

Endlich, und das betrifft mich: Hausarbeiten auf dem Computer geschrieben, endlich kein Kampf mehr mit der unleserlichen Handschrift, dahin geschlurrten Texten – endlich Resultate lesen, für deren Erstellung Zeit war (Plagiate werden nachgeprüft und geahndet).

Hier jetzt diese fehlerlose, makellose, perfekt formulierte „Abhandlung" zum Thema Reichsgründung. Doch irgendwie ungewöhnlich perfekt. Bei einem freundlichen Gespräch kommt dann leider die Rolle der hilfreichen Mama zum Vorschein. Was soll man sagen?

Oliver, einer, der alles wissen und verstehen will, und der viel Zeit in seine Hausarbeit gesteckt hatte, ist sich nicht sicher, wie das mit der Groß- und Kleinschreibung funktioniert. Er hat sich daher für einen Font entschieden, der nur aus Großbuchstaben besteht. Ich finde das vorläufig in Ordnung. Wir wissen beide, dass so dieses Manko nicht aus der Welt geschaffen würde. Er verspricht Besserung.

Klausurentexte sind oft Quellen der Freude und Heiterkeit, genauso oft jedoch eine wiederkehrende Anfechtung:

Monstersätze, Plattitüden, Kanzelreden, aber leider auch nur knappste Andeutungen des Wissensstandes.

Es ist für mich unerklärlich, warum eine von mir absolut klar (?) formulierte Frage bei 20 Schülerinnen 14 unterschiedliche Antworten ergibt.

Wenn dann 20 Klausuren oder mehr da liegen, die korrigiert werden müssen, stelle ich fest, dass die Bügelwäsche überfällig ist, der Rasen gemäht und der Einkauf sofort erledigt werden muss.

Das wird nicht etwa besser im Laufe der Jahre.

Manchmal denke ich, Schule wäre ohne Schüler auch ganz schön.

Da fehlt in meinen Quellen leider ein passendes Wort von Epikur.

Auch für die „absolut unpädagogischste" und ganz und gar unepikureische Nullte-Stunde, die um 7:30 Uhr beginnt.

...UND VON DEN MENSCHEN...

„Der erste Schritt zum Heil der Jugend besteht darin, auf sie achtzugeben und sie zu schützen vor solchen, die mit ihren ungezügelten Begierden alles beflecken." (Spruchsammlung 61)

Wir brauen Met. Die mittelalterliche Küche war vorher für uns von Interesse. Wir hatten Hirsebrei und andere Köstlichkeiten bei einem Freundschaftsmahl. Der Großvater von Sandra stellt uns seine Destillierflaschen zur Verfügung und kümmert sich ein bisschen um das Gebräu. Der Met reift in seinem Keller, bis er nach drei Jahren zum Abitur getrunken werden kann.

Im Jahr zuvor hatte die Zubereitung der altrömischen Allerweltssoße Garum aus vergammelten Sardinen einen unauslöschlichen olfaktorischen Zugang zur Alltagsgeschichte ermöglicht.

Tina und Lena haben einen Tag in einem sehr eng geschnürten Korsett verbracht, als Selbstversuch zum Thema „Schönheit und Gestank, die Wirklichkeit des Rokoko". Sie sind erschöpft.

Die Tutorgruppe trifft sich regelmäßig, oft bei mir zu Hause. Einmal „brate" ich Hähnchenhälften mit Knoblauch und Zitrone. Weil viele in der Röhre sind, werden sie nicht so recht knusprig. Das findet Kalle unmöglich, entlässt mich aus der Verantwortung und rettet mit Hilfe von Mamas Methode (Salzwasser) das Geflügel.

Ein köstlicher Schmaus für 15.

Knoblauch, das weiß jeder Heilpraktiker, löst Verspannungen im Gehirn.

Nichts ohne Hintergedanken.

Ich arbeite mit einer Gruppe, von der keine Resonanz kommt. Ich bin ratlos. Das geht 3 Jahre so.

Ich arbeite mit einer sehr lebendigen Gruppe, die mich wirklich fordert, weil immer und jeden Tag neue Fragen auftauchen, die wer weiß wohin führen, aber geklärt werden müssen.

Im ersten Fall muss ich mit meiner Inkompetenz und Verzweiflung fertig werden, im zweiten Fall denke ich, so muss das sein!

Stricken oder Häkeln im Unterricht wird nicht akzeptiert. Mützen auch nicht, es sei denn, es liegt ein wirklicher Frisurennotfall vor. Earplugs auch nicht. Aktivierte Handys schon gar nicht – Klingeltöne während eines Vortrags werden als Affront gegen Vortragende und Zuhörer empfunden (jedenfalls von mir so erklärt).

Neue Peinlichkeiten gibt es jedes Jahr. Man muss da die Ruhe bewahren.

Die Skater und Sprayer sind angekommen. Sie haben eigene Webseiten, ziemlich pubertär, aber auch sehr witzig und kreativ. Ich verstehe, dass bei all den Aktivitäten, die Zeit für die Arbeit in der Schule äußerst knapp ist.

Ein Schüler aus dieser Gruppe scheint wirklich zu wissen, was er tut. Seine Schöpfungen sind Kunstwerke.

Die anderen gehören wohl zur Szene, sind aber völlig inkompetente Sprayer, was sie nicht daran hindert, sich die Toilettenräume vorzunehmen. Ihr Unrechtsbewusstsein ähnelt dem meiner Kater.

Interessanterweise „vergehen" sie sich nicht an

Lesendes Mädchen, griechische Vasenmalerei

Der Mensch ist nicht ein Ton, den der Erzieher nach seinem Gefallen modeln kann, sondern eine Pflanze die ihre besondere Natur und Gestalt mitbringt, und von ihm nur als von einem Gärtner gepflegt, großgezogen und zu ihrer höchstmöglichen Vollkommenheit gebracht werden kann. Der Erzieher wird nie bewirken, daß auf einem wilden Apfelbaum ein Pfirsich wachse, aber er wird es dahin bringen können, daß die Äpfel dieses Baumes süß werden.

(Christian Garve)

gutezitate.com

den kunstvoll gemauerten Backsteinwänden der Schule. Der „Künstler" unter ihnen sowieso nicht.

Ich kenne meine Schüler nicht wirklich, das ist auch nicht möglich. Was ich aber von ihnen zu wissen glaube, was ich erfahre, was ich glauben möchte und was ich daraufhin „weiß", hat mich darin bestätigt: Du musst sie lieben, sonst geht es nicht.

Nähe und Distanz sind zwei komplizierte Entfernungen. Hier den richtigen Abstand zu finden, ist überaus wichtig und immer eine ganz persönliche Entscheidung, die mal nicht gelingt, aber mal eben doch.

Die Tür zum Lehrerzimmer ist immer offen.

Juri, der nicht regelmäßig zum Unterricht erscheint, macht mir Sorgen, weil er unbedingt ein Handy mit Swarovski-Steinen möchte. Wer wird es ihm kaufen?

Katharina hat einen Tumor, deshalb fehlt sie oft. Sie hat dauernd Arzttermine, ihr Zustand verschlechtert sich. Komplikationen und Symptome, die mich verwundern, die auf ein baldiges Ende hindeuten und doch nicht so recht zusammen passen wollen. Nach einem ausführlichen Gespräch wird sie wieder gesund.

Torsten ist Schauspieler. Das macht er mir sofort klar. Das hier ist zwar eine vorläufige aber nicht wirklich hilfreiche Institution für seine Berufung. Was soll das alles? Nach einem Jahr verlässt er die Schule und arbeitet seitdem erfolgreich am Theater.

Melanie möchte Schauspielerin werden. Sie hat Potential, Persönlichkeit, Selbstbewusstsein, Frechheit. Ich unterstütze sie, damit sie Schauspielunterricht nehmen kann. Nach einigen Jahren treffe ich sie wieder. Sie ist verheiratet und hat 3 Kinder.

Selim und ein paar seiner Freunde geben die Machos.

Zuhause putzen ihnen Mütter und Schwestern hinterher. Arrogante, sehr unsichere Schnösel, wie man mal sagen muss. Unerträglich! Ich habe wirklich keine Zeit, mich immer wieder mit ihnen zu streiten. Da ist aber gottseidank ein Kollege, der solche Verhältnisse kennt, die Sprache der Eltern spricht und Wunder vollbringt.

Lasse ist Punk. Sein wichtigstes Kleidungsstück ist eine grüngraue, glänzende, längsgestreifte Herren-Pyjamahose, deren altersbedingte Risse mit Sicherheitsnadeln gerettet wurden. Als er für ein Selbstbild zum Thema „Selbstdarstellung" im Kunstunterricht in eine der großen Mülltonnen steigt, (dort will er fotografiert werden) zerreißt diese Hose endgültig und ist verloren. Er ist außer sich, völlig untröstlich. Ich verstehe, dass dieses Kleidungsstück, das ich für zufällig und austauschbar gehalten hatte, viel mehr bedeutet.

Die Haare zu tragen wie ein Irokese ist für einen normalen Mitteleuropäer nicht so ohne weiteres möglich. Bei einem Tutandentreffen erfahren wir von Sascha, wie viel Eigelb, Spray, Zeit und Selbstdisziplin beim sehr frühen Aufstehen zum Gelingen dieser Frisur notwendig sind.

Modetrends lösen einander ab. Ich ahnte nicht, dass das letzte Jahr der nabelfreien T-Shirts angebrochen war. Im darauf folgenden Jahr tragen die Mädchen große Schals, die den Mund bedecken und ziehen die Ärmel ihrer Pullover über die Hände, fast bis an die Fingerspitzen.

Hendrik ist scharfsinnig, selbstbewusst und auch sehr eitel. Er beeindruckt uns alle mit einem salbeigrünen (geschneiderten?) exquisiten Anzug, den ein Gentleman zum Drink nach der Jagd tragen würde. Er kommt besonders gut zur Geltung im Büchsenlicht der Pausenhalle.

Katja und Dorothee haben sich entschlossen, ihre Köpfe zu rasieren. Das teilen sie uns mit. Es erinnert mich an unerträgliche Bilder. Was wollen sie ausdrücken? Ich bin zutiefst erschüttert und versuche das zu begründen. Wir werden sehen.

Es ist auch eine Entscheidung, auf den Gebrauch von Schuhwerk zu verzichten. Jana hat das im Sommer angefangen. Ich denke, wir werden sehen, was im Winter passiert. Gar nichts passiert. Jana stapft barfuß durch den Matsch.

Daniela und Marion haben die Planung der Abiturfeier übernommen. Eva und Anke redigieren das Jahrbuch. Es finden rechtzeitig Besprechungen statt. Ohne diese jungen Frauen wäre dieses Jahr nichts zustande gekommen.

In einem anderen Jahr wird zwar ein Jahrbuch verfasst und von uns allen abonniert, jedoch nie veröffentlicht. Warum, bleibt für immer ungeklärt.

Dann wieder kümmern sich Jahrbuch-Komitees um alles.

Die Jahrbücher, die anfangs wirklich „selbstgemacht" waren, werden immer professioneller. Sie sind für uns Unterrichtende so etwas wie eine Abrechnung nach den Jahren im Rübekamp-Stress.

Wenn ich sie insgesamt beurteilen soll: sie sind durchaus wohlwollend.

Der sogenannte Abiball findet anfangs in der Schule statt, wird dann aber an anderen „more fashionable locations" veranstaltet.

Mein Eindruck ist: die Jungen/jungen Männer sind etwas gequält in ihren Festanzügen, die Mädchen/jungen Frauen sehen aus wie Bonbons aus einer Wundertüte. Muss man das haben? Und zu diesen Preisen? Was ist da wieder zu uns herüber geschwappt?

Eine wirklich anrührende Szene bei einem der ersten Abifeste in der Schule ist, als alle Abiturienten eine Rose für Ute Lemke haben. Sie hat die Abiturzeugnisse geschrieben und ist auch sonst als Sekretariatschefin eine liebevolle Ansprechpartnerin gewesen.

Überhaupt Ute Lemke: Sie tippt in wahnsinniger Geschwindigkeit Texte, ohne hinsehen zu müssen. Sie hat alles unter Kontrolle.

Sie jammert auch mal, aber frage nicht – sie hat es und weiß es und findet es und hilft!

Sie betreibt einen Heizlüfter gegen die kalten Füße.

Sie ist professionell. Das merkt man, wenn sie sehr souverän 8 Leuten, die hereinstürmen und unbedingt sofort beachtet werden wollen, mit großer Freundlichkeit und Kompetenz nacheinander

ihre Aufmerksamkeit gibt und die Dinge regelt.

Sie hat mich sehr beeindruckt und mir, wo es ging, geholfen.

Überhaupt die Frauen:

Eine hat uns viele Nachmittagsstunden in den Computer eingewiesen, eine versammelt die Mädchen und jungen Frauen und spricht mit ihnen feministische Fragen an. Andere stellen Fragen, wie das ist mit Mädchen und Computern und mit den unterschiedlichen Lernweisen von Jungen und Mädchen, begleiten die Nacht der Jugend im Rathaus, arbeiten mit dem Chor und produzieren großartige Inszenierungen mit Tanztheater und Orchester oder bauen mit Schülerinnen die riesige Rübenskulptur, die bis heute im Forum hängt. Wieder andere haben es manchmal schwer in den Fremdsprachenkursen und besonders in den Naturwissenschaften, da die kleinen Machos zu überzeugen. Sie sind unbequeme, weil sehr anspruchsvolle Lehrerinnen.

Sie sind nicht nur gewerkschaftlich aktiv.

Alle jedoch leben mit dieser Schule und arbeiten mit Kollegen, die genauso denken.

Kapriziöse Männer:

Kann ein Mann kapriziös sein? Diese kapriziöse Frage wurde von einer von uns allen sehr geschätzten Kollegin umstandslos mit Ja beantwortet.

Sie hatte da einen besonderen Fall im Sinn, aber es zeigt sich, dass diese Einschätzung durchaus zu verallgemeinern ist:

Vorzufinden sind Männer mit Eitelkeiten, Eigenheiten, Ticks, überaus nützlichen Kenntnissen und Fähigkeiten; Exzentriker, Platzhirsche, Segelflieger, Polterer, Kommunikatoren, Kümmerer, Bedenkenträger, Grobiane, Organisatoren, Zweifler, Zuhörer, Sportler, Motorradfahrer, Läufer, Maler, Poeten, Feministen, Philosophen, Intellektuelle, Heilpraktiker, Sprachgenies, Klavierspieler, Sänger, Schauspieler und vor allem Lehrer, denen wir Frauen (meistens) mit Respekt und Vertrauen begegnen.

...UND VON DER ERNTE.

Was aus ihnen geworden ist? Alles, was auch sonst Eltern, Großeltern und Freunde erfreut, erstaunt oder eher traurig macht:

Bootsbauer, UN-Rechtsanwältinnen, Rechtsanwälte, Richterinnen, Psychologinnen, Lehrerinnen, Krankenschwestern (diese Bezeichnung sollten wir niemals hergeben), Eltern, Erzieher, Baumretter, Architekten, Maler, Musiker, Schauspieler, Eventveranstalter, Kneipiers, Germanisten, IT-Spezialisten, Banker, Journalisten, Professoren und leider auch viele „Praktikantinnen", dann Ärztinnen, Polizisten, Physiker, Biologen, Historiker und auch ein AfD-Politiker.

Diese letzte Erwähnung zeigt mir, wie wenig wir wirklich wissen können. Wie wenig wir eigentlich zur Stelle sein können.

Wir können immer nur da gut sein, wo man uns lässt.

Eine, anderthalb Generationen vor diesen jungen Leuten, waren wir auf dem Weg in die Zukunft. Wir hatten zwar völlig unvorhersehbare Abiturprüfungsfächer, durchgestanden im schwarzen Kostüm, waren nur ein kleiner Prozentsatz der gesamten Schülerpopulation des Landes, aber alle Türen standen uns offen.

„Praktikantenstellen", prekäre Arbeitsverhältnisse, Zulassung zu Studienorten und Studienplätzen – damit hatten wir nicht zu kämpfen.

„In einer wissenschaftlichen Auseinandersetzung hat der Unterlegene den größten Gewinn, und zwar in dem Maße, in dem er was hinzulernt." (Spruchsammlung 56)

Aber auch:

„Fliehe, du Argloser, jegliche Bildung im schnellsten Nachen!" (Fragmente 42)

Hätte ich den ersten Spruch nur in manchen Diskussionen zur Verfügung gehabt! Den zweiten hätte ich allerdings niemals zitiert. Man muss ja nicht alles teilen. Aber man sieht, auch die Philosophie ist nicht frei von Widersprüchen, ja, sie lebt davon. Und da wir es hier mit Fragmenten zu tun haben, könnte es durchaus sein, dass der Zusammenhang dieser Aussage ein ganz anderer war.

Zu den Abiturprüfungen 2002 ist der Besuch des Senators für Bildung, Willi Lemke, angesagt.

Basisnähe ist immer gut!

Am Tag zuvor hat ein Junge in seiner Schule in Erfurt unter seinen Mitschülern ein Massaker angerichtet.

Es ist die Abiturprüfung von Katja im Grundkurs – Geschichte. Sie passte in den eng getakteten Zeitplan des Politikers.

Katja macht es gut, sie hat sich vorbereitet, sie ist in drei Jahren eine interessierte, engagierte Schülerin gewesen. Die Anwesenheit des Senators bei ihrer Prüfung hat sie anfangs eingeschüchtert, dann aber nicht mehr gestört.

Der Senator hat zwar zugehört, sagt freundliche Worte, aber eigentlich sind seine Gedanken ganz woanders – zu Recht.

Mündliche Abiturprüfungen sind manchmal Sternstunden und manchmal ein Untergang, den man hat kommen sehen, den man zu verhindern trachtete und der dennoch passiert.

Inkompetenz gibt es auf beiden Seiten. Das ist es ja, was einen danach umtreibt.

Diesmal habe ich 49 Abiturarbeiten zu korrigieren. 24 davon im Leistungskurs Geschichte, der Rest kommt aus zwei Grundkursen in Geschichte und Politik. Ist eigentlich nur wichtig, was meine SchülerInnen in diesen wenigen Stunden zu Papier gebracht haben? Ganz bestimmt nicht!

Monate vorher mussten die Aufgabenvorschläge eingereicht und – hoffentlich – genehmigt werden. Je zwei für jeden Kurs.

In all den Jahren sind nur wenige meiner Vorschläge, und ich glaube auch die meiner Kolleginnen aus anderen Fächern, befragt worden. Das war gut so, denn die Formulierung der Fragen, Begründung der Aufgaben und Einschmelzung der geforderten Lernziele ist eine Tätigkeit, die uns alle jedes Jahr sehr lange beschäftigt.

Jetzt die Korrektur, zusammen mit der Korreferentin. Das geschieht in der Regel einvernehmlich, manchmal aber auch kontrovers. Und dann ist es doch jedes Mal für mich erträglich. Meine liebevolle Voreingenommenheit wird kollegial erkannt und zurecht gerückt.

„Helden der Kindheit" war mehrmals das Kostümthema der sog. „Null-Tage-Feier" kurz vor den Abiturprüfungen.

Helden, kaum der Kindheit entwachsen, sehe ich über die Jahre häufiger:

Christian ist hibbelig und fehlt sehr oft. So oft, dass ich mit dem Vater ein Gespräch haben musste (Mutter nicht da). Dann höre ich, Christian ist Bluter. Er kämpft sehr tapfer mit dieser Krankheit, aber jetzt ist es richtig schwierig geworden. Christian ist HIV-positiv, weil er infiziertes Serum bekommen hat.

NIEMAND, aber auch NIEMAND darf das wissen, auch nicht seine guten Freunde. Und das ist für ihn das Schlimmste.

Es ist die Zeit der AIDS-Hysterie und -Phobie. Was tun? Sein Arzt erklärt mir das Problem mit seinen Helferzellen. Es ist niederschmetternd.

Ein paar Wochen vor dem schriftlichen Abitur ist er wieder im Krankenhaus. Wir haben Unterrichtsmaterial zusammengestellt, das er abarbeiten kann. Und das tut er. Er besteht die Abiturprüfung, nicht weil er einen Bonus erhielt, sondern weil er gearbeitet hatte.

Danach habe ich ihn öfters gesehen. Die Behring-Werke hatten ihm eine Entschädigung von 60.000 DM gezahlt. Davon hat er sich ein Auto gekauft und ist mit seiner Freundin in Frankreich gewesen.

Christian ist im Jahr darauf an den Folgen seiner Krankheit gestorben.

Cenet muss eine Entscheidung treffen. Diese fällt gegen die Verheiratung mit einem ihr bis dahin unbekannten Mann. Es gelingt ihr mit Hilfe eines Kollegen wirklich unterzutauchen. Sie lebt heute irgendwo, ohne je wieder Kontakt zu ihrer Familie aufgenommen zu haben, lässt aber den Kollegen ab und zu wissen, dass es ihr gut geht.

Wie ist das, wenn man stottert? Man nennt das ja so. Worte, Sätze wollen einfach nicht gelingen, obwohl die Gedanken und ihre Formulierung doch ganz klar im Kopf vorhanden sind und auch heraus kommen, wenn man „nur" schreiben muss. Dann sind sie allerdings gut, wohlüberlegt und zeigen der Leserin, dass hier Zuhörer durch Lesen ersetzt werden muss. Das bleibt aber nicht so, denn der „Kampf" wird aufgenommen und am Ende ist auch die mündliche Abiturprüfung eine Sache, die gut bestanden wird.

Mit 17 eine eigene Wohnung zu bewohnen und für einen etwas labilen jüngeren Bruder da zu sein, hätte ich meinem eigenen Sohn damals nicht unbedingt zugetraut.

Dann zwei Menschen, die aufgrund fortschreitender Krankheiten auf den Rollstuhl angewiesen sind:

Ina mit Doc Martens, guten Freundinnen und unglaublichem Durchhaltevermögen, auch wenn es schwierig wird, den Stift für die Dauer der Klausur zu halten. Im Übrigen immer gut vorbereitet mit richtigen Gedanken zum Thema.

Gero, lebhaft, immer bereit zum Widerspruch, ständig mit lauter Stimme in der Mitte der Diskussion und – das muss ich auch sagen – „nervig", aber mit guten Argumenten.

Beide haben sehr engagierte Begleiter, die dafür sorgen, dass der Schultag ohne äußere Probleme verlaufen kann. Und das ist in der Regel der Fall.

Gedankt sei Epikuros, Sohn des Neokles und der Chairestrate, geboren im Jahr 341 v. Chr., für die „Philosophie der Freude". Er war fast 34 Jahre Lehrer in der „Schule des Gartens", wirkungsmächtig bis heute.

(Alle Namen der SchülerInnen wurden geändert.)

ANNEMARIE CREUTZ

Schuld war nur die Frauenpower[1] – Koedukationsdebatte am Rübekamp

4 Personen sitzen im ICE-Großraumwagen im Ruhebereich an einem Tisch – jede konzentriert sich auf Smartphone, Tablet, Laptop oder eBook – arbeitet, hört Musik, sieht Film, liest.

Eine aktuelle Situation, neulich auf der Fahrt zwischen Bremen und Berlin. Ja, und? Für mich das Besondere: alle diese vier Personen waren weiblich. Nicht, dass Frauen inzwischen auch ohne Ehemann, Vater oder anderen männlichen Schutz Zug fahren (dürfen) – das dürfen sie ja immerhin schon einige Jahrzehnte. Nein, als besonders empfand ich, dass diese Frauen unterschiedlichen Alters mit Selbstverständlichkeit technische Geräte benutzten. Andere, insbesondere Digital Natives, mögen mein Aufmerken angesichts dieser Situation nicht nachvollziehen können, schließlich ist für diese Generation, ob männlich oder weiblich, der Umgang mit diesen Geräten selbstverständlich. Die Kinder wachsen damit auf, inzwischen werden Handys sogar auf Tauglichkeit für Kinderzimmer überprüft und als Überwachungsmittel von Helikopter-Eltern eingesetzt.

Aber als wir am SZ Rübekamp Ende der 80er/Anfang der 90er Jahre des letzten Jahrhunderts – also vor nunmehr 30 Jahren – eine große Gender-Debatte führten (so wurde das damals allerdings noch nicht genannt), war die gesellschaftliche Situation eine ganz andere.

Die Entwicklung von Computern steckte noch in den Kinderschuhen

Mit der Erfindung des Computers 1931 hatte eine Entwicklung begonnen, die sich im ausgehenden 20. Jahrhundert als digitale Revolution voll entfaltete. Zunächst nur von größeren Unternehmen genutzt, wurden sie seit den 1980er Jahren auch allmählich von Individuen privat eingesetzt und ebenso in Schulen (dies allerdings mit großen Vorbehalten!). Konkret hieß das z.B. für mich: Im Rahmen meines Mathematikstudiums, das ich 1976 beendet hatte, galt es einen Pflichtkurs *Praktische Mathematik* zu absolvieren, in dem wir mithilfe der Programmiersprache *Algol* programmieren lernten. Die Computer, mit denen wir arbeiteten, befanden sich in einem speziellen Raum, waren stationär und sehr groß. Haben wir eigentlich im Studium schon Taschenrechner verwendet? Erinnern kann ich mich daran nicht. Wir arbeiteten mit Rechenschiebern. Erschwingliche, handflächengroße, elektronische Taschenrechner wurden Anfang/Mitte der 70er Jahre auf den Markt gebracht. Dann dauerte es wieder etwa 10 Jahre, bevor Personalcomputer auf den Markt kamen.

Der Commodore 64 war der erste Computer an unserer Schule, mit externem Kassettenlaufwerk und wegen seines stabilen Aussehens auch *Brotkasten* genannt. Ihm folgte der Apple II e mit 2 externen Diskettenlaufwerken und schließlich das *Mäusekino*, wie wir den McIntosh SE wegen seiner geringen Größe nannten. Schon 1980 gab es am Rübekamp eine Computer-AG. Die Mathematik-Lehrerin lernte gleichzeitig mit ihren SchülerInnen, mit einem Computer umzugehen. Informatik als Studienfach wurde vereinzelt Ende der 60er Jahre an Universitäten mit eher technischer Ausrichtung eingeführt, als Schulfach in einigen Bundesländern Mitte der 80er Jahre. An der Universität ausgebildete Lehrkräfte für Informatik gab es zu der Zeit nicht, Mathematik-Lehrkräfte machten am Landesinstitut für Schule Fortbildungen. Zeitgleich gab es an unserer Schule wie in der gesamten Gesellschaft eine Diskussion um Informatik als Fach, d.h. um Informationstechnische Grundbildung,

Fachtag WIS 1993

---

[1]. *So lautete der Titel eines Liedes, das Kolleginnen auf einer Kohlfahrt im Jahr 1990 dichteten und vortrugen, dazu unten mehr; nach der Melodie von „Schuld war nur der Bossa Nova", Manuela, 1963*

Medienkompetenz, Datenschutz – um nur einige Aspekte zu nennen. Soll/muss Schule nicht auf gesellschaftliche Entwicklungen reagieren und neue Fächer einrichten, um die Lernenden auf die heutige Welt vorzubereiten? Da sind sich alle einig. Aber dennoch: Die Meinungen im Kollegium gingen weit auseinander: Von Informatik als Pflichtfach für alle bis hin zu Informatik für niemanden, denn es tobte die große Diskussion um die Volkszählung 1987, um die Überwachung der BürgerInnen durch den Staat mithilfe von erhobenen Daten; George Orwells 1984 – eine Schreckensvision. Inzwischen sind Computer aus den Schulen nicht mehr wegzudenken. Nicht nur, dass das Fach Informatik inzwischen zum üblichen Fächerkanon gehört, nein, der Computer in Form von Smartphones hat Eingang in die Schule gefunden und das Bundesland Bremen diskutiert die verpflichtende Einsetzung von Smartphones in Grundschulen.

Frauen melden sich zu Wort

Von der Studentenbewegung und ihrer Relevanz für die Entwicklung des SZ Rübekamp wurde in diesem Buch schon öfter berichtet. In direktem Zusammenhang mit der Studentenbewegung der 60er Jahre entwickelte sich die Frauenbewegung der 70er Jahre. Auch hier ging es um Befreiung und um Gleichberechtigung, aber eben aus dem speziellen Blickwinkel von Frauen, der in der Studentenbewegung eher unterrepräsentiert gewesen war. Frauen wurden aktiv, schlossen sich zusammen, nahmen sich öffentlichen Raum. Worum ging es? Ganz lapidar darum, den Satz in Artikel 3 des Grundgesetzes *Männer und Frauen sind gleichberechtigt* mit Leben zu füllen, denn Anspruch und Wirklichkeit der Gleichberechtigung der Geschlechter klafften weit auseinander. Das zu der Zeit vorherrschende Ideal der unselbständigen Hausfrau setzte gerade die Ungleichheit der Geschlechter voraus: Der Mann war berufstätig, die Frau hütete Kinder und Haus, wobei diese Norm in Arbeiterhaushalten selten ohne Einschränkungen umgesetzt werden konnte. Wenn die (Ehe-)Frau dagegen auch berufstätig sein wollte, benötigte sie dazu die Genehmigung des (Ehe-)Mannes – so die gesetzliche Regelung bis 1977! Noch bis 1962 durften Frauen ohne Erlaubnis des Ehemannes kein eigenes Konto eröffnen. Bis 1972 gab es keine gesetzliche Altersvorsorge für Nicht-Erwerbstätige – was im Wesentlichen die (Haus-)Frauen traf. Hausfrauenarbeit wurde nicht entlohnt und entsprechend wenig geschätzt. Diese ökonomische Abhängigkeit der Ehefrauen wirkte sich insbesondere bei Scheidungen aus und führte entsprechend zu weiblicher Altersarmut. Es gab sogenannte Frauen- und Männerberufe (Arbeit mit Menschen vs. Arbeit mit Technik), die qualitativ unterschiedliche Ausbildungen voraussetzten und unterschiedlich dotiert waren. Die kleineren Frauenhände mussten als Begründung für mehr Geschicklichkeit (Krabbenpulen), aber weniger Einkommen herhalten. Dies alles war gesetzlich geregelt und gewerkschaftlich akzeptiert! Die Wirtschaft in Westdeutschland war

Die kleine Jane und der Computer

Als die kleine Jane
gerade 17 war
woll't sie auch mal seh'n
wie so'n Computer war.
Doch da sprach zu ihr
gleich jeder Mann:
wenn Du so weitermachst
schaut keiner Dich mehr an.

Schuld war nur die FRAUENPOWER,
Sie war schuld daran,
daß ein ganzes Kollegium
sich schöne streiten kann.
Denn wenn man getrennt studieren kann,
wo bleibt dennda der arme junge Mann?
Schuld war nur die FRAUENPOWER,
Die war schuld daran.

War's der Mondenschein?
No, no: die FRAUENPOWER.
Oder war's der Wein?
No, no: die FRAUENPOWER.
Kann das möglich sein?
Ja, ja: die FRAUENPOWER
war schuld daran.

Die kleine Jane und der Computer

M. Reinhardt, P. Hassenpflug, A. Creuz, E. Platte, D. Mensen tragen das Lied vor

männerdominiert, was sich in leitenden Positionen in Betrieben und Verbänden zeigte. Hier waren Frauen selten zu sehen (außer in ererbten Positionen), ebenso wenig übrigens in Schulleitungen. Das ist besonders auffällig, weil es in den Grundschulen zumindest schon damals viele weibliche Lehrkräfte gab, die Leitungen aber grundsätzlich männlich besetzt waren. Politik war ebenfalls männerdominiert. Als ein Beispiel sei auf die Juristin Elisabeth Selbert hingewiesen. Sie war eine von vier Frauen im Parlamentarischen Rat, der 1948 mit insgesamt 65 Mitgliedern die neue demokratische Verfassung für (West-)Deutschland erarbeitete. In einem wunderbaren Film wird gezeigt, wie sie darum kämpfen musste, dass der Satz *Männer und Frauen sind gleichberechtigt* überhaupt in die Verfassung aufgenommen wurde. Dieses konnte sie nur mit Unterstützung vieler Frauen und Männer aus der Bevölkerung schaffen – und wurde anschließend von ihrer Partei, der SPD, nicht als Bundestagsabgeordnete vorgeschlagen! Dass die Änderung der Verfassung allein nicht hinreichend war, um die gesellschaftliche Situation von Frauen der von Männern gleichzustellen, war Elisabeth Selbert klar. Das erlebten die Frauen in vielen alltäglichen Zusammenhängen. Und so entstand die Frauenbewegung der 70er Jahre. Diese war eine deutsche, aber auch eine globale Bewegung.

Ihre wichtigsten Themen waren die Gleichberechtigung der Geschlechter sowie die Neubewertung der tradierten Geschlechterrollen mit dem Ziel, im Umgang der Geschlechter miteinander Bevormundung und Ungleichheiten zu beseitigen. Gesellschaft, Politik und Wirtschaft sollten neben Ungleichheiten aufgrund der sozialen Herkunft auch Ungleichheiten aufgrund des Geschlechtes in den Fokus nehmen. Frauen gründeten Initiaven und trafen sich, um Erlebtes und Gelesenes auszutauschen. Ursula Scheu zeigte in ihrem Buch *Wir werden nicht als Mädchen geboren, wir werden dazu gemacht*, dass es geschlechtstypische Sozialisation in der BRD gab und wie sie funktionierte. Daraufhin schlossen sich Frauen regional und überregional in verschiedenen Verbänden zusammen (Bremer Frauenausschuss, terres des femmes u.a.). Auch ich war Mitte der 70er Jahre mit auf der Straße beim Kampf gegen § 218 StGB, war in Diskussionsrunden und in Initiativen aktiv. An den Universitäten entstanden Frauengruppen, die sich in der Männerwelt Universität gegenseitig unterstützen wollten (immerhin waren zu der Zeit schon 25% der Studierenden Frauen). Auch Gleichberechtigung in der Schule wurde von Frauengruppen an den Universitäten in den Blick genommen. Noch Mitte der 70er Jahre unterschieden sich die üblichen Schulkarrieren von Mädchen und Jungen stark voneinander. Die Bildungsreform der 60er Jahre hatte die bis dahin übliche getrennte Unterrichtung von Jungen und Mädchen zwar mehrheitlich abgeschafft und die gemeinsame Unterrichtung eingeführt, die Koedukation. Aber die Teilhabe der Geschlechter an der höheren Bildung in den Gymnasien war sehr unterschiedlich ausgeprägt, die Jungen machten eher Abitur (=Reifezeugnis), während die Mädchen die Schule eher mit der Mittleren Reife abschlossen. Die Mehrheit eines Altersjahrganges schloss die Schule mit der Volksschule ab (nach 8 Jahren). An den Grundschulen unterrichteten überproportional Frauen, während an den Gymnasien überproportional Männer unterrichteten. Überspitzt formuliert: Je höher die Bildung, desto weniger unterrichteten Frauen.

Wie weiter mit der Koedukation?

Wie eingeschränkt lebten wir in den gesonderten Mädchen- und Jungen-Gymnasien in den 50er und 60er Jahren des letzten Jahrhunderts in Westdeutschland! Und dann endlich die durchgängige Einführung der Koedukation: welche pädagogische Errungenschaft! – so fanden wir. Ganz zu schweigen davon, dass für uns nun in dem Mief der Noch-Nachkriegszeit Kontakt zum anderen Geschlecht ohne Kontrolle der Eltern möglich war. Die gemeinsame Unterrichtung von Jungen und Mädchen ab Mitte/Ende der 60er Jahre verstärkte die Möglichkeit für Mädchen, dass sie an Gymnasien nun auch alles das lernen konnten, was Jungen bisher an ihren Gymnasien vorbehalten war. Dass diese Art von Schule eigentlich nur Ko-Instruktion genannt werden konnte und nicht Ko-Edukation – das wurde in der pädagogischen Frauenforschung in Westdeutschland seit Beginn der 80er Jahre diskutiert und erforscht. Forschungsergebnisse ergaben ein Bild der Koeduktion von *formaler Gleichheit und diskreter Diskriminierung* (so Kauermann-Walter, Kreienbaum, Metz-Göckel). Als Belege dafür, dass die Koedukation nicht die erwünschte Gleichberechtigung der Geschlechter in der Schule herbeigeführt hat, gelten die ungleiche Verteilung der Geschlechter auf die Leistungskurse in Mathematik und Naturwissenschaften ebenso wie das LehrerInnenverhalten, das sich als geschlechtsdiskriminierendes Signal entpuppte. Interaktionsformen zwischen Schülerinnen und Schülern zeigten den weiteren Ausbau der Geschlechterasymmetrie und den Lernprozess eines den vorherrschenden Geschlechtsstereotypen angepassten Verhaltens. Schule mit ihrer Funktion, die Jugendlichen auf die Erwachsenen-Welt vorzubereiten, sie mit gleichen Startchancen zu versehen beim Eintritt in eben diese Welt, unabhängig von Herkunft und Geschlecht, wird ihrer Aufgabe dann nicht gerecht, wenn es typische Mädchen- und Jungenfächer gibt und diese unterschiedlichen Fächer mit unterschiedlichen gesellschaftlichen Wertungen und Entlohnung konnotiert sind. Es galt damals wie heute: Technische, naturwissenschaftliche, mathematische Berufe werden als zukunftsträchtig definiert und höher dotiert als soziale, kulturelle oder pflegerische. Und da Mädchen sich eher im letzteren Segment bewegen, ist die Konsequenz klar. Auf der anderen Seite gibt es Forschungergebnisse, die darauf verweisen, dass Mädchen, die an Mädchengymnasien Abitur abgelegt haben, eher auch mädchenuntypische Studienfächer wählen oder dass junge Frauen, die an einer der als 7 Sisters bekannten Frauencolleges der Ostküste der USA studiert haben, überproportional im Vergleich zu anderen jungen Frauen Karriere gemacht haben (Hillary Clinton, Madeleine Albright seien als Prominente genannt). Also doch wieder Geschlechtertrennung, Exklusion und nicht Inklusion? Nein. Aber das Problem ist nicht beseitigt, und nach wie vor wird Geschlechtergerechtigkeit in den Erziehungswissenschaften diskutiert und *reflexive Koedukation* (Hannelore Faulstich-Wieland) oder *geschlechtersensible Pädagogik* in Erziehungswissenschaften und Lehrerausbildung eingefordert.

Die große Gender-Debatte am Rübekamp[1]

1988 schickte eine Gruppe von Kolleginnen sich an, bestimmte Schulverhältnisse in Frage zu stellen. Es begann damit, dass eine Kollegin, die an einer Tagung der Gesellschaft für Erziehungswissenschaften teilgenommen hatte und dabei auf das Thema *Frauen und Schule* gestoßen war, ihre Kolleginnen zu einem Tee einlud und ihnen von Forschungsergebnissen berichtete, wonach Lehrerinnen und Lehrer sich im Unterricht Mädchen und Jungen gegenüber unterschiedlich verhielten und zwar in einer geschlechterdiskriminierenden Weise. Das konnten und wollten die Lehrerinnen sich so nicht vorstellen – war ihnen doch Gleichberechtigung ein wichtiges Anliegen. Sie beschäftigten sich fortan genauer mit der Thematik. Sie lasen erziehungswissenschaftliche Veröffentlichungen, hospitierten sich gegenseitig im Unterricht, machten Supervisionsfortbildungen und trugen das Thema, dass Koedukation nicht automatisch Gleichberechtigung der Geschlechter impliziere, in die Abteilungskonferenz der Gymnasialen Oberstufe mit dem Ziel, auch die Kollegen für diesen zunächst einmal irritierenden Sachverhalt zu sensibilisieren. Das war dann allerdings gar nicht so einfach, wie die Kolleginnen sich das vorgestellt haben.

Als das obige Lied anlässlich der alljährlich stattfindenden Kohlfahrt des Rübekamp-Kollegiums im Frühjahr 1990 gedichtet und vorgetragen wurde, hatten sich die Wogen des Sturms, der über das Kollegium hereingebrochen war, schon wieder etwas geglättet.

Es durfte wieder gedichtet und gelacht werden. Ein ganzes Kollegium, so entnehmen wir dem Lied, hatte sich gestritten. Und worum ging es? Dass sich Mädchen getrennt von Jungen mit Computern befassen. Dies schien der Streitpunkt. Wer hatte angefangen mit dem Streit, wer war ‚schuld'? Es waren die Frauen, die die Schulverhältnisse in Bewegung brachten – zum Nachteil und zum Schaden der Männer? Worum ging es also?

Es ging um die Frage, wie weiter mit der Koedukation? Wie sieht es mit geschlechtergerechtem Unterricht ganz konkret in meinem Unterricht aus? Wie verhalten wir uns im Unterricht gegenüber

1. Im Folgenden findet punktuell die Darstellung unserer Forschungsergebnisse Verwendung (Volmerg, Birgit/Creutz, Annemarie/Reinhardt, Margarethe/Eiselen, Tanja (1996). Ohne Jungs ganz anders? Bielefeld)

o: Kolleginnen privat 1994

u: WIS-Fortbildung 1995

Mädchen und Jungen? Welche Botschaften senden wir? Welche Unterrichtsmaterialien benutzen wir und welche Rolle spielt das Geschlecht? Und über den Unterricht hinaus: Wie verhalten wir uns auf Konferenzen, hören wir Männern und Frauen gleichermaßen zu? Wer leitet, lenkt Schule – Frauen oder Männer? Viele Fragen – packen wir's an. Und das taten die Frauen des Kollegiums! Sie, eigentlich fast alle, trafen sich, um Konferenzen vorab zu besprechen, um Unterrichtsbeobachtungen auszutauschen, Forschungsergebnisse auf die Schule zu übertragen und zu klären, was können wir konkret tun? Das hätte einiges sein können. Wir einigten uns schließlich auf ein Projekt, das die Mädchen mit ihrem geschlechtstypischen Fächerwahlverhalten in den Fokus nimmt.

Konkreter Anlass dazu war die Frage eines Informatik-Kollegen, was er denn tun solle, er wisse nicht mehr weiter, die wenigen Mädchen aus den Informatik-Kursen würden verschwinden. Das Besondere an dem Fach Informatik in der gymnasialen Oberstufe war und ist nämlich, dass es kein Auflagenfach ist, sondern eines der wenigen Fächer, die die Schülerinnen und Schüler wählen und damit auch wieder abwählen können. Und in Informatik am SZ Rübekamp war es eben so, dass wir uns fragten „Sag' mir, wo die Mädchen sind" (so der Titel unseres Forschungs-Zwischenberichts: Volmerg, Creutz, Reinhardt (1991), Bremen). In den 7 Jahren, seitdem Informatik als Grundkurs angeboten wurde, hatten Mädchen weit weniger häufig als Jungen Informatik angewählt. Lediglich 22%, also ein knappes Viertel aller Informatik-Schülerinnen und -Schüler im 11. Jahrgang waren Mädchen. Bis zum Abitur hatte das quantitative Ungleichgewicht der Geschlechter weiter zugenommen und nur noch 5% aller Informatik-SchülerInnen waren weiblich. Auch die Jungen wählten bis zum Abitur Informatik ab, aber nicht in so großem Ausmaß.

Also machten wir Frauen des Kollegiums uns daran, diese Situation zu ändern. Dazu brauchten wir a) ein gutes Konzept und b) starke Verbündete. Dass ein ganzes Kollegium sich schön streiten kann, das lag sicher auch daran – so sehen wir das zumindest heute mit großem Abstand –, dass wir Frauen gar nicht auf die Idee gekommen waren, die männlichen Kollegen bei unserem Projekt mit ins Boot zu nehmen. Es gab einige männliche Kollegen, die ihre Enttäuschung darüber formuliert hatten. So kam es, dass der Antrag auf Einrichtung eines geschlechtshomogenen Informatik-Kurses für Mädchen nur von Frauen unterschrieben war – aber immerhin von (fast) allen. Wir Frauen waren uns einig! Das war etwas Besonderes und hing sicherlich mit unseren Erfahrungen in und mit der Frauenbewegung zusammen. Dieser Antrag wurde dem Kollegium auf einer Abteilungskonferenz im April 1989 vorgelegt – und der Sturm brach los. *Denn wenn mann getrennt studieren kann, wo bleibt denn dann der arme junge Mann?* – so ein Gefühl mehrerer Kollegen. Die Frauen hatten ihren Antrag, so fanden wir, ausführlich und gut begründet, Daten unserer Schule verknüpft mit Forschungsergebnissen zu der Thematik und außerdem eine Evaluation der Ergebnisse eingefordert.

Bis zur Einrichtung des ersten Mädchen-Informatik-Kurses sollte es ein halbes Jahr und mehrere Konferenzen dauern. Wie schon an verschiedenen Stellen dieser Veröffentlichung bemerkt, war das Kollegium ausgesprochen diskussionsfreudig und streitlustig. Der Konflikt um die Einrichtung eines Mädchen-Informatik-Kurses war sicherlich ein Geschlechterkonflikt. Und – wie üblich – machte sich an ihm sehr viel mehr fest, als offiziell in den Konferenzen und inoffiziell verhandelt wurde. Einerseits ging es um den richtigen pädagogischen Weg und um die Sache, andererseits ging es aber auch – wie überall – um Konkurrenz, Macht und Einfluss.

Auf der sachlichen Ebene standen sich verschiedene, teils gegensätzliche Positionen gegenüber:
- Der Antrag auf Einrichtung von Mädchen-Informatik-Kursen stand im Widerspruch zu dem von der GEW bevorzugten Konzept einer informationstechnischen Grundbildung, integriert und verteilt auf die bestehenden Fächer.
- Es gab das grundsätzliche Gegenargument zu Informatik-Kursen überhaupt, solche Kurse könnten eine kritiklose Anpassung an herrschende Technikgläubigkeit weiter befördern.
- Große Bedenken wurden erhoben, dass mit einer solchen Initiative die Errungenschaften der Koedukation wieder abgeschafft und damit ein Schritt zurück in die frühere Mädchenschule getan würde.
- Viel wichtiger sei ein ganzheitliches Lernen und die Förderung der Jungen, z.B. in Kunst, Deutsch und Fremdsprachen. Es sei viel nötiger, geschlechtsspezifische Sozialisationsdefizite auszugleichen, als den Mädchen technisches Wissen beizubringen.

In alternativen Anträgen fanden diese Argumente ihren Niederschlag. Doch bevor die Abteilungskonferenz zur Abstimmung kam, wollten einige Skeptiker noch zwei Lehrerinnen anderer Schulen, die sich mit dieser Thematik beschäftigten und in der GEW aktiv waren, als Expertinnen hören.

Unter den Lehrerinnen blieben diese Argumentationen, Gegenanträge und Verzögerungen nicht ohne Wirkung, zumal – damit verbunden – viel Feindseligkeit und mangelnde Akzeptanz zu spüren war. Besonders hervorzuheben ist, dass die Konfliktlinien quer durch die GEW-Betriebsgruppe gingen. In der Betriebsgruppe waren zur damaligen Zeit eigentlich alle LehrerInnen Mitglied (ganz anders als heute). Letztlich waren wir Frauen aber stark und setzten uns innerhalb des Kollegiums gegen großen Widerstand mit unserem Antrag auf Einrichtung eines Informatik-Kurses für Mädchen durch. Hier wiederholte sich, was Frauen in Westdeutschland zu Beginn der 70er Jahre erlebt hatten, nämlich Solidarität unter Frauen. Aber Solidarität unter Frauen kann ohne Unterstützung derjenigen, die Entscheidungsträger sind, nicht greifen. Und

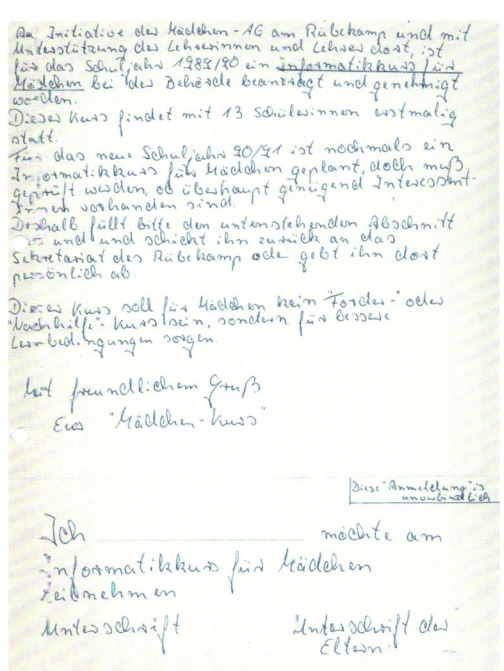

am SZ Rübekamp waren auch zu der Zeit die Entscheidungsträger männlich. Alle Lehrer und die Leitung des SZ Rübekamp waren 1976 im Gründungsjahr Männer (s. erster Stundenplan). Einige Lehrerinnen kamen in den nächsten Jahren dazu und zu Zeiten der Gender-Debatte waren etwa 25% des Kollegiums Lehrerinnen. Der Antrag auf Einrichtung von Mädchen-Informatik-Kursen musste also auch Unterstützung bei Lehrern finden. Und das tat er. Hinzu kam die absolute Rückendeckung durch die männliche Abteilungsleitung. Hier möchte ich explizit Rainer Koy und Klaus Hellmerichs, auch Ottomar Bazak danken für ihre kontinuierliche Unterstützung in der Sache und während des halbjährigen Entscheidungsprozesses innerhalb der Schule. Und nicht zu vergessen eine weitere Frau in der Schule, bei der wir Unterstützung fanden und die uns mit ihrer damals halbautomatischen Schreibmaschine wertvolle solidarische Dienste erwies: unsere geschätzte Ute Lemke, ohne die in der Schule gar nichts ging.

Und wir mussten nicht nur innerhalb der Schule kämpfen für die Sache, sondern auch an der Universität und bei den beiden beteiligten Senatsressorts Bildung und Wissenschaft. Anträge wurden geschrieben, Gespräche geführt, eine Informa-

Schülerinnen werben 1990 für den Mädchen-Informatik-Kurs

Teilnehmerinnen des 1. Mädchenkurses am Projekttag 1990

```
ängste überwinden. Da die Betriebe geschlechtsspezifisch ist
(d.h. Mädchen lernen regelorientiert und Jungen durch auspro-
bieren), lag es nahe, das Pilotprojekt zu präsentieren.
Viele Lehrer und Schüler fühlten sich auch hier wieder angegrif-
fen. Oft ist ihre Argumentation, das Mädchen, mit in diesem Kurs
erworbenen Kenntnissen, nicht akzeptiert werden. "Und überhaupt,
was soll der Quatsch mit der weiblichen Herangehensweise?!" Auch
einschlägige Untersuchungen konnten das WAHNSINNIG progressive
Kollegium auf der ersten Konferenz nicht umstimmen. So wurden
den Antragstellerinnen unter anderem mangelnde Kompetenz vorge-
worfen. Deshalb wurden prompt zwei Expertinnen zu diesem Thema
eingeladen. Nach langen Diskussionen, die oft an der Sache vor-
beiliefen, aber persönliche Differenzen ansprachen, kam es end-
lich zu einer Abstimmung; der Antrag wurde vom nur noch spärlich
anwesenden Kollegium mit vier Gegenstimmen angenommen. Doch nun
geht´s erst richtig los! Wer soll unterrichten und für welche
Jahrgänge?
Ein anderer Erfolg ist, das die Gruppe von der Arbeitsgemein-
schaft für Bildung (SPD) eingeladen wurde, um über ihre Er-
fahrungen und Erlebnisse mit der Frauen-AG zu berichten. Das
theoretische Hauptthema war: Koedukation. Dabei ließ sich fest-
stellen, das eine gleichberechtigte Schule noch weit entfernt
ist, aber zumindest LehrerInnen gewillt sind, daran zu arbeiten.
Die Arbeit an frauengerechten Lehrplänen wird auch in Zukunft
Schwerpunkt sein. Die AGlerinnen haben festgestellt, das nur ca.
5% der Deutschbücher des Schulbestandes von Autorinnen sind.
"Das muß geändert werden", ist die einstimmige Meinung. "Wir
sind auf der Suche nach Literatur, die von Frauen geschrieben
ist und sich für den Unterricht eignet." Vorschläge sollen an
alle DeutschlehrerInnen weitergeleitet werden.Ein geeignetes ist
schon gefunden, von Gerd Brantenberg "Die Töchter Egalias", was
auch zumindest sprachlich interessant ist, denn in dem Matri-
achat herrscht eine weibliche Sprache vor. Mit viel Vergnügen
sind die Frauen darangegangen zu lesen und zu diskutieren. "Doch
es kommt immer so viel wichtigeres dazwischen, so daß wir das
Lesen erst einmal eingestellt haben."
Die größte Sorge macht aber der Nachwuchs, der nämlich auf sich
warten läßt. Soll die Frauen-AG nach einem Jahr schon sterben,
wo sich doch gezeigt hat, das viele empfindliche Stellen getrof-
fen wurden ?
                                                      U.O.
```

Abiturientin Ulrike Osten zu Geschlechtergerechtigkeit am Rübekamp im Abijahrbuch 1989

Schrumpelrübe am Band, Weser-Kurier vom 20.12.1988

tik-Kollegin von einer anderen GyO an das SZ Rübekamp versetzt, weitere Schulleitungen und Informatik-KollegInnen für die Forschung gewonnen, und schließlich mussten wir werben für diesen Schulversuch.

Würden Informatik-Kurse für Mädchen überhaupt auf Interesse stoßen? Sie taten es! Neben KollegInnen und Abteilungsleitung, die Werbung für diese Kurse machten (wie für andere Kurse übrigens auch), gab es eine weitere Gruppe, die sich aktiv daran beteiligte, Schülerinnen für die Mädchen-Informatik-Kurse zu gewinnen. Es waren Schülerinnen! Ganz besonders engagiert waren die jungen Frauen des ersten Mädchen-Informatik-Kurses, der 1989 eingerichtet worden ist, sie empfanden sich als Pionierinnen mit allem damit einhergehenden Freud und Leid.

Diese Vorreiterinnen kämpften gemeinsam mit weiteren Mädchen des SZ Rübekamp, die sich zu derselben Zeit zu der Frauen-AG zusammengeschlossen hatten und die sich mit der Geschlechtersituation am Rübekamp auseinandersetzten. Sie entwickelten den Preis der Schrumpelrübe am Band und wurden eingeladen von der Arbeitsgemeinschaft für Bildung (AfB) in der SPD, um bei einer Podiumsdiskussion über ihre Erfahrungen zu berichten, die sie an der Schule machten, seitdem sie sich mit der Frage der Geschlechtergerechtigkeit als AG beschäftigen.

Während an verschiedenen Stellen von vielen Schülerinnen und Lehrerinnen des SZ Rübekamp um geschlechtergerechte Schule gerungen wurde, mussten die Mädchen-Informatik-Kurse auch durchgeführt und evaluiert werden (s. dazu den folgenden Beitrag von Margarethe Reinhardt).

Mädchen-Informatik-Kurse – eine Erfolgsgeschichte?

6 Jahre lang wurden am SZ Rübekamp Mädchen-Informatikkurse angeboten, angewählt und evaluiert. Vom Schuljahr 1889/90 an bis zum Schuljahr 1995/96 hatten Mädchen die Möglichkeit, sich im 11. Jahrgang zwischen geschlechtshomogenen und -heterogenen Informatik-Kursen zu entscheiden. Aufgrund verschiedener Faktoren konnte der Modellversuch darüber hinaus nicht fortgesetzt werden.

Zu der damaligen Zeit war es pädagogischer Anspruch des SZ Rübekamp, den SchülerInnen eine GyO anzubieten, in der bis maximal 14 Uhr Unterricht stattfindet und die es ihnen ermöglicht, damit alle Auflagen abdecken zu können. Ausnahmen bestanden insbesondere für die Kurse die schulübergreifend angeboten wurden, wie z.B. Chinesisch am SZ Hamburger Straße. Um also Mädchen die Chance zu ermöglichen, überhaupt zwischen einem gemischten und einem Mädchenkurs in Informatik wählen zu können, sollten die Mädchenkurse am Nachmittag stattfinden und nicht in Konkurrenz zu anderen Fächern. Das könnte einen Wettbewerbsnachteil für die Mädchenkurse mit sich bringen, so fürchteten wir. Aber nichts dergleichen geschah. Mädchen wählten in der Mehrheit die Mädchen-Informatikkurse, wenn sie Informatik wählten. Der scheinbare Wettbewerbsnachteil entwickelte sich sogar zum Wettbewerbsvorteil. Mädchen hatten die tatsächliche Wahl. Welch ein Erfolg. Das ging sogar so weit, dass 1991/92 insgesamt 35 junge Frauen den 3. Mädchen-Kurs gewählt hatten, doch nicht alle von ihnen aufgenommen werden konnten. Einigen von diesen konnte als Ausweichmöglichkeit die Teilnahme am gemischten Informatik-Kurs angeboten werden, mit einem Bonbon versüßt.

Schauen wir uns nun die Entwicklung der Mädchen- und der gemischten Informatik-Kurse in den Jahren 1982 bis 1996 genauer an, also über einen Zeitraum von 15 Jahren. Seit dem Schuljahr 1989/90 wurden spezielle Mädchen-Informatik-Kurse neben den traditionellen gemischten Informatik-Kursen angeboten. Außerdem gab es immer wieder sog. Kurssequenzen, in denen Schüler und Schülerinnen zwei Halbjahre Informatik belegen konnten. Wie wirkte sich dies auf das Wahlverhalten der Mädchen aus?

Die Tabelle belegt anschaulich, dass bis zur Einrichtung von Mädchenkursen im Schuljahr 1989/90 Schülerinnen in den durchgängigen Informatik-Kursen äußerst selten vorkamen. Wesentlich weniger Mädchen als Jungen wählten – bei etwa gleich großem Anteil am Jahrgang – Informatik. Im Laufe der drei Oberstufenjahre wählten sowohl Jungen als auch Mädchen Informatik ab, was regelmäßig spätestens nach dem 12. Jahrgang zur Zusammenlegung von Kursen führte. Im letzten Jahr vor dem Abitur waren dann die ehemals gemischten Kurse mit unwesentlichen Ausnahmen reine

> Sek. II am Rübekamp
> Abt. Gymnasium
>
> Bremen, den 1. Juli 199
>
> Betr.: Informatikkurs für Mädchen
>
> Liebe Schülerinnen,
>
> in den Beratungs- und Informationsveranstaltungen haben wir unsere Absicht geäußert, einen Grundkurs Informatik für Mädchen auch für den neuen 11. Jahrgang anzubieten. Dies hat dazu geführt, daß dieser Kurs von 35 (!) Mädchen angewählt worden ist. Wir können jedoch nur einen speziellen Grundkurs für Mädchen mit maximal 24 Schülerinnen einrichten.
>
> Wie kann das Problem nun gelöst werden? Da die weiteren, gemischten Grundkurse für Informatik vom Unterrichtsinhalt her mit dem Mädchenkurs identisch sind und noch Schülerinnen aufnehmen können, haben wir – wo immer möglich – Interessentinnen für den Mädchenkurs gemischten Kursen zugewiesen. Sobald ausreichend Plätze im Informatikkurs für Mädchen frei werden, kann in diesen Kurs gewechselt werden. Aller Erfahrung nach schrumpfen die Teilnehmerzahlen in Informatik im Laufe des 11. Jahrgangs erheblich, so daß wir zu diesem Zeitpunkt davon ausgehen, daß nach Beendigung der Einführungsphase alle an Informatik interessierte Mädchen in einem speziellen Kurs zusammengefaßt werden können. Die Lehrer in den Informatikkursen werden auf diese Besonderheit Rücksicht nehmen.
>
> Wir bitten alle Betroffenen um Akzeptanz dieser Lösung. Diejenigen Mädchen, die für die Einführungsphase gemischten Grundkursen zugewiesen worden sind, haben aber auch einen Vorteil: Nachmittags ist unterrichtsfrei!
>
> Abschließend wünsche ich erholsame Ferien.
>
> Mit freundlichen Grüßen
>
> K. Heuermanns

Brief der Abteilungsleitung 1991 an Mädchen, die den Mädchenkurs gewählt haben

Jungenkurse.

Beide Aspekte – geringe Anwahl und stärkere Abwahl von Informatik durch die Mädchen – änderten sich mit der Einrichtung der Mädchenkurse fundamental. Während vor 1989 der Anteil der Mädchen in den Informatik-Kursen im 11. Jahrgang zwischen 12% und 32% lag, betrug der Mädchenanteil später zwischen 35% und 57%. In den Jahren 1989, 1991 und 1992 hatten erstmalig mehr Mädchen als Jungen Informatik gewählt. Diese Tendenz war nicht durch einen höheren Mädchenanteil an der Schule zu erklären. Die zahlenmäßige Zunahme von Informatikschülerinnen war auf die Mädchenkurse zurückzuführen, wie aus der Tabelle ersichtlich. Lediglich zwei Schülerinnen hatten nach unseren Erhebungen im Laufe der Jahre 1982 bis 1989 (bezogen auf das jeweilige Einschulungsjahr) das Fach Informatik bis zum Abitur belegt eine in Informatik die Abiturprüfung abge-

Informatik-Kurse am Schulzentrum Am Rübekamp
Anzahl der Jungen (J) und Mädchen (M) zu Beginn der Schulhalbjahre
in Abhängigkeit vom Einschulungsjahr Am Rübekamp (eigene Erhebungen)

Einschulungsjahr	1982/83		1983/	84	1984/	85			1985/	86		
Schulhalbjahr	J	M	J	M	J	M	J	M	J	M	J	M
11/1	10	1	13	2			13	3	9	3	13	6	8	4
11/2	10	1	9	2			8	3	7	-			11	3	8	4
12/1	8	-	8	2			11	2					6	3	5	-
12/2	7	-	6	1	3	8ª	7	1			9	7	3	2	3	-
13/1			5	-	3	1	3	7	4	-			5	5	4	1
13/2[b]															4	1

a. Bei den fett gesetzten Zahlen handelt es sich um SchülerInnen aus sog. Kurzsequenzen.
b. Ab Schuljahr 1985/86 wurde in Bremen landesweit das Schulhalbjahr 13/2 eingeführt.

Einschulungsjahr	1986/	87	1987/	88	1988/	89		
Schulhalbjahr	J	M	J	M	J	M	J	M
11/1	12	5	11	2	15	2	9	2	15	7	10	4
11/2	12	5	11	-	11	2	9	2	14	4	6	3
12/1	10	-	8	-	7	-	5	3	12	3	3	2
12/2	8	-	6	-	8	-	4	-	9	1	3	2
13/1	11	-			9	-			7	-	10	10
13/2	11	-			7	-			7	-	10	7

Einschulungsjahr	1989/	90			1990/	91			1991/	92		
Schulhalbjahr	J	M	J	M	J	M	J	M	J	M	J	M
Einrichtung der 11/1	7	3	8	4	-	13	13	1	9	1	-	11	12	7	9	6	-	15
Mädchenkurse 11/2	5	3	7	2	-	12	13	1	9	1	-	11	10	2	8	5	-	12
12/1	8	3			-	8	14	-			-	6	9	1	8	3	-	8
12/2	9	3			-	8	7	-			-	6	9	-	3	3	-	8
13/1	7	5					6	-			-	5	4	3			5	7
13/2	6	3					6	-			-	5	2	3			4	5

Einschulungsjahr	1992/	93			1993/	94			1994/	95	1995/	96
Schulhalbjahr	J	M	J	M	J	M	J	M	J	M	J	M
11/1	13	4	-	14	13	-	-	7	16	-	-	9	13	4	-	26
11/2	9	2	-	10	14	-	-	7	16	-	-	7				
12/1	9	1	-	8	13	-	-	3	11	4						
12/2	9	1	-	8	13	-										
13/1	5	-			6	13	7	-								
13/2	4	-			6	13										

Informatik-Kurse am Rübekamp 1982 – 1996

Schülerinnen-Leserbrief, WK, 30.10.90

legt. Von 1989 bis 1994 hatten dagegen elf Schülerinnen Informatik bis zum Abitur belegt, darunter drei Abiturientinnen. Auch diese Zunahme in der Mädchenbeteiligung ist – wie der Tabelle zu entnehmen – auf die Existenz der Mädchen-Informatikkurse zurückzuführen.
Wir können somit festhalten:
Wenn Schülerinnen der gymnasialen Oberstufe Am Rübekamp sich im 11. Jahrgang für den Kurs Informatik entschieden hatten, dann war das für den Mädchenkurs. Wenn Schülerinnen bis zum Abitur das Fach Informatik beibehielten, dann waren das die Schülerinnen, die den Mädchenkurs gewählt haben. Mit der Anwahl des Faches – ermöglicht

„Wir wollen uns nicht verstecken"

eb. Auch in Bremen wird über getrennten Unterricht in naturwissenschaftlichen und mathematischen Fächern nachgedacht — diese Auskunft von Landesschulrat Hans Georg Mews stand in einem Beitrag in dieser Zeitung (Eure Seite vom 2. Oktober 1990: „Werden Mädchen untergebuttert?"). Sieben Schülerinnen vom Schulzentrum am Rübekamp haben nun mitgeteilt, sie seien der erste, aber mittlerweile nicht mehr einzige Mädchenkursus im Fach Informatik in Bremen. Seit gut einem Jahr gebe es im Schulzentrum am Rübekamp das Angebot. Die Schülerinnen schreiben: „Von Anfang an hatten wir mit dem Vorurteil zu kämpfen, dieser Kursus sei eine Veranstaltung für Emanzen, und die Teilnehmerinnen hätten doch nur Angst vor dem anderen Geschlecht. Tatsächlich hat sich inzwischen herausgestellt, daß die Unterrichtsatmosphäre bei uns entspannter ist als in anderen naturwissenschaftlichen Fächern. Obwohl dieser Versuch von der Bildungsbehörde unterstützt wurde, und weitere Mädchenkurse im Rahmen eines Forschungsprojektes beobachtet werden, scheinen diese Informationen dem Landesschulrat entgangen zu sein", schreiben die Mädchen der Klassenstufe 12/13. „Wir wollen uns nicht verstecken und möchten gerne zeigen, was wir können. Übrigens: Generell

durch die Mädchenkurse – hatten die Schülerinnen sozusagen die erste Hürde genommen. Sie hatten das Fach Informatik gewählt und waren damit aus dem geschlechtsrollenkonformen Wahlverhalten in der gymnasialen Oberstufe ausgebrochen. Sie wollten sich deshalb nicht verstecken müssen, im Gegenteil.

Welche Bedingungen hatten dieses Handeln ermöglicht? Die Schülerinnen wählten, wenn sie Informatik als Fach wählten, in übergroßer Mehrheit den Mädchenkurs. Dabei war unerheblich, ob der Kurs vormittags oder nachmittags stattfand. Offenkundig ermöglichte die für die Gymnasiale Oberstufe unübliche Organisationsform, der geschlechtergetrennte Unterricht, den Mädchen auch ein unübliches Fächer-Wahlverhalten. Die freie Wählbarkeit eines geschlechtshomogenen Informatikkurses für Mädchen scheint Schülerinnen der gymnasialen Oberstufe eine geschlechtsunspezifische Interessensentwicklung zu ermöglichen. Die Organisationsmaßnahme „Informatik-Kurs für Mädchen" wäre damit nicht wirkungsneutral. Dies würde die Überlegungen über eine Pädagogik der egalitären Differenz stützen. Differenz – auch zwischen den Geschlechtern – sollte in den Blick genommen werden. Nicht gleiche, aber gleichartige Pädagogik käme einer nicht-polarisierten Interessensentwicklung entgegen. Das anzustrebende Ideal könnte dann eine demokratische und nicht eine hierarchische Differenz sein.

Die Einrichtung von Mädchen-Informatik-Kursen, die Ende der 80er Jahre am SZ Rübekamp stattfand, war ein Zeichen der Zeit. Wir waren früh dran, Schule geschlechtergerechter zu denken und zu machen. Aber leider ist auch hier der Fortschritt eine Schnecke. Es scheint sich heute an der Zustandsbeschreibung der gesellschaftlichen Situation im Vergleich zu der damaligen Zeit nicht so wirklich viel Grundlegendes geändert zu haben. Nach wie vor gibt es geschlechtstypisches Fächerwahlverhalten an Schulen und Universitäten sowie bei der Ausbildung. Wie schaffen wir es, Mädchen die MINT-Fächer (Mathematik, Informatik, Naturwissenschaften, Technik) näher zu bringen? – Das fragen wir uns noch heute. Aktuell berichtet der SPIEGEL (10/2018) darüber, dass der Anteil der Frauen, die in einem MINT-Studienfach ihren Abschluss machen, seit Jahren bei 30 Prozent dümpele. Bei den Ausbildungsberufen sei die Quote noch magerer: Nur rund acht Prozent der jungen Frauen wählten überhaupt eine Ausbildung im Bereich Naturwissenschaft und Technik. Am SZ Grenzstraße in Bremen wird zum Schuljahr 2018/19 Informatik für Mädchen angeboten, in Zusammenarbeit mit der Hochschule Bremen, die seit Jahren einen erfolgreichen Frauen-Studiengang Informatik betreibt. Also doch wieder zeitweise Aufhebung der Koedukation? Wie wir festgestellt haben, reicht die reine organisatorischen Maßnahme der Geschlechtertrennung nicht aus, dass junge Frauen ein stabiles Selbstvertrauen entwickeln können, wenn sie wieder in den geschlechtsheterogenen gesellschaftlichen Raum eintreten. So lange verschiedenen Geschlechtern eine jeweils eigene Geschlechterrolle

zugeschrieben wird, so lange Mädchen und Mathe nicht kompatibel scheinen (Diskussion angesichts der Verleihung des Mathematik-Nobelpreises 2018/ Fields-Medaille), solange die internationale Initiative „Women in Mathematics" existieren muss (2018 trafen sich die Mathematikerinnen einen Tag vor Beginn der internationalen Mathematiker-Vereinigung in Rio des Janeiro, um sich vorzubereiten – das erinnert ein bisschen an die Lehrerinnentreffen vor unseren Abteilungskonferenzen), so lange scheinen sich gesellschaftliche Werte und Normen noch nicht grundlegend geändert zu haben. Die beiden Literatinnen Renate Feyl und Helga Königsdorf brachten es schon 1989 gut auf den Punkt: *Der Erfolg einer Frau beruht auf ihrem Geschlecht und ist zufällig. Der Erfolg eines Mannes beruht auf seinem Geist und ist gesetzmäßig* (Feyl); *hohe Leistungen in Physik oder Mathematik steigern nicht ihren Wert als Frau. Auch heute nicht. Das sollte man beachten, ehe man für das geringe Interesse der Mädchen an den Naturwissenschaften biologische Gründe ins Feld führt* (Königsdorf). Dem wollten wir mit Nachhaltigkeit entgegenwirken und jungen Frauen mehr und zusätzliche Wege eröffnen. Ob uns das gelungen ist?

Wichtig war und ist es, das Ungleichheitsgefälle zwischen den Geschlechtern, den *gender gap*, auch in der Schule nicht aus dem Blick zu verlieren und zu thematisieren (neben anderen Ungleichheitsgefällen). Dies geschah damals während und auch nach dem Ende des Schulversuchs, der mangels Stundenzuweisung für geschlechtshomogene

Kolleginner auf Amrum
2005

Pädagogischer Fachtag Koedukation 1992

Kurse und auch mangels Nachfrage nach Informatik beendet wurde. Die Forschungsgruppe (s. M.R.) wurde zu Lehrerfortbildungen in Bremen und umzu sowie in anderen Bundesländern eingeladen, wo wir dort und auch in anderen Institutionen, die Emanzipation, Koedukation, geschlechtstypische Sozialisation zum Thema hatten, unsere Ergebnisse vorstellten. Verschiedene Veröffentlichungen in pädagogischer Frauenforschung und in pädagogischen Fachzeitschriften folgten. Dies alles fand in einer Zeit statt, in der geschlechtergerechte Schule, überhaupt Geschlechtergerechtigkeit breit diskutiert wurde. In Bremen wurde beim Senator für Bildung für einige Jahre eine *AG Koedukation* eingerichtet, die sich dem Thema widmete und Fortbildungen in einzelnen Schulen durchführte. Am LIS fanden verschiedene Fortbildungen statt, an deren Durchführung wir beteiligt waren. Das Schulgesetz wurde geändert, in § 3 wurde explizit das Geschlecht aufgenommen. Das war damals. Heute ist Inklusion oberstes Ziel, das offenkundig den Blick auf das *Geschlecht* nicht mehr ermöglicht bzw. unter Inklusion subsummiert, während andere Differenzierungen explizit genannt sind. § 3.4 lautet 2018: *1. Bremische Schulen haben den Auftrag, sich zu inklusiven Schulen zu entwickeln. 2. Sie sollen im Rahmen ihres Erziehungs- und Bildungsauftrages die Inklusion aller Schülerinnen und Schüler unabhängig von ihrer ethnischen Herkunft, ihrer Staatsbürgerschaft, Religion oder einer Beeinträchtigung in das gesellschaftliche Leben und die schulische Gemeinschaft befördern und Ausgrenzungen Einzelner vermeiden.* Ein roll back?

Am Rübekamp zumindest führten wir damals auch zwei schulinterne Lehrerfortbildungen zum Thema *Koedukation* durch, wir thematisierten die Geschlechterfrage bei Besetzungen von Funktionsstellen, wir achteten in der schriftlichen und mündlichen Darstellung auf eine Sprache, in der beide Geschlechter wahrgenommen werden, wir berücksichtigten bei der Bestellung von Lernmitteln das Vorhandensein von Autorinnen oder Protagonistinnen. Wir hatten im Blick, ob wir Jungen und Mädchen gleich bewerten, stimmige Botschaften senden, d.h. Handlungen mit Botschaften kompatibel sind. Es wurden verstärkt Lehrerinnen eingestellt, sodass der Frauenanteil heute wohl bei 50% liegt (zur Erinnerung: in den 80/90er Jahren lag er bei 25%). Vor allem: das Kollegium hatte im Rahmen seines pädagogischen Auftrages einen selbstverständlichen Blick auf das Geschlecht entwickelt. Es fanden im Lehrerzimmer in den Pausen Diskussionen statt, wie z.B. diese: Im Dezember 1990, also eineinhalb Jahre nach dem Beginn unserer gender-Debatte, bittet ein Physik-Kollege um einen Ratschlag. Im LK Physik sei ein Mädchen, das er bisher vor den Jungen sozusagen in Schutz genommen hätte. Dieses Mädchen entziehe sich aber jeder eigenen Verantwortung, arbeite mit einem sehr guten Schüler zusammen, der alles für sie mache. Durch unsere Kampagne sei er auf dieses Problem gestoßen, wisse aber nicht, wie er sich richtig verhalten solle: Solle er das Mädchen sozusagen in Ruhe lassen (wie bisher) oder sie fordern und damit in für sie unangenehme Situationen bringen? Fördern durch Fordern oder geschlechtstypisches Verhalten unterstützen? Solche pädagogischen Diskussionen fanden nun vermehrt im Lehrerzimmer statt.

Aus dem Geschlechterkampf am Rübekamp mit seinen Konflikten und Verletzungen haben sich somit neue Gemeinsamkeiten entwickelt. Wir thematisierten offener als zuvor Probleme, die wir im Unterricht oder mit SchülerInnen hatten. Es gelang uns verstärkt, von uns als Individuen zu abstrahieren, wir sahen strukturelle und gesellschaftliche Aspekte des Lernens, und wer war 'Schuld' daran?

Nur die Frauenpower, die war „Schuld" daran.

MARGARETHE REINHARDT

Der Schulversuch «Geschlechtersozialisation und soziale Herkunft in ihrer Bedeutung für Lernchancen und Lernhindernisse im Informatikunterricht der Gymnasialen Oberstufe»

Im August 1990 war es soweit: endlich konnte mit der Forschung begonnen werden. Sie wurde 1996 mit der Veröffentlichung des Buches „Ohne Jungs ganz anders?" (Birgit Volmerg, Annemarie Creutz, Margarethe Reinhardt, Tanja Eiselen, Bielefeld) abgeschlossen.

Zwei Kolleginnen unserer Schule arbeiteten an der Forschung mit, Annemarie Creutz und Margarethe Reinhardt; sie waren stundenweise dafür freigestellt. Das Forschungsteam insgesamt bestand neben diesen beiden Kolleginnen aus einer wissenschaftlichen Mitarbeiterin, erst Nicole Fierek, später Tanja Eiselen, mit einer halben Stelle, und der Projektleiterin, Prof. Dr. Birgit Volmerg, Universität Bremen. Die Aufgabe der Lehrerinnen war es, den Unterricht in den beteiligten Informatikkursen zu beobachten und die Beobachtungen aufzuschreiben. Diese Aufzeichnungen waren dann die Grundlagen für die Gespräche in der Forschungsgruppe sowie für die Rückmeldungen an die KursleiterInnen. Des weiteren wurden zwei Projekttage mit den KursteilnehmerInnen durchgeführt, um eine unmittelbare Rückmeldung der SchülerInnen zu dem Unterrichtsgeschehen zu erhalten. Diese Kombination verschiedener Methoden sollte in ihrer Gesamtheit die Validität der Forschungsergebnisse sichern.

Die Unterrichtsbesuche

Wir starteten mit einem Pilot-Kurs, der von Michael Plehnert geleitet wurde. Er übernahm einen Mädchenkurs, von dem keiner wusste, wie er sich entwickeln würde – immerhin hatten ja vorher die Mädchen die Informatikkurse in kürzester Zeit wieder verlassen. An dieser Stelle möchten wir ihm, und auch den anderen, Christine Cramm, Claudia Homburg und Karl-Heinz Pitz, danken, dass sie uns Vertrauen geschenkt haben.

Im Folgenden werden zwei Wege beschrieben, die zu Erkenntnissen über das Verhalten der KursleiterInnen und der KursteilnehmerInnen führten: die Gespräche im Schulversuchs-Team und die Gespräche mit den SchülerInnen am Projekttag.

Die Gespräche im Schulversuchs-Team

In regelmäßigen Abständen hatten wir Gespräche im ganzen Schulversuchs-Team, d.h. Kursleitungsteam und Forschungsteam, bei denen die Unterrichtenden ihre Eindrücke schilderten und ihrerseits eine Rückmeldung zu ihren Stunden erhielten. Erst durch ihre bemerkenswerte Offenheit und die Bereitschaft, über ihren Unterricht zu sprechen, wurde diese Art der Forschung möglich. Auch wir Beobachterinnen mussten unsere Rolle reflektieren – wir durften nicht davon ausgehen, dass unsere Anwesenheit im Unterricht keinen Unterschied machte. Wir waren alle Suchende. Wir alle wollten herausfinden, was es war, das Mädchen von Informatik fernhielt.

Ein Beispiel

In den Gesprächen mit den Unterrichtenden erfuhren wir, wie sie die Mädchenkurse im Unterschied zu den gemischten Kursen erlebten. So gab es ihren Erfahrungen zufolge bei den Mädchen nicht „das übliche Chaos", das in den anderen Kursen herrschte, sobald die Geräte eingeschaltet waren. (s. Volmerg u.a., S. 123)

Lehrerin 1 ... *Bei den Mädchen war eine viel ruhigere Atmosphäre ( ) Sie mussten da nicht gleich wie wild drauf los probieren.*

Lehrer *So'n typischer Junge kann dann einfach nicht nur auf den Bildschirm gucken und die Hände ( ) die müssen auf die Tastatur, auf dem Bildschirm muss was passieren, das kann ruhig im Chaos enden.*

Lehrerin 2 *Das ist auch so'ne Diszipliniertheit der Mädchen und eine Disziplinlosigkeit der*

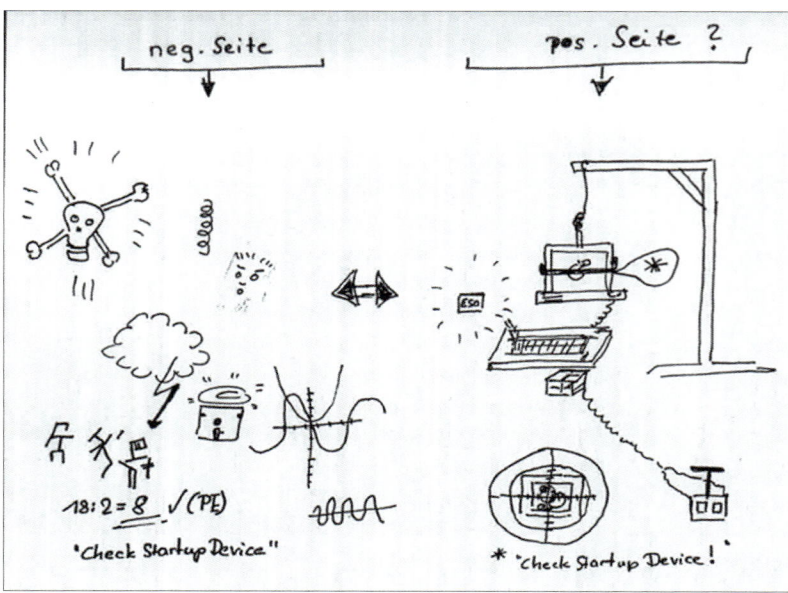

Manfreds Bild, Namen wurden geändert

Jungen, dass die Mädchen immer viel eher das machen, was sie sollen und auch abwarten. Das ist nichts Spezifisches für den Informatikkurs.

Dieser kleine Ausschnitt aus einem unserer Gespräche zeigt, so meine ich, dass die Unterrichtenden zwar die gleichen Erfahrungen machten, sie aber durchaus unterschiedlich bewerteten.

Was findet hier statt?

Die beiden Kursleiterinnen und der Kursleiter sprechen über ein Phänomen, das alle drei beobachtet haben: bei der Konfrontation mit dem Computer zu Beginn des Unterrichts verhalten sich Mädchen und Jungen unterschiedlich, nämlich die Mädchen abwartend, die Jungen zugreifend/aktiv. In den Worten der Lehrenden schwingt eine Wertung mit. Die ruhigere Atmosphäre bei den Mädchen wird von der Lehrerin 1 angenehm empfunden im Gegensatz zu dem wilden Drauflosprobieren der Jungen. Die Lehrerin 2 sieht die Diszipliniertheit der Mädchen ebenfalls positiv, denn die machen viel eher das, was sie sollen und warten ab. Sie sieht diese Diszipliniertheit auch als generelle Eigenschaft der Mädchen, nichts Spezifisches für den Informatikkurs. Das Verhalten der Jungen nennt sie Disziplinlosigkeit, was als negativ zu werten ist.

Wie nun äußert sich der Mann zu dem oben genannten Phänomen? Der Lehrer sagt, ein typischer Junge könnte einfach nicht nur auf den Bildschirm gucken (wie die Mädchen?), die Hände müssten tätig werden und auf dem Bildschirm müsste etwas passieren. Er beschreibt den Grundtyp eines Forschers, der aus eigenem Antrieb und mit eigenen Mitteln zu Ergebnissen kommen will. Dass bei einem solchen Verhalten seiner Schüler möglicherweise nichts herauskommt wird in Kauf genommen, es kann ruhig im Chaos enden. So, wie die beiden Lehrerinnen das disziplinierte Verhalten der Mädchen positiv sehen, so scheint der Lehrer das Verhalten der Jungen, durch die Bezeichnung typisch verallgemeinert, verständlich zu finden. Eigene Erfahrungen schwingen mit – auf beiden Seiten.

Es handelt sich hier also nicht um wertneutrale Beobachtungen, sondern auch um Zuschreibungen. Welche Botschaften mögen unsere drei KursleiterInnen ihren SchülerInnen während des Unterrichts wohl mitgeben? Sowohl die Lehrerinnen wie auch der Lehrer tragen eine geschlechtsspezifische Sicht auf die Individuen in ihrem Unterricht mit sich, eine Sicht, die sie mit anderen teilen (KollegInnen, FreundInnen) und ohne weiteres Nachdenken zurückgeben an die Lernenden. Die Botschaft von Lehrerin 1 an die Mädchen könnte lauten: „Gut, dass ihr so brav seid, dann werde ich Euch das schon alles erklären." Die Botschaft des Lehrers an die Jungen könnte sein: „Gut, dass ihr alles gleich mal ausprobiert. Es wird schon etwas dabei herauskommen." In der Praxis ist es wichtig für die Lehrenden, sich bewusst zu werden, wann sie Wertungen auf ihr eigenes Geschlecht bezogen vornehmen. Wenn ihnen das gelingt, können sie beide Geschlechter offener wahrnehmen und beurteilen.

Die Erlebnisweise der SchülerInnen mit dem Computer – Ergebnisse aus einem Projekttag

Ich möchte zwei Bilder vorstellen, die im Anschluss an eine Phantasiereise erstellt wurden, eines von einem Mädchen, das andere von einem Jungen gezeichnet, die ihre Erlebnisweise mit einem Computer darstellen.

Manfreds Bild zeigt eine positive und eine negative Seite seiner Erlebnisse mit dem Computer, wo-

bei die beiden Pfeile in der Mitte zeigen, dass sich die Situation auch umkehren kann. Auf der negativen Seite sieht man all die Ärgernisse, die Manfred in der Schule mit dem Computer hat, fehlerhafte Disketten, schwierige Programmieraufgaben und unfaire Benotung. Auf der positiven Seite hängt der Computer an einem Galgen, gefesselt, und mit einem Sprengsatz versehen. Manfred erklärt uns: „Positiv finde ich, dass der Computer sich nicht wehren kann. Wenn er mich ärgert, ärger' ich ihn auch, drehe ihm den Saft ab, male auf dem Bildschirm rum oder so" Dabei sei er kein Computerfeind, aber im Informatikunterricht wohl doch, sagt er. Sein Mitschüler Theo hat ein ähnliches Bild gemalt, das ihn selbst zeigt, wie er sich – auf der positiven Seite – dem Computer wutentbrannt mit einem Knüppel nähert. Theo sagt: „Da kann man halt seine Aggressionen dran auslassen, wenn einen etwas stört, dann setzt man sich daran und erzählt dem halt irgend'n Scheiß, und der wehrt sich nicht. Also das ist positiv, finde ich." Und er geht auch weiter: „Nee, also der Computer wird dann halt zum Sündenbock. Also da lädt man halt seine Aggressionen drauf ab. Also, wenn gerade kein Muttertier so zu haben ist, dann der Computer. Sonst ärger' ich gern meine Mutter, aber die lässt sich neuerdings nicht mehr ärgern."

Jessicas Bild zeigt links ihre Erlebnisse mit dem Computer zuhause, wo sie am Computer im Zimmer ihres Bruders spielen kann und am Computer ihres Vaters Geschäftsbriefe tippt. Man sieht eine Spielwiese, über der die Sonne strahlt. Auf der anderen Seite, der negativen, sieht man Jessicas Erlebnisse in der Schule. Im Vordergrund sitzen sie und ihre Mitschülerin einander gegenüber und streiten scheinbar, wobei es um ungelöste Fragen geht. Dahinter sieht man den Schulcomputer, und über allem hängen schwere Regenwolken. Jessica versichert uns, dass sie nicht streiten, sondern ratlos sind. Jessica sagt, es komme daher, weil sie gar nicht wissen, was sie machen sollen. Welche Taste sie drücken sollen. Wenn sie etwas alleine machen sollen, wäre das meistens schrecklich. Wohingegen die Arbeit mit dem Computer zuhause Spaß macht. Jessica: „Ich mag so gern tippen auf dem Computer. Und manchmal, dann hat mein Vati dann irgendwas Geschäftliches, das soll ich dann für ihn abtippen. Und dann mach' ich das, und dann lässt

Jessicas Bild

er das ausdrucken. Das find ich immer voll gut. Oder mein Bruder und ich spielen irgendwie'n Spiel auf dem Computer." Ihre Mitschülerin Silke hat ein ähnliches Bild gemalt. Links die positiven Erlebnisse, dargestellt durch einen Computer mit dem Spiel PacMan auf dem Bildschirm und rechts, die negativen mit dem Computer, dessen Bildschirm die Nachricht zeigt: „Diese Datei existiert nicht. Noch mal machen." Daneben ein Gesicht voller Ratlosigkeit, ihr eigenes. Silke erklärt uns: „Also ich habe das zigmal versucht und so, im Informatikunterricht, und das hat nicht geklappt, und da stand immer wieder: nochmal versuchen, nochmal versuchen! Und ich hatte immer auf 'return' gedrückt, weil Frau (Lehrerin) gesagt hat, ich soll auf 'return' drücken, und es kam und kam nichts. Ja, und da wusste ich auch nicht weiter." Silkes Hilflosigkeit ist noch schlimmer als Jessicas. Es fällt auf, dass die Mädchen sich keine aggressiven Phantasien erlauben wie die Jungen. Sie erzählen uns auch, dass sie die Lehrerin nur fragen mögen, wenn sie absolut nicht weiter wissen. Nicht einmal Streit scheint erlaubt, nur Ratlosigkeit. Die Mädchen haben möglicherweise Gebote verinnerlicht, die ihnen untersagen viel zu fragen, rumzuspielen, nicht abzuwarten, laut zu werden. Sie sollen nicht streiten, sondern sich gegenseitig helfen, und so möglichst alles alleine schaffen, ohne die Lehrerin oder den Lehrer zu stören. Solange Mädchen mit diesem heimlichen Lehrplan aufwachsen, wird es ihnen schwer fallen, sich davon zu lösen.

Im Ergebnis zeigt sich, dass sowohl die Jungen als auch die Mädchen sehr viel lieber mit dem Rechner spielen, allenfalls noch Texte bearbeiten, als die Programmier-Aufgaben durchzuführen, die ihnen in der Schule gestellt werden. Wenn es jedoch um Erfahrungen mit dem Computer geht, unterscheidet sich die Haltung der Jungen von der der Mädchen. Manfred und Theo lassen ihre Aggressionen zu, sie zelebrieren sie geradezu in ihren Ideen, wie sie den Computer bestrafen können und empfinden dies als positiv. Sie wenden ihre Aggressionen nach außen. Jessica und Silke hingegen versinken in Rat- und Hilflosigkeit und äußern ihre Aggressionen in Form von Klagen.

„Geschlechtertrennung im Unterricht schützt nicht automatisch vor der unbewussten Reproduktion geschlechtsdiskriminierender Verhaltens- und Wahrnehmungsmuster; weder Lehrerinnen noch Lehrer, weder Schülerinnen noch Schüler" (so formulierten wir 1996, S.18). Die Einrichtung von Mädcheninformatikkursen wie am Schulzentrum Rübekamp hat keine Nachhaltigkeit bewiesen, was die Zielvorstellungen ihrer Initiatorinnen betraf. Immerhin erhöhte sich die quantitative Beteiligung der Mädchen am Informatikunterricht während des Zeitraums 1989 -1996 deutlich. Damals schienen uns die hohen Anwahlzahlen ein ermutigendes Zeichen zu sein, so fortzufahren. Wir dachten, die Einrichtung von – zeitlich begrenzten – Mädchenkursen, konträr zur üblichen Praxis, könnte bei den Mädchen zu einem Bewusstwerden der Geschlechterrollen führen und dazu, die Bereitschaft, diese ungeprüft zu übernehmen, zu überdenken. Ob die Mädcheninformatikkurse für die Beteiligten in diesem Sinne hilfreich waren, können wir nicht mit Sicherheit sagen.

Heute hat die Gymnasiale Oberstufe Rübekamp keine Mädchenkurse im Angebot. In der Bremischen Schullandschaft steht eine Geschlechtertrennung im Unterricht auch nicht zur Debatte. Andere Themen erscheinen dringlicher, wichtiger, z.B. die Inklusion. Dennoch glaube ich, dass die Gleichstellung der Geschlechter ein Thema bleiben muss. Wie kann Schule an den scheinbar festgeschriebenen Geschlechterrollen rütteln, wie können Lehrerinnen und Lehrer dem heimlichen Lehrplan entkommen und den Lernenden geschlechtsneutral begegnen? Um einen gesellschaftlichen Wandel herbeizuführen, muss wohl doch weiter über geeignete Maßnahmen nachgedacht werden.

ANNEMARIE CREUTZ/ULRICH JUCHHEIM

Warum in die Ferne schweifen — oder: Schule am anderen Lernort

Dass Reisen bildet, wissen wir spätestens, seit Gilgamesch ins Unbekannte aufbrach und als ein Anderer wiederkam. Odysseus irrte im Mittelmeer herum, Goethe reiste nach Italien, Seume spazierte nach Syrakus und der Rübekamp fuhr nach Rom, Prag, Istanbul, Barcelona, London, Paris, Danzig, Brüssel, Berlin, München, auf die Liparischen Inseln, nach Dänemark, nach Wien, nach Bonn (als es noch die Hauptstadt der BRD war), Jugoslawien (als es das noch gab), in die DDR (als es die noch gab), nach Griechenland, in die Provence, in die Toskana, im Flachbodenschiff über das Ijsselmeer; nicht zu vergessen die Radtouren nach Holland oder Dänemark oder die Jahrgangsfahrten (auch mit dem Fahrrad) nach Rinteln, Steinkimmen, Worpswede; ein Austauschprogramm führte bis Houston, Texas. Und Ski-, Kanu- und Surffahrten gab es regelmäßig. Den Chor verschlug es mit seinen Produktionen gar nach Königsberg und Tampere in Finnland. Last but not least sei das Chemieprofil genannt, dessen Reise nach Indien mit ihren 6600 km Entfernung von zu Hause den zweiten Platz hinter dem Austausch mit Houston (8200 km) belegt.

Eine Schule ist kein Reisebüro (auch wenn gelegentlich diese Vermutung in kritischer Absicht geäußert wurde), sondern eine öffentliche Einrichtung, deren Aktionen von Richtlinien bestimmt werden, in diesem Fall der Richtlinie über Schulfahrten und Exkursionen. Deren 3. Absatz (in der Fassung vom 1. März 2009) lautet:

Schule am anderen Lernort bedeutet, dass jede Schulfahrt ein pädagogisches Ziel verfolgen muss. In der Gymnasialen Oberstufe (...) müssen Schulfahrten in einem direkten unterrichtlichen (...) Zusammenhang stehen.

Seit der Reformschulbewegung des frühen 20. Jahrhunderts gelten Ausfahrten und Wanderungen als unverzichtbarer Teil der Erziehung zu Gemeinschaftsgeist, zu Solidarität und allseitiger, nicht nur kopfbetonter Entwicklung, sie sollen Freude an der Natur und der körperlichen Aktivität wecken — alles löbliche Ziele, aber stehen sie in einem ‚direkten unterrichtlichen Zusammenhang'? Der wurde zudem durch eine Organisationsform der Fahrten nicht unbedingt unterstützt: Fahrtangebote wurden zur Wahl gestellt, ohne Beschränkung auf die TeilnehmerInnen eines bestimmten Kurses (die auch nicht alle zur Teilnahme hätten verpflichtet werden können), so dass sich in der Regel Gruppen aus verschiedenen Kursen zusammenfanden; diese Art der Organisation hieß, dass eine unterrichtsbezogene, inhaltliche Vorbereitung in einem gemeinsamen Kurs praktisch unmöglich war. Zusätzlich ergaben sich auch Ziele von Studienfahrten aus dem Unterrichtszusammenhang, Soziologie- und Politikkurse waren regelmäßig zu Gast in den Hauptstädten Deutschlands (Bonn bzw. Berlin) oder Europas (Brüssel oder Straßburg). Hier konnten also in der Tat Inhalte im Unterricht vor- und nachbereitet werden. In den ersten Jahren waren zudem die späteren Studienfahrten verstärkt Fahrten der jungen Lehrerinnen und Lehrer mit ihren Tutorgruppen. Damals ging es eher um die Gemeinschaft und das Miteinander und weniger um den Unterrichtsbezug. Vielleicht sah die Richtlinie zu der Zeit auch noch anders aus und sah Anderes vor? Insgesamt gilt aber: Um den pädagogischen Anspruch zu wahren, konnten zwar Vorbereitungstreffen verabredet oder Referatsthemen für den Vortrag vor Ort vergeben werden. Letztlich blieb es aber doch eher den begleitenden Lehrkräften vorbehalten, Land und Leute verständlich und aus dem Erlebten etwas Erfahrenes zu machen. Auch hält sich ja hartnäckig das Gerücht, dass es durchaus ein Lernen über den direkten unterrichtlichen Zusammenhang hinaus gibt. Gilgamesch jedenfalls brauchte ihn nicht.

Hier einige Beispiele für Fahrten aus unter-

Impressionen aus Rom

schiedlichen Jahren, die vielleicht einen Eindruck von der Bandbreite vermitteln, in der pädagogische Ziele mit dem Reisen verfolgt werden sollten.

Rom

Seit 1991 fanden sich immer wieder Interessenten für eine Kursfahrt nach Rom. In den ersten Jahren ging es mit dem bequemen Nachtzug von München nach Roma Termini (es sei denn, er blieb in Innsbruck stecken, da die Italiener streikten), später wurde das Flugzeug vorgezogen, da die günstigen Gruppentarife für den Nachtzug nicht mehr buchbar waren. Verschiedene Unterkünfte wurden ausprobiert, bis sich als Favorit ein Pilgerheim in einer stillen Seitenstraße Trasteveres herausstellte. Dass die frommen Laienschwestern darauf bestanden, das Haus um 23 Uhr abzuschließen, löste nur kurzfristig Unmut aus: Besichtigen und Herumlaufen in der Stadt macht müde, so dass der Elan für nächtliche Unternehmungen schnell verpuffte und die ruhige Abgeschiedenheit nach dem quirligen Stadtalltag genossen wurde (mehr oder weniger; Jugendliche neigen zu eher lauteren Äußerungen der Freude und des Wohlbefindens). Und besichtigt wurde, was in vier oder fünf Tagen zu besichtigen ist: Forum Romanum, Ostia Antica, Vatikanische Museen, Petersdom (samt Aufstieg in die Kuppel), der Friedhof der Nichtkatholiken, Katakomben, Mussolinis EUR-Viertel, Campo dei fiori, Piazza Navona; und natürlich Spanische Treppe, Pantheon und und und. Rom hat viel alte Bausubstanz, stellte schon Robert Gernhardt fest. Manches Highlight, wie etwa eine Seligsprechungszeremonie auf dem Petersplatz, konnte nicht jedes Jahr geboten werden; anderes war plötzlich ‚in restauro'. Immer dabei aber der Ausflug nach Ostia Antica, um einen Nachmittag den Touristenströmen zu entgehen; in Jahren, in denen die Fahrt nicht im Herbst, sondern vor den Sommerferien stattfand, mit Verlängerung zum heutigen Ostia zum Baden.

Bildungsgewinn? Unterrichtsbezug? Was Winckelmann mit seiner Parole ‚Edle Einfalt, stille Größe', dem Leitspruch des Klassizismus, gemeint hat, erschließt sich leichter, wenn man die Plastiken sieht, an deren Beschreibung er seine Theorie entwickelte; Goethes und anderer Sehnsucht nach

dem Süden wird an lauen Sommerabenden vor Ruinen nachvollziehbar. Was Römische Geschichte – oder Geschichte überhaupt – bedeutet, wird in einer Stadt unmittelbar anschaulich, die Spuren von der Antike bis in die Moderne aufbewahrt, und zwar nicht nur im Museum, sondern im ganz gewöhnlichen Straßenbild. In einem alten Palast vor einer Kunstsammlung zu stehen, die der pädagogischen Aufbereitung bisher entgangen ist, schult den Blick, wenn auf einer von oben bis unten vollgehängten Wand der Caravaggio gefunden werden soll, für den wir gekommen sind.

Natürlich konnten nie alle Fragen, die den Lehrkräften gestellt wurden, geklärt werden – auch einige der folgenden nicht. Sie sind aus der Broschüre, in der die Teilnehmer der Studienfahrt 1997 ihre Eindrücke gesammelt haben:
Wird das Forum wieder aufgebaut?
Sind Heilige immer tot?
Welches Kind ist ‚Il Bambino'?
Ist der Dioskurentempel weiblich?
Wie krieg ich den Rotwein aus der Hose?
Wer ist die Kleine Therese?
Ist das die Spanische Botschaft? (vor der Spanischen Treppe gefragt)
Wo sind wir hier?
Ist es noch weit?
Was heißt das?
Was kostet der Fußballschal?

Istanbul

Im März 1990 macht sich eine Gruppe zu einer ersten Studienfahrt des SZ Rübekamp in die Türkei auf – mit dem Zug, da Flüge zu teuer sind; Schlafwagen übrigens auch, weshalb wir die zweitägige

Istanbul 1990

Fahrt in einem ganz normalen Abteil verbringen. Dieses überstanden, werden wir dann vor Ort mit allen Bequemlichkeiten belohnt – sowohl während der Tage, die wir auf Gastfamilien verteilt in Istanbul zubringen, als auch während der mehrtägigen Busreise entlang der Ägäisküste. Auf der Route liegen Pergamon, Ephesus, Didyma, die Sinterterrassen von Pamukkale, schließlich Bursa. Eine Zeit voller Gespräche und Kontakte mit Einheimischen: Die Gruppe besteht ungefähr zur Hälfte aus türkischsprachigen Schülern und Schülerinnen, die hilfreich und gerne vermitteln und erklären. Das entsprach der pädagogischen Absicht hinter der Idee zu dieser Fahrt: SchülerInnen mit und ohne Migrationshintergrund, wie man heute sagt, gemeinsam das Land erleben zu lassen, aus dem die Eltern oder Großeltern der türkischsprachigen Schülerinnen stammen.

Möglich gemacht wurde die Fahrt übrigens durch das Engagement der Kollegin Christiane von der Mühlen, die zum Zeitpunkt der Fahrt an einer Istanbuler Schule tätig war und alle nötigen Kontakte herstellen konnte. Ihr sei an dieser Stelle noch einmal ausdrücklich gedankt.

Studienfahrten in die Türkei, insbesondere nach Istanbul, gehörten dann zum Repertoire des Rübekamp, als ein Türkischkurs eingerichtet war und die Fahrten vom Türkischlehrer organisiert werden konnten.

2x Stromboli und zurück: 1986 und 1989

Geographie- und Politik-SchülerInnen hatten sich auf den langen Weg gemacht zu den Liparischen Inseln nördlich von Sizilien, um Land und Leute und vor allem den Stromboli (einen mit regelmäßigen Eruptionen in fast 20minütigem Abstand aktiven Vulkan) zu erkunden. Der Stromboli wird als ‚Leuchtturm' der Liparischen See bezeichnet, weil seine Auswurfmaterialien nachts den Himmel glutrot erhellen. Das besondere Highlight der Fahrt war der ‚Gänsemarsch' auf den Stromboli mit Übernachtung am Rande des Vulkans. Ein Schritt zu weit beim nächtlichen Austreten hätte böse Folgen haben können. Faszination pur.

Nach der Aufregung auf dem Stromboli war die Nachbarinsel Vulcano mit ihren Schwefelfumarolen Entspannung pur (wenn auch nicht geruchstechnisch…)

Bonn 1979 und 1981

Nach dem Zweiten Weltkrieg war Bonn als Hauptstadt Westdeutschlands erkoren worden. Ein

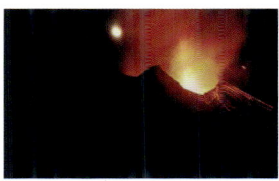

„Bonn ist (k)ein Erlebnis"

Wir — Schüler aus Bremen (12. und 13. Jahrgang) — befinden uns z. Zt. auf einer Projektfahrt in Bonn. Neben einigen positiven, mußten wir leider auch mehrere negative Erfahrungen machen:

— Nicht nur, daß wir ohne Studenten- bzw. Journalistenausweis offensichtlich nicht befähigt sind, Kneipen aufzusuchen, berechtigen uns scheinbar die Bremer Schülerausweise nicht dazu, in Bonn Schülerfahrkarten zu verwenden. So mußten wir also tagtäglich „schwarzfahren"...

— Bei unseren Besuchen (Bundesrat, -tag, Verteidigungs- und Bildungsministerium) konnten wir uns des Gefühls nicht erwehren, daß an Politik interessierte Schüler so ungewohnt sind, daß man es offensichtlich nicht für notwendig erachtet, Vorträge/Diskussionen inhaltlich vorzubereiten bzw. kompetente Fachreferenten zur Verfügung zu stellen! Hervorzuheben ist hier allerdings die hervorragende Besucherbetreuung im Verteidigungsministerium!

— Dennoch werden wir unsere Fahrt in p...tiver Erinnerung behalten, weil uns die Bonner, ihre Stadt und die Umgebung sehr gut gefallen haben.

Gritta Cesla u. 25 andere Schüler u. 2 Lehrer

Von Bundestag enttäuscht

Bezugnehmend auf die Artikel über die Bundestagsdebatten am 20. 9., die wir anläßlich unserer Projektfahrt nach Bonn interessehalber einen Tag lang verfolgten, möchten wir folgendes feststellen: Uns fiel auf, daß man von den Ereignissen im Bundestag einen ganz anderen Eindruck gewinnt, wenn man selbst dabei gewesen ist, als wenn man durch die Medien informiert wird. Z. B. bestand der Bundestag („Bundestag beschäftigte sich mit ...") an diesem Tag aus durchschnittlich ganzen 30 Abgeordneten von 518 (sechs Prozent).

„Bei der Beratung über den von der Bundesregierung eingebrachten Entwurf..." hörten die wenigsten der anwesenden Abgeordneten zu, die anderen unterhielten sich oder lasen Zeitung.

Als politisch engagierte Jungwähler fragen wir uns, wie junge Menschen Interesse an der Politik gewinnen sollen, wenn selbst 94 Prozent der Abgeordneten durch Abwesenheit (und damit mangelndes Interesse?) glänzen!

Andreas Raschen und 4 weitere Schüler des 13. Jahrg. des Schulzentrums

o: Gruppe 1979

o. r: Brandenburger Tor vom Westen aus, 1986

u: Gruppe 1981

Schelm, wer einen Zusammenhang dazu herstellen wollte, dass der erste Bundeskanzler West-Deutschlands, Konrad Adenauer, aus Nordrhein-Westfalen stammte...

Neben Bildern liegen uns einige Original-Texte von 1979 vor. Offenkundig haben wir gerne Leserbriefe geschrieben und mit richtigen oder ‚falschen' politischen Ansprechpartnern kommuniziert. Auf den ersten Leserbrief erhielten wir eine Reaktion aus dem Verteidigungsministerium, die uns wiederum zu einer Antwort anregte. Und da diese Kommunikation im Vor-PC-Zeitalter stattgefunden hat, konnten wir nicht immer fehlerfrei sein...

Wir besuchten Bildungsministerium und Verteidigungsministerium ebenso wie Bundestag, Bundesrat und bremische Vertretung und hatten mehr oder weniger heiße Debatten (was nicht immer nur an uns lag).

Tja, und 2 Jahre später bei der Vorbereitung der nächsten Fahrt, waren wir Lehrkräfte leider nicht in der Lage, uns an die ‚richtige' Dienststelle zu wenden, und begingen offenkundig einen unglaublichen *fauxpas*. Was man bzw. frau so alles ‚falsch' machen kann...

Weil wir 1981 in Bonn keine Übernachtungsmöglichkeiten mehr gefunden hatten, schliefen wir in Köln in der Jugendherberge, was nicht das Schlechteste gewesen wäre, wenn es da nicht einen Zivi gegeben hätte, der es mit seiner Aufsichtspflicht nicht so genau genommen hat, was uns Lehrkräfte zu einer nächtlichen Wanderung am Rhein bis hin zu einer Polizeidienststelle geführt hat. Aber wie immer: Ende gut, alles gut.

Berlin – alle Jahre wieder

Berlin war immer eine Reise wert: sowohl in Zeiten, als Bonn die Bundeshauptstadt war, als auch später als Bundeshauptstadt. Berlin bietet Politik, Kultur, Wissenschaft, Kreativität, Flair und ist inzwischen eine der beliebtesten Hauptstädte der Welt bei der Jugend, was die BerlinerInnen allerdings nicht immer erfreut. Fahrten nach Berlin konnten unterschiedliche Schwerpunkte haben, konnten auch einmal als Gewinn für eine hervorragende Leistung beim „Bundeswettbewerb für politische Bildung" herausspringen, sie waren immer an- und aufregend. Nicht umsonst leben heute viele ehemalige SchülerInnen vom Rübekamp in dieser Metropole, es kann sogar sein, dass wir uns mitten in Berlin (so letztens geschehen in Dahlem in der Nähe der FU) über den Weg laufen.

Im Jahr 1986, eine der frühen Fahrten nach Berlin, stand die Mauer noch. Wir wohnten in

West-Berlin, bewegten uns frei in diesem Teil der Stadt. Die politischen Institutionen befanden sich in der damaligen Hauptstadt Bonn. Nach Ost-Berlin mussten wir über die Friedrichstraße einreisen, die einzige U-Bahn-Haltestelle im Osten. Volkspolizisten mit Maschinengewehr standen dort und kontrollierten uns. Wir hatten Einreisepapiere auszufüllen und mussten 20 West- in Ost-Mark eintauschen und auch verbrauchen. Das Brandenburger Tor war weder vom Osten (s. Gruppenfoto) noch vom Westen her zugänglich.

Ganz anders sah es im Jahr 2010 aus. Der Pariser Platz ist bebaut, das Brandenburger Tor ist zugänglich, es gibt nur noch ein Berlin!

Immer wieder gab es viel Programm (neben Bundestag, Bundesrat, Bundeskanzleramt, verschiedenen Ministerien, Landesvertretung Bremen, Universitäten, Max-Planck-Institut für Bildungsforschung, KZ-Gedenkstätte Sachsenhausen, Philharmonie, Pergamon-Museum, Bar jeder Vernunft...) und wenig Zeit für die sonstigen wichtigen Dinge des Lebens in dieser aufregenden Stadt. Aber viele sind ja wiedergekommen oder sogar geblieben.

Brüssel 1994

Brüssel ist die Hauptstadt Europas. Was heißt das? Das heißt zunächst, dass die übliche Umgangssprache weder Deutsch noch Englisch ist, sondern Französisch oder Flämisch. Die begleitende Lehrerin spricht keine der beiden Sprachen, also müssen Ilka, Tanja und Jan ran, wenn es um Französisch geht. Jennifer kann uns eventuell mit ihren Niederdeutsch-Kenntnissen helfen. Und Englisch wird die Alltagssprache von uns allen – in der Jugendherberge eröffnet dies internationale Kontaktmöglichkeiten!

Brüssel heißt aber auch: politische Hauptstadt Europas. Wir lernen das Bremer Verbindungsbüro

kennen und erfahren, was Bremen mit Europa zu tun hat und was ein Brüsseler Büro für Bremen tun kann. Anschließend erleben wir im Europäischen Parlament zwar keine Sitzungen, diese finden hier nur sporadisch statt. Eine Mitarbeiterin der Bremer Europa-Abgeordneten Karin Jöns zeigt uns aber die Räumlichkeiten, wir essen mit Europas Parlamentariern in der Kantine (In welcher Sprache fragen

o. l: Brandenburger Tor vom Osten aus, mit Gruppe, 1986

o. r: Brandenburger Tor vom Osten aus, mit Gruppe, 2010

m: Schülerinnen im Bundestag auf Einladung von Agnes Alpers, MdB, 2010

Brüssel 1994

wir denn nun, ob der Platz frei ist? Das war doch gerade Spanisch – oder war's Italienisch?) und diskutieren mit zwei weiteren Mitarbeitern von deutschen Europa-Parlamentariern das Für und Wider des Europäischen Parlaments. Und bei der Europäischen Kommission hören wir etwas über Regieren in und für Europa.

Und schließlich ist Brüssel die Hauptstadt Belgiens und seiner drei Gemeinschaften, nämlich der wallonischen, flämischen und deutschen. In die flämische Gemeinde erhalten wir einen kleinen Einblick über den Besuch eines Lyceums, eines der dort noch üblichen Mädchengymnasien. Und nicht zu vergessen, ist Brüssel auch die (heimliche) Hauptstadt des Bieres: Über 200 Sorten gibt es, von Himbeerbier bis zu Mort Subite – es gelingt uns in der kurzen Zeit leider nicht, alle Sorten zu probieren, aber die wenigen, die wir probieren, sind auch schon schrecklich genug...

Weimar, Ende November 1986

Die offizielle Reisebegleiterin erwartet die Gäste aus der »BRD« schon am Bahnsteig, sie wird mit uns das »vereinbarte« Besuchsprogramm abarbeiten und uns kaum aus den Augen lassen. Ein Bus, wegen vorherigen Schmuddelwetters von außen bis zu den Scheiben hoch völlig verschmutzt, bringt uns zur Ernst-Thälmann-Jugendherberge, vormals wohl ein großbürgerliches Wohnhaus. Aus einem Radio tönt laute Musik: NDR 1! Aha. »Jacobs-Kaffee kriegt ihr hier nicht!« Dafür ist Schließzeit erst um 24 Uhr und in der Kellerbar der Jugendherberge gibt es Bier. Unsere Kids finden das toll.

Klaus Hellmerichs

DDR und Ostberlin im Oktober 1989 – wir waren dabei

Die Fahrtenwoche findet traditionell im Herbst statt. Wer hätte gedacht, dass unsere geplante Reise nach Ostdeutschland und Ost-Berlin mit Geographie- und Politik-SchülerInnen so denkwürdig werden würde. Es war nämlich nicht irgendein Jahr, in dem wir die (aufwendig zu organisierende) Reise über den Stacheldraht antreten konnten, sondern es war das dramatische Jahr 1989, in dem die Grenze zwischen den beiden Deutschland niedergerissen wurde. Und wir waren mittendrin dabei im Oktober. Welch' eine Erfahrung!

Zunächst noch kontrolliert von unserer allgegenwärtigen Bus-Begleitung (die SchülerInnen waren zuvor von uns LehrerInnen darauf hingewiesen worden, sich mit Kritik zurückzuhalten, da wir andernfalls ausgewiesen werden könnten) – bis hin zur Teilnahme an einer der Veranstaltungen in der Gethsemanekirche in Ost-Berlin. Hier griff die Staatssicherheit nicht ein, wenn die Bürgerinitiativen Protestveranstaltungen durchführten und sich gegen das politische System der DDR aussprachen. Unsere Bus-Begleitung wurde im Laufe der Woche zwar lockerer, erzählte sogar Witze über aktive Politiker. Aber wir blieben übervorsichtig, wir waren ja schließlich in einem undemokratischen System namens DDR unterwegs. Und dann, kurz nach unserer Rückkehr, war es so weit: Die Grenze aus Mauer, Stacheldraht und Todesstreifen, die seit 1961 Ost- und West-Deutschland getrennt hatte, fiel.

r: Gethsemanekirche in Ostberlin, Oktober 1989

Einfuhrverbote der DDR

Literatur, sonstige Druckerzeugnisse oder Materialien, »wenn sie gegen die Erhaltung des Friedens gerichtet sind, revanchistischen, faschistischen oder pornografischen Inhalt haben oder in anderer Weise den Interessen der DDR oder ihrer Bürger widersprechen.« *

Reisegebrauchs- und Reiseverbrauchsgegenstände

Reisegebrauchs- und Reiseverbrauchsgegenstände dürfen in der DDR weder verkauft, getauscht noch verpfändet werden. Reisegebrauchsgegenstände dürfen nicht verschenkt werden.

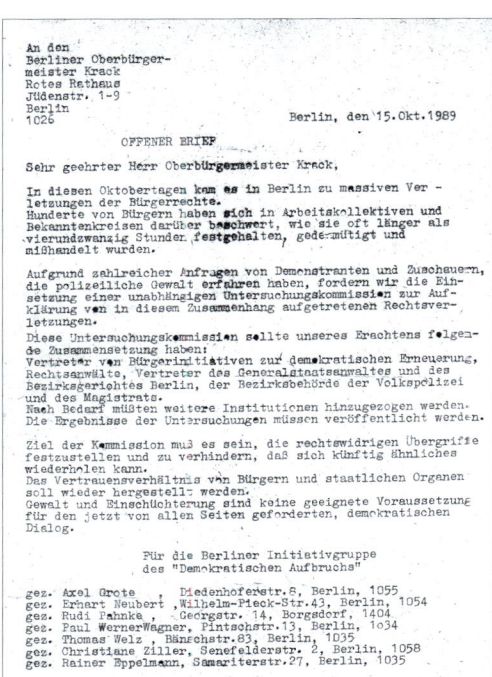

Dresden, Anfang Dezember 1989

Besuch im Reichsbahnausbesserungswerk Dresden, Führung durch den Betrieb, Schwerpunkt Lehrlingswerkstatt. An den Wänden aufbauende Sprüche zur Steigerung der Leistungsbereitschaft beim Aufbau der sozialistischen Gesellschaftsordnung. An einem der Arbeitsplätze steht ein blauer Wimpel auf der Werkbank: Lehrling des Monats; innerbetrieblicher Wettbewerb zur Stärkung des ersten Arbeiter- und Bauernstaats auf deutschem Boden. Bei Kaffee, Kuchen und einer Zigarette erzählt uns die Führerin, dass sie ihren Beruf als Lehrerin aus gesundheitlichen Gründen aufgeben musste und seither im Reichsbahnausbesserungswerk beschäftigt sei. Sie spielt dabei mit einer roten Zigarettenschachtel der Marke Marlboro. Eine Zigarette anbieten wolle sie lieber nicht, denn die Schachtel enthalte gewöhnliche DDR-Zigaretten. Verquere Welt.

Dresden-Pirna, Jugendherberge, abends, Infoabend und Meinungsaustausch mit einem SED-Funktionär, gemäß Besuchsprogramm. Unerwartet haben sich Schüler einer Polytechnischen Oberschule aus Berlin-Ost, ebenfalls Gäste in der JH, dazu gesellt, ganz offensichtlich haben sich spontan gesamtdeutsche Freundschaften ergeben. Routiniert spult der Funktionär sein Programm ab, wird dann aber unerwartet abrupt unterbrochen: »Genosse, was erzählst du denn da überhaupt?« Uns stockte der Atem, Widerspruch aus dem eigenen Lager! Eine lebhafte Debatte folgt. Wir staunen über den Mut Ost-Berliner Schüler und fürchten um daraus vielleicht entstehende Repressalien für die jungen DDR-Bürger.

Rückfahrt in Abend- und Nachtstunden in bundesdeutschen Waggons über Leipzig, Halle und Magdeburg nach Bremen. Aufenthalt in Leipzig, riesige, dunkle, kaum belebte Bahnhofshalle: Der Versuch, Zeitungen und Zeitschriften als Andenken zu kaufen, wird von einer öden Auslage am Kiosk quasi im Keim erstickt. Eine kleine Zeitschrift mit Aufgaben anlässlich der nächsten Mathematik-Olympiade findet unser Interesse, gedruckt al-

o. l: Gethsemanekirche in Ostberlin, 15.10.1989

l: Flugblatt aus der Gethsemanekirche, 15.10.1989

o. r: Gruppe 1989

lerdings auf furchtbarem Papier. In Halle stürmen alkoholisierte Punker unsere Abteile, klopfen wüste Sprüche, beginnen mit Eddings und bedrängen unsere Mädchen. Chaos! Laute Auseinandersetzungen folgen, nur langsam beruhigt sich die Lage. Sie kämen von einem Rockkonzert in den Räumen einer evangelischen Kirche und seien auf der Heimfahrt nach Magdeburg. Bei der Fahrkartenkontrolle gingen sie den Kontrolleur, ihren Landsmann, mit unglaublichen Sprüchen schwer an. Was sie denn machten und wovon sie denn lebten, wollten wir wissen, schon um die Lage weiter zu entspannen. Sie machten eigentlich gar nichts, wären Hausbesetzer, klauten Lebensmittel, bezogen häufiger mal Prügel von ..., säßen auch schon mal im Knast. Und ja, Button würden sie fertigen und auf Rockkonzerten verkaufen. Warum sie denn nicht in den Westen ausreisten? Wie, zum Klassenfeind? Da sei ja alles noch schlimmer! Nur wenige Monate später berichtete die Frankfurter Rundschau über die Szene junger Hausbesetzer in Magdeburg. Ein zunehmender, uns nicht bewusster Kontrollverlust des Regimes war längst Realität.

Klaus Hellmerichs

Frankfurt 1998

Es begab sich aber zu der Zeit, dass wir Politik- und GeschichtslehrerInnen im Juli 1998 mit allen SchülerInnen des 11. und 12. Jahrganges – die 13er waren schon entlassen – nach Frankfurt fuhren. Das mögen so 200 SchülerInnen gewesen sein! Ein jeder und eine jede wurde gehalten, pünktlich am Zug zu sein – sowohl bei der Hinfahrt frühmorgens als auch bei der Rückfahrt spätabends. Uns wurde die große Freude zuteil, an der zentralen Ausstellung zur Feier der Verabschiedung der Paulskirchenverfassung vor 150 Jahren teilnehmen zu können. Damals wie heute konnte und kann nicht oft genug betont werden, dass Demokratie gemacht wurde, dass für Demokratie gekämpft werden muss, dass sie eben nicht selbstverständlich ist.

Wir LehrerInnen haben mit dem folgenden Schreiben an die Eltern für die Genehmigung geworben. Alle SchülerInnen durften mitfahren. Das freute uns sehr.

Liebe Schülerinnen und Schüler, liebe Eltern !

Anläßlich des 150. Jahrestages des ersten deutschen Parlamentes findet in der Schirn-Kunsthalle in Frankfurt am Main vom 18. Mai bis zum 18. September 1998 die für Deutschland zentrale Ausstellung „1848-Aufbruch zur Freiheit" statt. Die Ausstellung dokumentiert nicht nur Schlaglichter der Geschichte, sondern richtet ihren Blick auch in das 20. Jahrhundert – auf ein Europa der Zukunft.

Unglaublich, aber wahr:

Das IZOP-Institut in Aachen bietet Schulklassen/Kursen ab der 9. Jahrgangsstufe eine fast kostenlose Fahrt nach Frankfurt zum Ausstellungsbesuch an. Für die Organisation der Fahrt und für die Führung durch die Ausstellung wird pro Teilnehmer/in lediglich ein Kostenbeitrag von DM 10,-- erhoben. Außerdem erhält jede/r Besucher/in einen Verzehrgutschein.

Die Thematik der Ausstellung (Demokratie, Parlamentarismus) ist zum Verständnis der heutigen Politik grundlegend, deshalb haben wir alle Politik- und Geschichts-Kurse der Jahrgänge 11 und 12 angemeldet. Damit fände an diesem Tag der Unterricht des SZ am Rübekamp für alle Schülerinnen und Schüler nicht in Bremen, sondern in Frankfurt statt!

Mit freundlichen Grüßen

Andererseits hatten wir LehrerInnen – ehrlich gesagt – auch ordentlich Respekt vor dieser Mammutaufgabe. Wie sollten wir eine Übersicht über unsere Kurse behalten können? Wie sollten wir es schaffen, dass wir wirklich alle wieder in Bremen abliefern könnten? Ja, ja, Oberstufe, ist schon klar. Aber die Verantwortung tragen wir LehrerInnen.

Letztlich ist alles gut gegangen. Alle sind wohlbehalten wieder in Bremen angekommen. Allerdings wussten wir das abends, als wir in Bremen angekommen sind, nicht. Wir wussten nur, dass unsere so gut vorbereiteten Gruppenkonstellationen und die jeweiligen Zugverbindungen (wegen der Menge an SchülerInnen hatten wir natürlich Plätze in verschiedenen Zügen) überhaupt nicht funktioniert hatten. Wir hatten keinerlei Überblick, wie viele SchülerInnen überhaupt mit uns zurück gekommen waren. Ging es allen gut? Wir wussten es nicht. Ich sehe uns noch abends in der einzigen

Kneipe im Bahnhof, die noch geöffnet hatte, beim Bier sitzen. Es war kein lustiges Biertrinken. Nach einer unruhigen Nacht am nächsten Morgen in der Schule die Erleichterung: Alle waren wohlbehalten da.

Houston, Texas

In den Jahren 1998 und 2000 nahm das Schulzentrum am Rübekamp an einem Austausch mit der Clements High School in Sugar Land in Texas teil.

Schule

Über 2000 Schülerinnen und Schüler besuchen die Schule, etwa die Hälfte kam aus einer Familie asiatischer Herkunft.

Schulbeginn: 7.30, Unterrichtsende: nach der 7. Stunde um 2.45h. Das Mittagessen wurde in zwei Phasen im großen Speisesaal bzw. vor dem Schulgebäude eingenommen Nach dem Unterricht häufig weitere Aktivitäten wie Basketball, Football, Tennis, Soccer, Chor, Band, Orchester, Dance, Art. Es wurden die Fremdsprachen German, Chinese, Spanish, Japanese, Latin sowie die American Sign Language angeboten. Jede Schülerin, jeder Schüler hatte eine ID Card, ein Campus Police Officer war fast immer sichtbar.

Es gab eine Kleiderordnung, so war etwa das Tragen von Piercings nicht gestattet.

Besichtigungen, Unternehmungen

Gleich am ersten Abend besuchten wir ein *football game*. Am nächsten Morgen waren wir in einer Baptistenkirche zu einem Mittagessen eingeladen, das einige Gastfamilien zubereitet hatten.

In Sugar Land haben wir die Zuckerfabrik besucht und an einer Sitzung des Stadtrats teilgenommen. Besichtigung einer texanischen Ranch. Besuch der Rice University und des Hafens in Houston. Teilnahme an einem Ropes Course. Ausflug nach Austin, der Hauptstadt von Texas, u.a. mit Besichtigung des Hauses des Gouverneurs, anschließend Weiterfahrt nach San Antonio mit Besuch der Alamo Mission. Geburtstagsfeier für drei Bremer Mädchen, organisiert von einer Gastfamilie. Zwei Tage Aufenthalt der deutschen Gruppe in Galveston. Besuch des Space Centers in Houston

und des San Jacinto Monuments. Farewell Dinner mit Country and Western Dancing in Richmond. Anschließend durften wir am Homecoming, das einmal im Jahr zu Ehren ehemaliger Schülerinnen und Schüler stattfindet, in der Schule teilnehmen. Festlich gekleidet haben wir an der Feier bis nach Mitternacht mit viel Freude teilgenommen.

Fazit

Ein gelungener und erlebnisreicher Austausch, der unter anderem durch das Engagement der jeweiligen Gasteltern ermöglicht wurde.

Der entstandene Kontakt zwischen den Schülerinnen und Schülern führte einmal dazu, dass eine Bremer Schülerin ihre Hochzeitsreise nach China unternommen hat und ein anderes Mal die Bremer Gasteltern die amerikanische Gastfamilie auf deren Europareise getroffen hat.

Unternehmungen in Deutschland

Besuch der Hafentage in Vegesack, des Mercedeswerks, des Musicals West Side Story. Senatsempfang im Kaminsaal, Rathausführung, Schiffsfahrt nach Bremerhaven, Gamelanspielen im Überseemuseum, Ausflug nach Lübeck, Besuch der Brauerei Beck s und Co, Teilnahme am Brauprozess in der Berufsschule, Fahrt nach Cuxhaven, wo die geplante Wattwanderung wegen des zu hohen Wasserstands leider nicht stattfand, Abschiedsfeier im Schlachthof.

Ulrich Brandt

Bremer Schüler in San Antonio Texas 1998

CHRISTIANE VON DER MÜHLEN
Im Rübengarten – fast alles… außer Rüben

Aufstieg und Fall
Die Erweckung 1981
Prolog:
Eine kleine Garten-AG begibt sich auf den Weg, dem Gelände hinter den Naturwissenschaften Leben einzuhauchen. Ein Zaun macht schon ordentlich was her. Darüber hinaus gibt es ein Maulwurfsgrab.
Erster Akt:
In großem Stil werden Gartengeräte und Pflanzensamen eingekauft. Es soll schön werden und gut schmecken!
Ab März geht es an die Aussaat.
Zweiter Akt:
Projekttage Ende Juni. Nach genauem Plan wird ausgepflanzt und ein Weg abgesteckt.
Vielleicht hätte man Informationen über die Bodenbeschaffenheit einholen sollen und wäre so auf eine tieferliegende Lehmschicht aufmerksam geworden.
Aber so leicht geben sich Ackersmann und Ackersfrau der Unbill des Wetters nicht geschlagen! Dann kommen die Sommerferien; wer wollte da schon gießen und nach dem Rechten sehen!
Sehr große Pause.

Die Wiedererweckung 1985
Nach Berichten aufgezeichnet:
In einer Projektwoche wurde der Schulgarten mit einigen SchülerInnen erstmals reaktiviert. Die vordere Hälfte betreute Elfie Diekhöfer, eine GSW-Kollegin, mit ihren Schülergruppen über viele Jahre. Der hintere Bereich war inzwischen relativ trostlos überwuchert.

Dort entstanden erst einmal ein Rondell und Buchsbaumumrandungen.

Einige Jahre wurden verschiedene Stauden, Kartoffeln und Salate angebaut. Diese Naturprodukte schmeckten nicht nur den gärtnernden Schülern, sondern verschwanden auch über Nacht

oder an Wochenenden – wie später ebenso Buchsbaumsetzlinge und schließlich irgendwann die komplette Gartentür am Zaun.

Die gute Zusammenarbeit mit der GSW-Kollegin endete durch deren Pensionierung.

Im Frühjahr 1986, nach Tschernobyl, plante der LK Ingeborg Weber-Dwertmann die Anlage eines Teiches und setzte diese Idee auch tatkräftig und erfolgreich um.

Kurze Zeit später schwammen dort (plötzlich über Nacht erschienen) sechs kräftige Goldfische. Recherchen ergaben, dass ein rühriger Mitarbeiter der Berufsschule den Akteuren „was Gutes" hatte tun wollen. Doch diese hübsche, aber sehr unpassende Spezies hätte eine vielfältige Entwicklung der übrigen Lebewesen verhindert. Der LK fischte die Fremdlinge schließlich mit einer riesigen Gardine heraus. Eine Referendarin transportierte den Fang nach Bremen-Nord und entließ ihn dort in ein Ziergewässer.

Flora und Fauna entwickelten sich in dem Teich prächtig. Es tummelten sich Wasserläufer, Frösche und Kröten, verschiedene Schneckenarten, kleine Fische; Vögel badeten… Selbst die Überwinterung gelang nach Frostperioden. Die entsprechenden LK maßen jährlich mehrmals die Wasserwerte und notierten die Sukzession.

Für viele der SchülerInnen war der Garten mit dem Angebot von Him- und Brombeeren, Äpfeln

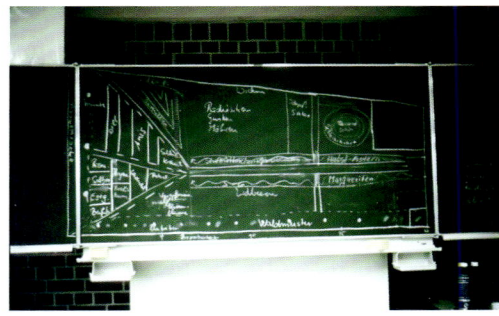
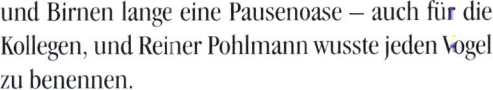

und Birnen lange eine Pausenoase – auch für die Kollegen, und Reiner Pohlmann wusste jeden Vogel zu benennen.

Mit der Umstellung der LK zur Fünfstündigkeit war kaum mehr Zeit zur Pflege des Gartens, und es gab nie eine Entlastungsstunde!

Dazu kamen einige weitere Hindernisse und widrige Einflüsse. Auch einige Brauerlehrlinge wussten nämlich den Teich und die angrenzende Schulgartenhecke zu schätzen: Wiederholt erledigten sie distanznah, was am Schulmorgen nach Bier-Brauen und -Verkostung entsorgt werden musste. Maische wurde in den Teich gekippt, der kurze Weg „vor die Tür" (hier waren Gewässer und Hecke) dem längeren zur Toilette vorgezogen – sorry, so war es! Das bekam dem kleinen Ökosystem in seiner weiteren Entwicklung nicht sonderlich gut.

Der Garten verwilderte und vertrocknete und wurde schließlich durch eine von den Brauern ungefragt ins Rondell gesetzte Hopfenpflanze mit der Zeit vollständig überwuchert.

Es war wohl in den ersten Jahren des 21. Jahrhunderts, als – von wem beauftragte? – Arbeiter den verbliebenen Gartenzaun entfernten, das Gelände planierten und strapazierfähigen Einheitsrasen säten.

Der Schulteich blieb erhalten, der damalige Schulleiter wurde aber informiert, dass die Tiefe nicht ungefährlich für spielende Kinder sei.

Arbeiten im Schulgarten

KLAUS HELLMERICHS
Ökohaus

Nach politisch unruhigen Zeiten Ende der 1960er Jahre folgte ein nicht weniger unruhiges Jahrzehnt. Neben der inzwischen stark fraktionierten und geschwächten »außerparlamentarischen Opposition« (APO) gewannen Ein-Punkt-Bewegungen zur Durchsetzung partikularer Interessen mit dem Ziel, die Lebensverhältnisse vor Ort zu verändern, zunehmend an Einfluss. Eine breite Flut von Schriften zu Themenkomplexen wie Dritte Welt, Ökologie, Feminismus u.a. begleitete eine rasch

Das Öko-Haus – Grundsteinlegung

wachsende alternative Szene; zwei davon beeinflussten nahezu weltweit die neuen Bewegungen: Zum einen Dennis Meadows »Grenzen des Wachstums«, veröffentlicht als »Bericht des Club of Rome zur Lage der Menschheit«, und zum anderen »Global 2000«, der Bericht an den US-Präsidenten über Bevölkerungsentwicklung, Ressourcenfragen und Umweltschutz. Mit ihrer Kritik an der Ideologie ungebremsten Wachstums moderner Industriegesellschaften rückte die ökologische Thematik in den Vordergrund (Stichwort: »Atomkraft – nein danke!«). Hinzu trat der verstärkte Rüstungswettlauf zwischen Ost und West (Stichwort: »Nachrüstungsdebatte«). Umweltschutz und Friedenspolitik waren jetzt die übergreifenden Themen vor allem der alternativen Bewegungen in den westlichen Industriegesellschaften. Insgesamt war weniger »rot« und mehr »grün« angesagt. Damit verlor das in der Bundesrepublik und vor allem in Bremen dominierende Thema Bildungspolitik zwar politisch an Bedeutung, insgesamt aber erweiterte sich das reformerische Spektrum. Die weit überwiegende Zahl der Lehrkräfte am Rübekamp – und auch anderen Orts – integrierten diese neuen Herausforderungen in die tägliche Praxis; Ökologie- und Friedenspolitik wurden Teil der pädagogischen Arbeit: die Kursthemen dieser Jahre sprechen Bände.

Dieser Denk- und Handlungsansatz galt auch für den Architekten Kristen Müller. Konsequent ließ er gegen den ausdrücklichen Willen des Senator für Bildung und des Hochbauamtes Pflanzwannen mauern, um die Schule von innen zu begrünen. Am Schluss seiner Rede zur Einweihung des Schulzentrums am Rübekamp forderte er Lehrer und Schüler auf, über das rein Schulische hinaus aktiv zu werden, sich einzumischen – so wie er es mit seiner Kompetenz zum Beispiel beim Kampf um den Erhalt des »Schlachthofs« tat, der platt gemacht werden sollte. Ganz konkret sollten Lehrer und Schüler auf dem Schulgelände – neben einem Schulgarten – auch ein Solargewächshaus betreiben. Für letzteres wies der Senator für Bildung für das »Ökohaus«, wie es bald hieß, eine Übernahme von Kosten für Material und eine versicherungsrechtliche Absicherung weit von sich. Das schreckte Kristen Müller keineswegs von seinen Vorhaben ab; er legte nicht nur selbst Hand an, sondern übernahm auch die entstehenden Kosten. Steine und Sand wurden herangeschafft und Kristen Müller selbst errichtete mit Studenten die Grundmauern, schaffte aus einem Sanierungsfall der nahen Um-

gebung Fenster herbei – und manches mehr. Lehrer und Schüler wurden begeistert, selbst am Wochenende wurde am Ökohaus gebaut. Die Schule lehnte sich weit aus dem Fenster und versprach den Betrieb zu sichern.

Alles ließ sich sehr gut an – nur mit einem hatte niemand gerechnet: Das kleine, aus einem Erdhügel herausragende Ökohaus war in den Nachmittagsstunden und an Wochenenden für herumstreunende Jugendliche ein interessantes Objekt. Von der Straße her nicht einsehbar, lud es zu Schandtaten ein. Scheiben wurden zerschlagen und manches zerstört. Ein Zaun wurde errichtet und Schüler übernachteten am Wochenende freiwillig im Ökohaus und suchten es auf ihre Art zu schützen. Allein, gegen den Vandalismus unausgelasteter Jugendlicher war auf Dauer kein Kraut gewachsen, erst recht nicht zu Ferienzeiten. Als dann noch Feuer gelegt wurde, war das Ende des Ökohauses besiegelt. Die Kosten für den Abbruch immerhin übernahm der Senator für Bildung: »Wir haben es euch ja gleich gesagt!«

Inzwischen ist im wahrsten Sinne des Wortes Gras über »die Sache« gewachsen.

Das Öko-Haus – verlassen

HEINZ FLISSE
Aus dem Alltag eines Lehrers: Aufsicht beim Schulfest

Ich traue mich kaum Gas zu geben, doch die Holperschwelle kommt schneller als erwartet. Sein Kopf lehnt am Türrahmen und schaukelt im Rhythmus der Bodenwellen hin und her, als wolle er sich nicht mit der misslichen Lage abfinden, in die er sich selbst gebracht hat, als er noch bei Verstand war. Der Fahrtwind streicht durch das offene Fenster, zaust seine blonden, am Nacken leicht gekräuselten Haare, ohne eine Wirkung auf dem entspannten Gesicht zu hinterlassen. Hoffentlich erkältet er sich nicht. Ein Blick auf das Thermometer: Minus 4 Grad. Ich hätte doch meine Wollmütze aufsetzen sollen. Es ist kurz nach Mitternacht. Wer war das Mädchen eigentlich? Kenn ich sie?

Da, schon wieder eine Schwelle.

„Uooaah,..."

Eine Welle läuft durch seinen Körper. Seine linke Hand sucht vergeblich nach Halt, greift ins Leere. Dem weit geöffneten Mund entweicht ein sanft zischender Laut. Würgen. Zügig, aber so behutsam wie möglich, steuere ich nach rechts, halte an und springe aus dem Wagen. Zu spät. Als ich seine Tür öffne, ist es bereits geschehen. Er hat in das Handschuhfach gekotzt. Jetzt liegt sein Kopf in meinen Händen. Wie schwer ein solcher Kopf ist. Wohin damit? Der Schwerkraft folgend sinkt er auf seine Brust. Jetzt kotzt er wieder, doch es kommt nur noch Speichel. Seine Augen tränen. Ob er weint? Ich glaube nicht, es ist wohl der Fahrtwind. Ich steige wieder ein, drehe den Heizungsregler auf maximal. Warmluft steigt mir entgegen. Das tut gut. Er scheint sich ruhig zu verhalten, also fahre ich weiter.

„Bist Du Lehrer?"

„Ja, warum?"

„Da draußen liegt ein Schüler bewusstlos auf dem Rasen, vermutlich betrunken. Kommen Sie schnell."

Ein Mädchen mit stacheliger Frisur sieht mich an. An den Handgelenken trägt sie über schwarzen, mit weißen Spitzen besetzten Stulpen Armringe aus Leder, die mit kantigen metallischen Bolzen bewehrt sind, wie als Bedrohung für jeden, der ihr zu nahe zu kommen versucht. Sie ist besorgt.

Ich hätte doch meine Wollmütze mitnehmen sollen. Eigentlich gab es am Ende eines jeden Schulfestes diesen Außenjob zu erledigen, den mir mein Schulleiter bei einbrechender Dunkelheit grinsend übertragen hat.

„Das kriegen Sie schon hin als Sportlehrer. Auf der anderen Seite ist noch ein Kollege, falls Sie Unterstützung brauchen."

Ich hätte wissen können, dass bei der klaren Nacht Frost aufkommen würde.

Etwas unwillig folge ich ihr in die Dunkelheit. Sie biegt in eine Wiese ein, die unweit eines naturbelassenen, von wildem Gehölz bewachsenen Geländes im aufscheinenden Mondlicht zu erkennen ist. Im Kegel einer Taschenlampe zeichnet sich schemenhaft eine Gestalt ab.

„Das ist er", sagt sie und bleibt in einiger Entfernung stehen.

Ich erkenne einen jungen Menschen in Rückenlage, einen Arm hinter dem Körper, leicht verdreht, den anderen ausgestreckt zur Seite, die Handfläche nach unten, als befühle er den aufkommenden Reif an den Spitzen der Grashalme. Sein Kopf ist geneigt, der Mund leicht geöffnet. Ein grünlicher, fast klarer Schleim läuft aus seinem linken Mundwinkel den Hals hinab bis zum Hemdkragen. Man hört leichtes Stöhnen.

„Steh auf, hier kannst Du nicht liegen bleiben. Das ist zu kalt hier."

Ich stoße ihn mit dem Fuß an. Keine Reaktion.

„Wie heißt Du?"

Keine Antwort.

„Wo wohnst Du?"

Ich beuge mich zu ihm hinab, rüttele ihn an der Schulter. Das Stöhnen verstärkt sich. Immerhin, er scheint bei Bewusstsein. Das macht die Sache leichter. Bloß keinen Notarzt jetzt. Ich möchte pünktlich nach Hause.

„Man müsste ein Taxi rufen" murmele ich.

„Die nehmen keinen Betrunkenen mit," meldet sich das Mädchen hinter mir. Ich hatte sie fast vergessen. Recht hat sie.

„Kümmern Sie sich bitte um ihn, mir ist kalt." Fröstelnd, mit zusammengezogenen Schultern, geht sie.

„Ja, ja, geh nur", sage ich halblaut zu ihr und „Das ist nun wohl dein Job", leise zu mir.

Sein linkes Augenlid ist fast geschlossen, sein rechtes Auge blickt starr, wie interessiert, in den Sternenhimmel. Unwillkürlich folge ich seiner Blickrichtung. Welch prächtige, klare Nacht. Orion, Beteigeuze, Bellatrix, die Gürtelschnalle. Rot leuchtet Aldebaran. Vielleicht sollte ich morgen früh meinen Schülern die Venus zeigen, kommt es mir in den Sinn.

Betrunkene können an Erbrochenem ersticken. Seitenlage, geht es mir durch den Kopf, dann, der Junge muss weg hier, er muss auf die Beine. Jemand muss ihn nach Hause fahren. Ich versuche ihn am Hemdkragen und an der Schulter zu fassen. Der Kragen ist feucht und klebrig.

„Körperstraße 16, Parallelweg. Körnerstraße Parallelweg", oder so ähnlich lallt es plötzlich neben mir. Na also, er hat mich doch verstanden.

„Wo wohnst Du, wo?"

Ich versuche ihn von hinten unter den Achseln zu fassen. Er unterstützt mich nach Kräften. Es gelingt mir ihn hochzuziehen, doch dann legt er sich vornüber und verliert das Gleichgewicht. Ich muss ihn loslassen, versuche seinen Fall zu bremsen. Betrunkene haben einen Schutzengel, tröste ich mich. Beim zweiten Versuch bin ich vorsichtiger. Ich nehme ihn seitlich über die Schulter, sein Kopf pendelt hin und her, bleibt schließlich in meiner Halsbeuge liegen. Ich wende mich ab, fürchte seinen Atem. Erstaunlich: Sein Atem riecht nicht unangenehm. Tabak, Bier und Erbrochenes vermischen sich mit dem Duft von zertretenem Rasen zu einem erstaunlich wirkmächtigen Schulfestodeur.

Es sind nur wenige Schritte bis zum Parkplatz, doch es fällt mir schwer, mit ihm zu gehen. Zwei, drei gemeinsame Schritte, dann knickt er ein, lässt sich fallen, mal nach links, dann wieder nach rechts.

„Tschuldigung, Körtnerstraße 16 Parallelweg, ich muss spucken", meldet er sich.

Ich lehne ihn an einen Laternenpfahl, atme durch. Mein rechtes Knie schmerzt. Gestern war im Sportunterricht ein Schüler beim vergeblichen Versuch, einen Kasten zu überwinden, und meinem noch vergeblicheren, ihn dabei zu unterstützen, ins rechte Knie geknallt. Warum treten mir die Schüler besonders gern ins rechte Knie, frage ich mich, doch bevor mir die Antwort dazu einfällt, höre ich eine Stimme hinter mir.

„Kotz Dich ruhig aus! Papi bringt dich gleich ins Bettchen."

Eine Schülergruppe geht vorbei. Dumme Sprüche kann ich jetzt gerade brauchen.

„Kennt jemand die Körtnerstraße?", frage ich hinter ihnen her. Zwei Jungen kommen zurück, einer versucht seinen parkaähnlichen Mantel anzuziehen. Es ist noch kälter geworden.

„Körtnerstraße, das muss in Walle sein, gleich hinterm Sender, aber da ist jetzt 'ne Baustelle, schwierige Ecke, wenn man sich nicht auskennt.", meint er bedeutsam. Ein prüfender Blick, erst zögerlich, doch als er meine Hilflosigkeit erkennt, tritt er entschlossen näher.

„Können wir helfen?"

Natürlich können sie. Jede Hilfe ist mir willkommen. Gemeinsam wird es leichter gehen. Trotz der Kälte bin ich leicht ins Schwitzen geraten. Bald merke ich dass meine beiden Helfer an diesem Abend auch nicht abstinent waren. Der jüngere, mit Igelschnitt und kahlrasierten Schläfen, hält eine verbeulte Bierdose in der Hand. Nachdem er vergeblich versucht hat, der wohl entleerten Dose noch einen Rest zu entlocken, wirft er sie achtlos hinter sich. Er hat ein freundliches Kindergesicht. Sie hängen sich an uns und gemeinsam kommen wir durch und erreichen den Wagen. Ich versuche die Seitentür aufzuschließen, ohne ihn loszulassen. Der Punk ist rührend. Er bugsiert ihn auf den Nebensitz, stützt seinen Kopf, der immer wieder auf die Brust fällt, und schnallt ihn fest. Es stört ihn nicht, dass seine sorgfältig herausgeputzte Haarbürste am Türrahmen plattgedrückt wird.

„Passen Sie auf, dass er nicht auf die Polster kotzt. Der Geruch geht nie wieder raus."

Er weiß, wovon er spricht.

„Haben Sie kein Handtuch, was sie ihm umhängen können?"

Eine gute Idee, doch ich habe keines. Ich nehme mir fest vor, bei zukünftigen Schulfesten, ständig eines bei mir zu führen.

„Und fahren Sie ja langsam. Wenn man betrunken ist, wird man wahnsinnig, wenn jemand mit einem durch die Stadt heizt."

Ich will es mir zu Herzen nehmen.

Da klopft es an der Scheibe.

„Machen Sie das Seitenfenster runter, damit er sich übergeben kann. Ich bin einmal besoffen gewesen, da habe ich ..."

Ich lasse langsam die Kupplung kommen, jetzt ist keine Zeit für Geschichten.

Hoffentlich kommen keine Schwellen mehr. Nein, bis Walle wird es gehen, beruhige ich mich. Es zieht immer noch durchs geöffnete Seitenfenster. Ob es besser wird, wenn ich das Schiebedach öffne? Nein, keine Änderung. Da muss doch noch eine Wollmütze im Auto liegen. Meine Hand tastet hinter den Nebensitz. Erschrocken zucke ich zurück. Was ich deutlich fühle, ist eine kalte Männerhand. Natürlich. Sein Arm war abgerutscht und hinter die Handbremse geraten, genau an die Stelle, an der ich meine Mütze vermutete. Eine Ampel geht auf rot. Ich lehne mich zurück, atme durch, blicke zur Seite und sehe ihn an. Das rote Licht gibt seinem bleichen Gesicht eine beruhigende, gleichmäßige rosa Färbung, die nur durch zwei getrocknete Schleimkrusten an seinem linken Mundwinkel durchbrochen wird. Ob er schon achtzehn ist, frage ich mich? Nein, höchstens sechzehn wird er sein. Er atmet langsam und tief, ganz entspannt. Ob er schläft? Was werden seine Eltern wohl sagen?

Die Ampel springt auf grün. Vor mir erkenne ich die angekündigte Baustelle. Hier irgendwo muss es sein. Ich biege links ab, muss die Baustelle umfahren, dann wieder rechts. Fahr ich nicht schon wieder zurück? Nochmals rechts. In den schlecht beleuchteten Straßen kann ich keine Schilder erkennen. Habe ich mich verfahren? Langsam werde ich müde, da sehe ich an der Ecke jemanden aus einer Kneipe wanken. Ich sollte fragen. Ich entschließe mich auszusteigen. Die Tür lässt sich nur schwer öffnen wegen eines angefahrenen, schräg in der Halterung hängenden Straßenschildes. Ich drücke mich daran vorbei und lese, fast aus den Augenwinkeln, im fahlen Neonlicht der Kneipe: Körtnerweg, und auf der gegenüberliegenden, nach rechts abzweigenden Straßenseite: Parallelweg. Noch ein paar Schritte und ich erkenne die Hausnummer 16.

Zurück am Auto muss ich meinen Fahrgast erst aufwecken. Er reagiert erschrocken, lässt sich aber unterhaken und bis vor seine Haustür bugsieren. Nummer 16 ist ein Reihenhaus ohne Vorgarten. Man tritt aus dem Flur direkt auf den unbefestigten Bürgersteig. In der Mitte der Haustür eine unbeleuchtete Klingel. Ich drücke kurz auf den Knopf. Mir ist etwas flau im Magen, mache mir Sorgen wegen der Uhrzeit. Inzwischen ist es Viertel nach eins. Nichts rührt sich. Da, doch, ein Lichtschein. Die Tür wird von innen aufgeschlossen, einmal, zweimal. Ich höre das metallische Klappern des Schlüsselbundes. Die Tür klemmt, endlich geht sie auf.

Eine beleibte Frau in den Fünfzigern steht in einem flüchtig geschlossenen Bademantel vor mir, in ihrem Mundwinkel eine kaum noch glimmende Zigarette. Sie wirkt nicht mal überrascht. Als sie ihren Sohn erkennt, geht sie ins Haus zurück, weist auf einen Treppenaufgang direkt hinter der Eingangstür und deutet mit einer Handbewegung an, ihren Sohn dort abzulegen. Dann verschwindet sie, ohne sich umzudrehen, in einem der hinteren Zimmer, aus dem Licht, Qualm und Stimmengewirr dringt. Man hört die Eröffnungsmelodie einer bekannten Westernserie. Ratlos stehe ich neben dem Jungen, der augenblicklich fühlt, dass er zu Hause ist. Er liegt, eingerollt wie eine Katze, auf der untersten Treppenstufe und ist wieder eingeschlafen. Ich bin verunsichert, einen Augenblick lang stehe ich unentschlossen vor ihm und warte. Nichts rührt sich. Was soll ich noch hier? Zögernd drehe ich mich um, öffne die Haustür. Ich finde keinen Schalter, das Flurlicht zu löschen. Behutsam drücke ich die Tür ins Schloss und gehe zurück zu meinem Wagen.

Eine wunderbare Nacht. Ich lasse mich in den Sitz fallen, genieße die Kälte. Morgen früh, in der ersten Stunde, werde ich meinem Leistungskurs Physik die Venus zeigen.

Modenschau
Steinkimmen, 2005

URSULA BROICHER
Das ‚Mädchenzimmer' und andere Räumlichkeiten

Gegen Ende der 90er Jahre stellten Frauen in der Gesamtkonferenz den Antrag, den schönen Raum am Ende des großen Lehrerzimmers von den Teilen der Schülerbibliothek, die dort gelagert waren, frei zu räumen und einen zusätzlichen kleineren Aufenthaltsraum zu schaffen. Der Antrag fand eine Mehrheit und so machten sich die Frauen und ein paar wenige Männer an die Arbeit. Die Spaßvögel im Kollegium begannen danach den Namen „Mädchenzimmer" zu verwenden. Wie das gemeint war, war schon klar. Hat es uns aufgeregt? Eher nicht.

Dabei wäre die Bezeichnung „Frauenzimmer", doppeldeutig wie sie ist, viel witziger gewesen. Die großen Jungs aber blieben in ihrer Vorstellungswelt.

Das Raucherzimmer (heute gar nicht mehr vorstellbar) andererseits, war auch ein überaus angenehmer Raum. Hier war man gerne, aus Bedürfnis und Gewohnheit. Die Stühle waren bestimmten KollegInnen zugeordnet, die Aschenbecher immer voll, Unterrichtsmaterialien und alle möglichen anderen Papiere häuften sich auf dem großen Tisch; im Hintergrund ein Regal mit der Grimm'schen Sammlung des deutschen Wortschatzes – mindestens 20 Bände. Welch ein Versprechen! Welch ein „Hintergrund"! Darunter aber Stapel von Resten irgendwelcher Druckvorlagen, überflüssiges Zeug, uralte Ordner mit nicht verwaltetem Inhalt und unklarer Zugehörigkeit. Der Hintergrund also nicht nur ein „Welch ein…!", sondern auch „Ich habe keine Lust, das aufzuräumen." Irgendwie, wie die allgemeine Improvisation und das Leben in und mit ihr.

Dazu war es sehr nah an der Haupttür zum Schülereinfall in das große Lehrerzimmer gelegen, so dass eigentlich keine Pausenzeit ohne heftiges Klopfen, Öffnen der Tür und die darauf folgenden Gespräche mit den Schülern vorüberging.

Der schnell gekochte Kaffee (hat jemand Kaffee gekocht?) wurde oft kalt, die angefangene Zigarette verglühte, weil offensichtlich sehr dringende Anliegen jetzt sofort verhandelt werden mussten.

Manchmal hätten wir uns etwas mehr Entspannung gewünscht. Niemand wäre auf die Idee gekommen, dem Klopfen an der Tür nicht zu antworten. (Das muss jetzt ehlicherweise mit einem dicken Fragezeichen versehen werden.) Überhaupt waren die Pausen für uns alle, egal wo wir saßen, hektisch, hektisch, hektisch. Material sortieren, rasch noch was kopieren, Schülerfragen beantworten, KollegInnen um ihre Meinung fragen, schwätzen, lachen, auf die Uhr sehen, schnell noch dies, schnell noch das und dann wieder in den Gang voller SchülerInnen, die Schlüssel raus, klappern, die Tür aufschließen und dann Frieden im Unterrichtsraum, tief Luft holen, die Anwesenheitsliste rausholen und abhaken. Und es konnte ein anderer wichtiger Teil unseres Lebens beginnen: junge Menschen zu begaben.

Dann aber die Freistunden, die man im Raucherzimmer verbringen konnte. Es kamen KollegInnen herein, die den Raum wegen des Gestanks sonst nicht betraten. Es gab Gelegenheit zu ruhigen, vertrauten Gesprächen, Planungen konnten besprochen werden. ReferendarInnen konnten sich ausheulen, Trost wurde gespendet und notwendige Kritik ausgesprochen. Freundschaften entstanden.

All das gab es auch im „Mädchenzimmer" am anderen Ende des großen Lehrerzimmers – nur ohne den Qualm und das Durcheinander! Hier saßen überwiegend nichtrauchende Frauen. Natürlich wussten den Raum auch einige Männer zu schätzen.

Auch hier Bücherregale an den Wänden mit wichtigen Werken der Lehrerbibliothek und unidentifizierbaren Papierstößen, Stapeln von Zeitschriften und allen möglichen Materialien, ruhige freundschaftliche Gespräche, Hektik zu bestimmten Zeiten, aber irgendwie trotzdem ein Ruhepunkt.

Das große Lehrerzimmer, von den Architekten als Kommunikationszentrum für alle Beschäftigten geplant, hatte ja eher den Charme einer Bahnhofshalle. Postfächer, Kopiergeräte, ein riesiger Tischpark in der Mitte und Bücherregale, weil wir nicht wussten, wohin mit den Sachen – das Ganze mit wenig positiver Atmosphäre, wie es mir vorkam. Dennoch auch Rückzugsraum für KollegInnen, die weder in das eine noch das andere Seitenzimmer ziehen wollten.

Überhaupt hat ja die „Unvollendung" des Schulgebäudes viel zum Charakter der Schule beigetragen. Improvisation war allenthalben von Nöten. Großartige Ansätze – siehe Forum – endeten im täglichen Frust über zu glatte Kunststoffwände und fehlenden Stauraum in den Unterrichtsräumen. (Vgl. auch, was Barbara Schneider für die „Kunst" dazu zu sagen hat!) Wir hatten Räume, die geräumt (Raum fehlte allenthalben…) werden mussten nach den Unterrichtsstunden, unpersönliche Unterrichtsplätze, die wir für die nächsten Lerngruppen genauso glatt hinterlassen würden, wie wir sie vorgefunden hatten.

Die SchülerInnen hat es offensichtlich nicht gestört, was mich immer verwunderte. Denn so schön die Schule auf den ersten Blick war, so wenig war die uns verbliebene Unterrichtsumgebung das, was sich die Architekten ursprünglich gewünscht haben mochten. Jahrelang z.B., war die Beleuchtung auf den Gängen in Richtung Naturwissenschaften von der Qualität einer vernachlässigten

U-Bahnstation. Eines Tages wurde mehr Licht eingeschraubt – Erleuchtung!

Die zwielichtige Pausenhalle, ständig überfüllt und so wichtig für Sehen und Gesehenwerden, für Brötchen, den schnellen Schnack und Nachrichtenaustausch – geliebt und nicht wegzudenken.

Wie lebt es sich mit ständiger Improvisation? Ganz gut!

Die Menschen passen sich an und erkennen auch im Fehlerhaften Potential. Sie müssen es noch nicht einmal erkennen, sie müssen sich nur irgendwie arrangieren und sich daraufhin (irgendwie) wohlfühlen. Die „Unvollendung" ist ja unser menschliches Schicksal, ob erkannt oder nicht.

Trotz räumlicher Enge – glückliche SchülerInnen

Johann Büsen: Bionik

Rückblickend gesehen …

MICHÈLE SARO
Die schönste Parenthese meines Lebens

Es war einmal eine Deutschlehrerin, die nicht einmal wusste, wie man "Brehmen" schreibt, und noch weniger, wo diese Stadt liegt.... Irgendwo im Norden, nicht sehr weit von Hamburg! Trotzdem hatte sie schon einmal von einer berühmten Fußballmannschaft gehört... (Besser gesagt, ihre Söhne und ihre Schüler wussten davon!)

Diese Lehrerin war ich und zum Glück traf ich die richtigen Personen, die mich in diese so reizende Stadt und Gegend eingeführt haben. Und so hat diese schöne Geschichte angefangen...

Als ich an einer Schule in Montreuil in der Nähe von Paris arbeitete, wollte mein Kollege seinen zehnjährigen Schüleraustausch nicht mehr fortführen: So entdeckte ich nicht nur das Schulzentrum in Osterholz-Scharmbeck, sondern auch meine zukünftige und immer noch so liebe Freundin, die lustige Französischlehrerin Gaby, die immer mein Deutsch verbessern wollte und verbessert hat!

Während dieses Austauschs im Mai 1990 besuchte ich den prachtvollen Rhododendronpark, der mich so tief beeindruckt hat und fast einer der Anlässe war, der mich zwei Jahre später nach Bremen führen würde.

Ich war von Bremen und seiner Gegend so begeistert, dass ich 1992, als ich eine feste Stelle am Gymnasium Jacques Brel in La Courneuve bekam, sofort einen Lehreraustausch beantragt habe.

Aber mit wem konnte ich so einen einjährigen Lehreraustausch machen?

Zum Glück hatte meine Kollegin und Freundin Dominique, auch Deutschlehrerin am Gymnasium Jacques Brel eine gute Freundin, Mechtild Vogt, die an der Gesamtschule neben dem Rübekamp arbeitete.

Mechtild hatte erfahren, dass die Ex-Frau eines Kollegen der Gesamtschule, Sabine Hondong (Französischlehrerin), an einem Austausch interessiert sei. Dank an diese beiden, zu früh gestorbenen Frauen, die mir diese so schöne Zeit in Bremen ermöglicht haben!

So ging die Liebesgeschichte mit Bremen und dem Rübekamp weiter....

Als ich im September 1993 mit meinen Koffern, meiner Geige und meinem Renault in Habenhausen ankam, war ich zuerst sehr erstaunt: In dieser niedlichen Siedlung glichen sich alle Häuser, aber ich hatte einen kleinen Garten und viel Ruhe! Keine Autos fuhren vorbei, ich war weit weg vom Stress und vom Lärm der Großstadt Paris! (Das erlebte jetzt Sabine!) Es gab aber leider auch keinen Zeitungskiosk und keine Cafés.

Meine erste Erinnerung: Als ich am Sonntag vor meinem ersten Tag am Rübekamp die Strecke zur Schule übte, befand ich mich plötzlich mit meinem Renault mitten auf der Domsheide, auf der Kreuzung zweier Straßenbahnlinien! Aber die Schaffner waren verständnisvoll und ließen mich ganz in Ruhe den Rückwärtsgang einlegen....

Der erste Tag war schön, obwohl ich ein bisschen schüchtern und verunsichert war.

Die Kollegen waren aber sehr nett, die Sekretärin, die Leiter wirklich froh, mich zu empfangen.

Nur, was mir fehlte war der Schlüssel zum Lehrerzimmer, ich fühlte mich ein wenig ausgesperrt, so einen Schlüssel gibt es in Frankreich nicht.

Um 10 Uhr gab es Brötchen, um den Tisch saßen freundliche Lehrerinnen und Lehrer, die mich neugierig ausfragten... Ich wunderte mich über das Extra-Zimmer für die Raucher, bei uns gab es das noch nicht, ihr in Deutschland habt ja immer die Nase vorn.

Ich fand die Stimmung im Lehrerzimmer und in den Klassen sehr ruhig; die Schüler waren nett und die Französischkurse klein. Ich hatte auch in der Berufsschule einige Kurse, in der Hotelabteilung, das hat mir wirklich Spaß gemacht. Was mich aber schockiert hat, war die Unpünktlichkeit vieler

Schüler.... Sie kamen total gelassen mit 10-15 Minuten Verspätung oder erst gleich zur 2. Stunde des Blocks! Das lässt man in den französischen Schulen nicht zu. Ob es besser ist, weiß ich nicht, aber wenigstens kann man pünktlich mit dem Unterricht anfangen!

Natürlich brauchte ich einige Zeit, um mich "einzuleben"! Das Wort hab' ich bestimmt hundertmal gehört. "Wie lebst du dich ein?", fragten alle. Das Kollegium kümmerte sich viel um mich. Manche verzogen mitleidig das Gesicht, als ich ihnen sagte, dass ich in Habenhausen wohnte: "Was? in Habenhausen?" – "Ja, warum doch nicht! Ich hab' ein Auto, es ist dort ruhig und nicht am Ende der Welt!"

Mir wurde oft geholfen, wenn ich nicht wusste, wo mein Unterricht stattfinden sollte oder wenn ich Schwierigkeiten mit der Dauer der Pausen hatte...

Sabines Haus war gemütlich und groß, obwohl ich es mit ihren beiden fast erwachsenen Töchtern teilte: Viele Freundinnen und Freunde aus Frankreich haben mich besucht und sie konnten alle bei mir schlafen. Sogar ein Bläserquintett aus Paris hat bei mir Unterkunft gefunden und ein schönes Konzert in Lilienthal gegeben!

A propos Musik: Gleich nach meiner Ankunft in Bremen hat mir jemand einen Kontakt zu einem Orchester hergestellt, so dass ich wieder Geige spielen konnte, wie in meinem Orchester in Paris.

Mein Bremen Aufenthalt (außer dem Französischunterricht) stand nämlich unter dem Motto: Freundschaft und Musik! Natürlich gab es viel Musik mit der immer so begeisterten Ingrid. Was die Freundschaft betrifft, kann ich leider nicht alle nennen, die mir diese Zeit so angenehm gemacht haben. Natürlich Mechtild und Gaby, und so viele vom Rübekamp, Männer, Frauen: Borgi, Petra... Nein, es sind zu viele, die mir heute noch am Herzen liegen!

Und an der Schule wurde alles gefeiert: Geburtstage, Spargelzeit, Weihnachten, Kohl- und Pinkelfahrt! Das war ja eine tolle Erfahrung, diese Wanderung im Schnee. Immer in einer so guten Stimmung, mit Musik, wie das Weihnachtsfest, das die neuen Freundschaften verfestigt hat.

Später im Mai hat mich Ingrid mit ihrem Chor nach Tempere mitgenommen. Sie sagte, sie würde

noch eine Begleitperson brauchen. Finnland, das war auch eine schöne Reise!

Alles an dieser Schule schien mir so leicht zu organisieren, stresslos, problemlos, ohne Hektik. (Ich weiß: es war nicht alles nur rosig. Doch das sind meine persönlichen Eindrücke.)

Ende Juli musste ich mich leider verabschieden, und am 14. Juli (an unserem Nationalfeiertag) habe ich einen französischen Aperitif vorbereitet, natürlich mit rotem Wein, Käse und Baguette. Die schönste Überraschung kam aber von dem Kollegium! Blumen, Bücher wurden mir geschenkt und "Michèle", ein Lied von den Beatles wurde für mich umgedichtet und vom Chor vorgeführt! Das war ein sehr rührender Augenblick für mich, als die Choristen in Blau, Weiß, Rot vor mir standen! Ich hatte mich zwar zweimal an diesem Morgen gewundert: Einmal habe ich einer Lehrerin zu ihrem knallroten Kleid gratuliert und eine Stunde später einer anderen zu ihrem schönen weißen Kleid. Erst als ich den Chor sah, habe ich verstanden, worum es ging...

Meine Rückfahrt im Renault war traurig, aber die Erinnerungen so schön: Ich habe fünf Fotoalben im Koffer mitgenommen und die Hoffnung auf künftige Schüleraustausche. Drei Schüleraustausche sind zwischen dem Rübekamp und dem Gymnasium Jacques Brel zustande gekommen: 1996 mit Dominique, Petra und Margarethe und 1998 und 2000 mit Véronika und den treuen Französischlehrerinnen Petra und Margarethe.

Ja, das war wirklich die schönste Parenthese meines Lebens: eine interessante Arbeit, ein sehr freundliches Kollegium, viel Musik, Feste, Wanderungen, Entdeckungen einer so schönen Gegend und viele bleibende Freundschaften.

M. Saro inmitten der 3. Austauschgruppe in Bremen, 2000

ULRICH JUCHHEIM
Und überhaupt wollte ich noch sagen ...
Rückmeldungen von Ehemaligen

Zu einer Schule gehören bekanntermaßen nicht nur LehrerInnen sondern auch SchülerInnen – und deren Erleben und Erinnern darf in einer ‚Geschichte des Rübekamp' natürlich nicht fehlen. Um über Gespräche, die Einzelne immer mal mit Ehemaligen geführt haben, hinaus möglichst viele Rückmeldungen zu bekommen, haben wir einen Fragebogen entwickelt, der über Tutorlisten, Adressen in Jahrbüchern und ehemalige KollegInnen verschickt wurde.

Als Rücklauf bekamen wir 70 Bögen, ziemlich gleichmäßig über alle Jahrgänge seit 1976 verteilt. Daraus lassen sich natürlich – angesichts der etwa 4000 Ehemaligen aus 40 Jahren – keine verlässlichen Aussagen über ‚das' Bild der Schule ableiten, auch muss bedacht werden, dass schlechte Erfahrungen mit der Schule eher nicht zum Antworten geführt haben werden. Also, mit aller gebotenen Skepsis vor Verallgemeinerungen:

45 haben die Schule gewählt, weil das Leistungskursangebot stimmte; 28 weil sie viel Gutes gehört hatten; 27 weil ihre Freunde dort hingingen; 17 immerhin waren von den Infotagen überzeugt.

56 hat die Zeit am Rübekamp wegen der angenehmen, offenen Atmosphäre gefallen; 54 wegen der LehrerInnen; 51 wegen der netten MitschülerInnen; 35 immerhin waren von den Unterrichtsthemen angetan, 15 auch von den Methoden – mehr trugen aber die Kursfahrten zum Wohlfühlen bei (41).

Einige wenige (6) waren froh, es hinter sich zu haben; alle legen Wert darauf, dass der Grund aber nicht in der Schule zu suchen sei.

Warum die Schulzeit fürs spätere Leben wichtig gewesen sei? Bei 35 wurden Interessen geweckt, 32 haben selbständig arbeiten gelernt, 24 Selbstbewusstsein entwickelt; bei 36 haben sich langjährige Freundschaften entwickelt.

Fazit: Zumindest diese 70 (und wir hoffen, dass es noch mehr waren!) haben die Schule aus guten Gründen in guter Erinnerung. Unmittelbarer als in der Auswertung der Ankreuzungen spiegelt sich das aber in den Zusätzen, aus denen hier eine Auswahl vorgestellt sei:

Der Chor mit den tollen Konzerten und der guten Stimmung bei Proben(-Wochenenden) sind eine prägende Erinnerung an den Rübekamp. Ein besonderes Highlight war die Fahrt nach Kaliningrad und das Gastspiel im beeindruckenden Opernhaus. Noch heute kommen mir viele tolle Momente in den Sinn, wenn ich an den Chor denke. Wenn ich mich nach der Schulzeit mit Freunden von anderen Schulen ausgetauscht habe, war ich immer wieder froh, dass ich am Rübekamp überwiegend von guten Lehrern unterrichtet wurde, die sich für ihre Schüler interessierten und einsetzten. Und unser politisches Engagement unterstützten, so dass meinem Eindruck nach in keinem Bundesland häufiger Schüler demonstrieren als in Bremen (Lehrermangel, Irakkrieg etc.).

Im Gegensatz zur Sek.I (...) traf ich im Rübekamp auf „die große weite Welt": Mit einem Mal waren da nicht mehr nur wohlbehütete Kinder aus dem Bürgertum, sondern auch richtige Punks, echte Alternative, ältere Schüler und Schülerinnen, deren Schullaufbahn nicht wie diejenigen der meisten meiner Freunde mit dem Lineal gezogen war, viel mehr Schülerinnen und Schüler mit Migrationshintergrund (in der Sek. I hatte in meiner Klasse nur eine von 31 Schülerinnen und Schülern einen solchen: Sie kam aus der Schweiz…), Gesamtschüler (diese Schulform wurde in meinem Elternhaus eher kritisch gesehen).

Die Schulzeit ist für mein späteres Leben wichtig gewesen, weil ich noch einmal völlig neue Sichtweisen, Denkrichtungen, Kulturen und Lebensentwürfe kennengelernt habe. Bei Mitschülern und Lehrern. Von diesem Schatz zehre ich bis heute: Er ist mir in ganz unterschiedlichen Kontexten immer wieder sehr hilfreich gewesen.

Ich habe gelernt, dass Respekt nichts mit Siezen zu tun hat.

(Die Schulzeit ist für mein späteres Leben wichtig gewesen, weil) es eine durch und durch positive Zeit war. Mit Mitschülern und auch mit Lehrern wurde viel gesprochen und diskutiert. Man hatte den Eindruck, dass man diese neue Schule noch ein wenig mitgestalten konnte. Die Lehrer waren jung und sehr flexibel und offen. Man fühlte sich frei, Dinge auszuprobieren, und wurde nicht gleich abgestraft. Ich glaube: Unterstützung und Miteinander war das Motto meiner Schulzeit am Rübekamp.

Ich bin nur auf der Oberstufe gelandet, weil ich mit 16 zu jung für den Beruf war, für den ich mich entschieden hatte. Meine Mittelstufenklassenlehrerin war überhaupt auch überzeugt davon, dass ich das Abitur nicht schaffen würde. Für mich war es ein Glücksfall, dass ich trotzdem zur Oberstufe ging. Erst die Oberstufenzeit ermöglichte mir Zusammenhänge und Hintergründe zu erkennen und zu verstehen und eröffnete mir andere Handlungsoptionen, als ich mir zuvor vorstellen konnte. Ich weiß nicht, ob ich ohne Abitur auch glücklich hätte werden können. So konnte ich studieren, promovieren und als Wissenschaftlerin arbeiten. Auf Umwegen von der Fachwissenschaft über die Didaktik und einem Lehramtsstudium bin ich seit 10 Jahren Lehrerin. Heute versuche ich SchülerInnen für die Geowissenschaften und die Physik zu begeistern.

Ich habe viel gelernt. Das Wichtigste sind die sozialen Kompetenzen.

```
Name:
Eintrittsjahr:
```

Ich habe das Schulzentrum am Rübekamp gewählt, weil (x)
- viele meiner Freunde dorthin gingen
- der Schulweg kurz war
- Lehrerinnen mir das empfohlen haben
- das Leistungskursangebot passte
- ich viel Gutes über die Schule gehört hatte
- mich damals bereits die Infotage (für die 10. Klasse) begeistert haben
- weitere/andere Gründe ....

Mir hat die Zeit am Rübekamp gefallen, weil (x)
- ich sehr nette Mitschüler kennen gelernt habe
- ich hilfsbereite, kompetente und freundliche Lehrerinnen vorgefunden habe
- das Gebäude so schön war
- ich im Unterricht auf viele interessante Themen aufmerksam wurde
- vielfältige Unterrichtsmethoden überzeugten
- ein Bemühen spürbar war, Diskriminierungen jeder Art zu vermeiden
- ich tolle Kursfahrten machen konnte
- sehr interessante AGs (Chor / Theater / Sport ...) angeboten wurden
- es insgesamt eine angenehme, offene Atmosphäre war
- wir viel gelacht haben
- weitere/andere Gründe ....

Ich war froh, dass ich diese Schule/die Schulzeit hinter mir hatte, weil (x)
- ich mich ungerecht behandelt fühlte
- die Anforderungen zu hoch waren
- die Anforderungen zu niedrig waren
- der Unterricht oft zu langweilig war
- ich Mobbing erlebt habe
- ich meine Schulzeit generell nicht gut fand (egal, ob am Rübekamp oder woanders!)
- weitere/andere Gründe ....

Die Schulzeit am Rübekamp ist für mein späteres Leben wichtig gewesen, weil (x)
- ich gelernt habe, selbstständig zu arbeiten
- vielfältige Interessen geweckt wurden
- ich im Leistungskurs auf meine spätere Berufsausbildung vorbereitet wurde
- ich gelernt habe, mir Dinge zuzutrauen
- ich das ökonomische, kräftesparende, zielführende Arbeiten entdeckt habe
- ich gelernt habe, mit anderen zusammen zu arbeiten
- ich meine erste Liebe dort gefunden habe
- ich dort gute und langjährige Freunde gefunden habe
- weitere/andere Gründe ....

Ich muss immer wieder lachen, wenn ich daran denke wie ...
Und überhaupt wollte ich noch sagen ..

(Und überhaupt wollte ich noch sagen, dass) ich die Schulzeit am Rübekamp sehr genossen habe und sehr traurig war, dass drei Jahre Oberstufe so schnell vorbei waren. Das Lernen in entspannter Atmosphäre (durch das Vertrauen der Lehrer oder den freundlichen Umgang miteinan-

der – auch unterstrichen durch das Duzen) hat zu einem spaßigen Alltag geführt, und dass ich mich wirklich wohl gefühlt habe in der Oberstufe.

(Und überhaupt wollte ich noch sagen, dass) ich heute in Schulen Lehrer berate, wie sie ihren Job so machen können, dass es ihnen und ihren Schülern dabei gut geht und die Kinder und Jugendlichen erfolgreich lernen können, und dass ich eine Vorstellung davon entwickeln konnte, wieviel Einsatz und Herzblut ein guter Lehrer in seine Arbeit steckt.

Ich weiß nicht, ob ich froh war. Heute weiß ich jedoch, dass die Zeit auf dem Rübekamp zu den schönsten und lehrreichsten in meinem Leben gehörte. Hier spreche ich nicht die Lerninhalte, sondern die persönliche Entwicklungsmöglichkeit an. Auch wenn meine schulischen Noten eher schlecht waren, so habe ich am und durch den Rübekamp meine „Reifeprüfung" bestanden. Das Schulische möchte ich nicht hervorheben. Ich weiß nicht, ob die Inhalte auf einer anderen Schule nicht genauso gut vermittelt wurden.

(Und überhaupt wollte ich noch sagen) dass ich die Schulzeit sehr vermisse und man auf die Ratschläge der Eltern, die Schulzeit zu genießen, ruhig das ein oder andere Mal hätte hören sollen. Insgesamt gesehen war ich optimal vorbereitet, auch so ein anstrengendes Studium wie das Medizinstudium zu bewältigen, sodass ich von meiner Entscheidung zum Rübekamp zu wechseln stets überzeugt bin.

Ganz wichtig war für mich (und ich denke, auch für viele meiner Mitschüler), die Musik und Theater AG! Diese AG hat die Möglichkeit geboten, kulturell den Horizont zu erweitern, sich in politische Themen zu vertiefen. Es war die Möglichkeit, ohne den sonst üblichen „Leistungsdruck" zu lernen. Diese AG hat ein zusätzliches Zuhause-Gefühl geboten und ganz wesentlich dazu beigetragen, dass man wirklich gerne in die Schule gegangen ist. Jahrgangsstrukturen waren aufgebrochen, es gab ein starkes Wir-Gefühl, unentdeckte Fähigkeiten kamen ans Licht und stärkten das Selbstbewusstsein. Lange nach dem Abitur hatte man immer noch Lust, in der AG mitzuarbeiten. Ein dickes, fettes Dankeschön für diese tolle Zeit!

„Danke". Die 3 Jahre am Rübekamp gehören mit Abstand zu den schönsten meiner Schullaufbahn. Ungeachtet der Tatsache, dass das gesamte Schulsystem deutlich verbesserungswürdig ist und ungeachtet dem Umstand, dass auch am Rübekamp nicht alles toll war; innerhalb der gesetzten Grenzen haben sich Menschen dafür eingesetzt, Schule lebendiger zu gestalten, und genau dafür sage ich „Danke".

HOLGER FISCHER (ABITUR 1980)
Recht familiäre Umgangsformen

Unser Hauptbereich für die Oberstufe befand sich in einem Mobilbau am Rande der GSW. Das Gebäude hätte zwar nie einen Schönheitspreis gewonnen, war für uns wenige Schüler aber ein übersichtlicher Treffpunkt. Sogar ein kleiner Aufenthaltsraum mit Tischtennisplatte und Sofaecke wurde reichlich genutzt. Das Lehrerzimmer befand sich anfangs auch in dem Mobilbau, so daß die Umgangsformen innerhalb der Schule in der Regel recht familiär waren, zumal die geringe Anzahl der Schüler das Zusammenleben erleichterte. Lehrer boten sogar außerhalb ihres Unterrichts Arbeitsgemeinschaften an und waren insgesamt sichtlich engagiert.

Eine Oberstufenfahrt mit Schwerpunkt Biologie führte uns in die Universitätsstadt Marburg. Hier bekamen wir einen Eindruck vom Studentenleben, welches nicht nur an den günstigen Kneipen mit Namen „Destille" oder „Delirium" lag. Den Besuch von Vorlesungen empfanden wir als interessant, aber auch anstrengend und ermüdend. Ein Elektronenmikroskop ist faszinierend, die vielen Fachbegriffe verwirrten uns dabei deutlich. Die steilen Gassen und Treppen in Marburg waren für uns Flachländer eine große Herausforderung und führte zu vielen Blasen an den Füssen. ...und das Petersilienbeet hätte man besser doch nicht einbetonieren sollen.

Die Abschlussfahrt der Oberstufe führte uns in die damalige Hauptstadt Bonn. Wahrlich ein schwieriger Vergleich mit dem heutigen Berlin. Der Besuch im Bundestag verblüffte uns durch die ge-

ringe Anzahl der Abgeordneten, die Besucher waren deutlich in der Überzahl. Ein Leserbrief von uns an den Bonner Anzeiger zu diesem Thema wurde prompt von der Öffentlichkeitsarbeit des Bundestages beantwortet. Kurze Wege in diverse Ministerien und zum Bundesrat gehörten für uns natürlich dazu. Auch wenn wir es nicht gerne zugeben wollten, so war insbesondere das Verteidigungsministerium sehr gut auf unseren Besuch vorbereitet. Die heimelige Landesvertretung Bremen mit Blick auf den Rhein war eine kleine Oase und für uns ein willkommener Ruhepol mit netten Keksen. Zur Abwechslung ging es in den Freizeitpark Phantasialand, wobei wir den Unterschied zu den politischen Institutionen nur schwerlich erkennen konnten.

Holger Fischer, 2 v r. u.
inmitten der Fahrtengruppe
nach Marburg, 1978

MICHAELA DAHM (ABITUR 1980)
GSW und Rübekamp – Meine Schulzeit im Bremer Westen

Michaela Dahm, vor den Mobilbauten

1970 beschloss meine Mutter, mich nicht zum Gymnasium, sondern zur Gesamtschule zu schicken – zugegebenermaßen weniger aus Überzeugung, sondern eher aus Mangel an Betreuungsmöglichkeiten am Nachmittag, denn sie war berufstätig. Weder sie noch ich haben es jemals bereut. An der Gesamtschule Bremen West und später auch an der Oberstufe der Schule am Rübekamp bekam ich alles, was ich brauchte: Bildung, Gemeinschaft und Freunde. Die Lehrerinnen und Lehrer waren jung und fortschrittlich, das gefiel uns sehr, auch wenn wir vielleicht nicht immer das lernten, was der Bildungskanon vorgab. Statt Goethe und Schiller lasen wir z.B. Adelheid Popp – Die Jugendgeschichte einer Arbeiterin oder Das war der Hirbel, die Geschichte eines, wie man heute sagen würde, Kindes mit sonderpädagogischem Förderbedarf. Geschadet hat uns das nicht, auch wenn ich später in meinem Germanistikstudium so einiges nachzuholen hatte.

Damals schon war die GSW eine Ganztagsschule – eine weitere Besonderheit in der Schullandschaft der 70er Jahre. Zwischen dem Vormittags- und Nachmittagsunterricht lag die Mittagsfreizeit, in der wir nicht nur allerhand Blödsinn veranstalteten, wie z.B. Äpfel klauen im benachbarten Kleingartengebiet, sondern auch verschiedene Angebote wahrnahmen, wie z.B. Korbflechten oder die Disko, in der wir uns in weiten Schlaghosen auf Plateauschuhen zur Lichtorgel bewegten.

Hier wurde nicht nur für die Schule, sondern auch fürs Leben gelernt, z.B. dass wir alle anders sind und uns gerade deshalb so gut ergänzen, dass es gut ist, wenn alle gemeinsam und somit voneinander lernen, und dass es eine große Freude ist, zu sehen, wie jede/-r Stück für Stück weiter vorankommt. Mein Wunsch Lehrerin zu werden ist hier entstanden. Vielleicht erinnert sich meine Freundin Annette noch an den ein oder anderen Nachmittag, an dem ich sie damit quälte, ihr meine selbst ausgedachten Geschichten zu diktieren und anschließend auch noch zu korrigieren....

Ob die Idee, uns antiautoritär erziehen zu wollen, eine gute war, sei dahingestellt. Auf jeden Fall sorgte sie für viel Aufruhr und auch für den ein oder anderen kleinen Skandal. Ich erinnere mich an unseren Schulleiter Herrn Ziegert, wie er einmal den Klassenraum nicht betreten konnte, weil wir die Tafel davorgeschoben hatten. Wir hatten mit allem gerechnet, nur nicht mit seiner entspannten Reaktion und Mitteilung, dass er jetzt in sein Büro ginge und wir ihn gerne holen könnten, wenn uns danach sei. Respekt! Unsere Klasse war ein wilder Haufen, wir waren unerträglich und wunderbar und hielten zusammen wie Pech und Schwefel. Als man uns aufgrund unseres schlechten Benehmens aufteilen wollte, heulten wir wie die Schlosshunde.

Am Ende der 10. Klasse hatte ich in jeder Hinsicht viel gelernt und eine Menge Spaß gehabt, die Versetzung in die Oberstufe war knapp, aber ich schaffte es, in das Sekundarstufe II Zentrum am Rübekamp aufgenommen zu werden. Der Zusammenhalt, den wir bereits aus der GSW kannten, setzte sich in der Oberstufe fort und ich kann sagen, dass ich auch hier eine glückliche Schulzeit hatte.

Heute leite ich eine Oberschule im Bremer Osten, was ja im Grunde nichts anderes ist als eine Gesamtschule. Für mich ist dieses System die Schule der Zukunft, und es erfüllt mich mit großer Freude daran mitwirken zu dürfen. Wie schon gesagt, der Grundstein dafür wurde im Bremer Westen – der GSW und der Oberstufe am Rübekamp – gelegt.

ANDREAS ROSENHAGEN (ABITUR 1980)
„Wer vom Rübekamp reden will, sollte von der GSW nicht schweigen"

„Gehen wir wieder in den Gemeinschaftsraum und spielen noch Karten?" Freitags nach der letzten Schulstunde blieben wir oft noch in unserer Schule. Sie war nicht nur dann ein bisschen wie unser „zu Hause".

Wir hatten uns einen der nur vier Mobilräume des Rübekamps als Gemeinschaftsraum erkämpft. Diese Legende erzählen wir uns zumindest noch heute. Vorher war auch er ein Unterrichtsraum. Unsere Schule war also sehr klein. Natürlich nutzten wir Unterrichtsräume der in Sichtweite angrenzenden Gesamtschule West (GSW), von der die meisten Schüler*innen des Rübekamps kamen, aber für uns waren diese vier Mobilräume unsere Schule. Wir waren 1977 der zweite Jahrgang und zusammen mit dem ersten Jahrgang nur ca. 80 Schüler*innen und standen uns nicht nur räumlich sehr nahe. In meiner Erinnerung war es ein extrem gutes Miteinander sowohl unter Schüler*innen, als auch zwischen Schüler*innen und Lehrer*innen.

Der Bruch, das nicht nur in der Rückschau komplett Andere für mich persönlich, war mein Übergang von der Grundschule in Oslebshausen zur GSW. Er war wie ein Schritt vom Dunklen ins Helle. Unsere Grundschullehrerin war sehr streng. Sie schrie uns des öfteren an und wir durften nur sprechen, wenn wir gefragt wurden. Mein Klassenraum war im unteren Bereich der Schule. Ich kannte den oberen Bereich der Schule gar nicht. Bin nie auf die Idee gekommen, mir das da mal anzuschauen. Das Jungsklo stank. Auf dem Nachhauseweg gab es häufig Ärger mit einem „Schläger" aus der Klasse. Mein Tischnachbar (natürlich saßen wir in Reihe, nicht an Gruppentischen, wie in der GSW später) hatte einmal in sein Schönschreibheft, statt mit Füller (Geha oder Pelikan) mit Filzstift geschrieben. Dies kam einem Weltuntergang nahe. Angst und Unsicherheit. Ich hatte häufig Migräne, war „trotzdem" ein guter Schüler und sollte zum Gymnasium. Das bestimmten damals ja noch die Lehrer (zumindest eine Sache, die früher besser war). Zufällig bekam mein Vater aber eine Infobroschüre der GSW in die Hände, war begeistert vom Konzept und so landete ich auf der GSW.

Die Lehrer*innen der GSW habe ich gemocht, nein „geliebt". Freude, Interesse, eine sehr gute Klassengemeinschaft prägten jetzt meinen Schulalltag. In der Schule war ich glücklich. Vielleicht ist es im Nachhinein eine wohlwollende Beschreibung, aber im Kern habe ich es genauso empfunden. Habe ich wenigstens an der Autorität meiner Lehrer*innen gezweifelt, weil ich sie so mochte (zu große Nähe, keine Distanz etc.)? Nein! Nie!

Nach der GSW ging es für mich weiter in der Oberstufe am Rübekamp. Nicht nur ich, sondern wohl fast alle meines Jahrgangs haben gar nicht überlegt, ob sie eine andere Oberstufe anwählen sollten. Ich habe den Rübekamp daher auch als Fortsetzung der GSW erlebt.

Nicht nur ich hatte auch am Rübekamp das Gefühl, dass die Lehrer*innen wirklich engagiert und ernsthaft daran interessiert waren, uns fachlich, aber auch persönlich zu entwickeln. Sie wirkten auf mich so, als seien sie nicht immer einer Meinung. Ich hatte aber immer das Gefühl, sie tun es für uns Schüler*innen, sie tun es aus Überzeugung, oft bis an die Grenze ihrer Belastung und darüber hinaus. Das spürt man als Schüler*in. Diejenigen, die „Dienst nach Vorschrift" gemacht haben, müssen irgendwo anders gewesen sein. Nicht nur beim Schreiben dieser Zeilen empfinde ich eine große Dankbarkeit dafür.

Die Tutor*innen- oder LK-Fahrten, die Musik- und Theater AG, geleitet von Ingrid G. Seidl, waren einfach toll. Ingrid hat tausend Sachen auf die Beine gestellt und uns mit ihrer positiven Energie einfach angesteckt. Es gab kein Entrinnen. Irgendwie

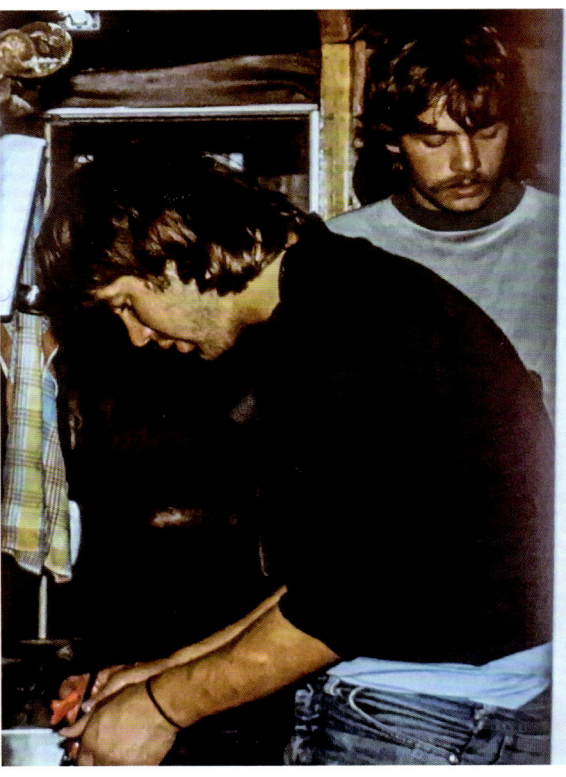

besonders, irgendwie aber auch typisch für die Schule und ihre Lehrer*innen.

Viele Freunde, die erste Liebe etc. trugen bei mir sicherlich nicht unwesentlich zu dem sehr positiven Erleben meiner Zeit am Rübekamp bei. Viele Freundschaften, Beziehungen sind aus dieser Zeit hervorgegangen. Während meiner Rübekampzeit und auch noch danach, sind wir in großen Gruppen mit vielen Mitschüler*innen in den Urlaub gefahren oder in Bremer Kneipen eingefallen.

Es war für mich eine besondere Freude, dass ich als Leiter der kaufmännischen Aus- und Weiterbildung der Stahlwerke Bremen, heute ArcelorMittal Bremen, Kontakt mit Herrn Ifland von der GSW aufnehmen konnte und über mehrere Jahre bei Berufsorientierungsaktivitäten der GSW die Zusammenarbeit mit den Stahlwerken mitgestalten konnte. Viele Schüler*innen der GSW haben so unser Stahlwerk kennenlernen und nach eigenen Aussagen einen äußerst positiven Eindruck mitnehmen können. Auch später als Schüler*innen des Rübekamp und nach, bzw. während ihres Studiums konnten sie so unser Stahlwerk in Bremen hinsichtlich ihrer Berufsorientierung positiv in Betracht ziehen.

Als ich im Rahmen der Aktivitäten unseres Stahlwerks zur Berufsorientierung zufällig in der Klasse meines ehemaligen Deutschlehrers Herr Kopp landete, um mit ihm gemeinsam Vorstellungsgespräche mit seinen Schüler*innen zu trainieren, war ich gerührt und hatte das Gefühl, dass sich ein kleiner Kreis geschlossen hatte. Danke!

A. Rosenhagen und J. Hattenhauer 1978 auf einem Wohnboot in England mit der Tutor-Gruppe von P. Böhmer

JÖRG SOMMER (ABITUR 1994)
„Was auch immer ..."

Ob ich Lust und Zeit hätte „etwas über Schule, Schülerzeitung, Fahrten oder was auch immer zu schreiben". Diese Frage hatte mir Anne Creutz gestellt. Sie war Anfang der 1990er Jahre am Schulzentrum Rübekamp meine Tutorin und Lehrerin im Leistungskurs Mathematik. Soziologie hatte ich bei ihr nicht belegt, was ich – mit zwei Dekaden Abstand betrachtet – durchaus bedauerlich finde. So war ich zwar früh in meinem Leben mit Max Headroom vertraut, aber erst später mit seinem Namensvetter Weber ...

Was für eine interessante Erkenntnis! In Kombination mit dem offen formulierten Vorschlag „Was auch immer" drängen sich mir beim Blick zurück zwei Fragen besonders auf, die ich im Nachfolgenden zu beantworten versuche: Zum einen, was aus den Zielen und Wünschen meiner Generation im weiteren Verlauf des Lebens geworden ist. Zum anderen, unter welchen Voraussetzungen die Schule im Allgemeinen und das Abitur im Besonderen junge Menschen „gut" auf das Leben vorbereiten kann und muss. Kurzum: Es folgt eine subjektive Reflexion über die Aufgaben und Anforderungen einer gymnasialen Oberstufe.

Ohne mich an einzelne Lerninhalte, Situationen oder gar Schulstunden erinnern zu können (oder zu wollen), scheinen diese drei Jahre meiner Schulzeit besonders prägend gewesen zu sein. Auf dem Rübekamp habe ich Menschen kennengelernt, die mir bis heute Freunde sind. Wir ziehen noch immer gemeinsam um die Alt-Bremer Häuser, gehen zum Fußball und auf Konzerte – und zwar bemerkenswerterweise zum Teil noch zu denselben Bands wie damals. Neben diesen „hochkulturellen" Hobbies verbindet uns insbesondere eine werteorientierte Grundhaltung und eine grundsätzlich positive Lebenseinstellung. Zwischen Schulzeit und heute sind das ein oder andere Jahr vergangen und wir haben unterschiedliche Erfahrungen gesammelt: Wir waren in Bremen und in der Welt unterwegs, haben studiert, gejobbt und gearbeitet, sind sesshaft geworden und haben Familien gegründet. Klingt ziemlich spießig und wenig revolutionär. Immerhin hat sich für uns, die wir hier tief im Bremer Westen aufgewachsen sind, das Versprechen „Aufstieg durch Bildung" mehrheitlich eingelöst. Aus meinem Jahrgang sind Ärzte, Lehrer, Projektmanager, Ingenieure, Steuerberater, wissenschaftliche Referenten und Wirtschaftsprüfer hervorgegangen. Rechte Protestwähler und Wutbürger sind erfreulicherweise nicht dabei, zumindest soweit ich das beurteilen kann. Ich bewerte das durchaus als Erfolg und halte dies nicht für selbstverständlich. Schon während meiner Schulzeit war ein sorgenfreies Aufwachsen zwischen Hafen und Bahnstrecke mit unterschiedlichen Herausforderungen verbunden. Heute ernte ich mehr denn je ungläubige Blicke, wenn die Antwort auf die Frage, wo ich aufgewachsen bin, „Bremen-Gröpelingen" lautet.

Welchen Anteil hatten die Schulzeit am SZ Rübekamp, dessen pädagogisches Konzept sowie die engagierten Lehrer*innen an diesen unterschiedlichen, in der Summe erfolgreichen Lebensläufen? Und, wohin kann und soll das Abitur die Schüler*innen heute führen?

Grundsätzlich wird das Abitur für immer mehr junge Menschen das große Ziel der Schulausbildung. Und das mit gutem Grund: Das Abitur bestätigt eine in gewisser Weise „erfolgreich" abgeschlossene Gymnasialzeit. Das ist unbestritten. Aber eignet sich dieses Abschlussexamen gleichzeitig weiterhin als „Aufstiegsversprechen"? Oder als Eingangsexamen für die Hochschule? Die wilhelminische Bezeichnung „Reifeprüfung" interpretiert Reife als Hochschulreife. Darauf nimmt auch die schlichte Homepage des SZ Rübekamp Bezug, die es zu meiner Schulzeit leider noch nicht gegeben hat. Dort heißt es:

„Ziel der Gymnasialen Oberstufe ist die Allgemeine Hochschulreife, die mit der bestandenen Abiturprüfung erlangt wird und zum Studium an Hochschulen und Universitäten berechtigt."

Das war seinerzeit nicht anders als heute. Aber heutzutage rückt für Schüler*innen aus sozial schwachen Familien das Versprechen „Sozialer Aufstieg durch Bildung" oft in weite Ferne. Trotz Bildungsreformen und Bildungsexpansion der letzten Jahrzehnte korrelieren soziale Herkunft und Schulerfolg miteinander stärker denn je: In Deutschland ist der Bildungserfolg mehr als in vielen anderen industrialisierten Ländern vom Bildungsstand, dem sozialen Status und damit schlicht vom Einkommen und Geldbeutel der Eltern abhängig. Dieses Gerechtigkeitsproblem bleibt weiterhin ungelöst und stellt die Bildungspolitik und Schulentwicklung, insbesondere in einem Stadtstaat mit sozialen Brennpunkten wie Bremen, vor besondere Herausforderungen. Die Pisa-Studien zeigen diese Zusammenhänge deutlich auf.

Neben der Vermittlung von Grundkompetenzen, Basiswissen und „Lernen zu lernen" spielt dabei nach meiner Einschätzung in der schulpolitischen Debatte bislang die Vermittlung von Fähigkeiten zur kritischen Selbstreflektion und einer inneren Wertehaltung immer weniger eine Rolle. Eine eigene Meinung entwickeln und vertreten, auch wenn es ungemütlich wird, muss ebenfalls geübt werden. Statt der Vermittlung sozialer und moralischer Kompetenzen gibt es an den Schulen viel zu oft Bildung als schnell konsumierbare Ware, im schlimmsten Fall sogar „Lernstoff-Bulimie". Die Entwicklungen an unseren Universitäten mit ihren verschulten Bachelor- und Masterstudiengängen sind hier warnende Beispiele.

Inwiefern können sich abzeichnende Fehlentwicklungen durch eine progressive Pädagogik abgemildert werden? Vielleicht ist eine Rückbesinnung darauf hilfreich, welchen gesellschaftspolitischen Auftrag bzw. Anspruch Schule in der heutigen Zeit (wieder) haben sollte: Jungen Menschen eine Orientierung für ihr Leben zu geben. Das ist Aufgabe aller Schulen!

Die notwendige Orientierung geben insbesondere authentische, vertrauens- und glaubwürdige Lehrer*innen. Aus eigener Erfahrung und von meinen beiden schulpflichtigen Kindern weiß ich, dass die Persönlichkeit der Lehrer*innen eine immens wichtige Rolle für die Akzeptanz bei den Schüler*innen spielt. Herausfordernde Aufgabe von Lehrer*innen ist, erfolgreiches Lernen zu ermöglichen. Durch stabile, verlässliche Bezugspersonen, transparente Regeln und einen wertschätzenden Umgang. Weitere Faktoren sind Engagement und Motivation, Anschlussfähigkeit des Stoffes. Wichtig ist, die Schüler*innen nicht einfach sich selbst zu überlassen. Selbstständiges Lernen ist sehr voraussetzungsreich und muss in der Schule geübt und intensiv begleitet werden: Es muss gelingen, Schüler*innen in der Schulzeit zu ermutigen und zu befähigen, selbständig lernen zu können. Ein Leben lang. Das ist dann Lernerfolg, der zur Orientierung im weiteren Leben beiträgt und jungen Menschen zu mündigen Bürger*innen macht.

Dorthin ist es ein langer Weg. Dies setzt vor allem engagierte Lehrkräfte mit entsprechenden Ausbildungen, persönlichem Engagement und Empathie voraus. Darüber hinaus benötigt die Institution Schule eine entsprechende Ressourcenausstattung und Freiheiten, die es ihr erlaubt, auch außerhalb des Schulgeländes mit den Schüler*innen arbeiten zu können. Auf diese Weise kann ein engagiertes Kollegium außerschulische Bildungsalternativen durch unterschiedliche Kooperationen mit Museen, wissenschaftlichen Einrichtungen, Sportvereinen, Unternehmen usw. schaffen. Um allen Schüler*innen unabhängig vom sozialen Status und von der Herkunft das Erreichen ambitionierter Ziele und damit einer Lebensperspektive zu ermöglichen. In Bremen gibt es hier schon viele gute Beispiele, aber sicher auch noch Einiges nachzuholen.

In meiner Erinnerung hat das SZ Rübekamp und haben die Lehrer*innen seinerzeit nicht alles, aber doch vieles richtig gemacht. So wie ich diese Schule kennengelernt und in guter Erinnerung habe, stellt der Rübekamp für mich einen „Leuchtturm" in der Bremischen Schullandschaft dar. Insofern bin ich froh, hier drei Jahre meiner Schulzeit verbracht zu haben!

Als Fazit könnte das bedeuten: „Was auch im-

mer …" für die notwendige Entwicklung schulpolitisch progressiver Ansätze notwendig ist, sollte nicht nur im Interesse der Schüler*innen, sondern auch für unseren Zusammenhalt in einer liberalen, weltoffenen Gesellschaft mutig weiter vorangebracht werden.

Jörg Sommer inmitten
des LK MAT

UTE BITZER (ABITUR 1989)
Von der Schülerin zur Lehrerin am Rübekamp

AC: Wie sind deine Erinnerungen an die Schulzeit?
UB: Ich habe ganz schön viele Erinnerungen an diese Schule, weil diese Schule so eine Art Befreiung für mich war, als ich von der SI kam. Deshalb bin ich auch froh, dass es immer noch SI-/SII-Schulen gibt, weil ich die Trennung so gut fand, also für mich persönlich, die hat mir schulisch das Leben gerettet. Ich wollte nach der 10. eigentlich aufhören, weil ich das Schulumfeld so schrecklich fand. Mit meiner Klasse war alles nicht so schön und ich hatte richtig keine Lust mehr und hab' dann hier das als Befreiung erlebt, mich neu erfinden zu können: Also auf neue LehrerInnen zu treffen, die mich nicht kannten, die auch meinen Bruder nicht kannten, der immer einen Jahrgang über mir war, der dann zu einer anderen Schule gegangen war. Ich war nicht mehr die kleine Schwester von..., ich war plötzlich Ute „neu". Ich hatte auch viele neue MitschülerInnen. Ich war jemand Neues für die meisten – und das hat mir sehr, sehr gut getan. Also meiner persönlichen Entwicklung hat diese Schule unglaublich gut getan. Und da würde ich auch sagen, das ist das große Plus dieser Schule. Ich hab' da den direkten Vergleich mit der Schule meines Bruders gehabt. Und den Unterschied sehe ich bis heute: dass es hier einfach um den Menschen geht. Das war mir auch immer wichtig und ist mir auch als Lehrerin wichtig, dass wir die SchülerInnen als Individuen sehen. Natürlich wollen wir sie alle unterrichten, aber gleichzeitig finde ich, dass das Zwischenmenschliche immer total wichtig war und für mich auch immer ist. Das habe ich als Schülerin als sehr wohltuend empfunden – auch wenn ich gar nicht so sehr davon Gebrauch gemacht habe in dem Sinne, wie das heute passiert, dass meine SchülerInnen mir alles erzählen, dass ich also wirklich auch manchmal erschrecke, wie stark Vertrauensperson ich als Lehrerin werde – das hätte ich nie getan. Ich hätte mich also keinem Lehrer so anvertraut mit meinen ganzen Sorgen und Nöten, die wir ja alle hatten in der Pubertät und in der Zeit, in der wir hier zur Schule gegangen sind. Aber trotzdem hatte ich das Gefühl, ich konnte ICH sein und bin als eigenständige Person wahrgenommen worden. Und das war ein wichtiger Aspekt für mich an dieser Schule.

AC: Und das war eine Atmosphäre insgesamt, das waren nicht Einzelne?
UB: Nein, das war die Atmosphäre dieser Schule, die ich so empfunden habe. Sicherlich gab es Einzelne, die da eher dagegen gewirkt hätten, also einzelne Kollegen, aber das Gros und die Stimmung insgesamt war so 'ne sehr persönliche.

AC: Nun bist du Schülerin an dieser Schule gewesen und nun Lehrerin. Im Rahmen der Lehrerausbildung am Rübekamp haben wir grundsätzlich nicht die PraktikantInnen genommen, die hier an der Schule SchülerIn gewesen sind. Sie sollten ja lernen, was Schule ist, wenn sie nicht in der Schülerrolle sind. Sie sollten gerade den Perspektivwechsel trainieren. Wieso bist du hier als Lehrerin gelandet?
UB: Ich muss gestehen, ich hätte niemals mein Referendariat hier machen wollen und ich wäre auch nach dem Referendariat nicht direkt hierher gekommen, genau aus dem Grund, dass ich diesen Rollenwechsel für mich noch gebraucht habe. Ich war ja in Bremerhaven; das war nicht meine Wahl, dass ich dahin gekommen bin zum Referendariat, man wird ja zugewiesen; und ich habe mich auch ein bisschen strafversetzt gefühlt, als ich den Bescheid bekam, aber ich war letztlich an dieser Schule unglaublich glücklich und hab' da auch sehr viel gemacht, also Schulleben mitgestaltet, hab' damals dort Schule ohne Rassismus, Schule mit Courage mit initiiert und bin da nur schweren Herzens weggegangen. Das hatte familiäre Gründe, weil mein

Sohn geboren wurde und die räumliche Distanz zwischen Bremen und Bremerhaven einfach zu groß war und mein Mann nicht in Bremen arbeitet. Wir mussten irgendwie eine Lösung finden, dass jemand vor Ort ist. Dann hieß es also, die einfachste Lösung ist, dass ich mich versetzen lasse – das ist in unserem Beruf nun einmal so. Das war 2010. Ich war nicht glücklich an der Schule in Bremen, an der ich eine Stelle erhielt, und habe nach dem zweiten Jahr versucht da wegzukommen und habe mich hierher beworben.

AC: Weshalb hier?
UB: Ganz konkret, weil diese Schule der Schule in Bremerhaven am ähnlichsten ist. Sie ist eigentlich die einzige Schule, die dem entspricht, wie ich gerne arbeiten möchte. Das Arbeitsumfeld ist hier wie ich das gerne haben möchte. Da war auch ein Kollegium, das sehr offen war, das sehr politisch aktiv war und sehr zugewandt den SchülerInnen. Das waren alles Dinge, die mich an meine eigene Schulzeit erinnerten, bei der ich immer dachte, das möchte ich auch weitergeben, so möchte ich als Lehrerin arbeiten. Und darum habe ich gedacht, dass in Bremen der Rübekamp die einzige Schule ist, wo ich das wiederfinde – weil ich eben auch die Erfahrung an der anderen Schule gemacht habe, dass ich es dort überhaupt nicht so wieder gefunden habe, dass ich mich da überhaupt nicht wohlgefühlt habe. Das ist schon ein ganz anderes Gefühl, da ins Lehrerzimmer zu kommen. Man begegnet sich nicht, es verläuft sich, man kennt sich nicht. Ich will jetzt nicht behaupten, dass ich in jeder Pause 'ne politische Diskussion führen muss. Aber wenn irgendwas gesellschaftspolitisch Bewegendes passierte, war das bestimmt nicht Thema am Tisch im Lehrerzimmer. Und das hat mir total gefehlt.

AC: Ist das hier anders?
UB: Ja. Ich weiß, wenn etwas gesellschaftlich Relevantes passiert, dass ich mit irgendwem bestimmt darüber reden kann, wenn ich hier reinkomme; oder schon in der Straßenbahn.

AC: Ich frage deswegen, weil ich in meinen letzten Jahren – ich bin jetzt beinahe seit fünf Jahren pensioniert – das Gefühl hatte, dass das Kollegium dieser Schule unpolitischer wird.

UB: Und ich gebe dir recht.

AC: Und zwar, nur um das zu erklären: Wenn du diese Rübekamp-Geschichte lesen wirst, an der wir gerade schreiben, wirst du sehen, welche Diskussionen wir im Kollegium hatten, z.T. auch mit persönlichen Verletzungen. Aber wir haben auch diskutiert, wie machen wir hier eine gute Schule? Es war in großem Maße ein pädagogisches Engagement und ein politisches Engagement hier. Und in den letzten Jahren haben für mich die Konferenzen eigentlich wesentlich daraus bestanden, dass wir saßen und abgenickt haben.

UB: Das verändert sich gerade ein bisschen.

AC: Und deshalb meine Frage, wie nimmst du denn jetzt das so wahr? Du hast ja gesagt, die (Arbeits-)Atmosphäre ist besser hier als an deiner vorherigen Schule.

UB: Auf jeden Fall. Auf jeden Fall. Ich kann aber da deine Stimmung nachempfinden. Ich glaube auch, dass es generell weniger wird, ich glaube auch, dass die Ausbildung heute nicht mehr die gleiche ist, dass im Studium einfach auch nicht so stark Raum gegeben wird, auch in diese Richtung zu denken, weil das Studium so verschult ist. Und das ist ganz schade, weil da genau das fehlt. Und das sehe ich so 'ner bisschen als meine Aufgabe und die meiner Altersgruppe, die ja jetzt fast die Ältesten schon sind, dass wir das auch an die Jüngeren tatsächlich weitergeben und denen auch deutlich machen, dass Schule eben nicht nur Unterricht, ein Fach ist, das wir unterrichten (meine Fächer sind Englisch und Politik), sondern dass es um Menschen geht, die wir unterrichten, und dass es gesellschaftliche Themen gibt, die in jedem Fach auch 'ne Relevanz haben müssen und dass man nicht nur stur sein Fach machen kann. Das ist ganz schön schwierig, das sehe ich, aber ich sehe trotzdem auch, dass da genug Leute sind, die das auch so sehen wie ich.

AC: Ich würd' es noch weitergehend wichtig finden sich zu beteiligen, nämlich auch an der Entwicklung von Schule. Nicht nur auf Unterrichtsgeschehen bezogen, also was wir im Unterricht machen, aktuelle Themen behandeln oder nicht behandeln, sondern diese Institution ist ja eine gemachte und man kann sie ja weitermachen, man kann sie aber auch so sein lassen wie sie ist; nicht alles, was ist, ist gut, es verändert sich ganz viel. Ein Thema, das mich über die Jahrzehnte hin sehr beschäftigt hat, ist, dass wenige Frauen im Kollegium bereit waren, Funktionsstellen zu übernehmen und sich in diesem Rahmen dafür zu engagieren und damit auch als Vorbild für junge Frauen zu fungieren, wie diese Schule sich entwickelt. Und wenn ich das jetzt heute bei euch sehe, dann sind die Funktionsstellen fast ausschließlich männlich besetzt und es gibt, wie es das jahrzehntelang gab, die eine Vorzeigefrau in Jahrgangs- und erweiterter Abteilungsleitung.

UB: Ich glaube, dass sich das gerade aber auch verändert. Für die Stelle einer Jahrgangsleitung, die zum nächsten Schuljahr zu besetzen ist, haben sich ausschließlich Frauen beworben, und zwar drei.

AC: Das ist ja toll. – Und nun abschließend noch einmal zurück zum Lehrerberuf. Hat deine Entscheidung für den Lehrerberuf etwas mit dem zu tun, was du als Schülerin erlebt hast?

UB: Es war ein Kindheitstraum von mir, Lehrerin zu werden. Ich wollte Lehrerin werden seit meiner Grundschulzeit, weil ich meine Grundschullehrerin liebte und sie als großes Vorbild gesehen hab'. Dann habe ich im Referendariat – das war jetzt keine schöne Zeit, für wen ist es das? – mich da sehr wohl gefühlt an der Schule. Und zwar, weil ich glaube, und den Auftrag übernehme ich gerne, dass wir als LehrerInnen einen gesellschaftlichen Auftrag haben und das ist das, was mich antreibt, dass ich irgendwie diese Leute, die ich unterrichte, auf den Weg bringe, denen auch ein Stück weiterhelfe. Das sehe ich ja auf persönlicher Ebene ganz viel, weil ich viele Gespräche führe mit SchülerInnen, die sich mir anvertrauen, dass sie irgendwelche anderen Probleme haben, die nicht so viel mit Schule zu tun haben. Ich merke, dass wir als LehrerInnen eine ganz wichtige Funktion haben: nicht nur Wissen zu vermitteln, sondern auch, den jungen Leuten ins Leben zu helfen. Diese Sozialisationsfunktion möchte ich gerne wahrnehmen. Das ist etwas, was mir – neben dem Spaß, den mir meinen beiden Fächer machen – sehr am Herzen liegt.

Das Interview führte Annemarie Creutz.

Nachwort

Fast drei Jahre nach meiner Aufforderung an meine früheren Kolleginnen und Kollegen, gemeinsam eine Geschichte der in den 1970er Jahren gegründeten gymnasialen Oberstufe zu schreiben, konnte das intendierte Vorhaben tatsächlich abgeschlossen werden.

Wie im Vorwort bereits erwähnt, bleibt vieles, was für die GyO am Rübekamp wichtig war (und ist), ungeschrieben – ungeachtet der Tatsache, dass ohnehin stets ein begrenzter Rahmen zu beachten war, der auch zu erheblichen Kürzungen einzelner Beiträge führte. Gleichwohl bleibt festzustellen, dass die Autorinnen und Autoren mit ihren selbst gewählten Themen eine thematische Breite aufweisen, die sowohl die Vielfalt als auch den Charakter der Oberstufe am Rübekamp widerspiegeln. Das gilt auch für die *Beiträge* der erst im Prozess des Entstehens des vorliegenden Bandes einbezogenen Absolventen und Absolventinnen, wenngleich zu bedauern ist, dass zum Beispiel unsere Bitte, sich an unserem Vorhaben zu beteiligen, offensichtlich längst nicht alle mittlerweile in aller Welt verstreuten Ehemaligen auch erreicht hat, wie erst im Nachhinein deutlich wurde.

In ihrer Gesamtheit bilden die vorliegenden Beiträge den intendierten bunten Strauß; eine stringente Geschichte der noch jungen Oberstufe aus einer Feder war nie beabsichtigt. Viele Beiträge des vorliegenden Bandes lassen in unterschiedlicher Weise einerseits den Ende der 1960er Jahre einsetzenden bundesweiten bildungspolitischen Aufbruch aufleben, wie er in Bremen vom SPD-Senat in Form der Stufenschule beispiellos umzusetzen versucht wurde und verdeutlichen andererseits deren sukzessive Rücknahme (Stichwort Bildungskompromiss).

Beflügelt von der Bildungsreform als »Generationenprojekt« gelang es der GyO am Rübekamp, sich erfolgreich im Konzert der Bremer Oberstufen zu etablieren. Das Ende der Stufenschule aber, als Konsequenz des „Bildungskompromisses", und die Sparpolitik in Folge der bedrohlicher werdenden Haushaltsnotlage als Ergebnis struktureller ökonomischer Probleme haben auch die GyO am Rübekamp in ihrer weiteren Ausgestaltung ausgebremst. War jahrzehntelang über die Schließung kleinerer Oberstufen zugunsten eines breiten Angebots der verbleibenden Oberstufen geredet worden, schaffte das »Zwei-Säulenmodell« der Bildungskompromissler – in Verbindung mit zusätzlichen »Privatschulen« Fakten: An immer mehr Schulen mit immer geringerer Fächerbreite kann das Abitur (mit zugegeben immer besseren Durchschnittsnoten) abgelegt werden.

Besuchten in den Jahren der freien Anwahl Schülerinnen und Schüler aus unterschiedlichsten Stadtteilen und unterschiedlichsten Milieus die bremischen Oberstufen und lebten geradezu Integration, führen jüngste *Entwicklungen* auch in Bremen zu stark wachsender sozialer Spaltung; damit rückt die Gerechtigkeitsfrage, gerade auch die der Bildungsgerechtigkeit, wieder stärker ins Blickfeld. Anders formuliert: Das Problem eines zeitgemäßen Schulsystems unter Beachtung vor allem der Chancengleichheit bleibt un(ein)gelöst. Das zu ändern war die treibende Kraft damaliger Bildungsreformer, der auch die GyO am Rübekamp ihre Existenz verdankt. An diesen emanzipatorischen Ansatz soll der vorliegende Band erinnern.

Klaus Hellmerichs

Johann Büsen: Rübekamp 3.2

Anhang – Namenslisten – Dank

Who is Who – oder: Unsere Rätselecke

Wie in jeder ordentlichen Schulchronik sollten hier Namenslisten stehen, um sich an all die Lehrenden und erfolgreich Gelerntenhabenden erinnern zu können, die das Schulleben der ersten Jahrzehnte an der Gymnasialen Oberstufe am Rübekamp geprägt haben. Daraus konnte leider nichts werden, weil die neuen Datenschutzrichtlinien der EU uns einen Strich durch die Rechnung gemacht haben: Der Abdruck kompletter Namen wäre nur möglich gewesen, wenn alle Betroffenen vorher gefragt worden wären und sich einverstanden erklärt hätten. Den Umstand wollten wir uns nicht zumuten – aber auf Listen auch nicht ganz verzichten. Also beschränken wir uns auf das Mögliche, nämlich die Abkürzung der Nachnamen auf den ersten Buchstaben und zusätzliche Fächerangabe bei den Lehrkräften.

Die Listen sehen, zugegebenermaßen, etwas gewöhnungsbedürftig (wenn nicht glatt unsinnig) aus. Das sollte aber nicht dazu verführen, das kommunikative Potential dieser Lösung zu verkennen: Wer z.B. im Abiturjahrgang 1981 Thomas G. im Unterschied zu Thomas G. war, oder wie man etwa 2010 Jasmin B. Ö. und W., vielleicht auch Jennifer B., M. und R. auseinanderhalten kann, wird sich nur gemeinsamer diskursiver Anstrengung erschließen. – Und Bärbel G./Deu Ges? Friedrich D./Deu Mus? Da muss ich doch mal Ehemalige fragen...

Die Datenschutzrichtlinien haben auch verhindert, das wir uns auf offizielle Daten der Schulverwaltung stützen konnten. Als Quellen haben wir alte eigene Listen und die zur Verfügung stehenden Jahrbücher genutzt, ohne ihre Vollständigkeit überprüfen zu können. Für etwaige Fehler (fehlende Namen oder Falschschreibung) bitten wir um Entschuldigung.

Die Namen der AbiturientInnen

Abiturjahrgänge von 1978/79 bis 2016

1978/79 (33)

Anke A.
Birgit B.
Kirsten B.
Frank C.
Martin C.
Jutta D.
Joachim E.
Kirsten F.
Doris G.
Marcus G.
Silke H.
Martina H.
Heike H.
Holger H.
Heidi H.
Ulf K.
Michael K.
Martin K.
Petra K.
Jürgen K.
Corinna L.
Ulrike M.
Susanne M.
Gabriela M.
Olav N.
Frank P.
Birgit R.
Heidemarie R.
Cornelia S.
Michael S.
Detlef S.
André S.
Michael W.

1980 (54)

Eibo A.
Jörg B.
Gritta C.
Michaela D.
Michael D.
Ralph D.
Wolfgang E.
Jörg F.
Holger F.
Thomas G.
Bernd G.
Kornelia G.
Martin G.
Jasper H.
Kirsten H.
Hannelore H.
Markus H.
Peter H.
Arthur H.
Ralf H.
Heinrich I.
Angela J.
Martina K.
Marion K.
Maria-Angelika K.
Annegret K.
Wolfgang K.
Silke L.
Petra L.
Cordula L.
Roswitha M.
Siegfried M.
Martina M.
Andreas O.
Birgit P.
Monika P.
Andreas R.
Birgit R.
Christian R.
Andreas R.
Torsten S.
Sabine S.
Heike S.
Vivian S.
Carmen S.
Torsten S.
Reinhard S.
Armin V.
Jens W.
Gabriele W.
Doris W.
Andreas W.
Ute W.
Dieter W.

1981 (35)

Henry B.
Ralf D.
Martina D.
Jörg D.
Bodo von D.
Dagmar E.
Susanne F.
Thomas G.
Thomas G.
Stefan G.
Sabine H.
Karin J.
Ilka J.
Silvia K.
Ralf K.
Magda El-L.
Uwe M.
Andreas M.
Maren M.
Susanne N.
Silvia O.
Karin P.
Charlotte R.
Sabine R.
Detlef R.
Petra S.
Frauke S.-H.
Susanne S.
Sabine S.
Michael S.
Susanne S.
Gabriele T.
Udo T.
Markus T.
Birgit V.

1982 (40)

Michael B.
Detlef B.
Ulf B.
Iris B.
Andreas B.
Michael E.
Jens F.
Harold G.
Andrea G.
Heike G.
Michael H.
Monika H.
Anna-Sara H.
Hayo H.
Jürgen I.
Thomas J.
Arif K.
Frank K.
Stefan K.
Uwe M.
Inken M.
Kerstin N.
Bärbel N.
Renate P.
Andreas R.
Detlef S.
Torsten S.
Michael S.
Michael S.
Dagmar S.
Ralph S.
Uwe S.
Gabriele S.
Brigitte T.
Thomas V.
Joachim W.
Joachim W.
Michael W.
Rainer W.
Anke W.

1983 (59)

Martina A.
Michael B.
Martina C.
Kathrin D.
Susanne D.
Michael G.
Carola G.
Birgit G.
Torsten H.
Armgard H.
Dieter H.
Anke H.
Angelika H.
Emine K.
Heike K.
Claudia K.
Susanne K.
Nezihat K.
Astrid K.
Martina K.-E.
Andrea K.
Kirsten K.
Maria K.
Kirsten K.
Tom K.
Ute L.
Thorsten L.
Lür L.
Silvia M.
Tim M.
Carl-Heinz M.

Michaela M.
Rita N.
Petra O.
Angelika O.
Wolfgang P.
Birgit P.
Gerd P.
Walter P.
Michael R.
Ralf R.
Kirsten S.
Jörg S.
Cornelia S.
Andrea S.
Adnan S.
Ute T.
Rolf T.
Berthold T.
Ulf T.
Torsten U.
Martin V.
Jochen W.
Silvia W.
Sabine W.
Gerd W.
Regina W.
Andrea W.
Andreas W.

1984 (70)

Yasar A.
Sabine A.
Uwe B.
Frank B.
Petra B.
Jens B.
Anke B.
Imke B.
Henning B.
Gisela B.
Jürgen B.
Uwe B.
Ingo B.
Heike B.
Holger B.
Carsten B.
Holger C.
Sabine D.
Silke E.
Petra E.
Silke F.
Martina F.
Astrid F.
Karin G.
Audrey-Mae G.
Miriam G.
Anette Karin G.
Martina G.
Ralf Peter H.
Helscher H.
Martina H.
Frank H.
Christina H.
Dagmar J.
Olaf K.
Hasan K.
Bettina K.
Sabine K.
Peter K.
Corinna K.
Corinna-Ilka K.
Imke K.
Susanne L.

Michael M.
Jutta M.
Ziya M.
Peer M.
Kirsten M.
Mark M.
Helga P.
Martina P.
Claudia R.
Ilona R.
Thomas R.
Claudia R.
Eva R.
Ruth R.
Evelyn R.
Heike S.
Thomas S.
Eva-Margret S.
Lüder S.
Kai-Olaf S.
Gerd S.
Christoph T.
Gerald W.
Gabriele W.
Jörg W.
Silke W.
Martina W.

**1985
(67)**

Ute A.
Saadet A.
Cihan A.
Kayan A.
Nina B.
Axel B.
Kerstin B.
Doris B.-R.
Michael B.
Eric B.
Antje B.
Oliver B.
Jeanne D.
Petra D.
Peter F.
Petra G.
Martin G.
Andrea H.
Susanne H.
Uwe H.
Michaela H.
Gudrun H.
Michael H.
Thomas H.
Markus H.
Birgit H.
Carola J.
Gürel K.
Derya K.
Robert K.
Martina K.
Marcus L.
Barbara L.-M.
Angelika L.
Anja L.
Jörg M.
Sabine M.
Andrea M.
Anke M.
Holger M.
Silke M.
Fridtjof N.
Michael O.

Torsten P.
Frank R.
Imke R.
Sonja S.
Kerstin S.
Gregor S.
Bernhard S.
Jan S.
Petra S.
Gerold S.
Peter S.
Sabine S.
Gudrun S.
Frank S.
Ralf T.
Matthias T.
Heike V.
Thomas W.
Torsten W.
Wolfgang W.
Ralf W.
Ulrike W.
Jeannette W.
Gisela Z.

**1986
(85)**

Rolf A.
Oktay A.
Petra A.
Anja B.
Klaus B.
Katrin B.
Jörn B.
Jörg B.
Jutta B.
Aynur C.
Claudia C.
Jörg C.
Erol D.
Achim D.
Claudia D.
Frank F.
Anja F.
Thomas G.
Sylvia G.
Ronald G.
Marion G.
Manfred G.
Maren G.
Helge G.
Sylvia G.
Antje-Susann G.
Tilman H.
Sven H.
Sylke H.
Kirsten H.
Kerstin von H.
Uta H.
Jörg K.
Holger K.
Andreas K.
Antje K.
Thomas K.
Andree K.
Sandra K.
Christian K.
Gabriele L.
Wilfried L.
Martin L.

Alexander L.
Sylke M.
Jürgen M.
Britta Susan M.
Barbara N.
Tanja O.
Sven-Christian P.
Birgit P.
Maja P.
Michael R.
Katja R.
Silke R.
Sigrid S.
Monika S.
Eva-Susanne S.
Martina S.
Anne Monika S.
Claudia S.
Jens S.
Wolfgang R./S.
Stephanie S.
Udo S.
Stephan S.
Volker S.
Michael S.
Dunja S.
Sandra S.
Ralf S.
Rana T.
Tanja T.
Angela T.
Ilka W.
Karsten W.
Katja W.
Martina W.
Regina W.
Axel W.
Popi Z.
Klaus-Peter Z.
Heike Z.

**1987
(74)**

Andreas A.
Tanja A.
Herbert A.
Jens B.
Rachel B.
Sven B.
Petra B.
Claudia B.
Torsten B.
Matthias B.
Andreas B.
Patricia B.
Tamara B.
Martina E.
Carsten E.
Otto E.
Stefan E.
Andreas E.
Meike F.
Iris F.
Maike G.
Malte G.
Marion H.
Sven-Ole H.
Britta H.
Jens H.
Michael H.
Axel H.
Sven H.
Anja H.
Birgit H.
Frank H.
Thorsten H.
Frank H.
Christina J.
Annette K.
Arno-Hans K.
Anja K.
Frank K.
Sascha L.
Katrin L.
Christina L.
Nathalie L.

Sabrina M.
Ferruh M.
Mirko M.
Dirk N.
Imke N.
Veiko N.
Markus N.
Susanne N.
Susanne O.
Tanja P.
Claudia P.
Marco R.
Ulrike von R.
Martina S.
Axel S.
Carolina S.
Anja S.
Thomas S.
Jens S.
Iris S.
Arnika S.
Andreas S.
Wolfgang S.
Silke T.
Anke V.
Frank W.
Timo W.
Veronika W.
Barbara W.
Oliver W.
Frank Z.

**1988
(82)**

Ilka A.
Bernd A.
Sultan A.
Jens A.
Matthias A.
Bettina B.
Judith B.
Martina B.
Tanja-Amet B.
Ilka B.
Kirsten B.
Torsten B.
Tanja B.
Olaf B.
Monja C.
Michael C.
Sylvia C.
Ina D.
Anja D.
Sonja D.
Tatjana D.
Iris E.
Helga E.
Oliver E.
Rainer E.
Sven-Jan F.
Waltraud G.
Olaf G.
Stefanie G.
Sonja G.
Claudia G.
Carsten G.
Silvia G.
Ingrid H.
Uwe H.
Jens H.
Thomas H.
Susanne J.
Oliver J.
Sven-Olaf J.
Uta J.
Tanja K.
Bettina K.

Daniela K.
Petra L.
Angela L.
Anke L.
Frank L.
Katja L.
Frank L.
Martina L.
Nicole M.
Petra M.
Frauke M.
Thomas M.
Sven N.
Bernd N.
Nicole O.
Jens P.
Thomas P.
Sandra P.
Stephan R.
Astrid R.
Sabine R.
Per Oliver S.
Ronald S.
Silke S.
Natascha S.
Katrin S.
Esther S.
Andrea S.
Jörg S.
Susanne S.
Tanja S.
Andreas S.
Ina S.
Frank T.
Wolfgang W.
Birgit W.
Petra W.
Andreas W.
Heike W.

1989
(69)

Andreas A.
Mehtap A.
Sandra B.
Caroline B.
Ersan B.
Peter B.
Arne B.
Ute B.
Oliver B.
Ilka B.
Claus B.
Azize C.
Carsten D.
Kai D.
Nils tE.
Lars E.
Dirk E.
Michael E.
Tobias F.
Ilona F.
Thomas G.
Karsten G.
Susanne G.
Claudia H.
Christiane J.
Marko K.
Nuray K.
Mustafa K.
Torsten K.
Thomas K.
Björn K.
Antje K.
Jens K.
Matthias K.
Kerstin K.
Isabella K.
Thorsten L.
Harry M.
Stefan M.
Rüdiger M.
Jörg M.
Nicolas N.
Andree N.

Tanja O.
Ulrike O.
Melanie O.
Sven P.
Anahita P.
Marco R.
Alexandra R.
Andreas S.
Alexander S.
Frank S.
Kay rS.
Gisela S.
Dirk S.
Martin S.
Anke S.
Alexander T.
Andreas V.
Sabine V.
Christina V.
Gerald W.
Torsten W.
Sylvia W.
Yasemin Y.
Birsen Y.
Mustafa Y.
Arnd Z.

1990
(72)

Björn A.
Murat A.
Jens A.
Günther A.
Jörn B.
Janet B.
Thorsten B.
Tanja B.
Yusuf C.
Andreas C.
Ayse C.
Tanja D.
Heidi D.
Martin E.
Melanie E.
Tanja F.
Nicole G.
Sakine G.
Matthias H.
Thomas J.
Erdal K.
Nihal K.
Ömer K.
Oliver K.
Norma K.
Matthias K.
Tatjana K.
Marco K.
Wencke K.
Viola K.

Joachim L.
Anja L.
Birgit L.
Manuela L.
Torsten L.
Sven M.
Anja M.
Claudia M.
Silke M.
Björn M.
Sven rM.
Anja N.
Maren O.
Hüsrev O.
Emine Ö.
Olaf P.
Silke P.
Thomas R.
Anja R.
Ragna R.
Marko R.
Ulrike R.
Ayse S.
Marco S.
Martina S.
Marcus S.
Britta S.
Manuela S.
Britta S.
Otto Ville S.
Runa S.
Alexandra T.
Jörg T.
Tarkan T.
Axel V.
Manuela V.
Matthias W.
Claudius W.
Ingo W.
Marc W.
Martin W.
Frank W.

**1991
(66)**

Kerstin B.
Sonja B.
Sedat B.
Monika B.
Elisabeth D.
Celal D.
Cornelia E.
Susanne F.
Björn F.
Andrea F.
Rüdiger G.
Ralph G.
Zeynel G.
Kirsten H.
Kai-Marc H.
Frank H.
Bernd H.
Hartmut H.
Jan K.
Emine K.
Tülay K.
Andree K.
Ali K.
Olivera K.
Heiko K.
Oliver K.
Sonja K.
Sonja K.
Kerstin K.
Stephanie K.
Anja M.
Elke M.
Michael M.-K.
Claudia N.
Erhan O.
Sabine P.
Maiko R.
Axel R.
Ariane R.
Ekrem S.
Britta S.
Martina S.
Ronald S.

Dieter S.
Anja S.
Marcus S.
Andrea S.
Stefan S.
Jochen S.
Lars S.
Ruth S.
Petar S.
Yvonne S.
Claudia S.
Kathrin S.
Marcel T.
Adi T.
Cemal T.
Hava T.
Fatim Ü.
Petra W.
Regina W.
Angela W.
Hasan Y.
Niels Z.
Carmen Z.

**1992
(69)**

Elham A.
Ebru A.
Frauke B.
Ingo B.
Matthias B.
Katja B.
Jan-Christian B.
Christiane B.
Sandra B.
Marc B.
Martin B.
Tanja B.
Frank B.
Nevim C.
Martina D.
Sylvia D.
Sascha D.
Jens E.
Jens F.
Ruth F.
Andrea F.
Katrin F.
Katja G.
Nicole H.
Nils H.
Daniel H.
Katja H.
Torsten H.
Nicole I.
Nicole K.
Sandra K.
Andreas K.
Carsten K.
Wiebke K.
Melanie L.
Stefan L.
Katrin L.
Michaela N.
Karsten N.
Christian N.
Melanie O.
Sullemann O.
Heike P./F.

Silke R.
Constanze R.
Norman R.
Stefan R.
Susanne S.
Idris S.
Nathalie S.
Hanna S./K.
Sandra S.
Manuela S.
Fabian S.
Heike S.
Nicole S.
Michael S.
Thomas rS.
Heiko S.
Cecile S.
Andre S.
Jussi S.
Peter T.
Ahmet T.
Funda T.
Janna W.
Mark-Oliver W.
Jörn-Peter W.
Katja von Z.

1993 (57)

Jasmin A.
Britta A.
Ima B.
Daniela B.
Yusuf B.
Sandra B.
Stephanie von B.
Nona B.
Thorsten E.
Tanja E.
Marcus E.
Kristina F.
Marc F.
Thomas F. S.
Annika G.
Sven G.
Bianca G.
Sven G.
Kirstin G.
Heide G.
Lambert H.
Timo H.
Ninja H.
Matthias H.
Dagmar H.
Yvonne K.
Christian K.
Timo K.

Bettina K.
Sinisa K.
Osman K.
Andreas K.
Marco L.
Petra M.
Timo N.
Jörg Oe.
Imke O.
Robert O.
Christina P.
Sonja P.
Severine R.
Michael R.
Nigar S.
Michele S.
Nurten S./M.
Maike S.
Christian S.
Michaela S.
Katrin S.
Nicole S.
Benjamin T.
Derya T.
Karsten W.
Inga W.
Melanie W.
Silke Z.
Nicole Z.

1994 (74)

Hatice A.
Neslihan A.
Zuleyka A.
Hakan A.
Daniela B.
Boris B.
Olaf B.
Gönül B.
Turan B.
Noreen B.
Florian B.
Corinna B.
Susanne E.
Nurettin C.
Kathrin D.
Nergiz D.
Katrin D.
Gonca E.
Eva E.
Markus E.
Heike G.
Jolanthe G.
Marcus G.
Frank G.
Doris H.
Sylke H.
Swenja H.
Karin J.
Andreas J.
Nicole K.
Tanja K.
Alayttin K.
Melanie K.
Stefanie K.
Tanja K.
Tina K.
Steve K.
Holger L.
Mareen L.
Meike L.
Christian L.
Ines L.
Tanja N.

Lars N.
Patrick N.
Julia Susanne O.
Regina R.
Martina R.
Jessica S.
Henrik S.
Ann-Kathrin S.
Susanne S.
Verena S.
Timo S.
Nicole S.
Jörg S.
Sandra S.
Tanja S.
Ferdinand S.
Britta S.
Marcin S.
Hakdan T.
Stefan T.
Dursun T.
Sonja T.
Danny T.
Marija V.
Christina W.
Georg W.
Stefan W.
Nicole W.
Britt W.
Miriam Z.
Wolf Peter von Z.

**1995
(69)**

Norman A.
Filiz A.
Kelvin A.
Baris A.
Tevhide A.
Diane B.
Andree B.
Emese B.
Kamuran C.
Christian D.
Sinem E.
Hakan E.
Henning F.
Sandra F.
Hakan G.
Semra G.
Daniela G.
Thomas G.
Vanessa H.
Katja H.
Ulrike J.
Maha J.
Alexandra K.
Sylke K.
Tanja K.
Lars-Gerrit K.
Jan K.
Maria K.
Daniela K.
Ilka K.
Maik K.
Sonja L.
Yvonne L.
Frank L.
Andrea L.
Ella L.
Christin M.-R.
Michaela M.
Melanie M.
Knuth M.
Robert M.
Jennifer M.
Daniel O.

Sandra O.
Hülya Ö.
Miriam P.
Tamara P.
Christiane P.
Tanja P.
Simone R.
Heike R.
Serhat S.
Bora S.
Jennifer S.
Jörn S.
Katja S.
Anja S.
Lenart S.
Sandra S.
Alen S.
Sultan T.
Birgül T.
Andrea V.
Kirsten W.
Stefan W.
Diana W.
Bernd W.
Sabri W.
Svenja Z.

**1996
(74)**

Sammy A.
Sandra B.
Andreas B.
Petra B.
Naomi B.
Miroslav B.
Wiebke B.
Ivonne-Kristin B.
Andrea B.
Ronald D.
Mike D.
Jan-Henning D.
Silke D.
Sebastian D.
Uwe E.
Sven E.
Martin E.
Erhan E.
Songül E.
Reza F.
Timo F.
Olaf F.
Pierre F.
Christian F.
Yvonne G.
Meike G.
Sabine G.
Derya G.
Derya G.
Simon H.
Meike H.-E.
Christina H.
Fabian H.
Cordula H.
Andreas H.
Torben J.
Konrad K.
Hagen K.
Daphne L.
Lars L.
Marcus L.
Angela M.
Melanie M.

Tobias M.
Antje M.
Christian M.
Claudia M.
Marc N.
Jan P.
Ayse P.
Katja P.
Melek P.
Janina P.
Iris R.
Danny R.
Björn S.
Julia S.
Annelie S./K.
Tina S.
Oliver S.
Sven S.
Canan S.
Cigdem S.
Bianca S.
Marco S.
Malte T.
Tanja T.
Melanie U.
Grit V.
Björn W.
Angelika W.
Nail Y.
Ibrahim Z.
Natalie Z.

**1997
(70)**

Diana A.-N.
Stefan A.
Ayse A.
Ruhsan A.
Christoph B.
Michael B.
Jan B.
Anja B.
Miranda B.
Stefanie B.
Norman B.
Gordon B.
Lotte B.
Filipe C. de S.
Jana D.
Mandy D.
Marcus E.
Nicole E.
Jamina E.
Alexander F.
Tammy-Lee F.
Gerd F.
Bert G.
Wiebke H.
Katja H.
Jörn H.
Kristin H.
Nina H.
Tobias J.
Stefanie K.
Nina K.
Michael K.
Kristian K.
Roberto K.
Frauke L.
Daniela L.
Jessica L.
Christina L.
Jan-Christian M.-B.
Sonja M.
Peggy M.
Katrin M.
Bianca N.

Judith-Christine N.
Marco N.
Heike N.
Janne O.
Christian O.
Tatjana P.
Sandra P.
Leon P.
Reyhan S.
Wolfgang S.
Kathleen S.
Martin S.
Stefan S.
Tim S.
Sarah S.
Jennifer S.
Andreas S.
Yvonne T.
Antje V.
Timo V.
Silke V.
Gökhan V.
Marc W.
Regina W.
Yvonne W.
Lars W.
Michael W.

**1998
(90)**

Melanie A.
Maike B.
Nicola B.
Nadine B.
Tanja B.
Daniela B.
Katja B.
Lars B.
Dorothea E.
Özlem C.
Thomas D.
Claas D.
Sascha D.
Daniela D.
Monika D.
Marlo F.
Sandra F.
Joris F.
Dennis F.
Anita G.
Britta G.
Kerstin G.
Jan G.
Heinz-Georg G.
Ayhan G.
Metin G.
Engin G.
Ilka H.
Yvonne H.
Mai H.
Dirk H.
Britta H.
Svenja H.
Sandra I.
Sara J.
Kjen J.
Sabrina J.
Sönke J.
Zeynep K.
Yusuf K.
Miriam K.
Anna_Kathrin K.
Sebastian K.

Songül K.
Claudia K.
Lang L.
Jasmin L.
Karen L.
Thomas L.
Andrea L.
Melanie L.
Nead M.
Andre M.
Dörte M.
Andreas M.
Birgit O.
Jan P.
Julia P.
Britta R.
Holger R.
Henk_Dieter R.
Anita R.
Nina S.
André S.
Manuela S.
Björn S.
Marcel S.
Johannes S.
Daniela S.
Nicole S.
Christiane S.
Claudia S.
Natascha S.
Kathrin S.
Thorsten S
Christian T.
Kaan T.
Sezen U.
Saban U.
Dogan U.
Maike V.
Jörn V.
Katrin V.
Stefan W.
Jürgen W.
Mathias_v. W.
Toni_Anne W.
Mira W.
Oguzhan Y.

Ilyas Y.

**1999
(105)**

Jacqueline A.
Bülent A.
Fatih A.
Elwira B.
Ersin B.
Hermann B.
Till B.
Michael B.
Nina B.
Julia B.
Anja B.
Timo B.
Sabrina B.
David C.
Hanna C.
Timur C.
Sebastian-A. C.
Yasemin D.
Thomas D.
Anne D.
Arne D.
Christopher D.
Julia D.
Jens E.
Mehdi F.
Jörg F.
Jan F.
Christina G.
Christian G.
Anna-Katharina G.
Tina G.
Wiebke G.
Florian H.
Meik H.
Anna H.
Yvonne H.
Denise H.
Carsten H.
Nikolai H.
Andreas H.
Henning I.
Matthias K.
Zeynep K.

Sina K.
Jan K.
Jennifer K.
Stefanie K.
Hakan K.
Antonio K.
Helena C.
Marcel K.
Felix L.
Andree L.
Verena L.
Franziska M.
Menno M.
Daniel M.
Judith M.
Benjamin M.
Ronny M.
Stefanie M.
Viola N.
Michele P.
Sören P.
Agnes P.
Sara_Elisabeth P.
Katarina R.
Nicole R.
Anne_Mareike R.
Annika S.
Antje S.
Anne S.
Florian S.
Anne S.
Felix S.
Stefan S.
Rieke S.
Kirstin S.
Pamela S.
Karsten S.
Wiebke S.
Martin S.
Ina T.
Yasemin T.
Vanessa U.
Hjalmar V.
Gunnar V.
Sabrina W.
Antje W.

Niklas W.
Sonja W.
Sarbeland Y.
Songül Y.
Ilyas Y.
Julia Z.

**2000
(100)**

Paul A.
Hülya A.
Lea A.
Friederike A.
Kathrin B.
Anne-Mareike v. B.
Matthias B.
Anna-Margo B.
Simon B.
Jan-Oliver B.
Katrin B.
Rebecca B.
Kofi B.
Patrick B.
Jens B.
Friederike B.
Michael B.
Jana B.
Nadena B.
Sascha D.
Serif D.
Katharina D.
Okhan D.
Karin E.
Jan-Willem F.
Sarah F.
Max F.
Armin F.
Steffen G.
Kristian G.
Ilkay G.
Bülent G.
Salih G.
Aydin G.
Saskia H.
Sven H.
Julia-Eva
Marie H.
Michael H.
Anselm H.
Jennifer H.
Anna J.
Timo K.

Kathrin K.
Oliver K.
Dana K.
Marlen K.
Tim K.
Fabienne K.
Andreas K.
Kerstin K.
Ulrike K.
Linda K.
Julia K.
Dennis L.
Martina L.
Jessica L.
Benjamin L.
Rebecca L.
Claudia M.
Matthias M.
Mitja M.
Sylke M.
Marco M.
Hanja N.
Rebekka O.
Wladislaw P.
Marina P.
Nils P.
Jonas R.
Nima R.
Thomas R.
Anne R.
Human S.
Zeynep S.
Habibullah S.
Marina S.
Aniska S.
Susanne S.
Kevin S.
Mirja S.
Steffen S.
Dirk S.
Daniela S.
Jan S.
Nikolaj S.
Kim S.
Benjamin S.
Jessica S.

Fatma T.
Nuray T.
Sandra U.
Anne V.
Kristina V.
Marin V.
Ayfer V.
Tanja W.
Marie-Lotte W.
Quirin W.
Christina W.

2001
(109)

Deike A.
Arman A.
Nadine A.
Luca B.
Mira B.
Jana B.
Malte B.
Simon von B.
Sören von B.
Tobias B.
Beke_v. B.
Bianca B.
Jessica B.
Samantha B.
Alina B.
Arkadius B.
Fatih C.
Hannes C.
Jasmine D.
Michael D.
Anne D.
Christian D.
Anna E.
Lea F.
Andrea K.
Nadja F.
Dana F.
Nina F.
Ulla F.

Jana F.
Tim G.
Imke G.
Murat G.
Ilkay G.
Hauke G.
Carina G.
Janna H.
Raoul H.
Daud H.
Moritz H.
Jan H.
Andreas H.
Stefanie H.
Christoph H.
Anselm H.
Torsten H.
Maja I.
Hannes J.
Neele J.
Nadine J.
Juliane J.
Agnieszka K.
Mara K.
Judith K.
Sonja K.
Sajra K.
Martin K.
Maret K.
Anna-Lena K.
Moritz L.
Jennifer L.
Maximiliane L.
Dierk L.
Karolina L.
Fabian M.
Jakob M.
Johannes M.
Franziska M.
Telse N.
Gesche N.
Frederik N.
Svenja N.
Anika N.
Patrick N.
Thomas O.

Katharina P.
Geesa P.
Christoph R.
Joana_v. R.
David R.
Katharina R.
Kadiriye S.
Nadja S.
Stefanie S.
Lesmona S.
Eva_Lotta S.
Anna S.
Florian S.
Stephanie S.
Miriam S.
Julian S.
Okhan S.
Sandra S.
Maja S.
Bianca S.
Nadine S.
Patrick S.
Dörte S.
Sarah T.
Benjamin T.
Lien T.
Derya Ü.
Claudia W.
Heidi W.
Pia-Marie W.
Nina W.
Gerrit W.
Nadine Z.

2002
(120)

Nils A.
Janina A.
Jutta A.
Farina A. D.
Anna B.
Jurina B.
Annika B.
Katharina B.
Sally B.
Fritjof B.
Nele B.
Anna Lena B.
Esther B.
Marco B.
Carola B.
Janis B.
Jan B.
Serdar C.
Adnan C.
Hülya C.
Elif C.
Svenja C.
Magdalena D.
Jan D.
Anne D.
Fabian E.
Mario F.
Katja F.
Hiske F.
Tanja F.
Jacob F. L.
Katherine F.
Florian v. F.
Julia F.
Tim G.
Yurena G.
Mirela G.
Annika H.
Thor H.
Jennifer H.
Annika H.
Paul H.
Stefan H.

Frauke H.
Nadine H.
Johannes H.
Hanna H.
Elif I.
Constantin K.
Malte K.
Friderike K.
Marina K.
Lotta K.
Yvonne K.
Martin K.
Hannah K.
Miriam K.
Magdalena K.
Evelyn L.
Raphael L. F.
Dorothea L.
Jana L.
Lena L.
Maike M.
Winnie M.
Julia M.
Marie M.
Imke M.
Julia M.
Hendrik M.
Jasmin M.
Maren M.
Katrin v. M.
Felix M.
Carolin M.
Petja M.
Miriam M.
Marcel O.
Jerome O.
Anna P.
Kathrin R.
Manuel R.
Stefanie R.
David R.
Sebastian R.
Malin R.
Christian R.
Nina S.
Sebastian S.

Svenja S.
Benjamin S.
Nina S.
Eva S.
Julia S.
Nicolai S.
Carsten S.
Daniel S.
Marvin S.
Jan S.
Anna S.
Paula S.
Gülay S.
Rozita S.
Sandra S.
Jantje S.
Jennifer S.
Sandra S.
Ole S.
Lena S.
Jan-Christoph T.
Julia T.
Anna T.
Fabian T.
Kristina W.
Malte W.
Anja W.
Erik W.
Göktay Y.
Charlotte Z.
Mike Z.

2003
(112)

Ontje A.
David A.
Andre A.
Lars A.
Stefan A.
Heidi B.
Till B.
Jan B.
Anja B.
Max B.
Ilka B.
Jan B.
Rieko B.
Kolja B.
Sandra B.
Sonja B.
Paul C.
Christina D.
Malte D.
Judith D.
Marlon D.
Julian D.
Jens D.
Björn E.
Yusuf E.
Lena F.
Johan F.
Marius F.
Stefanie F
Miriam F.
Nicole F.
Farina F.

Lutz G.
Philip G.
Frauke G.
Jannes G.
Franziska G.
Melanie G.
Sahar H.
Nassim H.
Alena H.
Mareike H.
Yasemin H.
Marlene H.
Oliver H.
Anja H.
Hava H.
Florian J.
Sema K.
Maike K.
Arne K.
Jan K.
Roman K.
Sophia K.
Julia K.
Julia K.
Johanna K.
Ina K.
Nina K.
Jan K.
Maya K.
Sabrina K.
Sascha L.
Martin M.
Boris M.
Christian M.
Verena M.

Katrin M.
Jan M.
Roland M.
Anna O.
Christiane P.
Lena P.
Jannes P.
Malte P.
Nina R.
Benjamin R.
Sarah R.
Zahava R.
Alexandra R.
Berend R.
Serge R.
Axel S.
Dennis S.
Philine S.
Jessica S.
Malte S.
Anne Katrin S.
Christina S.
John S.
Sharlina S.
Sebastian S.
Timo S.
Rosa S.
Lena S.
Arne S.
Bastian S.
Ole S.
Lasse T.
Phuong T.
Janine U.
Negar V.
Arne V.
Sally W.
Stephanie W.
Kjen W.
Jesper d. W.
Natascha W.
Melanie Z.
Lea Z.
Katharina Z.
Mirka Z.

2004
(91)

Samadhi A.
Wiebke B.
Jan B.
Jöran B.
Andrea B.
Anna_Maria B.
Paul B.
Kathrin B.
Sabrina B.
Johann B.
Aljoscha C.
Marc D.
Jonte_v. D.
Karla D.
Dörthe D.
Gesa v. D.
Jana D.
Rebecca E.
Eva E.
Hülya E.
Ole F.
Tabea G.
Mirko G.T.
Ayse G.
Samira H.
Lena H.
Felix H.
Jana H.
Johannes H.
Mathia H.
Nikolas H.
Felix H.
Julia H.
Marc H.
Valentina I.
Maximilian I.
Pia_Christina K.
Janina K.
Jan K.
Jana K.
Astrid K.
Janna K.
Tim K.

Andre K.
Jan K. v. B.
Katharina L.
Sebastian L.
Patrick L.
Afra L.
Aline L.
Max M.
Henning M.
Simona M.
Iman M.
Anna M.
Meike N.
Robert N.
Lasse O.
Rebecca P.
Bastian P.
Farina P.
Fabian P.
Jasper R.
Tabea R.
Fabian R.
Daniel R.
Sebastian R.
Stephanie R.
Hülya_Jennifer S.
Sarah_Katrin S.
Nadine S.
Anna_Lena S.
Anja S.
Sara_Juliane S.
Julia S.
Claudia S.
Vera S.
Jennifer S.
Alisa S.
Yusuf T.
Duncay T.
Liv U.
Meryem U.
Jantje W.
Till W.
Mitja W.
Juliane W.
Alexandra W.
Gerrit_Kristin W.

Stephanie Y.
Jan_Krischan Z.

**2005
(125)**

Lisa A.
Nora v. A.
Ahmed A. R.
Tobias A.
Mitja B.
Dino B.
Lena Marie B.
Janna B.
Nina B.
Udo B.
Guido B.
Jelka B.
Renya B.
Katrin B.
Timo C.
Alexandra C.
Elena D.
Helke Marie D.
Yvonne D.
Sven E.
Philipp E.
Nadine E.
Jonas F.
Max F.
Swenja F.
Sara F.
Rebecca F.
Clara F.
Gesa-Rabea F.
Nicole G.
Nele Marie G.
Gina G.
Bastian G. H.
Björn G.
Johannes H.
Philipp F.
Gesa H.
Antke Catrin H.
Norman H.
Karen H.
Linda H.
Sönke H.
Nikolas H.

Carolin H.
Zora Amanda H.
Sascha J.
Benjamin J.
Marvin K.
Deniz K.
Christopher K.
Dennis K.
Lukas K.
Sarah K.
Elisabeth K.
Nadine K.
Judith K.
Teresa K.
Silvija K.
Julia K.
Sabrina K.
Sabine K.
Christoph K.
Sirinka L.
Gesa L.
Mette L.
Isabelle L.
Lukas L.

Jessica L.
Lars L.
Julia L.
Hanna L.
Thijs L.
Julia M.
Friederike M.
Joscha M.
Antje M.
Julia M.
Jana M.
Moritz M.
Natalie M.
Paul M.
Gunnar M.
Paul-Bastian N.
Ole N.
Jonas N.
Julia N.
Nadine N.
Susanne P.
Carl P.
Vanessa P.
Viola P.

Miriam P.
Paul R.
Tim R.
Janna R.
Cora R.
Aaron R.
Darius R.
Behruz S.
Gesa S.
Maren S.
Daniel S.
Pia S.
Joschka S.
Neele S.
Yasmin S.
Daniel S.
Gunnar S.
Daniel S.
Yvonne S.
Alexandra T.
Denis V.
Rene W.
Hannah W.
Marieke W.

Lennart W.
Erik W.
Julie v. d. W.
Julian W.
Elvira W.
Svyatoslav Y.
Jan_Robert Z.
Nadine Z.
Johanna Z.
Philip Z.

**2006
(124)**

Claudia A.
Paula A.
Wencke A.
Farina A. F.
Agatha B.
Zisan B.
Aleke B.
Tina B.
Jan Philipp B.
Inga B.
Christian B.
Jan B.
Arne B.
Laura B.
Bork v. B.
Jessica B.
Henrik B.
Jochen B.
Stefanie B.
Matthias B.
Rabea von C.
Ayse D.
Nihal D.
Svenja D.
Nils D.
Robert D.
Alexander E.
Daniel E.
David E.
Janis E.
Jan F.
Anna F.
Kathrin F.
Nils F.
Lena F.
Daniel G.
Katrin G.
Simon G.
Yeliz G.
Jara Marie G.
Jakob G.
Vasileios G.
David G.

Pinar G.
Caglayan G.
Birte H.
Janosik H.
Jana H.
Julian-Anthony H.
Marco H.
Julian H.
Peter Hoffmann
Andres H.
Michael H.
Janek I.
Raffaela J.
Uta-Kathrin J.
Gesa J.
Marie K.
Emrah K.
Karolina K.
Maike K.
Marius K.
Pascal K.
Kendra K.
Lion K.
Robin K.
Tanja K.
Stefanie L.
Verena L.
Jana L.
Jan L.
Henriette M.
Lasse M.
Franziska M.
Yvonne M.
Birgit-Andrea M.
Nele M.
Michael M.
Paula N.
Helge N.
Benjamin N.
Sascha N.
Jerome O.
Nathalie O.
Fenna P.
Janik P.
Milena P.
Melroy P.

Matthias R.
Jessica R.
Fritz R.
Mira R.
Lothar R.
Kristina R.
Roland R.
Sayna S. T.
Nadine S.
Lisa S.
Anna S.
Daniel S.
Angelo S.
Christian S.
Janina S.
Tineke S.
Mirjam S.
Marie S.
Jannis S.
Maraike S.
Anika S.
Azmira T.
Julia T.
Tim T.
Yesim T.
Ina V.
Carolin W.
Svenja W.
Pia-Johanna W.
Pascal W.
Elena W.
Sebastian Z.
Anna Z
Lennart Z.
Jessica Z.

**2007
(105)**

Mohammed A.
Ümmühan A.
Aysegül B.
Christopher B.
Diana B.
Kai B.
Leonardo B.
Merle B.
Ole B.
Pavel B.
Silvia B.
Simon B.
Stefan B.
Corinna C.
Hülya C.
Luana C.
Sven de C.
Anna D.
Elisabeth D.
Maara D.
Paul D.
Sevtap D.
Arman E.
Neele E.
Olesja E.
Marina F.
Sarah Alina F.
Sebastian F.
Sven-Lars F.
Anna Maria G.
Christian G.
Gökhan G.
Jannik G.
Judith G.
Klaus G.
Miriam G.
Narin G.
Frederike H.
Jens H.
Marie H.
Mirja H.
Rona H.
Timo H.
Torsten H.
Viola H.
Leonard I.
Hannah J.
Martin J.
Aysen K.
Christina K.
Jasna K.
Larissa K.
Medina K.
Nicole K.
Sascha K.
Hella L.
Kim L.
Mirsad L.
Sarah L.
Andree M.
Bele M.
Fenja M.
Mareike M.
Max N.
Christina O.
Gerrit Oe.
Mareike Oe.
Daniel P.
Nadine P.
Chris R.
Christioph-Robin R.
Johannes R.
Katharina R.
Leevke R.
Leonard R.
Tiemo R.
Anna S.
Erik S.
Frederike S.
Jost S.
Lars S.
Lea S.
Liza S.
Maralena S.
Matthias S.
Matthäus S.
Michele S.
Rose S.
Alexander T.
Christian T.
Christian T.
Fabian T.
Inga-Mariam T.
Nadine T.
Sandra U.
Sven V.
Gesa W.
Maria W.
Michael W.
Miles W.
Raike-Franziska W.
Yannick W.
Ilker Y.
Carla Z.
Sarah Z.

**2008
(133)**

Behlum A.
Jasper von A.
Nadja A.
Agnieszka B.
Christian B.
Claas-Henrik B.
Janine B.
Jaquelin B.
Jennifer B.
Knut B.
Ronja B.
Theresa B.
Murat C.
Sabrina C.
Sedat C.
Birte D.
Carsten D.
Christine D.
Christoph D.
Lisa D.
Lisa D.
Mareike D.
Sandra D.
Björn E.
Sema E.
Aljona F.
Jannis F.
Johannes F.
Martin F.
Nadine F.
Anja G.
Jonas G.
Mirko G.
Nils G.
Alexander H.
Annika H.
Lena H.
Lennart H.
Maria H.
Mehwar H.
Merle H.

Nils H.
Patrick H.
Philipp von der H.
Rania H.
Sarah H.
Olga I.
Ala-Eden J.
Daniela J.
Jonas J.
Juliane J.
Tim J.
Anna K.
Anne K.
Demet K.
Dennis K.
Ferdinand K.
Honorata K.
Jasmin K.
Meltem K.
Mirja K.
Nathalie K.
Rebekka K.
Antje L.
Janek L.
Joscha L.
Kolja L.
Lukas L.
Sabrina L.
Sarah L.
Sönke L.
Anna M.
Daniel M.
Dennis M.
Fabian M.
Frederieke M.
Janna M.
Linn M.
Maria M.
David N.
Julia N.
Marcus N.
Inga O.
Aline P.
Deniz P.
Marc P.
Melanie P.

Rico P.
Hauke R.
Iris R.
Katharina R.
Miriam R.
Norma R.
Philipp R.
Pola R.
Sebastian R.
Stephan R.
Wiebke R.
Anika S.
Ann-Kathrin S.
Arne S.
Arne S.
Christina S.
Clara S.
David S.
Dirk S.
Hanna Lara S.
Jana S.
Katharina S.
Kristina S.
Lisa S.
Mareike S.
Maximilian S.
Suganya S.
Tina S.
Vera S.
Abdussamet T.
Judith T.
Timo T.
Yasemin T.
Franca U.
Julia U.
Pia V.
Yuliya V.
Giovanna W.
Greta W.
Julio W.
Lara W.
Lea W.
Natalie W.
Nina W.
Kadriye Y.
André Z.

2009
(118)

Anuschka A.
Betty van A.
Esra A.
Florence A.
Ewelina B.
Jan B.
Janina B.
Jasmn B.
Joschka B.
Lotte B.
Merle B.
Nicole B.
Norman B.
Stefanie B.
Sven B.
Thomas B.
Goran C.
Hicret C.
Joschka C.
Julia C.
Katrin von C.
Marcel D.
Raphael D.
Anne van E.
Jerome E.
Joana E.
Lina E.
Linn-Julia E.
Niklas E.
Laura F.
Laura F.
Tiffany F.
Annika G.
Inken G.
Isabel G.
Manuel G.
Maren G.
Michael G.
Michael G.
Pinar G.
Fabian H.
Femke H.
Julia H.

Lisa Lena H.
Paulus H.
Tobias H.
Hannah I.
Iren I.
Jannik J.
Yvonne J.
Carolin K.
Denise K.
Enis K.
Ina K.
Jannik K.
Juliane K.
Lena K.
Sarah K.
André L.
Annabell L.
Jasper L.
Jonna L.
Marlon L.
Roger L.
Roksolana L.
Sabrina L.
Sarah L.
David M.
Ina M.
Michelle M.
Simon M.
Raphael M.A.F.
Sonja N.
Sören N.
Vitali N.
Dominik O.
Lucas O.
Nina O.
Stina Ö.
Catherina P.
Céline P.
Luzzy P.
Sabrina P.
Stella P.
Valeska P.
Annika R.
Constantin R.
Elena R.
Marvin R.

Sabrina R.
Alexander S.
Erik S.
Julian S.
Kristina S.
Lea S.
Matthias S.
Milena S.
Nils S.
Sabrina S.
Sarah S.
Svea S.
Veronika S.
Shorab S.K.
Macha T.
Nele T.
Raphaela T.
Lars U.
Jan Ole V.
Natalia V.
Jana W.
Lea W.
Markus W.
Melanie W.
Niclas W.
Phil W.
Carry Z.
Sarah Z.

**2010
(109)**

Jessica A.
Seval A.
Adel A.-K.
Lütfiye A.
Zlatko A.
Melodie B. L.
Jannifer B.
Nele B.
Jasmin B.
Martina B.
Alice B.
Jennifer B.
Kassandra B.
Selcan C.
Deniz C.
Marius D.
Michaela D.
Marlene D.
Larissa D.
Nicole D.
Lara E.
Jan-Niklas E.
Eduard E.
Ela E.
Paula F.
Gleb G.
Cedrick G. H.
Richy H.
Lisa H.
Elena H.
Lisa H.

Andreas H.
Kena H.
Katharina H.
Serdal I.
Jannes J.
Lara J.
Alexander K.
Tugce K.
Özlem K.
Christian K.
Duygu K.
Asya K.
Enes K.
Sedef K.
Jannes K.
Christian K.
Philip K.
Tim K.
Michael K.
Alexandra K.
Philip L.
Raphael L.
Melanie M.
Jan-Hendrik M.
Anne M.
Jennifer M.
Hannes M.
Manuela M.
Florian M.
Oke Lia M.
Katja M.
Leon M.
Amir M.
Lucas M.

Viet Anh N.
Rezza N. A.
Fynn N.
Yasemin O.
Deniz O.
Laura O.
Nurdan O.
Jasmin Ö.
Stefano P.
Jennifer R.
Julia Isabel R.
Nadine R.
Jonas R.
Cathrin R.
Nicola Janine R.
Simon R.
Clarissa R.
Mandy R.
Rick Sch.
Felix Sch.
Lilith Sch.
Lisa-Marie Sch.
Vanessa Sch.
Neele Sch.
Christina S.
Desireé S.
Marco S.
Hendrik S.
Alex S.
Paul S.
Jannis T.
Laura T.
Julia Sarah T.
Yannis W.

Julian W.
Theresa W.
Boray W.
Moritz W.
Jasmin W.
Merve Y.
Sevgi Y.
Selin Y.
Jaro Z.

**2011
(118)**

Daisy A.
Lea A.
Samira A.
Nora B.
Cordt-Fabian B.
Cedric von B.
Lea B.
Lara B.
Kaja B.
Felix B.-G.
Carina C.
Jennifer D.
Rebecca D.
Hakan D.
Johannes D.
Patrick D.
Julian E.
Sinem E.
Lukas F.
Anja F.
Juliane G.
Johannes G.
Joana G.
Julia G.

Alina G.
Homeira H.
Jan Linus H.
Lena H.
Ricarda H.
Julian H.
Fabian H.
Paul I.
Carina J.
Aina K.
Leon K.
Osman K.
Ingo K.
Demet K.
Merve K.
Ruben K.
Sabrina K.
Nicole K.
Dario K.
Antonia K.
Kolja K.
Hanna Kathrin K.
Nikolas L.
Jasper L.
Björn L.
Nils L.
Marlon L.

Thorben L.
Benita L.
Dennis L.
Jana M.
Marlin M.
Julia M.
Pascal M.
Philipp M.
Lukas M.
Rebecca N.
Sebastian N.
Claudia O.
Melanis O.
Norman P.
Merle P.
Nona P.
Jennifer R.
Navid R. A.
Adrian R.
Lukas R.
Rhea R.
Rasmus R.
Sascha R.
Bela R.
Sarah R.
Sarina R.
Denis R.

Mandy R.
Carla R.
Bastian von S.
André S.
Ina Sch.
Nick Sch.
Ted Sch.
Jöran Sch.
Alina Sch.
Nico Sch.
Vanessa Sch.
Xenia Sch.
Patrycja S.
Metin S.
Ronja S.
Natascha S.
Daniel S.
Tanja-Christin S.
Philipp S.
Lara S.
Arne S.
Leonie S.
Onkanok S.
Marcos T.
Mona V. K.
Justin W.
Julian W.
Greta W.
Saskia de W.
Laura W.
Lea W.
Wiebke W.
Judith W.
Janntje W.
Sean W.
Fabian Y.
Zülal Y.
Himmet Y.
Frauke Z.
Anastasija Z.

**2012
(125)**

Jülian A. M. S.
Insa A.
Elif A.
Izzet A.
Katja A.
Özlem A.
Aylin A.
Lilli B.
Steffen B.
Thania B.
Janis B.
Felix B.
Sven B.
Jana B.
Jens B.
Jennifer B.
Lars B.
Gianluca C.
Marian C.
Karol C.
Sophie D.
Jennifer D.

Jana Cathrin D.
Leon D.
Anna D.
Sina D.
Julian D.
Darko D.
Fabian E.
Evelyn E.
Kim E.
Vincent F.
Steven F.
Rieke G.
Sabrina G.
Friederike G.
Nadja G.
Maike H.
Vivian H.
Philipp H.
Theresa H.
Marlene H.
Kristina H.
Jenny H.
Sarah H.
Leona I.
Lisa J.

Sabine K.
Habib K.
Fatih K.
Swantje K.
Konrad K.
Paul K.
Annika K.
Laura K.
Johanna L.
Rieke L.
Fiona-Eileen L.
Michelle L.
Felix L.
Torben L.
Hanna M.
Maleen M.
Lisa Marie M.
Thomas M.
Julia M.
Julian M.
Kevin M.
Laura M.
Adnan M.
Maren M.
Florian N.

Vanessa N.
Viktoria O.
Yasin O.
Ruth P.
Malou P.
Necla P.
Constanze P.
Enes P.
Lennart P.
Johanna P.
Florian P.
Jannis P.
Natascha R.
Nicolas R.
Marc R.
Franziska R.
Antonia R.
Martin S.
Yosran S.
Merle S.
Paul S.
Torben Sch.
Charly Sch.
Mathilda Sch.
Arne Sch.
Lukas Sch.
Martin Sch.
Simon S.
Daniel Steinhauer
Marie-Lynn S.
Aschot T.
Juliane T.
André T.
Sabrina Begüm T.
Sandra T.
Selina T.
Greta T.
Sophia T.
Alperen T.
Sven V.
Kira V.
Maike V.
Jessica W.
Marijke W.
Lisa W.
Hendrik W.-H.

Nele W.
Christopher W.
Simon W.
Miriam W.
Nena W.
René Z.

2013
(117)

Sosin A.
Merline A.
Ronja A.
Kaner A.
Marvin B.
Jonas B.
Charline B.
Steffen B.
Fabio B.
Finn B.
Mariama B.
Alhifatou B.-T.
Meredith B.
Fabienne B.
Jannik B.
Lasse B.
Haci C.
Lava C.
Firat Semih D.
Maria D.
Kea D.
Janne D.
Mete-Can D.
Khadim D.
Michalis D.
Lukas D.
Swantje E.
Luis E.
Sarah E.
Frederik E.
Paul F.
Yannik F.
Janna G.
Vanessa G.
Lara G.
Adrian G.
Laura G.
Matthias H.
Mathis H.
Yelena H.
Julia H.
Dirk H.
Nina H.

Vanessa H.
Sira H.
Milan H.
Linda J.
Anabi J.
Kim J.
Jan J.
Jule J.
Esra K.
Paul K.
Merle K.
Antonia K.
Bernd K.
Lia K.
Kübra K.
Dennis K.
Max L.
Fritz L.
Lisa L.
Mara L.
Caren L.
Paul L.
Rena L.
Riekje L.
Rene L.
Merve M.
Sarah M.
Tim M.
Zoë M.
Eva M.
Subhan M.
Sönke N.
Julian N.
Hannah N.
Rabia O.
Melissa O.
Vanessa P.
Moritz P.
Julia P.
Nicolai P.
Philip P.
Paulina R.
Jana S.
Alena Sch.
Freya Sch.
Judith Sch.

Moritz Sch.
Fabian Sch.
Jakob Sch.
Paul S.
Andy S.
Jennifer S.
Lennart S.
Julian Robert S.
Jennifer S.
Caspar T.
Lisa T.
Neva T.
Justine T.
Seren U.
Sinan U.
Michael V.
Adrian W.
Linda W.
Sandra W.
David W.
Silas W.
Valentin W.
Ansgar W.
Nils W.
Miriam W.
Melek Y.
Jordi Z.
Till Z.

**2014
(117)**

Christoph A.
Lukas A.
Oguzhan A.
Rahel A.
Samuel A.
Iheb B-S.
Isabelle B.
LeanneJum B.
Leon B.
Leonid B.
Michelle B.
Eva C.
Nursin C.
Nurullah C.
Taner C.
Till C.
Benjamin D.
Bilal D.
Florian D.
Jaqueline D.
Jerome D.
Meltem D.
Miriam D.
Paula D.
Yljon D.
Alina E.
Lukas E.
Mathis E.
Hannah F.
Kim F.
Nathalie F.
Rahel F.
Tracy G
Muhammed G.
Tammo G.
Tanja G.
Denise H.
Islam H.
Jessica H.
Leon H.
Lisa H.
Lucy H.
Marieke H.

Nadine H.
Philine H.
Tom H.
Sarah J.
Chantal K.
Gülcan K.
Jana K.
Kadir K.
Mirko K.
Simon K.
Franziska L.
Jannik L.
Kian L.
Maximilian L.
Sebastian L.
Sinja L.
Sönke L.
Svea L.
ThuHienJulia L.
Vivien L.
Fatih M.
Isabel M.
Laura M.
Louisa M.
Malin M.
Merve M.
Philipp M.
Saskia M.
Mikio N.
Neele N.
Paulina O.

Eike P.
Larissa P.
Necla P.
Jannes R.
Maren R.
Norman R
Rebecca R.
Anita S.
Bruno S.
Caro S.
Daniel S.
David S.
Fabian S.
Freya S.
Henning S.
Henrik S.
Inga S.
Julian-Robert S.
Laura S.
Luca S.
Marlon S.
Michel S.
Michelle S.
Nicola S.
Sara S.
Serena S.
Svenja S.
Tammo S.
Vanessa S.
Alina T.
Apostolos T.

Jasmina T.
Mascha T.
Max T.
Hasan Ü.
Paul V.
Alissa W.
Fabian W.
Thorben W.
Abdurrahman Y.
Cenk Y.
Anna Z.
Eike Z.

2015
(118)

Büsra A.
Büsra A.
Dilara A.
Leonie de A.
Oguzhan A.
Meliscan A.
Max B-G.
Hannes B.
Juro B.
Kilian B.
Marlene B.
Marnie B.
Nina B.
Pascal B.
Patricia B.
Robin B.
Tevin B.
Catharina B.
Aounabbas C.
Nito Cedic C.
Yakup C.
Jana D.
Johannes D.
Lazar D.
Svenja D.
Irem E.
Lisa E.
René E.
Elvira F.
Aysa G.
Hannah G.
Joris G.
Melanie G.
Merve G.
Ayse G.
Celia Isabel H.
Christin H.
Jan H.
Alina H.
Jaro J.
Jonas J.
Lisa J.
Marvin J.

Annalisa K.
Erkan K.
Fabio Fernando K.
Ida K.
Ilkay K.
Jessica K.
Leo K.
Lion K.
Marina K.
Mona K.
Marvin K.
Michelle Isabell K.
Mona K.
Navjot K.
Nils K.
Pinar K.
Tugce K.
Valerie K.
Paul K.
Laura L.
Tim L.
Aiman M.
Arian M.
Claudia M.
Hannah M.
Lukas M.
Malina M.
Merline M.
Paula M.
Vincent M.
Casparia M.
Annika N.
Mike N.
Alba Celina N.
Kawsalya N.
Melina N.
Alina O.
Max O.
Nadja O.
Lukas P.
Tom P.
Can P.
Carina R.
Henning R.
Kira R.
Niklas R.

Philipp R.
Sarah R.
Yakob R.
Carla S.
Eva S.
Jan S.
Janina S.
Jannis S.
Jarmo S.
Josephine-Marie S.
Karla v. S.
Leon S.
Lukas S.
Senihad S.
Timon S.
Viktor S.
Zahra S.
Clarissa T.
Christian T.
Denise T.
Malin T.
Nadine T.
Nils U.
Noel V.
Pascal V.
Lucia W.
Nils W.
Merle W.
Norbert W.
Lisa Z.

**2016
(102)**

Cintia A.
Heyda A.
Marie-Claire A.
Mathies A.
Tobias A.
Aesa B.
Jaap B.
Janette B.
Janina B.
Jonas B.
Kim B.
Malte B.
Melina B.
Ömer B.
Veronica B.
Lars C.
Nils C.
Sören C.
Suat C.
Franziska D.
Leon D.
Mina D.
Sharon D.
Tobias D.
Michelle E.
Vivien E.
Emil F.
Leon F.
Nico F.
Paula G
Dilan G.
Florian G.
Inken G.
Lea G.
Lukas G.
Marie-Chantal G.
Carsten H.
Cedric H.
Charleen H.
Daniel H.
Dominique H.
Florian H.
Franziska H.

Hanna H.
Isabel H.
Jacob H.
Justine H.
Katrin H.
Nora H.
Whitney I.
Hemrike J.
Komelö J.
Lea J.
Alina Estelle K.
Evelyn K.
Helen K.
Jessica K.
Khaetthariya K.
Mahmud K.
Max K.
Isabel L.
Mareike L.
Ada M.
Anton M.
Hannes M.
Kaya M.
Lennart M.
Marvin M.
Nadiah M.
Tim M.
Yusuf M.
Esmeralda Gabriella N.
Estella N.
Anne-Kathrin O.
Malik O.
Doreen P.
Laura P.
Thore P.
Joelle R.
Nele R.
Sophie R.
Thalea R.
Ada-Su S.
Anna-Sophie S.
Emma-Luise S.
Florian S.
Jan S.
Jannes S.
Janila S.

Joy S.
Leander S.
Lina S.
Moritz S.
Vigna S.
Basiru T
Jeremias T
Leon T.
Leon V.
Michelle W.
Nadine W.
Chiara Z.

**2017
(85)**

Yousef, A.
Malte, A.
Swantje Madita, A.
Elmir, B.
Saskia, B.
Marvin, B.
Neline, B.
Ole, B.
Xenia, B.
Ceyda, C.
Dilara, C.
Muhammed, D.
Tristan, D.
Kübra, D.
Jooke, D.
Michael, D
Mohammed, D.
Esra, E.
Fargol, F.
Luna, F.
Florian, F.
Nisrin, G.
Piero, G.
Emre, G.
Leandra, G.
Leonie, H.
Käthe Maria, H.
Finn, H.
Alina, H.
Alexander, I.
Dominik, J
Michel, J.
Tatjana, K.
Anik, K.
Fabian, K.
Belkise, K.
Sema, K.
Doreen, K.
Lucas, K.
Laura-Vanessa, K.
Marieke, K.
Denise, K.
Niklas, L.

Tom-Eric, L.
Charline, L.
Konrad, L.
Caroline, L.
Kevin, L.
Kimberly, M.
Marleen, M.
Janina, M.
Jan, M.
Nikoleta, M.
Lena, M.
Laura, M.
Betül, N.
Finja, N.
Tobias, O.
Zeynep, O.
Aleksandra, P.
Christian, R.
Simon, R.
Miriam, S.
Jona, S.
Jens, S.
Matthias, S.
Maya, S.
Louis, S.
Beyzanur, S.
Sonia, S.
Mirja, S.
Paula, S.
Patrick, T.
Raphael, T.
Jacqueline, T.
Yavuz Selim, T.
Sören, U.
Jan-Niklas, V.
Lina, V.
Alina, V.
Jonas, v. U.
Lena, W.
Benita, W.
Ragna Enisa, W.
Janina, Z.

**2018
(93)**

Tabitha, A.
Kevin Afam, A.
Neslihan, A.
Michelle, A.
Dilara, A.
Nesibe, A.
Jonas, A.
Oliver, B.
Mahfoud, B.
Ioannis-Marinos, B.
Süeda, B.
Maria, B.
Tom, B.
Marie, B.
Mira, B.
Esther, B.
Schecho, C.
Hannah, D.
Mandy, D.
Merle, D.
Johanna, D.
Mohammad, D.
Leoni, E.
Leon, E.
Fabio, F.
Maximilian, F.
Clarissa, F.
Max, F.
Godje, F.
Timo, G.
Laura, G.
Mirko, G.
Finja, G.
Felix, G.
Ole, G.
Tansu, G.
Nursima, G.
Frederik, H.
Georgina, H.
Finn, H.
Joyce, H.
Paul, H.
Wiebke, H.

Kolja, H.
Nils, J.
Jamila-Charleen, K.
Jil-Joanne, K.
Johannes, K.
Luzia, K.
Sarah, K.
Orkan, K.
David, K.
Eileen, K.
Aaron, L.
Kimberley, M.
Lynn, M.
Toritseju, N.
Nic Sebastian, N.
Hannah, N.
Kezavan, N.
Pelin, Ö.
Shivani, P.
Julie, P.
David, P.
Niklas, P.
Rebecca, R.
Romy, R.
Inga, R.
Lennard, R.
Sumaya, S.
Timur, S.
Bastian, S.
Laura, S.
Joris, S.
Edward, S.
Emma, S.
Laura, S.
Hanan, T.
Janisha, T.
Simon, U.
Ozan, Ü
Jasper, V.
Robert, v. S.
Ina, V.
Nicklas, V.-D.
Marcel, W.
Tim, W.
Aimée, W.
Selin, Y.

Furkan, Y.
Daniel, Y.
Sophia, Y.
Kimberly, Z.

**2019
(90)**

Mariam, A.
Deema, A.
Sabrina, A.
Kevin, A
Esved, A.
Elisha, B.
Nico, B.
Gjyle, B.
Evin, B.
Melissa, B.
Charlotte, B.
Laura, B.
Marie, B.
Sophie, B.
Nur, B.
Tobias, B.
Luce, B.
Aljoscha, B.
Michel, B.
Melvin, B.
Kubilay, C.
Nergiz, C.
Zeynep , C.
Hanna, C.
Arzu, C.
Hülya, C.
Lina, C.
Lucas, D.

Hilal, D.
Denis, D.
Claas, E.
Philipp, F.
Merle, G.
Joshua, G.
Gözde, G.
Mohamad, H.
Friederike, H.
Alina, H.
Michelle, H.
Lea-Maria, J.
Lasse, J.
Hannah, K.
Laura, K.
Aylin, K.
Levin, K.
Kaatje, K.
Arlette, M.
Marina, K.
Oskar, L.
Nicolas, L.
Jascha, L.
Lukas, L.
Vincent, L.
Emily, M.
Victoria, M.
Fynn, M.
Roli, N.
Larissa, N.
Elisa, N.

Arne, O.
Jasmin, Ö.
Mina Marie, P.
Carl, P.
Karren, P.
Anton, R.
Lena Marie, R.
Kira, R.
Cathérine, S.
Hans, S.
Rabea, S.
Nisa, S.
Esra, S.
Erik, S.
Eileen, S.
Beatrice, T.
Chiara, T.
Münevver, T.
Ayse, T.
Selen, T.
Greta, T.
Aleyna, U.
Julian, W.
Stina, W.
Tugce, Y.
Aslihan, Y.
Zahra, Y.
Entela, Z.
Pia, Z.
Ramya, K.
Sebastian, V.

Das Kollegium

Ute A. – DEU SPO
Volker A. – DEU SOZ POL
Regina a.B. – DEU GEO
Eilert B. – ENG GES
Sebastian B. – PSY
Heiner B. – ENG GES
Ute B. – ENG POL
Peter B. – ENG POL
Sandra B. – ENG CHE
Siegfried B. – MAT SPO
Roswitha B. – FRA ENG SPA
Ulrich B. – ENG GES
Joschka B. – MAT PHY
Ursula B. – GES POL
Martin B. – MAT PHY
Gerd C. – MAT INF
Britta C. – DEU KUN
Christine C. – MAT PHY INF
Annemarie C. – MAT POL SOZ
Gerhard D. – MAT GEO REL
Ingrid D. – LAT GES
Christiane D. – LAT BIO
Eberhard D. – PSY SOZ
Peter D. – MAT POL INF
Insa D.-K. – MUS GEO
Friedhelm D. – DEU MUS
Siegfried E. – DEU FRA
Peter E. – PHY SPO
Hans-Jürgen E. – POL SPO
Lars F.-B. – BIO GEO
Heinz F. – PHY SPO
Ingrid G.-S. – DEU MUS
Marijana G. – DEU ENG
Lothar G. – DEU GEO
Bärbel G. – DEU GES
Peter G. – MAT PHY
Horst G. – REC SPO
Alexander H. – PHY MUS

Christian H. – ENG SPO
Petra H. – ENG FRA
Marion H.-H. – MAT
Klaus H. – MAT GEO POL
Randolph H. – DEU ENG
Manfred H. – MAT SPO
Elmar H. – DEU POL
Jürgen H. – POL SPO
Horst H. – GEO POL
Martina H. – BIO PHY
Eckard H. – MAT PHY
Reinhard H. – WIR POL SPO
Alexandra H. – ENG SPO
Bervian I. – ENG TÜR
Isabelle J. – ENG SPA
Ulrich J. – DEU ENG
Gerd J. – PSY
Yasmin K. – BIO CHE
Heide K. – MAT SPO
Henrik K. – POL
Heidrun K.-Z. – ENG FRA
Mehmet K. – TÜR SPO
Peter K. – DEU KUN
Ulfert K. – WIR POL
Wilfried K. – MAT CHE INF
Heinz K. – DEU SPO
Annegret K. – ENG KUN
Nadine K. – BIO CHE
Rainer K. – DEU LAT
Ulrich K. – BIO CHE
Fenna K. – ENG BIO
Anne L. – KUN SPO
Konstanze L. – DEU PSY SOZ
Richard L. – WIR POL
Thorsten M.-L. – DEU SPA
Roswitha L. – ENG MAT
Brigitte L. – PAE SPO
Daniel L. – ENG MAT
Annegret L. – ENG GES

Ulrich L. – BIO MAT
Anja M. – MAT PHY SPA
Piotr M. – MAT SPO
Ralf M. – GES CHE
Frauke M. – DEU GES
Nathalie M. – FRZ
Matthias M. – GES SPO
Dieter M. – ENG POL
Bernd M. – KUN
Günther N.-K. – BIO CHE
Janine N. – FRA GES
Ursula N.- F. – PSY
Insa O. – DEU MUS
Ulrice O. – DEU GES
Wilhelm P. – DEU SPO
Ulrike P. – MUS PSY REL
Werner P. – DEU GES
Karl-Heinz P. – MAT POL INF
Evelyn P. – DEU POL
Michael P. – MAT POL INF
Gerd P. – BIO LAT
Reinhard P. – BIO CHE
Vanessa R. – SPA SPO
Margret R. – MAT SPO
Margarethe R. – ENG FRA DAR
Sabrina R. – DEU POL
Astrid R. – BIO POL
Anette R.-J. – ENG POL
Rainer S. – SPA POL
Albrecht S. – ENG SPO
Christina S. – ENG FRA
Gertrud S. – DEU PSY REL
Barbara S. – KUN
Volker S. – DEU POL
Markus S. – DEU BIO DAR
Friedrich S. – CHE GEO
Mareike S. – ENG GEO
Anette S. – BIO CHE
Sigrid S. – MUS SPO
Brigitte S.-H. – Mus
S.-S. – MAT KUN

Michael S. – MAT POL
Hans-Ulrich S. – SPA SPO
Sabine S.-H. – ENG FRA
Tim S. – DEU POL DAR
Ilona S. – DEU ENG
Gabriel S. – FRA SPO
Joachim S. – BIO GEO
Anja S. – BIO CHE
Hans S. – ENG FRA
Nina S. – DEU POL
Wolfgang S. – WIR POL
Jessica T. – ENG SPA
Irmgard T. – MAT PHY
Sarah T. – MAT REL
Petra U. – GEO SPO
Harald U. – WIR INF
Christiane vdM. – BIO CHE
Ingeborg W.-D. – BIO SOZ SPO
Michael W. – BIO DEU
Josef W. – ENG SPA –
Reinhard W. – MAT PHY
Werner W. – DEU ENG
Hermann W. – BIO GEO
Jörg W. – DEU MUS
Angela W. – DEU MUS
Helmut Z. – CHE

Georg B. – Verwaltung
Ursula C. – Verwaltung
Brigitte D. – Verwaltung
Ute L. – Verwaltung
Susanne M. – Verwaltung
Franziska M. – Verwaltung
Peter M. – Hausmeisterei
Peter N. – Hausmeisterei
Rolf S. – Verwaltung
Nathalie S. – Verwaltung
Hannelore S. – Verwaltung
Sigrun S. – Verwaltung
Frank T. – Datenverarbeitung

Kollegiumsausflug 1981

Kollegium des Schulzentrums am Rübekamp (Juli 2015)

Verzeichnis der AutorInnen

Arnold, Dr. Volker; Lehrer am Rübekamp von 1976 bis 1996 (Deutsch, Soziologie, Politik)

Bitzer, Ute; Schülerin am Rübekamp, Abitur 1989, Lehrerin am Rübekamp ab 2013 (Englisch, Politik)

Broicher, Ursula; Lehrerin am Rübekamp von 1979 bis 2006 (Geschichte, Politik)
Jahrgangsleiterin

Büsen, Johann; Schüler am Rübekamp, Abitur 2004, freischaffender Künstler

Creutz, Annemarie; Lehrerin am Rübekamp von 1976 bis 2013 (Mathematik, Politik, Soziologie)
Jahrgangsleitung; pädagogische Koordination

Dahlke, Gerhard; Lehrer am Rübekamp von 1985 bis 2017 (Mathematik, Geographie, Religion)

Dahm, Dr. Michaela; Schülerin am Rübekamp, Abitur 1980

Dobers, Eberhard; Lehrer am Rübekamp von 2002 bis 2015 (Psychologie, Soziologie)
Abteilungsleiter Gymnasium; stellvertr. Leiter des SZ am Rübekamp

Fischer, Dr. Holger; Schüler am Rübekamp, Abitur 1980

Flisse, Heinz; Lehrer am Rübekamp von 1979 bis 2010 (Physik, Sport)

Galette-Seidl, Ingrid; Lehrerin am Rübekamp von 1978 bis 2014 (Deutsch, Musik)
Chor- und Theater-Leitung

Gebhardt, Lothar; Lehrer am Rübekamp von 1985 bis 2003 (Deutsch, Geographie)

Hellmerichs, Klaus; Lehrer am Rübekamp von 1976 bis 2005 (Mathematik, Geographie, Politik)
Oberstufenkoordinator

Hofer, Manfred; Lehrer am Rübekamp von 1984 bis 2019 (Mathematik, Sport)
Jahrgangsleiter

Hohls, Dr. Friedrich Wilhelm; Lehrer am Rübekamp von 1983 bis 2013 (Chemie, Wirtschaft, Politik)
Schulleiter des SZ am Rübekamp

Juchheim, Ulrich; Lehrer am Rübekamp von 1982 bis 2013 (Deutsch, Englisch, Philosophie)
Jahrgangsleiter; Oberstufenkoordinator

Koy, Rainer; Lehrer am Rübekamp von 1976 bis 2001 (Deutsch, Latein) Abteilungsleiter Gymnasium; stellvertr. Leiter des SZ am Rübekamp

Lemke, Ute; Sekretariat am Rübekamp von 1976 bis 2002

Lucas, Daniel; Lehrer am Rübekamp seit 2015 (Englisch, Mathematik) Abteilungsleiter Gymnasium; stellvertr. Leiter des SZ am Rübekamp

Martens, Susanne; Sekretariat am Rübekamp ab 2009

von der Mühlen, Christiane; Lehrerin am Rübekamp von 1977 bis 1989 (Biologie, Chemie)

Pala, Ulrike; Leiterin des Ortsamtes West seit 2013

Reinhardt, Margarethe; Lehrerin am Rübekamp von 1983 bis 2013 (Englisch, Französisch, Darstellendes Spiel)

Rosenhagen, Andreas; Schüler am Rübekamp, Abitur 1980

Saro, Michèle; Austauschlehrerin am Rübekamp für Französisch im Schuljahr 1993/94

Schneider, Barbara; Lehrerin am Rübekamp von 1977 bis 2005 (Kunst)

Sommer, Dr. Jörg; Schüler am Rübekamp, Abitur 1994

1. Treffen ehemaliger LehrerInnen des Rübekamp 2014

Bildnachweis

Die meisten Abbildungen stammen von den AutorInnen und/oder von den jeweils Abgebildeten.

Die Abbildungen vor den jeweiligen Kapiteln sind von Johann Büsen. Siehe auch seine Website: www.johannbuesen.de

Einige Fotografien stammen vom Landesinstitut für Schule, Zentrum für Medien, Bremen: Seite 11, 22, 27, 43, 44, 53 o. und u.

Einige Quellen blieben unbekannt ... Wir bitten um Nachsicht und ggfls. Meldung.

Danksagung

Der vorliegende Band ist eine Gemeinschaftsproduktion ehemaliger Kolleginnen und Kollegen, Absolventinnen und Absolventen der GyO am Rübekamp. Gedankt sei all jenen, die auf unterschiedlichste Weise zu diesem Band beigetragen haben, ob durch Artikel, Photos, Hinweise oder privates Archivmaterial wie Bilder-, Korrespondenz- und Dokumentensammlungen, die vor allem die Gründerjahre wieder lebendig werden lassen. Zudem danken wir allen, die Artikel redigiert oder aus veralteten EDV-Programmen Formulare druckfertig aufbereitet haben.

Wir danken ferner
unserem Absolventen Johann Büsen für den erlaubten Abdruck seiner Bilder,
dem Staatsarchiv Bremen,
dem LIS – Zentrum für Medien,
der Schulleitung, Verwaltung und Hausmeisterei des Schulzentrums am Rübekamp,
den Beiräten für Gröpelingen und Walle für ihren finanziellen Beitrag zur Drucklegung.

Nicht zuletzt danken wir dem Verleger Horst Temmen für wertvollen Rat und vielfältige Unterstützung; ohne ihn wäre der Band in der vorliegenden Form nicht zustande gekommen.